外国法学精品译丛

主编 李 昊

德国民法总论

（第41版）

［德］汉斯·布洛克斯（Hans Brox）
沃尔夫·迪特里希·瓦尔克（Wolf-Dietrich Walker） 著

张艳 译
杨大可 校
冯楚奇 补译

Allgemeiner Teil des BGB
(41. Auflage)

中国人民大学出版社
·北京·

第 41 版前言

该教科书的第 33 版曾被翻译成中文，为再次修订，我重新检视了需要更改之处并完成了更新修改。更新之处主要在于纳入了最新文献以及联邦最高法院的重要判决，比如：网络拍卖中自我抬价的法律行为上的意义，形式瑕疵补正，因给付与对待给付不成比例而违反善良风俗。在 e-Bay 拍卖中，缔结合同的特殊性在文中若干位置得以详细阐述。若最近有影响民法典总则中的问题阐释的立法变化，也将反映在该书的新版中。该著作于 2017 年 7 月初出版。感谢我的同事以及前版的细心读者提出的有益建议。

Wolf-Dietrich Walker

2017 年 7 月于吉森

第 33 版译者序

Hans Brox 教授和 Wolf-Dietrich Walker 教授合著的这本《德国民法总论》终于和中国读者见面了。作为最受德国法学院学生欢迎的教科书，本书自 1976 年第一版以来至 2009 年已经累计出版 33 版次。

该书的特点主要体现在以下几个方面：首先是案例的应用。《德国民法典》和法学教科书中的抽象表述经常会让初学者无所适从，而本书则完美地解决了这一难题。在每章节的开始，作者都会列出若干有代表性的案例并提出问题，让读者带着问题进行阅读并在阅读过程中尝试独立分析案例。此外，在分析法律规定时大量运用案例，通过案例使读者真正理解法律规定的意义，掌握法条的适用。其次是本书的语言风格平实易懂。德语是一门严谨且难度颇高的语言，法律德语更可以用晦涩难懂来形容。但与大多数法学教材的撰写者不同，Brox 教授采用平实易懂的表述方式为我们分析复杂的法律问题。一切从目的出发，尽可能用简单易懂的语言将复杂的法律问题阐释清楚并让读者真正理解，才是法学教科书，乃至法学文献的作者们应当追求的目标。最后，本书与德国的司法实践紧密结合，每一次更新都会将一年之内有代表性的判例补充进来。因此，阅读本书会使读者了解德国的最新司法动态。

本书适合中国的所有法律学人阅读。初学者可以在本书的引领下走进法学的殿堂，易懂的语言、精彩的论述会使您真正理解法律的内涵，通过学习德国民法——中国民法一直以来借鉴的对象、大陆法系最具代表性的法律制度，您会为自己接下来的法律学习生涯打下坚实的基础。对进阶者来说，本书的意义同样重大。或许您对已经学习的法律制度存在疑问，比如您不理解立法者的动机、法律规定的目的，不知道理论知识应当如何应用到案例中，那么您可以在本书中找到答案。作为德国最畅销的明星教科书，本书结合案例，深刻论述了民法总论中各个法律制度的目的以及内涵。通过阅读本书，您对法律制度的理解会更加深刻，法律积淀也会更加深厚。对于法律从业人员来说，本书同样是您事业上的好帮手。您甚至可以把它当成一本工具书，民法总论领域中的问题几乎都可以在这里找到答案。

在翻译本书的过程中，本书的校对人、我的丈夫——杨大可先生在生活和翻译方面均给予我很大支持和帮助，在此我要向他表示由衷的感谢！这本书的译稿能够出版，还要感谢中国人民大学出版社的杜宇峰编辑，她在本书出版方面给予我许多指点和帮助。

由于本书的翻译是在本人撰写博士论文期间完成的，鉴于时间精力有限，书中难免存在诸多问题，真诚地欢迎广大读者提出宝贵意见，不胜感激。

张艳

2010 年 10 月 20 日于柏林

第 1 版前言节选 (1976 年)

民法典总论是法学学习的开始，但其高度的抽象性增加了初学者的理解难度。为了解决这一难题，如今各所高校经常在讲述总论之前为学生提供基础课程或者民法典导论课程。这些课程和民法典总论课均以法律行为理论为主要内容。由于该理论对学习和实践的意义重大，本书将在第二部分对此进行详细阐述。本书适于作为初学者的教科书和进阶者的复习资料。它并未深入研究民法总论中的所有争议问题，而旨在将法律规定的意义阐述清楚。只有明确各个法条目的的人才能真正掌握所学的知识。当然，这有赖于读者的参与，他要阅读法律规定并尝试解决各章节中的案例。

缩略语索引

aA	anderer Ansicht	其他观点
ABl.	Amtsblatt der Europ ischen Union	欧盟公报
Abs.	Absatz	款
AcP	Archiv für die civilistische Praxis (Zeitschrift)	民法实务档案（期刊）
aE	am Ende	结尾处
AEUV	Vertrag über die Arbeitsweise in der Europäischen Union	欧盟运作方式条约
aF	alte Fassung	旧法
AG	Aktiengesellschaft/Amtsgericht	股份公司/地方法院
AGB	Allgemeine Geschäftsbedingungen	一般交易条款
AGG	Allgemeines Gleichbehandlungsgesetz	一般平等对待法
AktG	Aktiengesetz	股份法
AMG	Gesetz über den Verkehr mit Arzneimitteln (Arzneimittelgesetz)	关于药品流通的法律（药品法）
Anm.	Anmerkung	注释
ArbGG	Arbeitsgerichtsgesetz	劳动法院法
ArbR	Arbeitsrecht	劳动法
ArbZG	Arbeitszeitgesetz	工作时间法
ArchBürgR	Archiv für Bürgerliches Recht (Zeitschrift)	民法档案（期刊）
arg. e	Argument aus	……的观点
Art.	Artikel	条
AT	Allgemeiner Teil	总论
BAG	Bundesarbeitsgericht	联邦劳动法院
BAGE	Entscheidungen des Bundesarbeitsgerichts	联邦劳动法院裁判集
BayObLG.	Bayerisches Oberstes Landesgericht	巴伐利亚州高等法院

BayObLGZ	Entscheidungen des Bayerischen Obersten Landesgerichts in Zivilsachen	巴伐利亚州高等法院民事裁判集
BB	Betriebs-Berater (Zeitschrift)	企业顾问（期刊）
Bd.	Band	部
BetrVG	Betriebsverfassungsgesetz	企业组织法
BeurkG	Beurkundungsgesetz	公证证书作成法
BGB	Bürgerliches Gesetzbuch	德国民法典
BGBl.	Bundesgesetzblatt	联邦法律公报
BGH	Bundesgerichtshof	联邦最高法院
BGHZ	Entscheidungen des Bundesgerichtshofs in Zivilsachen	联邦最高法院民事裁判集
Bl.	Blatt	公报
BR-Drs.	Bundesrats-Drucksache	德国联邦参议院印刷品
BT	BesondererTeil	分论
BT-Drs.	Bundestags-Drucksache	德国联邦议院印刷品
BtG	Gesetz zur Reform des Rechts der Vormundschaft und Pflegschaft für Vollj hrige (Betreuungsgesetz)	关于改革成年人监护和代管法的法律（照管法）
BürgerlR	Bürgerliches Recht	民法
BUrlG	Mindesturlaubsgesetz für Arbeitnehmer (Bundesurlaubsgesetz)	关于雇员最低休假的法律（联邦休假法）
BVerfG	Bundesverfassungsgericht	联邦宪法法院
BVerfGE	Entscheidungen des Bundesverfassungsgerichts	联邦宪法法院裁判集
c. i. c.	culpa in contrahendo	缔约过失
DB	Der Betrieb (Zeitschrift)	企业（期刊）
DesignG	Gesetz über den rechtlichen Schutz von Design (Designgesetz)	关于外观设计法律保护的法律（设计法）
dh	das heißt	就是
DNotZ	Deutsche Notar-Zeitschrift	德国公证员杂志
E	Entwurf eines Bürgerlichen Gesetzbuches für das Deutsche Reich	德意志帝国民法法典草案
eG	eingetragene Genossenschaft	已登记合作社
EGBGB	Einführungsgesetz zum Bürgerlichen Gesetzbuche	民法典施行法
EGGVG	Einführungsgesetz zum Gerichtsverfassungsgesetz	法院组织法施行法
EGV	Vertrag zur Gründung der Europäischen Gemeinschaft	建立欧洲共同体条约
EFZG	Gesetz über die Zahlung des Arbeitsentgelts an Feiertagen und im Krankheitsfall (Entgeltfortzahlungsgesetz)	关于节假日与疾病期间劳动报酬支付的法律（报酬续付法）

ErbbauRG	Gesetz über das Erbbaurecht (Erbbaurechtsgesetz)	有关地上权的法律（地上权法）
ErbR	Erbrecht	继承法
EU	Europäische Union	欧洲联盟
e. V.	eingetragener Verein	已登记社团
EWiR	Entscheidungen zum Wirtschaftsrecht	经济法裁判集
f.	folgende, für	以下，为
FamFG	Gesetz über das Verfahren in Familiensachen und in den Angelegenheiten der freiwillige Gerichtsbarkeit	有关家庭事务和非讼程序的法律
FamRZ	Zeitschrift für das gesamte Familienrecht	亲属法杂志
FernUSG	Gesetz zum Schutz der Teilnehmer am Fernunterricht (Fernunterrichtsschutzgesetz)	有关保护远程授课参与人的法律（远程授课保护法）
ff.	fortfolgende	及以下
FG	Festgabe	文集
FGO	Finanzgerichtsordnung	财政法院条例
Fn.	Fußnote	脚注
FS	Festschrift	文集
G	Gesetz	法律
GBO	Grundbuchordnung	土地登记簿条例
GebrMG	Gebrauchsmustergesetz	实用新型法
GG	Grundgesetz	德国基本法
ggf.	gegebenenfalls	如果必要的话
GmbH	Gesellschaft mit beschränkter Haftung	有限责任公司
GmbHG	Gesetz betreffend die Gesellschaften mit beschränkter Haftung	有限责任公司法
GPR	Zeitschrift für das Privatrecht der Europäischen Union	欧盟私法杂志
GVG	Gerichtsverfassungsgesetz	法院组织法
GWB	Gesetz gegen Wettbewerbsbeschränkungen	反限制竞争法
HandelsR	Handelsrecht	商法
HPflG	Haftpflichtgesetz	责任义务法
HwO	Handwerksordnung	手工业条例
HGB	Handelsgesetzbuch	德国商法典
hM	herrschende Meinung	通说
HK	Handkommentar	法律评注
Hs.	Halbsatz	半句
idF	in der Fassung	在……版本中

InsO	Insolvenzrecht	破产法
iSd	im Sinne des	在……的意义上
iSv	im Sinne von	在……的意义上
iVm	in Verbindung mit	结合……
JA	Juristische Arbeitsblätter (Zeitschrift)	法学工作报（期刊）
JR	Juristische Rundschau (Zeitschrift)	法学评论（期刊）
JURA	Juristische Ausbildung (Zeitschrift)	法律学习（期刊）
JuS	Juristische Schulung (Zeitschrift)	法学教育（期刊）
JuS-L	Juristische Schulung，Lernbogen (Zeitschrift)	法学教育，研习册（期刊）
JZ	Juristenzeitung	法学家报
KG	Kommanditgesellschaft	两合商事合伙
KGaA	Kommanditgesellschaft auf Aktien	股份两合商事合伙
km	Kilometer	千米
KSchG	Kündigungsschutzgesetz	不当解雇保护法
KunstUrhG	Gesetz betreffend das Urheberrecht an Werken der bildenden Künste und der Photographie	艺术品及摄影作品著作权法
LM	Lindenmaier/Möhring，Nachschlagewerk des Bundesgerichtshofs	林德迈尔/莫林编联邦最高法院参考资料
LMK	Lindenmaier/Möhring-Kommentierte BGH-Rechtsprechung	林德迈尔/莫林编联邦最高法院裁判评注
LPartG	Gesetz über die Eingetragene Lebenspartnerschaft (Lebenspartnerschaftsgesetz)	已登记生活伴侣关系法（伴侣法）
mablAnm	mit ablehnender Anmerkung	带有相反观点的注释
mAnm	mit Anmerkung（en）	带有注释
MarkenG	Markengesetz	商标法
MDR	Monatsschrift für Deutsches Recht	德国法月刊
MMR	Multi Media & Recht (Zeitschrift)	多媒体与法（期刊）
mN	mit Nachweisen	带有证明
Mot.	Motive zum Entwurf eines Bürgerlichen Gesetzbuches	民法典草案立法理由书
MüKo	Münchener Kommentar	慕尼黑法律评注
MuSchG	Gesetz zum Schutze der erwerbstätigen Mutter (Mutterschutzgesetz)	关于保护就业母亲的法律（母亲保护法）
mwN	mit weiteren Nachweisen	带有进一步证明

NachwG	Nachweisgesetz	雇佣关系重要条款证明法
nF	neue Fassung	新版
NJW	Neue Juristische Wochenschrift (Zeitschrift)	新法学周报（期刊）
NJW-RR	Neue Juristische Wochenschrift-Rechtsprechungs-Report (Zeitschrift)	新法学周报—司法判例报告（期刊）
Nr.	Nummer	第……号
NZA	Neue Zeitschrift für Arbeitsrecht	新劳动法和社会法
OGH	Oberster Gerichtshof für die britische Zone	英占区最高法院
OHG	Offene Handelsgesellschaft	公开商事合伙
OLG	Oberlandesgericht	州高等法院
PatG	Patentgesetz	专利法
Pkw	Personenkraftwagen	载客汽车
ProdHaftG	Gesetz über die Haftung für fehlerhafte Produkte (Produkthaftungsgesetz)	有关缺陷产品责任的法律（产品责任法）
ProstG	Gesetz zur Regelung der Rechtsverhältnisse der Prostituierten (Prostitutionsgesetz)	有关规制性工作者法律关系的法律（卖淫法）
Prot.	Protokolle der Kommission für die 2. Lesung des Entwurfs des Bürgerlichen Gesetzbuches	民法法典草案二读委员会议事录
PStG	Personenstandsgesetz	民事身份登记法
RDG	Gesetz über außergerichtliche Rechtsdienstleistungen (Rechtsdienstleistungsgesetz)	有关非诉讼的法律咨询的法律（法律咨询法）
RG	Reichsgericht	帝国最高法院
RGZ	Entscheidungen des Reichsgerichts in Zivilsachen	帝国最高法院民事裁判集
RL	Richtlinie	指令
Rn.	Randnummer	边码
Rspr.	Rechtsprechung	司法判例
S.	Satz/Seite/Siehe	句/页/请见……
ScheckG	Scheckgesetz	支票法
SchiffsRG	Gesetz über Rechte an eingetragenen Schiffen und Schiffsbauwerken	有关已登记船舶以及大型航行器权利的法律
SchuldR	Schuldrecht	债法
SchwarzArbG	Gesetz zur Bekämpfung der Schwarzarbeit und illegalen Beschäftigung (Schwarzarbeitsbek mpfungsgesetz)	有关打击黑工以及非法工作的法律（打击非法劳工法）

SGG	Sozialgerichtsbarkeit	社会诉讼管辖
SigG	Gesetz über Rahmenbedingungen für elektronische Signaturen (Signaturgesetz)	有关电子签名框架条件的法律（签名法）
SigV	Verordnung zur elektronischen Signatur (Signaturverordnung)	有关电子签名的规章（电子签名规章）
sog.	sogenannt (e, en)	所谓
StGB	Strafgesetzbuch	德国刑法典
StPO	Strafprozeßordnung	德国刑事诉讼法
str.	streitig	有争议的
stRspr	ständige Rechtsprechung	持久判例法
StVG	Straßenverkehrsgesetz	道路交通法
StVO	Straßenverkehrs-Ordnung	道路交通条例
TVG	Tarifvertragsgesetz	劳资协定法
UKlaG	Gesetz über Unterlassungsklagen bei Verbraucherrechts-und anderen Verstößen (Unterlassungsklagengesetz)	有关侵犯消费者权益以及其他的不作为诉讼的法律（不作为诉讼法）
UrhG	Gesetz über Urheberrecht und verwandte Schutzrechte (Urheberrechtsgesetz)	有关著作权以及相邻权保护的法律（著作权法）
usw	und so weiter	等
UWG	Gesetz gegen den unlauteren Wettbewerb	反不正当竞争法
v.	vom, von	……的
VAG	Gesetz über die Beaufsichtigung der Versicherungsunternehmen (Versicherungsaufsichtsgesetz)	有关监管保险企业的法律（保险监管法）
VereinsG	Gesetz zur Regelung des öffentlichen Vereinsrechts (Vereinsgesetz)	有关规制公共社团的法律（社团法）
VerschG	Verschollenheitsgesetz	失踪法
VersR	Versicherungsrecht (Zeitschrift)	保险法（期刊）
vgl.	vergleiche	参见
VO	Verordnung	规章
VuR	Verbraucher und Recht (Zeitschrift)	消费者与法（期刊）
VVaG	Versicherungsverein auf Gegenseitigkeit	相互保险联合会
VwGO	Verwaltungsgerichtsordnung	行政法院条例
VwVfG	Verwaltungsverfahrensgesetz	行政程序法
WE	Willenserklärung	意思表示

WEG	Wohnungseigentumsgesetz	住宅所有权法
WG	Wechselgesetz	票据法
WM	Wertpapiermitteilungen (Zeitschrift)	有价证券信息（期刊）
zB	zum Beispiel	例如
ZGB	Zivilgesetzbuch der ehemaligen Deutschen Demokratischen Republik	前德意志民主共和国民法典
ZIP	Zeitschrift für Wirtschaftsrecht und Insolvenzpraxis	经济法与破产实践杂志
ZPO	Zivilprozessordnung	民事诉讼法
zT	zum Teil	部分地
ZVR	Zwangsvollstreckungsrecht	强制执行法
zZt	zur Zeit	目前

未特别指明的法令条款，均指《民法典》。

参考文献

1. Lehrbücher, Grundrisse（教科书与概论）

Bähr, P., Grundzüge des Bürgerlichen Rechts, 12. Aufl. 2013（zit.: *Bähr* Grundzüge BürgerlR）

Baur, F./Stürner, R., Sachenrecht, 18. Aufl. 2009（zit.: *Baur/Stürner* SachenR）

Bitter, G./Röder, S., BGB Allgemeiner Teil, 3. Aufl. 2016（zit.: *Bitter* BGB AT）

Boecken, W., BGB-Allgemeiner Teil, 3. Aufl. 2017（zit.: *Boecken* BGB AT）

Boemke, B./Ulrici, B., BGB Allgemeiner Teil, 2. Aufl. 2014（zit.: *Boemke/Ulrici* BGB AT）

Bork, R., Allgemeiner Teil des Bürgerlichen Gesetzbuchs, 4. Aufl. 2016（zit.: *Bork* BGB AT）

Brehm, W., Allgemeiner Teil des BGB, 6. Aufl. 2008（zit.: *Brehm* BGB AT）

Brox, H./Henssler, M., Handelsrecht, 22. Aufl. 2016（zit.: *Brox/Henssler* HandelsR）

Brox, H./Rüthers, B./Henssler, M., Arbeitsrecht, 19. Aufl. 2016（zit.: *Brox/Rüthers/Henssler* ArbR）

Brox, H./Walker, W.-D., Allgemeines Schuldrecht, 41. Aufl. 2017（zit.: *Brox/Walker* SchuldR AT）

Brox, H./Walker, W.-D., Besonderes Schuldrecht, 41. Aufl. 2017（zit.: *Brox/Walker* SchuldR BT）

Brox, H./Walker, W.-D., Erbrecht, 27. Aufl. 2016（zit.: *Brox/Walker* ErbR）

Brox, H./Walker, W.-D., Zwangsvollstreckungsrecht, 10. Aufl. 2014（zit.: *Brox/Walker* ZVR）

Bydlinski, F., Bürgerliches Recht I. Allgemeiner Teil, 6. Aufl. 2013（zit.: *Bydlinski* BürgerlR 1）

Däubler, *W.*, BGB kompakt, 3. Aufl. 2008 (zit.: *Däubler* BGB kompakt)

Eisenhardt, *U.*, Einführung in das Bürgerliche Recht, 6. Aufl. 2010 (zit.: *Eisenhardt* BürgerlR)

Enneccerus, *L./Nipperdey*, *H. C.*, Allgemeiner Teil des Bürgerlichen Rechts, 15. Aufl. Erster Halbbd., 1959, Zweiter Halbbd., 1960 (zit.: *Enneccerus/Nipperdey* BGB AT 1/11.)

Faust, *F.*, Bürgerliches Gesetzbuch Allgemeiner Teil 5. Aufl. 2016 (zit.: *Faust* BGB AT)

Flume, *W.*, Allgemeiner Teil des Bürgerlichen Rechts, Zweiter Bd.: Das Rechtsgeschäft, 4. Aufl. 1992 (zit.: *Flume* BGB AT)

Grunewald, *B.*, Bürgerliches Recht, 9. Aufl. 2014 (zit.: *Grunewald* BürgerlR)

Hattenhauer, *H.*, Grundbegriffe des Bürgerlichen Rechts, 2. Aufl. 2000 (zit.: *Hattenhauer* Grundbegriffe BürgerlR)

Hirsch, C., BGB Allgemeiner Teil, 9. Aufl. 2016 (zit.: *Hirsch* BGB AT)

Hübner, *H.*, Allgemeiner Teil des Bürgerlichen Gesetzbuches, 2. Aufl. 1996 (zit.: *Hübner* BGB AT)

Kaiser, G. *A.*, Bürgerliches Recht, 12. Aufl. 2009 (zit.: *Kaiser* BürgerlR)

Klunzinger, *E.*, Einführung in das Bürgerliche Recht, 16. Aufl. 2013 (zit.: *Klunzinger* BürgerlR)

Köhler, *H.*, BGB, Allgemeiner Teil, 40. Aufl. 2016 (zit.: *Köhler* BGB AT)

Larenz, *K/Canaris*, *C.-W.*, Lehrbuch des Schuldrechts, Bd. 11: Besonderer Teil, 2. Halbbd., 13. Aufl.

1994 (zit.: *Larenz/Canaris* SchuldR II 2)

Leenen, *D.*, BGB Allgemeiner Teil: Rechtsgeschäftslehre, 2. Aufl. 2015 (zit.: *Leenen* BGB AT)

Leipold, *D.*, BGB I: Einführung und Allgemeiner Teil, 8. Aufl. 2015 (zit.: *Leipold* BGB 1)

Löwisch, *M./Neumann*, *D.*, Allgemeiner Teil des BGB, 7. Aufl. 2004 (zit.: *Löwisch/Neumann* BGB AT)

Medicus, *D./Petersen*, *J.*, Allgemeiner Teil des BGB, 11. Aufl. 2016 (zit.: *Medicus* BGB AT)

Medicus, *D./Petersen*, *J.*, Bürgerliches Recht, 25. Aufl. 2015 (zit.: *Medicus/Petersen* BürgerlR)

Medicus, *D./Petersen*, *J.*, Grundwissen zum Bürgerlichen Recht, 10. Aufl. 2014 (zit.: *Medicus/Petersen* Grundwissen BürgerlR)

Musielak，*H.-J./Hau*，*W.*，Grundkurs BGB，14. Aufl. 2015（zit.：*Musielak* GK BGB）

Pawlowski，*H.-M.*，Allgemeiner Teil des BGB，7. Aufl. 2003（zit.：*Pawlowski* BGB AT）

Prütting，*H.*，Sachenrecht，36. Aufl. 2017（zit.：*Prütting* SachenR）

Reinicke，*D./Tiedtke*，*K.*，Bürgschaftsrecht，3. Aufl. 2008（zit.：*Reinicke/Tiedtke* BürgschaftsR）

Rüthers，*B./Stadler*，*A.*，Allgemeiner Teil des BGB，18. Aufl. 2014（zit.：*Rüthers/Stadler* BGB AT）

Schack，*H.*，BGB-Allgemeiner Teil，15. Aufl. 2016（zit.：*Schack* BGB AT）

Schapp，*J./Schur*，*W.*，Einführung in das Bürgerliche Recht，4. Aufl. 2007（zit.：*Schapp/Schur* BürgerlR）

Schellhammer，*K.*，Schuldrecht nach Anspruchsgrundlagen samt BGB Allgemeiner Teil，9. Aufl. 2014（zit.：*Schellhammer* SchuldR）

Schmidt，*E./Brüggemeier*，*G.*，Grundkurs Zivilrecht，7. Aufl. 2006（zit.：*Schmidt/Brüggemeier* GK ZivilR）

Schmidt，*K.*，Handelsrecht，6. Aufl. 2014（zit.：*K Schmidt* HandelsR）

Schmidt，*R.*，BGB Allgemeiner Teil，15. Aufl. 2016（zit.：*Schmidt* BGB AT）

Schwab，*D./Löhnig*，*M.*，Einführung in das Zivilrecht，20. Aufl. 2016（zit.：*Schwab/Löhnig* Einführung ZivilR）

v. Tuhr，*A.*，Der allgemeine Teil des Deutschen Bürgerlichen Rechts，Bd. 1，1910；Bd. 11，1. Halbbd.，1914；2. Halbbd. 1918（zit.：*v. Tuhr* BGB AT Bd. HBd.）

Vieweg，*K./Werner*，*A.*，Sachenrecht，7. Aufl. 2015（zit.：*Vieweg/Werner* SachenR）

Wertenbruch，*J.*，BGB Allgemeiner Teil，3. Aufl. 2014（zit.：*Wertenbruch* BGB AT）

Westermann，*H.-P.*，Grundbegriffe des BGB，17. Aufl. 2013（zit.：*Westermann* Grundbegriffe BGB）

Wolf.M./Neuner，*J.*，Allgemeiner Teil des Bürgerlichen Rechts，10. Aufl. 2012（zit.：*Wolf/Neuner* BGB AT）

Wolf，*M./Wellenhofer*，*M.*，Sachenrecht，31. Aufl. 2016（zit.：*Wolf/Wellenhofer* SachenR）

Wörlen，*R./Metzler-Müller*，*K.*，BGB AT，Einführung in das Recht und Allgemeiner Teil des BGB，14. Aufl. 2016（zit.：*Wörlenl Metzler-Müller* BGB AT）

Zerres，*T.*，Bürgerliches Recht，8. Aufl. 2016（zit.：*Zerres* BürgerlR）

2. Kommentare（法律评注）

Bamberger，*H.G./Roth*，*H.*，Kommentar zum Bürgerlichen Gesetzbuch，Bd. 1，3. Aufl. 2012（Allg. Teilbearb. von *Backert*，*Bamberger*，*Bub*，*Dennhardt*，*Eckert*，*Fritzsche*，

Henrich, *Rövekamp*, *Schmidt-Räntsch*, *Schöflin*, *Spindler*, *Valenthin*, *Wendtland*)（zit.：Bamberger/Roth/Bearbeiter）

Erman, W., Handkommentar zum Bürgerlichen Gesetzbuch, 14. Aufl. 2014（Allg. Teil bearb. von *Armbrüster*, *Arnold*, *Klass*, *Maier-Reimer*, *H. F. Müller*, *Saenger*, *J. Schmidt*, *Schmidt-Räntsch*, *Wagner*, *Werner*, *H. P. Westermann*)（zit.：*Erman/Bearbeiter*）

Handkommentar（HK）Bürgerliches Gesetzbuch, BGB, 9. Aufl. 2016（Allg. Teil bearb. von*Dörner*)（zit.：HK-BGB/Dörner）

Jacoby, *F.* /*v. Hinden*, M., Studienkommentar BGB, 15. Aufl. 2015（*zit.*：*Jacoby/v. Hinden* BGB）

Jauernig, O., Bürgerliches Gesetzbuch, 16. Aufl. 2015（Allg. Teil bearb. von *Mansef*）（zit.：Jauernig/ *Bearbeiter*）

Juris Praxiskommentar, BGB, Bd. 1（§ § 1 - 240）, 7. Aufl. 2014（bearb. von*Armgardt*, *Backmann*, *Becker*, *Bergmann*, *Franzen*, *Illmer*, *Junker*, *Lange*, *Ludwig*, *Martinek*, *Moritz*, *Morsch*, *Nassall*, *Otto*, *Panajotta*, *Reichold*, *Schmidt*, *Trautwein*, *Vieweg*, *Weiland*）（zit.：jurisPK-BGB/ *Bearbeiter*）

Münchener Kommentar zum Bürgerlichen Gesetzbuch, Bd. 1,（§ § 1 - 240）, 7. Aufl. 2015（bearb. von *Armbrüster*, *Arnold*, *Bayreuther*, *Busche*, *Einsele*, *Grothe*, *Heine*, *Micklitz*, *Purnhagen*, *Reuter*, *Rixecker*, *Säcker*, *Schmitt*, *Schubert*, *Stresemann*, *Thüsing*, *Weitemeyer*, *Westermann*）（zit.：MüKoBGB/Bearbeiter）; Bd. 2（§ § 241 - 432）, 7. Aufl. 2016（bearb. von *Bachmann*, *Basedow*, *Bydlinski*, *Emmerich*, *Ernst*, *Fetzer*, *Finkenauer*, *Pritsche*, *Gaier*, *Gottwald*, *Grundmann*, *Habersack*, *Kanzleiter*, *Kieninger*, *Krüger*, *Masuch*, *Oetker*, *Roth*, *Schlüter*, *Schubert*, *Wendehorst*, *Würdinger*, *Wurmnest*)（zit.：MüKoBGB/ *Bearbeiter*）

NomosKommentar zum BGB, Bd. 1（Allgemeiner Teil mit EGBGB）, 3. Aufl. 2016（Allg. Teil bearb. von*Ackermann*, *Baldus*, *Budzikiewicz*, *Eckardt*, *Faust*, *Feuerhorn*, *Fuchs*, *Heide/*, *Koos*, *Kremer*, *Krumscheid*, *Lochner*, *Looschelders*, *Mansel*, *Noack*, *Pruns*, *Ring*, *Schiffer*, *Schulze*, *Staffhorst*, *Stoffels*, *M. Stürner*, *vom Stein*, *Wackerbarth*, *Zillmer*)（zit.：NK-BGB/ *Bearbeiter*）

Palandt, O., Bürgerliches Gesetzbuch, 76. Aufl. 2017（Allg. Teil bearb. von *Ellenberger*)（zit.：Palandt/*Bearbeiter*）

Prütting, *H.* /*Wegen*, *G.* /*Weinreich*, G., BGB-Kommentar, 12. Aufl. 2017（Allg. Teil bearb. von *Prütting*, *Schöpflin*, *Völzmann-Stickelbrock*, *Ahrens*, *Brinkmann*, *Frensch*, *Kesse/er*)（zit.：Prütting/Wegen/Weinreich/ *Bearbeiter*）

RGRK, Das Bürgerliche Gesetzbuch mit besonderer Berücksichtigung der Rechtsprechung des Reichsgerichtsund des Bundesgerichtshofes, Kommentar, herausgegeben von Mitgliedern des Bundesgerichtshofes, 1. Bd., 12. Aufl. 1982 (bearb. *von Johannsen*, *Kregel*, *Krüger-Nieland*, *Piper*, *Steffen*) (zit.: RGRK/ *Bearbeiter*)

Soergel, *T.*, Bürgerliches Gesetzbuch, Bd. 1, §§ 1-103, 13. Aufl. 2000; Bd. 2, §§ 104-240, 13. Aufl. 1999 (bearb. von *Fahse*, *Hefermehl*, *Heinrich*, *Hadding*, *Leptien*, *Marly*, *Neuhof*, *Niedenführ*, *M. Wolf*) (zit.: Soergel/ *Bearbeiter*)

v. Staudinger, *J.*, Kommentar zum Bürgerlichen Gesetzbuch, Allg. Teil, zT 15. Bearb., zT Neubearb., 2005ff. (bearb. von *Bork*, *Coing*, *Fischinger*, *Gursky*, *Habermann*, *Hertel*, *Honsell*, *Hüttemann*, *Jacoby*, *Jickeli*, *Knothe*, *Kohler*, *Peters*, *Rawert*, *Repgen*, *Roth*, *Sack*, *Schilken*, *Seibl*, *Singer*, *Stieper*, *Weick*) (zit.: Staudinger/ *Bearbeiter*)

3. *Fallsammlungen und Anleitungsbücher* (*ab* 2005) [案例集与指导书 (自 2005 年起)]

Braun, *J.*, Der Zivilrechtsfall, 5. Aufl. 2012 (zit.: *Braun* Zivilrechtsfall)

Brehm, *W.*, Fälle und Lösungen zum Allgemeinen Teil des BGB, 3. Aufl. 2011 (zit.: *Brehm* Fälle BGB AT)

Eckert, *J.*/*Hattenhauer*, C., 75 Klausuren aus dem BGB, 12. Aufl. 2008 (zit.: *Eckert/Hattenhauer* 75 Klausuren BGB)

Fezer, *K.-H.*, Klausurenkurs zum BGB Allgemeiner Teil, 9. Aufl. 2013 (zit.: *Fezer* Klausurenkurs BGB AT)

Fritzsche, *J.*, Fälle zum BGB Allgemeiner Teil, 6. Aufl. 2016 (zit.: *Fritzsche* Fälle BGB AT)

Gottwald, *P.*/*Würdinger*, *M.*, Examens-Repetitorium, BGB-Allgemeiner Teil, 4. Aufl. 2016 (zit.: *Gottwald* Examens-Rep BGB AT)

Grigoleit, *H. C.*/*Herresthal*, C., BGB Allgemeiner Teil, 3. Aufl. 2015 (zit.: *Grigoleit/Herrestha/* BGB AT)

Klunzinger, *E.*, Übungen im Privatrecht, 10. Aufl. 2012 (zit.: *Klunzinger* Übungen PrivatR)

Köhler, *H.*, BGB-Allgemeiner Teil, Prüfe Dein Wissen, 27. Aufl. 2015 (zit.: *Köhler* PdW BGB AT)

Lindacher, *W.*/*Hau*, *W.*, Fälle zum Allgemeinen Teil des BGB, 5. Aufl. 2010 (zit.: *Lindacher/Hau* Fälle BGB AT)

Mann, *T.*, Einführung in die juristische Arbeitstechnik, 5. Aufl. 2015 (zit.: *Mann* Arbeitstechnik)

Metzler-Müller, *K.*, Wie löse ich einen Privatrechtsfall?, 7. Aufl. 2015 (zit.: *Metzler-Müller* PrivatRFall)

Möllers, *T. M. J.*, Juristische Arbeitstechnik und wissenschaftliches Arbeiten, 8. Aufl. 2016 (zit.: *Möllers* Jur. Arbeitstechnik)

Olzen，*D.* /*Maties*，*M.*，Zivilrechtliche Klausurenlehre mit Fallrepetitorium，8. Aufl. 2015（zit.：Olzen/Maties Klausurenlehre ZivilR）

Preis，*U.* /*Prütting*，*H.* /*Sachs*，*M.* /*Weigend*，*T.*，Die Examensklausur，6. Aufl. 2017（zit.：PPSW Examensklausur）

Schack，*H.* /*Ackmann*，*H.-P.*，Das Bürgerliche Recht in 100 Leitentscheidungen，6. Aufl. 2011（zit.：*Schack/Ackmann* Rechtsprechung BürgerlR）

Schimmel，*R.*，Juristische Klausuren und Hausarbeiten richtig formulieren，12. Aufl. 2016（zit.：*Schimmel* Juristische Klausuren）

Schwab，*D.* / *Löhnig*，*M.*，Falltraining im Zivilrecht 1 - Ein Übungsbuch für Anfänger，6. Aufl. 2016（zit.：*Schwab/Löhnig* Falltraining ZivilR）

Werner，*O.* /*Neureither*，G.，22 Probleme aus dem BGB - Allgemeiner Teil，7. Aufl. 2005（zit.：*Werner/Neureither* 22 Probleme BGB AT）

Wörlen，*R.* /*Schindler*，S.，Anleitung zur Lösung von Zivilrechtsfällen，9. Aufl. 2009（zit.：*Wörlen/Schindler* Anleitung）

目　录

第一部分　引言

第二部分　法律行为

第三部分　权利

第四部分　期间和期日

第五部分　附加内容

细目
Contents

第一部分　引言

第二部分　法律行为

第三部分　权利

第四部分 期间和期日

第五部分 附加内容

第一部分　引言

写在前面的思考

在大多数生活领域中，法律问题都扮演着重要角色。即使这些生活领域乍一看完全具有私人属性或者只有社会意义时也同样如此。

Erich Kästner 在其《文集》（第二卷）[①] 标题为《绳索上的订婚》的文章中这样写道："当时我刚好在报纸上读到：在 Camilla-Mayer 秀的开幕演出中，著名马戏演员 Gisela Lenort 和 Siegwart Bach 在多特蒙德圣莱诺迪教堂尖塔上紧绷着的三百米长、六十米高的绳索上订下了婚约。"

在给法学新生授课时，当问到大家对这种"空中订婚"的看法时，学生们的观点迥然不同。有些人认为订婚是一个庄重的行为，钢丝绳对于订婚来说并不是合适的地点。此外，既没有佩戴订婚戒指又没有发布订婚公告，当时在钢丝绳上没有见证人，地上的观众也无法听到这对年轻人在钢丝绳上彼此说了些什么，人们甚至连新娘的手捧花和订婚亲吻都没有看到。有一小部分学生反问道：在法律课堂上进行这种讨论的意义何在，订婚只不过是一个社会事件，它与法律根本扯不上任何关系。确实是这样吗？

我们可以从以下几个方面考虑该事件的法律意义。

1. 在刑事诉讼中，一个作为证人出庭的人主张其已与被告订婚，因此不想提供任何证词。从《刑事诉讼法》第 52 条第 1 款第 1 项[②]的规定我们可以知道，被告的未婚夫（妻）有权拒绝作证。在民事诉讼中同样如此。根据《民事诉讼法》第 383 条第 1 款第 1 项[③]，一方诉讼当事人（即原告或者被告）的未婚夫（妻）有权拒绝作证。这些事例表明，至少在诉讼程序中，婚约可能具有意义。

2. 从法制史和《德国民法典》（下称《民法典》）以及《德国生活伴侣关系法》（下称《伴侣法》）中可以推知：婚约是以两个异性或同性之间的合同为基础的，该合同规定了合同双方当事人未来彼此缔结婚姻的义务。虽然根据《民法典》第 1297 条的规定，（当事人）不得根据婚约而诉请缔结婚姻，但是从同法第 1298 条我们可

---

① Carl Hanser Verlag，München，Wien，1998，169f.

② Schönfelder，Deutsche Gesetze，Nr. 90.

③ Schönfelder，Deutsche Gesetze，Nr. 90.

以推知：婚约使缔结婚约合同的双方当事人之间产生了法律约束，因为根据该条款，在无故解除婚约的情况下解约人有义务对另一方当事人进行损害赔偿。因此，订婚不仅具有社会意义，而且具有法律意义。

3. 因为订婚（以结婚为目的）属于缔约行为，且法律对此未规定需要采取特殊形式（例如书面形式、公证证书），所以此类合同可以不拘形式地被缔结。它不需要采取书面形式，也无须向见证人进行说明。订婚戒指、订婚公告以及订婚庆典也并非必不可少。在法律上，必要的只是双方当事人不拘形式的意思表示，其内容是，双方当事人许诺希望与对方缔结婚姻。

4. 戒指的佩戴、订婚公告的发布、家庭庆典、见证人的在场（通常）是普遍现象，但是它们对订婚的法律效力没有任何影响。当然，它们可以被看做两个人已经订婚的依据（参见下文边码 2 中的例子）。如果原告因被告无故解除婚约（第 1298 条）而要求其作出损害赔偿，而被告否认婚约的订立（例如声称这只是“谈情说爱”），那么法院必须收集证据来证明，一份有效的婚约是否已经成立。法官在裁判时，双方当事人的通信和/或家庭庆典的举行等是非常重要的。

以上的几种思路表明，单纯的社会事件与具有重大法律意义的事件之间的界限是很模糊的（同样参见下文边码 2）。

第一节　法、私法和民法

参考文献：Arzt，Einführung in die Rechtswissenschaft，1996；Baur/Walter，Einführung in das Recht der Bundesrepublik Deutschland，6. Aufl. 1993；Braun，Einführung in die Rechtswissenschaft，3. Aufl. 2007；Canaris/Larenz，Methodenlehre der Rechtswissenschaft，4. Aufl. 2009；Coing，Grundzüge der Rechtsphilosophie，5. Aufl. 1993；Eidenmüller，Rechtswissenschaft als Realwissenschaft，JZ 1999，53；Engisch，Einführung in das juristische Denken，10. Aufl. 2005；Larenz，Methodenlehre der Rechtswissenschaft，6. Aufl. 1991；Krebs/Becker，Entstehung und Abönderbarkeit von Gewohnheitsrecht，JuS 2013，97；Kudlich/Reimer/Wolf，Was ist eigentlich Recht? JA Sonderheft für Erstsemester，2008，1；Radbruch，Rechtsphilosophie（Studienausgabe），2. Aufl. 2003；Rehbinder，Einführung in die Rechtswissenschaft，8. Aufl. 1995；Rüthers，Rechtstheorie，9. Aufl. 2016；Schapp，Methodenlehre des Zivilrechts，1998；Schapp，Einführung in das Bürgerliche Recht：Das System des Bürgerlichen Rechts，JA 2003，125.

民法（边码 13 及以下）属于私法（边码 10 及以下），而私法又是法（边码 1 及以下）的一部分。 1

一、法

（一）意义

人的群居需要秩序。在孤岛上孤独求生的鲁滨逊当然不需要这种秩序。通常来说，每个人都会属于一些集体（比如家庭、乡镇、国家）。多种多样的人际关系使得“社会游戏规则”变得必不可少，每个人都应该根据这些规则安排自己的行为。行为规则由命令和禁令组成。它们可能产生于法律、习俗（边码 2）和道德（边码 3）。

只有当一项秩序秉持着正义的理念时它才是法。这样的秩序要高于成文（例如被包含在法律中）法的位阶。过去的经验恰恰表明，如果最后法被权力而非正义决定，滥用法会产生多么大的危害。而对于正义的理解始终存在着争议。它至少以一套不可任意改变的价值秩序为基础。其中各个价值（人的尊严、生命、自由、财产）均已得到普遍承认。所以一部允许任意剥夺他人生命的法律不属于法，因为它违背了正义。一部非正义的法律永远是错误的。

当所有人都遵守法时，法的规定就成为一套正义的共同秩序。然而并非每个人都自愿地遵守法律规定。因此，国家为违法者设置了一些强制措施，法律规定借此得到遵守。

（二）习俗和道德的界定

2 并不是所有人际关系均由法律加以规定。法律须与习俗和道德相区分。

1. 习俗通常被理解为风俗和习惯。在不同人群和地域（例如家庭、乡村、商业）中，它们可能有非常大的差别。它们不是法律规则，而是社会所要求的规则。

例如：一个邀请他人到家里共进晚餐的人必须接待受邀人，而不能将其拒之门外。虽然并不存在关于请客吃饭的法律规定，受邀人也没有权利要求对方“履行”邀请，但是存在着一项社会规则，该规则要求邀请人践行其邀请，并禁止其将受邀人拒之门外。

法律和习俗的共同之处在于，它们都设置了要求特定外部行为的规则。特定行为的内在观念如何并不重要。

例如：出售汽车的人必须进行供货，邀请人必须提供晚餐。单纯地将待售的汽车毁坏或者将受邀人拒之门外的想法既不违反法律也不违背习俗。

法律和习俗的区别体现在对违背它们的行为的制裁上。对法律的规定或禁令的遵守可以借助国家强制实现；相反，对习俗的遵守则不能借此而得到实施。忽视习俗的后果是社会蔑视，因为礼节遭到了违背。

例如：若出卖人（V）未履行（汽车）买卖合同，则买受人（K）可以诉请 V 供货（汽车）。法院判决 V 转让并交付汽车（参见第 433 条第 1 款第 1 句*）。

若 V 不履行法院的判决，那么法院执行人员会应 K 的要求从 V 处取走汽车，并交付给 K。相反，受邀人就不可能在国家的帮助下强制邀请人“履行”其邀请。他所能做的也只是将这位邀请人“淘汰出”自己的社交圈，因为这个人的行为实在过分。

虽然我们必须将法律和习俗区别开来，但是对于法律来说，习俗仍然可能具有一定意义。

例如：婚约不仅是一项社会习俗，而且在法律上也具有重要意义（对此：《民事诉讼法》第 383 条第 1 款第 1 项，见“写在前面的思考”）。

在一些条款中，法律明确地对习俗加以援引。因此，虽然那些在商业交往中形成的习惯并不是法律规范，但是在商人间的交易中判断行为时却必须尊重这些习惯（参见《商法典》第 346 条）。对于交易习惯来说同样如此，在解释合同时它们是一定要被注意到的（参见第 157 条，边码 136）。

最后，若习俗和习惯成为习惯法（边码 8）或者被立法者规定到法律中，则它们能够成为法律规范（边码 4）。

3 2. 道德同样属于应然性规定（Sollensvorschriften）。这里要区分三方面内容：首先，道德义务可能以每个人的良知为基础，遵循自己良知的人所为的行为是合乎道德的。其次，行为规范也可能以某一宗教理念或者某一种世界观为基础，因此基督教伦理学或者伦理神学就要求人们按照耶稣的话去做：例如“要变得和上帝一样完美!”以及“像爱自己一样去爱身边的每一个人!”再次，在某一类人中还存在一

* 本书中未特别指明的法令条款，均指《民法典》，为尊重原文和行文简洁，不再具体指明。——译者注

系列与共同观念相符合的道德上的基本价值（“社会道德”）。如果针对该集体或其成员所为的行为保持在这些基础规范（例如诚实、乐于助人）的框架内，那么此类行为是符合道德的。

法律和道德有其各自不同的目标。法律旨在保障实现中等水平的人类共同生活，而道德根据其理念则是以践行善良为目标。因此，在法律上被允许的行为可能在道德上是不被允许的。

因此说谎是不道德的。但是在刑事诉讼中被告可以说谎，而不必担心法律上的不利后果。只有特殊情况下的谎言才在刑法上具有重大意义（例如，伪证，《刑法典》第154条；欺诈，《刑法典》第263条）。在缔结合同时，即使一方当事人的谎言属于“恶意欺诈”，也只能使另一方当事人有权根据《民法典》第123和142条（边码450）“宣布合同无效”。这个例子使人们清楚地认识到将法律称为“道德底线”的原因。

在遵照自己良知决定（Gewissensentscheidung）的意义上，道德超过了法律：单纯地怀有实施某些卑鄙行为（例如偷东西、起假誓、杀人）的想法已经是不道德的。然而只有那些实施了这种恶劣想法的行为（例如盗窃、作伪证、故意杀人）才在法律上具有意义。

基于这种考虑，人们将法的“形式”和道德的“内在”进行对照。这样做比较容易使人产生误解。一方面，道德并不局限于内心，并非只是恶劣的想法，照此实施的恶劣行为在道德上同样是卑鄙的。另一方面，法律也重视外在行为的内在过错。因此在法律上非常重要的是，某人的死亡是由于行为人的疏忽（过失杀人，《刑法典》第222条）引起的，还是行为人故意实施的（故意杀人，《刑法典》第212条）抑或出于某种卑劣的动机而实施的（谋杀，《刑法典》第211条）。

在制裁方面法律和道德同样存在着区别。法律是在国家的帮助下得以贯彻实施的，而对于道德来说则不存在这种制裁方式，违反一项良知所要求的行为规范的后果只是良心的谴责（“自责”）。

尽管存在着各种差异，但法律和道德之间仍存在相当多的共同点。一些法律规范就援引了道德。这里的道德既不是个人良知决定意义上的道德，也不是宗教或世界观伦理学意义上的道德，它指的是社会道德。

根据《民法典》第826条，以违反善良习俗的方式故意施加损害于他人的人，负有向该他人赔偿损害的义务。违背善良习俗既不取决于特定人群道德上特别高水平的见解，也不取决于特别无原则的见解。确切地说，当一个行为违反“所有持公平和正义思想的人的体面感”时，该行为就是违反善良风俗的④（参见边码329及以下）。也就是说必须合乎“体面的普通人”的观点。

一项法律规范同样可能对社会道德产生影响。

在关于堕胎期限（Fristenlösung）违宪性的一审判决中，联邦宪法法院指出了一项刑法规范（“堕胎应受惩罚”）的长远影响（Fernwirkung）并对此加以详细

④ Mot. II，727；BGH NJW 2004，2668（2670）；RGZ 80，221.

说明[5]："此类刑罚威胁的单纯存在已足以对民众的价值观和行为方式产生影响。"

最后，社会道德的变化能够导致法律的改变。

我们可以想到的一个例子就是导致了刑法自由化（例如性犯罪）的社会道德变化。

(三) 法律规范的产生

4 法律规范（法规）的产生有两种方式，一种是由某一组织机构明确制定（制定法），另一种是长期默默的实践（习惯法）。它并不产生于法官的法律创造。

1. 制定法可以采用法律、法令或自治规章的形式。

(1) 法律由立法者创设。这里的立法者在民主制度中通常指议会。对于联邦法律来说，立法程序要遵照《基本法》的规定（《基本法》第70条及以下），而对于各联邦州的法律来说，立法程序则遵循各州宪法的规定。最重要的是相应的议会决议（联邦议会、州议会）、法律的签发（在联邦一级由联邦总统）以及在法律公报中进行公布。

通常情况下，法律包含法律规范。当法律为不确定的多数人和事件规定了确定的生活范围时就属于此种情况。此类创设了法律规范的法律被人们称作实体意义上的法律。

例如：根据第437条第2项，瑕疵物的买受人可以解除合同或者要求减价。任何买受人均享有此权利，它适用于所有买卖。上述规定适用于不特定的多数人或者不特定的大量事件。

还存在一类没有创设法律规范的法律，它们（只）是形式意义上的法律。

例如：包含收入和支出的联邦财政预算案不仅要由联邦政府制订，而且要由议会依法进行决议通过（参见《基本法》第110条）。由此议会应当参与到制订预算的重大决策中。此时不会产生公民的权利和义务。财政预算案要求采取法律的形式，但并不会创设法律规范。

5 (2) 然而，法律规范不仅仅被包含在法律中。宪法规定，法律规范（等同于实体意义上的法律）也可以由政府或者部长创设，而不需要议会的直接参与。但此种法令颁布的前提条件是制定法（formelle Gesetze）中包含相关授权，且法律确定了授权的内容、目的和范围（详细内容：《基本法》第80条）。因为此类含有授权的法律必须由议会决议通过，所以议会至少间接地参与了该法律规范的颁布。

例如：在《道路交通法》中可以找到规定了在公共道路或场所行驶汽车的交通规则。更为详细的规定可能存在于《道路交通规则》中，它是由联邦交通部经联邦参议院的同意颁布的。相应的授权包含在该法第6条第1款中。

法令在效力上与由议会制定的法律并无区别。因此含有法律规范的法令是实体意义上的，而非形式意义上的法律。

6 (3) 非国家的联合体同样可以制定法律规范。其立法权限（所谓的自治，制定

⑤ BVerfGE 39, 1 (57)., NJW 1975, 573.

规章权）必须由国家法律授予该联合体。如果联合体行使其被赋予的自治权且制定了法律，那么这就是自治规章。因此人们将它视为联合体根据法律赋予的权限所颁布的法律规范。

此类联合体指乡镇（牧区）、乡镇联合体、手工业同业工会、大学等。而对颁布自治规章的授权则存在于乡镇法、手工业法规、高校法等之中。乡镇规章包括关于娱乐税、公共道路清扫、疗养税等的规定。

社团规章不属于此类情况，因为与私人一样，社团没有被赋予立法权。

在效力上，自治规章与法律并无区别，尽管通常它的适用范围要小一些（比如说适用于有关乡镇）。它是实体意义上的法律，而非形式意义上的法律。

（4）最后，有时还会涉及欧盟法[⑥]，原则上欧盟法要优先于国内法律规范。除 7
一级欧盟法（《欧盟条约》《欧盟运作方式条约》，欧洲法院所提出的一般法律原则）外，还应重视二级欧盟法。根据《欧盟运作方式条约》第288条第1款，欧盟机关（欧洲议会和欧洲参议会）颁布法令、指令以及决定，发表建议和意见。

*法令*具有普遍适用性，其所有部分均有约束力并直接适用于所有成员国（《欧盟运作方式条约》第288条第2款）。

*指令*在应实现的目标方面对于其所针对的每一个成员国具有约束力，但是它赋予各成员国选择形式和手段的权利（《欧盟运作方式条约》第288条第3款）。指令通常对欧盟公民不具有直接效力。在未对指令进行转化的特定情况下，成员国对其公民承担责任。指令对《民法典》的意义日益重大。从总体上来看，债法因2001年11月26日（见边码49）[⑦]的《债法现代化法》（同样参见边码49）进行的重大修改是由三项欧洲指令所导致的。[⑧]以及生效于2014年6月13日[⑨]全新修订的关于消费者合同的第312条及以下就是对欧盟2011年83号消费者权利指令[⑩]的转化适用。

*决定*的所有部分对于其所涉及的国家具有约束力（《欧盟运作方式条约》第288条第4款第1句、第2句）。

相反，*建议*和*意见*不具有约束力（《欧盟运作方式条约》第288条第5款）。

2. *习惯*法并非产生于立法行为，而是以组织适用法律的一般性意愿为基础，该 8
意愿是在长期实践中，尤其是在持续性的裁判惯例（Gerichtsgebrauch）中表现出来的。

例如：在缺少相关法律规定的联邦州，律师身着制服出庭的义务是以习惯法为

---

⑥ Einzelheiten：Hakenberg，Europarecht，6. Aufl. 2012；Herdegen，Europarecht，16. Aufl. 2014；Hobe，Europarecht，8. Aufl. 2014；Oppermann/Classen/Nettesheim，Europarecht，6. Aufl. 2014. S. ferner Mayer，Der Vertrag von Lissabon im Überblick，JuS 2010，189.

⑦ BGBI. 2001 13183.

⑧ *Brox/Walker* SchuldR AT § 1 Rn. 4.

⑨ Gesetz zur Umsetzung der Verbraucherrechterichtlinie und zur Änderung des Gesetzes zur Regelung der Wohnungsvermittlung（BGBl. 2014 1 3642）.

⑩ RL 2011/83/EU des Europäischen Parlaments und des Rates über die Recht der Verbraucher v. 25. 10. 2011，ABl. 2011 L 304，64.

基础的。因为在所有联邦州中存在一种被所有法院的法官所认可，并被整个律师界认同的统一且具支配力的法的确信（Rechtsüberzeugung）。⑪

习惯法从习俗和惯例中逐渐形成，在大范围缺少成文法的时期它尤其重要。如今习惯法已经基本被成文法所取代。

在效力方面，习惯法与成文法相同。这被规定在《民法典施行法》第 2 条中，根据该条款，《民法典》意义上的法律指所有法律规范，也就是说包括产生于习惯法的法律规范。

9　3. 虽然对于一般性的法律确信来说权威判例能够成为习惯法，但是*法官对法律的续造*却不能创设法律规范。法官所做的（尚）未成为习惯法的判决同样不能创设法律。

法院将法律适用于须被审判的各个案件中。如果它发现法律存在漏洞，那么它会通过在判决理由中进行法律补充来填补这一漏洞（边码 64）。如今，法院的这种“创造性地发现法律”的权限已不存在任何争议，联邦最高法院自始行使此项权力。⑫ 法律明确地将“法律续造”的任务交给联邦最高法院的判决委员会（《法院组织法法则》第 132 条第 4 款）。

法官的法律创造首先在劳动法中非常重要，这是因为立法始终落后于社会的发展。因为劳资争议没有在法律中被加以规定。联邦劳动法院因而创设了一系列规则，其中包括了在哪些条件下罢工和解雇是合法的，以及会导致哪些后果。⑬

法院所作的法律解释不仅对于待审判的案件极为重要，而且对于未来的同类案件同样重要。尤其是较低级法院通常会遵循最高法院判决中的规则，它们经常包含于指导原则中且像法律条文一样被表达。较低级法院相信这些判决的准确性或者希望有利于法律确定性，然而与成文法律或者习惯法不同，它们并不受到此类判决的约束。相反，它们可以提出与最高法院不同的法律观点。不过，此时较低级的法院通常会面临的危险是，最高法院通过败诉方的上诉改动其判决并像之前那样解决该法律问题。因此只有当有正当事由表明，最高法院将放弃之前的观点时，较低级法院才能作出与最高法院不一致的判决。由此可见，“法官法”虽然能在“事实上”，却不能在“法律上”约束法院和守法者。因此“法官法”不同于成文法。

例如：联邦劳动法院自《联邦劳动法院裁判集》第 1 卷第 269 页中的权威判决起适用如下规则：合法解雇作为资方对罢工的回应，可以导致与雇员的劳动关系的解除。多年以来，各劳动法院和协会一直在遵守此项判决，然而在法律上并不受此约束。每个法院，包括联邦劳动法院本身，都可以在另一个法律纠纷中对这个法律问题作出不同的判决。后来联邦劳动法院对这项规则施加了广泛的限制。⑭

---

⑪ Vgl. BVerfGE 28，21（28）= NJW 1970，851.

⑫ Nachw. in BVerfGE 34，269（288）= NJW 1973，1221.

⑬ Vgl. etwa BAGE 1，291；23，292；48，160；BAG DB 1988，1902 und 1952；NZA 2003，734；BVerfG DB 1991，1678；1993，837；Einzelheiten：*Brox/Rüthers*，Arbeitskampfrecht，2. Aufl. 1982；*Brox/Rüthers/Henssler* ArbR Rn. 753ff.

⑭ BAGE 23，292；vgl. BVerfGE 38，386 = NJW 1975，968；BVerfGE 84，212 = NJW 1991，2549.

二、私法

（一）概念和界定

1. 私法（或者民法）是这样一个法律领域，它规定了*各个共同体中平等成员之间的关系*。相反，公法则大多涉及调整上下级关系的规则。 10

买受人可否要求出卖人转让并交付所售汽车是私法所规范的事项，而谁有义务向国家缴纳营业税则属于公法范畴的税法所要解决的问题。

这种界定并非永远适用。私法中可能存在上下级关系，而公法中也可能存在平等关系。

例如：在父母子女关系中就存在着某种上下级关系，但是婚姻家庭法仍属于私法范畴。而如果两个乡镇签订了一份区域变动合同，那么双方就是平等的合同当事方，尽管这时适用的是公法。

即使主权机构（例如国家或乡镇）参与到法律关系中，也不必然地适用公法。只有当它在行为中所履行的是高权主体的职能时，才适用公法而非私法。

例如：如果城市从土地所有人处购得一块土地并委托建筑公司在其上建造房屋，那么它就如同私人一样签订了私法合同。相反，如果城市给予建筑公司老板 A 一份建筑许可，那么这就属于高权行为（公法）。城市可以像私人一样基于一份遗嘱或国家法律（第 1936 条）[15] 成为一位死者的继承人（私法），然而继承人向国家缴纳遗产税的义务则属于公法范畴。[16]

生活中的很多情况经常在私法和公法上同时具有意义。例如私法上的法律行为的效力可能取决于公法行为或者引起公法上的后果。同一事实情况既可能引起私法上的后果也可能引起公法上的后果。

例如：（在私法上）取得耕地或林地的效力取决于（公法上的）官方许可（《土地交易法》[17] 第 2、3 条）。取得人缴纳土地税的义务（公法）随着土地按照私法被取得而产生。

盗窃他人钱物的人满足了《刑法典》第 242 条的犯罪构成要件。他将因盗窃罪被处以刑罚（公法）。失窃人可以根据《民法典》第 823 条（私法）向盗窃人要求损害赔偿（私法）。

2. 私法和公法的界定对于以下两个问题非常重要。 11

（1）在个案中，应当适用*哪种法律规范*取决于案情应当根据私法还是公法被裁决。

例如：土地所有人负有向其所委托进行街道清洁的企业支付约定的（私法上

---

⑮ *Brox/Walker* ErbR Rn. 78ff.

⑯ *Brox/Walker* ErbR Rn. 43，805ff.

⑰ Schönfelder，Deutsche Gesetze，Ergänzungsband Nr. 40.

的）报酬的义务。如果街道清洁是由城市实施的，那么土地所有人有义务支付（公法上的）街道清洁费。

11a (2) 起诉人必须向正确的法院提起诉讼。关键问题是，应求助于国家的哪个具有司法管辖权的部门（比如说普通法院还是行政法院）。原则上，法律途径的选择要根据存在争议的法律关系属于私法还是公法范畴来确定。《行政法院条例》第 40 条第 1 款规定，所有非属宪法的公法纠纷均由行政法院解决。相反，根据《法院组织法》第 13 条，所有民法纠纷，即基本上所有私法纠纷，均由普通法院（初级法院、州法院）管辖。

因此业主与建筑公司之间的纠纷作为私法纠纷应由普通法院解决，而针对拒绝给予建筑许可的行政行为[18]的诉讼则应向行政法院提起。

与上述规则不同，当某些公法纠纷被法律明确地分配给普通法院时，普通法院就对这些纠纷享有管辖权。这些例外情况一方面可以从历史角度被加以解释，因为以前行政法院并非独立的法院，而大体上只是行政当局的特殊部门。另一方面，由于彼此接近，司法机构在特定领域的裁判行为应当由普通法院对其合法性进行复审（《法院组织法施行法》第 23 条及以下）。

例如：根据《基本法》第 34 条第 3 句，由公务员的渎职所引起的损害赔偿请求权不得排除普通法院的管辖。因此，建筑申请被无理由拒绝并由此遭受财产损失的公民可以就此向普通法院提起诉讼。如果州高等法院院长拒绝免除外国人提供结婚能力证明的义务（第 1309 条第 2 款），那么他可以提出申请，要求州高等法院民事审判委员会作出法院裁决，也就是说向普通法院而非行政法院提起诉讼（《法院组织法施行法》第 23 条及以下）。只要没有特殊的司法管辖权，根据《法院组织法》第 13 条，刑事诉讼也属于普通法院管辖。

（二）不属于私法的法律领域

12 属于公法范畴的法律领域均不属于私法。因此下列法律领域作为公法的组成部分将不会被进一步加以论述。

1. 国家法，该法包括国家组织法以及公民对国家的各项权利（参见《基本法》，州宪法）；

2. 行政法，该法对公共行政行为作出了规定（例如《警察法》《建筑法》《道路法》《水法》《公务员法》《税法》）；

3. 国际法，该法致力于规范国家以及其他国际法主体之间的法律关系；

4. 刑法，该法规范了含有国家刑罚权的构成要件，同时规定了违反刑法的各种惩罚措施（参见《刑法典》）；

5. 诉讼法，该法规范了诉讼权的实施（例如《民事诉讼法》《刑事诉讼法》《劳

---

[18] Verwaltungsakt ist jede Verfügung，Entscheidung oder andere hoheitliche Maßnahme，die eine Behörde zur Regelung eines Einzelfalls auf dem Gebiet des öffentlichen Rechts trifft und die auf unmittelbare Rechtswirkung nach außen gerichtet ist（§ 35 Verwaltungsverfahrensgesetz-VwVfG）.

动法院法》《社会法院法》《财政法院条例》)。

三、民法

(一) 概念

民法是*私法的一部分,它适用于每个人*。“民法”这一称谓并非指关于公民地位的法律,它来自罗马时期的“市民法”。如今仍使用该称谓,是因为适用于每个人的私法主要被规定于《民法典》中。 13

以前民法就是整个私法,“民法”和“私法”的概念是相同的。随着时间的推移,越来越多的特别法律领域(针对特定人群,如商人)相继产生。因此,今天的民法指的是相对于仅适用于特定私法领域的特别私法而言的一般私法。

(二) 界定

一般私法意义上的民法须与特别私法中的下列法律领域相区分: 14

1. *商法*是商人的特别私法。[19]

商法主要被规定在《商法典》中。它规定了什么是商人,在商行为和海商关系中适用何种特殊规定等。调整人合合伙(公开商事合伙、两合商事合伙)的法律规范被规定于《商法典》中,而资合公司(股份有限公司、有限责任公司)的规定则在特别法(《股份法》《有限责任公司法》)中才能找到。广义的商法还包括《票据法》和《支票法》,因为以前票据只能由商人开具,支票只能由银行家开出。

2. 凡不属于公法的*经济法*都是工商业的特别私法且与商法相近。 15

主要包括竞争法(《反不正当竞争法》《反限制竞争法》《商标法》)。

3. *知识产权法*是规定了无形财产权利(著作权、工商业产权保护)的特别私法。 16

例如:《著作权法》《艺术品及摄影作品著作权法》《设计法》《专利法》《商标法》。

4. *劳动法*是非独立雇员的特别私法。不过,除私法外它还包括许多公法规范。[20] 17

《民法典》中关于雇佣合同的规定(第611条及以下)不足以保护非独立雇员,因此存在一系列旨在保护所有雇员或者有特别保护必要的雇员的法律[例如《联邦休假法》《工作时间法》《不当解雇保护法》《母亲保护法》《社会保障法典》第九章(残疾人康复和参与)]。

(三) 含义

民法是私法的基础。特别私法的各个领域都是从作为一般私法的民法中分离出 18

---

[19] Vgl. *Brox/Henssler* HandelsR Rn. 1 ff.

[20] Vgl. *Brox/Rüthers/Henssler* ArbR Rn. 3,93ff.

来的。这些法律领域必须在一般私法的背景下被理解，因此对民法的认识是探究特别私法的前提条件。虽然特别私法已经独立于一般私法，但是直到今天在它们和民法之间仍然存在着大量的交叉。

例如： 批发商 V 根据买卖合同向商贩 K 供应土豆，土豆被证实已经腐烂，所以 K 无法继续销售。因此 K 在收到货物的当天打电话给 V，让 V 自己处理这些有瑕疵的土豆并要求退还价款。如何处理？

解决这个案件要考虑到《民法典》和《商法典》。《民法典》中的第 433 条及以下对买卖作出规定，而《商法典》则在其第 373 条及以下对商业买卖作出规定。[21]根据《民法典》第 437 条第 2 项第 1 种情况，买受人可以基于买卖物的瑕疵解除合同。因为土豆已经腐烂，所以 V 的履行确实存在瑕疵。然而该案件还没有得到解决。因为作为批发商的 V 和作为商贩的 K 都是商人，所以还要审查作为商人特别法的商法中是否存在针对本案的特别规定。《商法典》第 377 条第 1 款规定："如果买卖对于双方当事人来说是商行为，那么买受人必须在通常营业可能的范围内，在出卖人供货后毫不迟延地对货物进行检查，如果发现存在瑕疵，那么必须毫不迟延地告知出卖人。"在本案中，买卖对于合同双方当事人来说是商行为，因为根据《商法典》第 343 条，商行为指属于经营商人的营业的一切行为。这些前提条件都已得到满足。因此 K 必须在供货以后毫不迟延地对土豆进行检查并立刻将瑕疵告知 V（《商法典》第 377 条第 1 款）。否则这些货物将被视为已接受（《商法典》第 377 条第 2 款）。这样 K 将不能基于土豆的瑕疵主张任何权利（参见《商法典》第 377 条第 4 款）。"毫不迟延"的定义并非产生于《商法典》，而是《民法典》。根据与此毫无关系的《民法典》第 121 条第 1 款的定义，"毫不迟延"是指"在没有有过错的迟延的情况下"。这个条件同样已经满足，因为 K 在接收货物的当天就已经通过电话告知 V 土豆存在瑕疵。但是《商法典》并未规定，在第 377 条第 1 款的构成要件得到满足的情况下买受人享有哪些权利，在此就应适用《民法典》。根据《民法典》第 437 条第 2 项第 1 种情况，在所购物品存在瑕疵时买受人可以解除合同。因此 K 的要求是合理的。

（四）法律规定

19 1. 对于民法来说，最重要的法律当属*《民法典》*。该法典于 1896 年 8 月 18 日公布，1900 年 1 月 1 日生效并适用至今。随着时间的推移，除各条款外，《民法典》中很多领域也发生了变化。

例如： *《男女平等权利法》*（1957 年 6 月 18 日）在民法领域实现了男女之间的权利平等。*《非婚生子女法》*（1969 年 8 月 19 日）改善了非婚生子女的法律地位。1997 年 12 月 16 日公布[22]、1998 年 7 月 1 日生效的《亲子关系法改革法》以及于同

---

[21] *Brox/Henssler* HandelsR Rn. 384ff.

[22] BGBl. 1997 1 2942.

一天公布[23]、1998年4月1日生效的《非婚生子女平等继承权法》，婚生和非婚生子女在法律上得到了平等对待。《遗嘱法》(1938年7月31日)尤其简化了适用于设立遗嘱以及继承合同的形式条款。除过渡性条款外，这三部法律中的规定全部被纳入《民法典》中。为了保护包价旅游(Pauschalreise)的参与者，1979年《旅游合同法》第651a条及以下被引入《民法典》中。1990年9月12日公布、1992年1月1日生效的《照管法》废除了对成年人的禁治产、监护以及对成年残疾人的保佐(Gebrechlichkeitspflegschaft)，取而代之的是"照管"(Betreuung)。

2. 在《民法典》的生效期间内，一些特别法对《民法典》的部分领域进行了重新规定，《民法典》中的相应规定也由于这些新法的出台而失效。不过，其中的一些法律规则通过2001年11月26日[24]的《债法现代化法》被重新纳入《民法典》中。 20

(1)《失踪法》(1939年7月4日)[25] 取代了存在漏洞的第15到22条(边码771及以下)。

(2) 1894年的《分期付款法》将动产的买受人可以分期支付价款的情况补充到《民法典》中。而《分期付款法》又被1990年12月17日公布、1991年1月1日生效的《消费者信贷法》所取代。该法为所有类型的有偿信贷合同(例如贷款、买卖、劳务和加工承揽合同)提供了与它最初仅提供给分期付款的买受人同等的保护。自2002年1月1日起，这些规定被包含于《民法典》中(参见第491条及以下)。

(3) 与《消费者信贷法》一样，《上门交易及类似交易撤回法》同样致力于消费者保护且已被引入《民法典》中(参见于2014年6月13日[26]新修订的第312g条)。原则上，订立于营业场所外的合同(第312b条)以及异地交易合同(第312c条)中的"吃惊的"消费者可以在两周之内撤回其意思表示(第355条，参见边码198及以下)。

(4)《一般交易条款法》(1976年12月9日)旨在保护合同当事人免受一般交易条款所带来的不利。该法现已被归入《民法典》第305条及以下(参见边码219及以下)。

(5)《道路交通法》(1952年12月19日公布，于2003年3月5日重新公布)的前身是1909年颁布的一部法律，它关注驾驶汽车所带来的特殊危险。它为汽车所有人及驾驶者创设了赔偿因驾驶汽车造成的人身或财产损害的义务。

(6)《住宅所有权法》(1951年3月15日)对未就房产实际存在的组成部分(reale Teile)的所有权作出规定的《民法典》物权法编进行了补充。该法承认针对一套住房或房屋的其他空间的所有权。

(7)《分时居住权法》(1996年12月20日公布，1997年1月1日生效)对关于转让房屋分时居住权的合同作出规定，自2002年1月1日起第481条及以下开

---

[23] BGBl. 1997 1 2968.

[24] BGBl. 2001 I 3138.

[25] Schönfelder，Deutsche Gesetze，Ergänzungsband Nr. 45.

[26] Gesetz zur Umsetzung der Verbraucherrechterichtlinie v. 20. 9. 2013 (BGB! . 2013 I 3642) .

始适用。

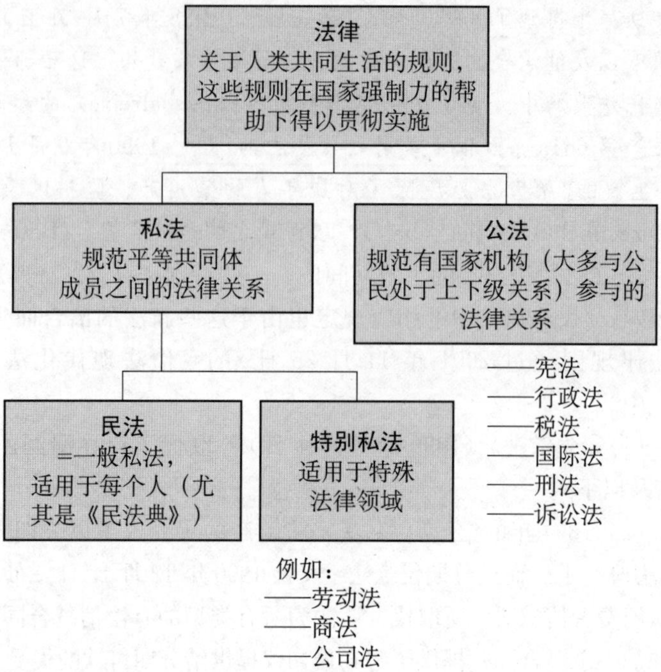

(8)《*婚姻法*》(1938 年 7 月 6 日) 对原属于《民法典》家庭法编的结婚及离婚法作出全新规定。《管理委员会法》第 16 项（1946 年 2 月 20 日）删除了若干含有纳粹思想的条款，但绝大部分仍沿用原来的法律条文。在《第一部婚姻家庭法改革法》(1976 年 6 月 14 日) 颁布后，离婚法再次在《民法典》中得到规定。通过 1998 年 5 月 4 日的《结婚法革新法》，不仅结婚预告和可能的结婚禁令被废除，而且瑕疵婚姻的后果也得到统一。与此同时，《婚姻法》被废止，其中包含的规定被重新纳入《民法典》中（即第 1303 条及以下）。

第二节 《民法典》

参考文献：Canaris，Grundrechte und Privatrecht，1999；J. Hager，Grundrechte im Privatrecht，JZ 1994，373；Horn，Ein Jahrhundert Bürgerliches Gesetzbuch，NJW 2000，40；Käser，Der römische Anteil am deutschen bürgerlichen Recht，JuS 1967，337；Medicus，Schutzbedürfnisse（insbesondere der Verbraucherschutz）und das Privatrecht，JuS 1996，761；*Petersen*，Die systematische Stellung des Allgemeinen Teils vor der Klammer der anderen Bücher，JURA 2011，759；Reuter，Die ethischen Grundlagen des Privatrechts-formale Freiheitsethik oder materiale Verantwortungsethik?，AcP 189（1989），199；Schapp，Einführung in das Bürgerliche Recht：Das System des Bürgerlichen Rechts，JA 2003，125；

Schmoeckel，100 Jahre BGB：Erbe und Aufgabe，NJW 1996，1697；Schulte-Nölke，Die schwere Geburt des Bürgerlichen Gesetzbuchs，NJW 1996，1705；Stürner，Der hundertste Geburtstag des BGB-nationale Kodifikation im Greisenalter?，JZ 1996，741；Wieacker，Privatrechtsgeschichte der Neuzeit，2. Aufl.，Nachdruck 1996.

一、产生

（一）立法进程

《民法典》为当时的整个德意志帝国第一部统一的民法法典，并消除了百年来存在的法律不统一现象。 21

法律的不统一尤其在商业领域中产生了诸多不便，因为该领域超越了邦之间的界限。因此统一的商法和票据法是尤其值得追求的目标。然而因为德意志联邦（Deutscher Bund）并不享有立法权，所以这个目标只能通过各邦订立的内容相同的法律得以实现。正是通过这种方式，1848 年的《德国普通票据条例》和 1861 年的《德国普通商法典》在整个德意志联邦的范围内得以适用。

1867 年的《北德意志联邦宪法》和 1871 年的《帝国宪法》规定，联邦或者帝国只对部分私法（债务法，如今：债法、商法和票据法）享有立法权。为了能够创设统一的民法，首先必须将联邦或者帝国的立法权范围扩大到整个民法。应议员米奎尔和拉斯克的多次申请并通过相应的旨在修改宪法的法律的颁布，该目标最终于 1873 年被达成（《米奎尔—拉斯克法》或者《拉斯克法》）。

1874 年预备委员会成立，11 名著名法律学者（第一委员会）在该委员会完成预备工作后根据联邦参议院的决议于同年开始拟定《民法典》中五编的草案，该法案作为《第一草案》连同五卷《立法理由书》于 1888 年被公布。《立法理由书》中论及了当时在各州所适用的规定，委员会在草案中致力于对此进行协调。在接下来的几年中，草案的部分内容遭到了猛烈批评，人们尤其指责它过于偏向罗马法，而毫无德国法的特征，是社会的退步。

1890 年联邦参议院设立了由法学家、各行业的代表以及经济学家组成的第二委员会。他们于 1895 年完成了《第二草案》，该草案在考虑到外界批评的前提下以法律续造，尤其是对经济上弱势群体的保护为目标。对此进行的讨论被公布于七卷《议事录》中。

联邦参议院对此作出了一些改动，特别是在社团法方面。1896 年《第三草案》连同帝国司法部在《意见书》中所阐述的理由被提交帝国议会。

帝国议会中的委员会对草案进行了进一步的修改。所有涉及社团法和婚姻法的内容均以政治权衡为依据。在立法进程中第一次允许通过亲自订立遗嘱的方式确定

---

* 蜜蜂权属于物权，具体内容包括蜂群的所有权丧失，所有人的追寻权，蜂群的联合以及蜂群的混合，该项权利被规定于《民法典》第 961 条至第 964 条。——译者注

继承顺序。此外，草案也体现出某些职业的影响，例如它对蜜蜂权* 作出了详细规定（第961至964条）。

1896年经过修改的法律被帝国议会接受，经帝国参议院批准，由国王签署并在《帝国法律公报》中予以公布。它于1900年1月1日生效。随着时间的推移，历经修改的《民法典》如今仍是联邦法律（参见《基本法》第123条第1款，第125条第1项）。

即使在今天，《草案》、《立法理由书》、《议事录》和《意见书》也同样具有重大意义。如果在解释《民法典》中的规定时必须探明立法者的意图（边码62），那么该条款的形成过程就可以告诉我们法律起草者采用这种表达的意图。上述《民法典》材料被按照法条清楚地汇编在由穆格拉所编辑整理的1899年出版的5卷《民法典材料汇编》中。

（二）历史根基

22 立法者编纂《民法典》的首要目的并非创设全新的民法，而是统一当时所适用的法律。这就可以解释为什么与之前适用的法律规定一样，《民法典》中包含了罗马法和德国法的因素。了解法制史有助于我们更好地理解《民法典》。

23 1. 自被德国接纳（借鉴）后，*罗马法*于15世纪引起了法律的科学化以及逻辑严谨且概念化的法律适用，《民法典》的第一编和第二编均可以体现出这一点。法律的体系化和抽象化（边码37）起源于罗马法，这尤其表现在《民法典》总论中。债法同样如此，特别是最重要的债法合同——买卖。

例如：买卖物出现瑕疵时买受人被赋予的解除和要求减价的权利（第437条第2项）即产生于罗马法中的契约解除诉权（actio redhibitoria）和价金减额诉权（actio quanti minoris）。它们由高级市政官即罗马市场警察针对奴隶及牲畜买卖而确定。

24 2. 作为各个种族习惯法产生并于中世纪被接纳为邦法的*德国法*是邦农业法。《民法典》物权编所涉及的动产与不动产的区别以德国法为基础。土地法和家庭财产法均起源于*德国法*。

例如：获得和丧失土地所有权（第925条及以下）以不同于获得和丧失动产所有权（第929条及以下）的方式被规定。为转让土地所有权所必要的让与人与取得人之间的合意在第925条中被称为“合意”（“Auflassung”）。

二、基础

（一）私法自治

25 《民法典》表现出了*自由主义以及个人主义*的基本观念。它以经济自由主义（wirtschaftlichen Liberalismus）为基础。人们认为，个人可以通过自由决定自主安排其私人生活关系，而无须国家协助或监护。个人的平等和自由将会引向人类共同生活的最佳秩序，因为个人利己的追求和竞争中力量的自由投入应对各方面有益。

因此，法律赋予个人以下自由：亲自为其生活关系确定被法律规范所认可的规则（私法自治原则）。

私法自治原则在合同法中得到明确体现。据此个人可以自由决定，是否以及与谁签订合同（缔约自由，边码75）和合同内容（形成自由，边码76）。第311条第1款的前提条件是合同自由。物的所有权人可以根据第903条随意处置该物并排除他人的一切干涉（*所有权自由*）。个人有权通过遗嘱决定其死亡后由谁来继承其财产（第1937条，*遗嘱自由*）。[27]

《民法典》规定的自由权利如今通过《基本法》中的基本权利条款而得到宪法层面的保障，它们不能通过变更《基本法》而被废除（参见《基本法》第79条第3款结合第1条第1款）。

《基本法》第2条第1款规定了自由发展人格的权利以及由此产生的合同自由。对所有权及继承权这两个重要私法机制的保障（《基本法》第14条）有利于对个人自由的保护。确定继承顺序的遗嘱自由同样通过继承权而得到宪法层面的保护。

（二）社会平衡

26 虽然奉行个人主义的基本观念，但《民法典》在一些方面同样重视社会平衡思想。它涂了“几滴社会的润滑油”，这主要源于人们对《第一草案》的批评。

一般来说，在缔结合同时只有当相互对立的缔约双方具有几乎相同的实力时，合同自由才导致合理的结果。如果一方利用另一方的急迫情势或者缺乏经验使该人承诺给予财产利益，且该财产利益与其给付的价值明显不成比例（例如为陷入急迫情势的合同当事人提供40%利息的贷款），那么尽管存在自由约定交易仍无效（第138条第2款、第344条及以下）。

根据第903条，只有“在不与法律或第三人权利相抵触的限度内”，才存在所有权自由。因此，在他人为避开现时的危险而有必要干涉物，且将要发生的损害与因该干涉而对所有人发生的损害相比过于巨大时，物的所有人无权禁止他人干涉该物（第904条第1句，边码699）。

虽然每个人基于遗嘱自由均有能力通过将他人确定为其继承人的方式（第1937条）将其近亲属排除出继承顺序，但是他同样负有在其死后继续存续的、对其配偶及子女的照料义务。因此，如果此类近亲属已无法参与继承，那么被继承人原则上不能阻止他们享有金钱请求权形式的特留份权（第2303条及以下）。[28]

27 最初的《民法典》并不足以实现社会平衡。因此，随着时间的推移，在《民法典》的内部和外部有若干规范被创设出来。例如在合同法中，这些规范有助于实现对合同双方当事人均公正合理的结果。换句话说，只有当《民法典》所假定的合同当事人之间的平等确实存在时，上述规范才会在自由商定合同条件的情况下成为现实。然而一般来说，劳动合同、租房合同以及消费者与企业之间的合同（参见边码

---

[27] *Brox/Walker* ErbR Rn. 23.

[28] *Brox/Walker* ErbR Rn. 542ff.

199）均不属于此种情况。此时，雇员、承租人或消费者在面对处于强势地位的雇主、出租人或企业时无法在商谈合同条件的过程中“掌握主动”。因此，立法者制定了若干有利于处于弱势地位的合同当事人的保护条款，这些条款不能被强势的合同当事人排除，从而给弱势一方造成不利。

例如：在签订劳动合同时，虽然雇员与雇主在形式上处于平等的地位，但实际上劳动合同却常常表现为雇主的单方面的强制。因此，人们将合同自由称为雇员的“鸟自由”*。因此，在《民法典》之外存在若干有利雇员的保护条款。这样一来，与资方处于大体平等地位的工会就可以在劳资协定中与资方商定劳动条件，这些劳动条件作为最低条件适用于与工会成员签订的劳动合同（参见《劳资协定法》第4条）[29]，《工作时间法》和《联邦休假法》对最高工时和最低休假时间作出了规定。

就房屋租赁而言，承租人不得受出租人无理解约和不当提高租金的侵害。因此，不利于承租人的异常约定是不生效力的（参见第557条第4款、第569条第5款、第573条第4款以及在第549条及以下条款中关于房屋租赁的许多其他规定）。

就银行与消费者之间的合同而言（此类合同以向消费者有偿提供贷款、延期清偿或其他融资援助为客体，即所谓的“消费者借贷合同”），非进行职业活动的消费者应免受未加以考虑的义务和歧视性合同条件的侵害（第491条及以下）。消费者所享有的、在某一期限内“宣布合同无效”的权利同样有助于对消费者的保护（第495条）。对于订立于营业场所外的合同以及异地交易合同中的消费者的撤回权来说，同样如此（第312g条，参见边码201及以下）。

（三）信赖保护

28 与罗马法相反，*德国法*方面产生了一系列*顾及交易安全*的规定。罗马法认为在通常情况下，没有人能够转让给他人比自己所拥有的更多的权利，而《民法典》却保护取得人对让与人的权利表象的信赖。虽然让与人根本不是真正权利人，但取得人仍可以取得此项权利。

如果V将一块土地出售给K，那么根据第433条第1款第1句他有义务使K取得这块土地的所有权。根据第873条第1款，此项义务通过K与V之间关于所有权转让的合意（第925条第1款第1句）以及K作为土地所有权人被登记在土地登记簿中而得到履行。但K取得此项所有权以V现在是该土地的所有权人为前提。若V根本不是该土地的所有权人，则K原则上不能从V（无权利人）处取得该土地的所有权。

如果V被错误地登记为该土地的所有权人（比如说由于土地登记员的疏忽，真正的所有权人是E），也就是说土地登记簿是不正确的，那么上述结果会让K感到极其不快。在这种情况下，土地登记簿造成了V是该土地真正所有权人的假象。此

---

* “鸟自由”指的是雇员像天空中的飞鸟一样自由，但有随时被射杀的高度危险，因而是一种毫无实质意义的自由。——译者注

[29] *Brox/Rüthers/Henssler* ArbR Rn. 128，672ff.

时如果 K 基于对土地登记簿的信赖与 V 就所有权转让达成了合意并作为所有权人被登记在土地登记簿中，那么他应当因其对土地登记簿的善意信赖而受到保护：尽管 V 不是所有权人，但 K 仍成为该土地的所有权人，真正的所有权人 E 因而丧失该土地的所有权。第 892 条第 1 款第 1 句规定了从无权利人处的善意取得。此时我们可以这样解读该条款：为以法律行为（合意及登记）取得土地上的某项权利（所有权）的人（K）的利益，土地登记簿的内容被视为正确（被错误地登记为该土地所有权人的 V 被视为真正的所有权人）。E 仅享有一项针对 V 的补偿请求权（参见第 816 条第 1 款第 1 句）。

只有当从土地登记簿本身可以推知 V 可能是被错误地登记为所有权人，或者 K 知道 V 不是真正的所有权人时，K 才不能取得该土地的所有权。在这两种情况下，K 不得信赖土地登记簿的正确性，此时他不值得保护。尽管双方已达成合意并且 K 已被登记在土地登记簿中，但他仍不能取得该土地的所有权。第 892 条第 1 款第 1 句提到了这两种例外情况，据此，如果对正确性的异议（将 V 登记为所有权人）已被登记或者不正确性（将 V 登记为所有权人）已为取得人（K）所知悉，那么将不会出现权利取得。

在上述复杂的例子中，为了善意取得人的利益，继而为了交易安全的利益，因此对权利表象的依赖受到法律的保护。

（四）基本法的影响

与所有其他法律一样，如今《民法典》必须与《基本法》规范保持一致。 29

与《基本法》规范相违背的法律规定是无效的（参见《基本法》第 1 条第 3 款、第 20 条第 3 款）。

例如：1957 年的《男女平等权利法》对父母对未成年婚生子女的支配权进行了重新规定，此项权利由父母享有。但若父母对此未能达成一致，则根据旧法第 1628 条第 1 款应由父亲作出决定。根据旧法第 1629 条第 1 款，通常应由父亲代理子女。联邦宪法法院认为父亲的最终决定权和单独代理权违反男女权利平等这项基本规范（《基本法》第 3 条第 2 款）并因此宣布该条款无效。[30]

《基本法》客观、公正的价值取向影响着所有法律领域（当然也包括私法领域）。宪法的此种“辐射效力”导致了对《民法典》规定的合宪性解释。因此，为了使一项规定符合《基本法》的价值取向，人们对其进行诸如扩大或限缩解释（边码 68）。为了实现此目的，同样可以考虑由法官进行合宪性的法律续造（边码 9）。

例如：根据第 823 条第 1 款，不法且有过错地侵害他人“其他权利”的人负有损害赔偿义务。虽然《民法典》的立法者过去不承认一般人格权，但是司法界却从《基本法》第 1、2 条（它们保护个人的尊严及自由发展）中得出以下结论，即一般

---

[30] BVerfGE 10，59 = NJW 1959，1483.

人格权属于《民法典》第823条第1款意义上的“其他权利”[31]。虽然同法第253条第2款规定，在发生除侵害人格权之外的非物质损害时可以请求金钱赔偿，但是经过限缩性的合宪性解释，同样可以在严重侵害人格权时请求金钱损害赔偿[32]（边码68结尾处）。

29a 最后，宪法基本权利同样对法律行为（边码96及以下），特别是合同（边码70及以下）产生影响（所谓基本权利的第三人效力，Drittewirkung der Grundrechte）。这通过明确的宪法规定（《基本法》第9条第3款第2句）或者《民法典》的一般条款（例如第138、157、242、826条）得以实现。

根据联邦宪法法院的权威判例，在解释一般条款时必须将基本权利奉为“准则”，若未据此进行解释并给他人带来不利后果，则可以认定该人的基本权利受到侵害。[33]

《基本法》第9条第3款第1句保障每个人都有为维持并改善劳动条件而结社的权利。根据《基本法》第9条第3款第2句，不仅限制或试图阻碍基本权利的约定是无效的，而且以此为目的的措施同样是违法的。因此，企业家之间达成的“不雇佣工会成员”的约定无效。根据第138条第1款，考虑到《基本法》第4条第1款的价值内涵，出卖信仰自由的合同是无效的。

29b 社会平衡思想（边码26）也通过《基本法》得到宪法意义上的加强。它被规定于基本权利和社会国家条款中（《基本法》第20条第1款）。

例如：《基本法》第9条第3款保障每个人享有的为维持并改善劳动及经济条件而结社的权利。此项基本权利同样保护自由的劳资协定制度，以及雇员为实现劳资协定中的可调整目标而引起劳动纠纷之诉的权利。《基本法》第14条第1款不仅保护所有权自由，而且强调所有权的内容和界限由法律加以确定。该条第2款规定，所有权及其使用应同时有利于公众福祉。该条第3款规定，在满足某些前提条件的情况下甚至可以以没收财产的方式剥夺所有权人的所有权。《基本法》第6条第1款将作为配偶之间共同生活的婚姻以及父母与子女之间联系的家庭置于国家制度的特殊保护之下，并借此禁止立法者损害或破坏婚姻及家庭。因此，一项完全排除配偶和子女参与遗产继承的法律，例如废除特留份权是违宪的。[34]

三、规范的内容及形式

（一）财产法与非财产法

30 1.《民法典》特别规定了个人之间的*财产法*关系。

（1）财产法首先涉及商品交换，比如说以出让物品为目的的合同（买卖，第

---

[31] BGHZ13，334=NJW1954，1404.
[32] BVerfGE 34，269 = NJW 1973，1221.
[33] Vgl. etwa BVerfGE 7，198（206f.）= NJW 1958，257.
[34] *Brox/Walker* ErbR Rn. 27.

433、434 条；互易，第 480 条；赠与，第 516 条及以下)，转让物品使用的合同（使用租赁，第 535 条及以下；用益租赁，第 581 条及以下；使用借贷，第 598 条及以下)，作为履行特定有偿给付依据的合同（雇佣合同，第 611 条及以下；承揽合同，第 631 条及以下)。所有这些问题均在作为《民法典》第二编的*债法编*中被加以规定。

(2）此外，财产法还包括调整所有权人对其所有物在法律上的控制的规则（参见第 903 条及以下）以及关于所有权人如何将物的所有权转让给他人的规定（土地：第 925 条及以下；动产：第 929 条及以下)。再者，财产法还包括这样一类规则，据此可以在动产的所有权上设定一项有利于他人的质权（第 1204 条及以下）或者在土地的所有权上设定一项有利于他人的抵押权或土地债务（第 1113 条及以下)。所有这些问题均可以在作为《民法典》第三编的*物权法*编中找到答案。

(3）*婚姻家庭法*(《民法典》第四编）同样含有财产法规则。例如夫妻财产制（第 1363 条及以下)、扶养规则（第 1601 条及以下）以及父母照管子女财产的权利及义务（第 1638 条及以下)。

例如：规定了婚姻双方是因结婚而取得由一方配偶带到婚姻中的物的共同所有权，还是婚姻双方在婚后仍是各自拥有的物的单独所有权人。如果妻子在杂货商处“赊账”，那么丈夫希望知道他是否有义务还清这笔账（参见第 1357 条，旨在满足生活需要的事务)。离婚时可能会产生一些财产分割方面的难题（参见第 1372 条及以下，第 1587 条及以下)。

(4）最后，继承法（《民法典》第五编）同样涉及财产法方面的问题，也即涉及人死亡后的财产法上的后果。

例如：规定了死者所有物的所有权是如何转移给继承人的（第 1922 条)，继承人对因遗嘱而被剥夺继承权的死者的近亲属负有哪些义务（第 2303 条及以下，特留份)，继承人必须为怎样的过错承担责任（第 1967 条）以及他怎样才能限制其过错责任（第 1975 条及以下)。

2.《民法典》在较小范围内还含有*关于非财产法问题的规定*。例如对姓名权的 31
保护（第 12 条）以及婚姻家庭法的大部分规定。

例如：关于配偶的婚姻共同生活义务的规定（第 1353 条)，世系（Abstammung)（第 1591 条及以下)，对子女的照顾（第 1631 条及以下)，收养（第 1741 条及以下)。

非财产法上的事务很可能导致财产法上的后果。因此，世系以及收养将导致抚养请求权的产生。对姓名权的侵害可能给姓名权人造成财产损失，该损失必须由有过错的侵害人予以赔偿（参见第 823 条第 2 款结合第 12 条)。

（二）严格法与衡平法

《民法典》既包括严格法又包括衡平法，二者间并无明确界限。 32

1. *严格法*(ius strictum）包括这样一些法规，这些法规使一个确定的法律效果与一个被确切描述的构成要件相联系，而没有留下对个案的特殊性加以考虑的空间。此类规范无须进行价值填补。从法律确定性角度出发，在此不允许例外情况的存在。

例如： 根据第 2 条，满 18 周岁即为达到成年年龄。这使得该成年人获得完全行为能力（边码 259）。只有当该人生命中的第 18 个年头的最后一天（即生日的前一天）经过时，该人才年满 18 周岁（参见第 187 条第 2 款第 2 句）。该刚性限制在个案中不得被提前，即便有关人员特别聪明且具有商业头脑也同样如此。

33 2. *衡平法*(ius aequum) 指这样一些规范，它们包含一个需要价值填补的构成要件或者在法律效果方面留下裁量空间。它们也因此允许具体情况具体分析。这里主要指像"诚实信用"（第 157、242 条）和"善良风俗"（第 138 条第 1 款，第 826 条）这样的一般条款。

例如： 有偿色情电话合同是否违反善良风俗，必须根据所有有公平正义思想的人的体面感来加以判断（参见边码 329 及以下，341a)。对此事的社会价值观念已随着时间的推移发生变化。[35] 另外一例，根据第 242 条，在诊所搬迁的情况下出租人必须容许该诊所在适当的时间内悬挂搬迁告示，多长时间为适当，必须在具体情况中根据各衡平因素加以确定。

34 3. 严格法与衡平法并非被明确界定并相互对立，此二者可流畅过渡。大部分法律语句均或多或少地含有严格法和衡平法。

例如： 第 1601 条规定直系血亲负有互相给予抚养费的义务，第 1589 条第 1 款给直系血亲下了确切定义（严格法)。根据第 1610 条第 1 款，抚养费的数额必须是适当的（衡平法)。

（三）强行法与任意法

35 上文就严格法和衡平法所作的区分不同于强行法和任意法之间的区分（在《民法典》中同样存在)。

1. *强行法*(ius cogens) 包含这样一些法律规定，它们不能通过参与者的意愿被排除或更改。只要法律作出强制性规定，就不存在合同自由。立法者之所以未赋予参与者对其事务进行法律上的安排的权利，而是自行在法律中承担起安排任务，原因是多种多样的。为保护证据或者使合同签订人不至于过于仓促，立法者为某些合同强制性地规定了特定形式（例如书面形式、作成公证证书)。其他规定应保护无经验且经济上处于劣势的合同当事方，从而使他不签订对自己极其不利的合同条款。有时立法者希望避免不公平的结果的发生。最后，还有一些规定旨在保护特定制度（例如婚姻和家庭)。

例如： 土地买卖合同必须作成公证证书（第 311b 条第 1 款)，若未满足该条件，则该合同无效（第 125 条第 1 句)。原因在于保护证据，具备更高的法律确定性，最重要的是防止合同签订人仓促行事。

---

[35] Für Sittenwidrigkeit noch BGH NJW 1998，2895. Nach BGH NJW 2008，140（141）können solche Verträge seit Inkrafttreten des ProstG v. 20. 12. 2001（BGB! . 2001 13983)，nicht mehr als sittenwidrig angesehen werden.

第617、618条中劳务合同中权利人的保护义务不能通过合同被事先废止或加以限制（第619条），其原因在于保护经济上的弱势群体。

根据第276条第1款第1句，债务人因过错（故意及过失）向债权人承担责任。过失责任可以通过合同被免除（在合同自由的限度内）。但因故意产生的责任却不能被事先免除（第276条第3款）。原因在于债务人故意损毁债权人所购买的物而不必对其作出赔偿（基于责任免除），这无疑是违背公平正义的。

大多数婚姻家庭法规定均是强行法。因此，婚姻之共同生活义务（第1353条第1款）不能在结婚时通过合同被永久地免除。原因是保护婚姻制度。

通常，我们可以从法律条文表述中推知该条款是强行法（例如第125条、第138条、第276条第3款、第619条）。若无法从条文中推知，则首先可以通过有关条款的目的推知其强行法性质（例如婚姻家庭法的大多数规则）。

2. *任意法*（ius dispositivum）含有这样一些法律规定，它们可以通过参与者的 36
意愿被排除或更改。就这方面而言，此类法律规定为合同自由保留了空间。立法者为以下情况创设任意性规定：合同当事人在合同中有意或无意地未就所有可能情况作出约定。法律提供了一种解决方法，它通常与理性当事人在合同框架内解决冲突时可能会作出的约定相符。因此，若双方当事人未有另外约定，则适用任意性法律规定。

例如：出卖人已将出卖物交给买受人，然而该物带有瑕疵。此时买受人的权利主要产生于合同。如果从合同中可以推知出卖人有权利和义务消除该瑕疵，那么买受人有权要求出卖人事后消除瑕疵。如果合同未规定买受人因物的瑕疵而享有的权利，那么此时适用法律的有关规定。根据第437条，他可以要求出卖人事后补充履行、解除合同、减少价格或者主张损害赔偿或费用补偿。

在购买二手汽车的情况下，买卖双方经常通过约定排除因汽车瑕疵而产生的请求权。此类责任排除是有效的，因为第434条及以下均属于任意法。然而，法律此时也为合同自由"划定了界限"：只要出卖人恶意隐瞒瑕疵，关于免除瑕疵担保的约定就是无效的（第444条）。就这点而言存在着强行法，因为立法者出于公平正义的原因并不想"奖励"出卖人的卑劣行为。

四、结构与划分

（一）结构

1. 为了*不使《民法典》的范围过于广泛*，立法者通过尽可能的抽象化处理使具 37
体规定转化为更加普遍的规则。通过这种方式，与案件解决存在实质关联的各项规定分散在法典的各个部分。这种抽象化处理越深入，规则就越难以被法律初学者所理解。尤其是《民法典》的总论部分（《民法典》第一编）的形成要归功于一般概念、定义和法规的产生。

也就是说，《民法典》在其结构上是从一般到特殊。根据数学中的模板，人们可以将这种方法称为*“提取公因式的方法”*（Ausklammerungsmethode）。因为若干规则的共同之处被“提到括号之外”，也就是被放在括号之前，而括号内只保留各项规则的特殊之处。

38 （1）上述方法除了被用于《民法典》的各编之外，共性地适用于《民法典》第二编到第五编的规则均被放置在《民法典》的总论部分（第一编）。

因此，第433条中调整买卖关系的规则以买卖双方基于买卖合同而产生的义务为开头。该条款（“因买卖合同……”）以买卖合同为前提，但未提及该合同如何成立。相应地，第535条以“因使用租赁合同……”为开头，而第611条以“因雇佣合同……”为开头。上述这些合同的共性问题——它们如何成立，已被“提到括号之外”。假若合同仅存在于债法之中，那么此类问题将在债法总论部分被加以规定。然而，《民法典》的其他各编同样涉及合同。前文已讨论过的、取得土地权利时的合意（第873条）与合同并无不同。对于夫妻财产合同（第1408条）和继承合同（第2274条）来说，也同样如此。因此，关于合同成立的规定已被包含在总论部分（第145条及以下）中。

39 （2）此外，“提取公因式的方法”同样被应用于《民法典》各编之内，通过浏览《民法典》的目录我们不难发现这一点。

例如：*债法*第8章（第433到853条）所处理的是“各种债务关系”。其中首先涉及的是所有或若干不同债务关系的共同之处。第4章对“债务关系的消灭”（第362条及以下）作出了规定。例如规定了在哪些前提条件下债权人要求债务人支付特定数额款项的请求权消灭。此时，该请求权涉及的是买卖、使用租赁还是承揽合同并不重要。

在区分动产与不动产的*物权法*中，占有（＝对物的事实上的支配）问题首先（第1章，第854条及以下）得到处理，因为它既适用于动产又适用于不动产。第873条规定土地权利通过合意和在土地登记簿进行登记而被取得人取得，此项规则适用于所有土地权利，例如土地所有权和土地债务。* 仅适用于土地所有权取得的特殊规定是第925条，该条款同时也为第873条所要求的必要合意规定了特殊形式。

在*亲属法*中首先对关于抚养义务的“一般规则”（第1601条及以下）作出了规定。子女及其未婚父母则适用第1615a条及以下的特殊规定。

在*继承法*中，“一般规定”（第1节）被放置在关于遗嘱的规定（第3章）之前。因此根据第2064条，被继承人只能亲自订立遗嘱，即不得由他人代为订立。这适用于所有遗嘱，无论其中是否包含继承人的指定（第2节）、后位继承人的指定（第3节）以及遗赠（第4节）等。

40 （3）即使在《民法典》*总论部分*中“提取公因式的方法”也同样适用。从第

* 土地债务（Grundschuld）被规定于《民法典》第1191条，其法定内容为：对一块土地，可以须向因设定负担而受利益的人就该上土地支付一定金额的方式，设定负担。虽然Grundschuld一词被学界译为“土地债务”，然而其内容与法条中的措辞与抵押权十分接近，《民法典》第1192条规定，除非以债权为前提这一情况发生其他效果外，土地债务可以准用关于抵押权的规定。——译者注

145、146条和第147条及以下我们可以推知，合同由一方当事人的要约和另一方当事人的承诺构成。这两者均为意思表示。意思表示于是在第2节（第116条及以下）中被加以规定。意思表示有效的前提条件是表意人的行为能力。行为能力被规定在第3章第1节（第104条及以下）中。

案例： V以10 000欧元的价格将一辆轿车出售给K。后来事实表明K在签订买卖合同时已患有隐性精神病。在这种情况下V可以向K要求价款吗？

解决方法： 第433条第2款可以作为价款请求权的依据。这以一份买卖合同（第433条第1款第1句开头）为前提。合同通过要约与承诺（即双方当事人彼此一致的意思表示）成立（第145条及以下）。意思表示必须是有效的。K患有精神病，因此根据第104条第2项他不具有行为能力。根据第105条，无行为能力人的意思表示无效。因为不存在K的有效意思表示，所以也就不存在买卖合同，因而V对K的价款请求权的前提条件也不能得到满足。

2. 援引其他法律规定可以避免不必要的重复。一项规定经常涉及若干其他规定。有时还会出现所援引的规定需要进一步援引其他规定的情况。“援引”可能会使初学者“无所适从”。 41

扩展事例（仅阅读即可，无须深思!）：第2013条；第819条第2款以第817条第1句的构成要件为前提并援引第819条第1款，而该条款援引了第818条第4款，该条款又进一步援引了包含第292条的“一般规定”，第292条则援引了第987条及以下的“所有权人—占有人关系”（Eigentümer-Besitzer-Verhältnis）。[36]

（二）划分

从上文的论述中我们已经知道《民法典》分为*五编*。 42

1. *总则部分*含有这样一些规定，只要《民法典》其他各编不包括不同的特别规定，它们就*适用于各编*。《民法典》第一编主要涉及调整人、物以及法律行为的规定。

2. *债法*处理的是债务关系。债务关系是个人之间的*特别结合关系*（Sonderverbindung）。该关系可以以合同（第311条第1款，例如买卖）或直接以法律（例如第823条）为基础。 43

3. *物权法*规范*人与物之间的关系*。它包括调整对物实际支配（占有）、对物的法律上的支配（所有权）以及限制物权（例如抵押权、土地债务、质权）的规定。 44

4. *亲属法*包含关于婚姻、亲属、监护、法律上的照管以及保佐（Pflegschaft）的规定。 45

在婚姻法中，第一编总论的一般规定通常并不适用，鉴于该法律领域的特殊

---

[36] Einzelheiten zu Verweisungen im BGB：*Bilde* JURA 1984，578.

性，立法者创设了若干特殊规定。

结婚是合同，和其他合同一样，它不能由无行为能力人签订（参见第1304条，第104条及以下）。立法者还为此类合同的签订规定了特殊形式（第1310条第1款，第1311条：双方必须亲自同时出现在户籍官员面前）。

据此，不得以信件或电话的形式结婚。饱受闹婚夜之苦的新郎同样不能打发朋友作为其代理人到户籍登记处代为办理结婚手续，第1311条第1句（“亲自”）排除了关于代理的规定（第164条及以下，边码508及以下）。由于当事人不得在户籍官员面前“附条件或期限作出意思表示”，因而关于条件和期限的规定（第158条及以下，边码479及以下）在这里同样不适用。

46 5. *继承法*规定了*人死亡后财产法上的后果*。因为人随其死亡而退出法律生活，他也因此不再能够作为权利与义务的主体（边码709及以下），所以法律必须规定由谁取代死者的位置以及该人享有哪些权利、承担哪些义务。

继承法有时含有一些与总论部分相违背的规定。例如，第2078条及以下就对遗嘱的撤销[37]作出了不同于第119条及以下（边码375及以下）的规定。在订立遗嘱时，关于代理的规定（第164条及以下，边码508及以下）同样不能得到适用（参见第2064条）。[38]

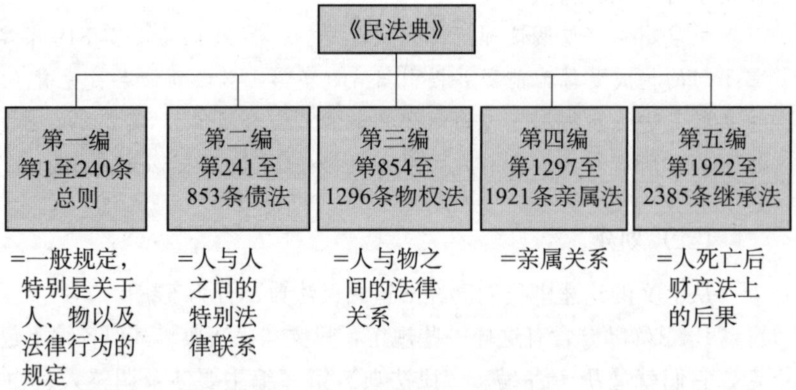

五、适用范围

47 在处理法律案件时，重要的是《民法典》是否适用。因此可能存在这样的疑问，除《民法典》外应否考虑适用各州的民法规范、在《民法典》生效前已适用的规定或者外国法规范。由此也就产生了《民法典》在实际上、时间及空间上的适用范围问题。这方面的规定存在于《民法典施行法》中。[39]

自东西德统一（1990年10月3日，原德意志民主共和国并入德意志联邦共和国）

---

[37] *Brox/Walker* ErbR Rn. 230ff.

[38] *Brox/Walker* ErbR Rn. 95.

[39] Schönfelder，Deutsche Gesetze，Nr. 21.

以来，《民法典》及其附属法规原则上同样适用于原德意志民主共和国的领域（《统一协议》第 8 条），《民法典施行法》第 230 条及以下对此作出了一些特别规定。

（一）实际适用范围

《基本法》第 31 条规定了作为联邦私法的《民法典》与各州私法的关系：“联邦法优先于州法”。这与《民法典施行法》第 55 条的原则相符，据此，各州的私法规定不再有效。其目的是借助《民法典》实现德意志帝国民法领域的法律统一。 48

然而，依据《民法典施行法》第 55 条，只要是在《民法典》或者《民法典施行法》所确定的范围内，各州私法就依然存在。该有利于州法的保留首先被规定于《民法典施行法》第 56 条、第 59 条及以下条款之中。人们将其称为“德国法律统一的死亡名单”，它是在立法过程中不遗余力奋斗的结果。

由于各州私法的部分法律内容已经由帝国或联邦法加以规定，故这部分州私法在此期间已被架空。这在今后也有可能通过联邦法（发生）。

因此，根据《民法典施行法》第 67 条，虽然矿山法已被委托给各州制定，但联邦仍可以制定并颁布联邦统一的矿山法，因为它享有这方面的立法权（《基本法》第 74 条第 11 项，第 72 条）。联邦已通过颁布《联邦矿山法》（1980 年 8 月 13 日）行使此项立法权，该法优先于各州的矿山法（《基本法》第 31 条）。

（二）时间适用范围

这里最初涉及的问题是，1900 年 1 月 1 日（《民法典》生效）前创设的法律关系自 1900 年 1 月 1 日起应当根据以前适用的法律还是根据《民法典》被加以判断。此类问题在上世纪的最初几年中非常重要，《民法典施行法》第 157 至 218 条也对此作出了详细规定，但随着时间的推移，此类问题已日益失去意义。1900 年之前签订的买卖合同早已被履行，19 世纪的婚姻也已因一方配偶的死亡而自然解除。然而，某些过渡性条款，例如调整长期法律关系（例如使用租赁和用益租赁，《民法典施行法》第 171、172 条）、所有权（《民法典施行法》第 181 条及以下）、继承权（《民法典施行法》第 213 条及以下）等条款直到今天仍具有重要意义。 49

因此，在判断特定物是否属于某人时，很久以前的继承情况可能仍然很重要。此时可能出现的问题是，对这些情形是否可以适用《民法典》生效前有效的继承法。如果被继承人于 1900 年 1 月 1 日前死亡，那么根据《民法典施行法》第 213 条，以前的法律仍具有决定意义。从该条款我们还可以推知，《民法典》适用于 1900 年 1 月 1 日以后发生的继承案件。如果被继承人于 1899 年 12 月 31 日死亡，但他已于 1900 年 1 月 1 日前订立遗嘱，那么此时根据订立遗嘱时尚未生效的《民法典》规定来审查该遗嘱是否有效则没有任何意义。被继承人或许并不知道上述规定，只能根据旧法订立遗嘱。因此，《民法典施行法》第 214 条规定遗嘱的订立必须以之前的法律为准，即使继承情况于 1899 年 12 月 31 日之后发生也同样如此。

如果被继承人于 1990 年 10 月 3 日（两德统一）前在其位于原德意志民主共和国境内的最后住所中死亡，那么对于继承来说仍应适用德意志民主共和国的继承法

（《民法典施行法》第235条第1项第1款）。即使被继承人于1990年10月3日或之后死亡，其之前订立的遗嘱也必须根据此前的法律被加以判断（详细内容：《民法典施行法》第235条第2项），因此对一份有效订立的遗嘱持久性的信赖应当受到保护。

2001年11月26日[40]颁布、2002年1月1日起生效的《债法现代化法》已对债法，特别是买卖法进行了深入的修改。《民法典施行法》第229条第5项及以下各项规定，原则上"旧"债法适用于这一时刻之前创设的债务关系，而2002年1月1日之后建立的债务关系则要适用新法。对于债法现代化之前已存在并将继续存在下去的长期债务关系来说，存在一个例外：不能在未加以限定的时间内一直同时适用旧债法和新债法。因此《民法典施行法》第229条第6项规定，自2003年1月1日起适用新《民法典》。这意味着合同当事人有一年的时间使其合同与发生变化的法律状况相适应。

（三）空间适用范围

50 《民法典》适用于德意志联邦共和国境内，不适用于其他国家的法律关系。但是也存在涉及不同国家私法制度的情况（而且此类情况越来越常见）。

例如：一个德国人往俄罗斯运送管子，在一家（位于科隆、阿姆斯特丹、马德里的）酒店与一个荷兰人厮打，（在慕尼黑、布鲁塞尔、罗马）与一个比利时人结婚，随后又想与该人在德国离婚，他被身在美国的叔叔确定为继承人。

在此类冲突情况下必须被加以确定的是，本案应适用《民法典》还是其他国家的私法。答案首先来自《民法典施行法》第3至46条。这些"*冲突规范*"属于*国际私法*。这个特殊、难懂且不会在这里被详加论述的法律领域的调整对象是私法规范在空间上的适用范围。

国际私法这一称谓容易使人产生误解。此类法律规范并不是国际性的、超国家的法律，而是国内法。因此，德国的国际私法将告诉德国的法官，特定的案件应适用德国法还是外国法。

原则上，调整人、婚姻家庭以及继承的德国法以相关人的国籍为连结点，而某些其他国家的法律规范却以相关人的住所为准。这会带来一些法律适用上的困难。

例如：一对在科隆生活的美国夫妇想在科隆的家庭法院办理离婚。根据德国的跨国离婚法律规范，此时应适用其国籍国的法律（第17条第1款第1句结合《民法典施行法》第14条第1款第1项）。如果其国籍国的法律规定，离婚应适用男方住所地的法律，那么将会出现这样一个问题：该反致是否对整个德国法，也就是说是否对冲突规范有效。这样一来，人们必须再次回到德国的跨国离婚法律规范，而该规范也将再次指向美国法。为了避免这种"长时间踢皮球情况"的发生，人们假定美国法仅能反致回德国的实体法（《民法典施行法》第4条第1款第2句），这样一来德国法官必须根据德国法对当事人的离婚申请作出裁决。

即使德国法指向其他国家的法律，也不意味着此时仅适用该外国法。虽然必须

---

[40] BGBl. 200113183.

从该外国法出发，但必须始终审查该法是否违背“公共秩序”。因为根据《民法典施行法》第6条，如果对外国法的适用违反善良风俗或德国法的目的，那么将不得适用该法律。

例如：对于所有已订婚的人来说，结婚要根据其国籍国的法律在缔结婚姻时被加以判断（《民法典施行法》第13条第1款）。如果一个已结婚的外国人（根据该人的国籍国法，多配偶制是被允许的）想在德国与一个女同胞缔结第二次婚姻，那么这虽然不违背所要适用的外国法，但很可能违背“公共秩序”（《民法典施行法》第6条），即违背一夫一妻的基本思想。

第三节 法律适用

参考文献：Bitter/Rauhut，Grundzüge zivilrechtlicher Methodik-Schlüssel zu einer gelungenen Fallbearbeitung，JuS 2009，289；Canaris，Die Feststellung von Lücken im Gesetz，2. Aufl. 1983；den.，Das Rangverhältnis der » klassischen « Auslegungskriterien，demonstriert an Standardproblemen aus dem Zivilrecht，FS Medicus，1999，25；Engisch，Einführung in das juristische Denken，11. Aufl. 2010；Forgó，Juristische Methodenlehre：zur Gesetzesauslegung，JA Sonderheft für Erstsemester，2008，43；U. Huber，Savignys Lehre von der Auslegung der Gesetze in heutiger Sicht，JZ 2003，1；Kuhn，Argumentation bei Analogie und teleologischer Reduktion in der zivilrechtlichen Klausurpraxis，JuS 2016，104；Larenz，Methodenlehre der Rechtswissenschaft，6. Aufl. 1991；Luther，Die Juristische Analogie，JURA 2013，449；Mayer-Maly，Über die der Rechtswissenschaft und der richterlichen Rechtsfortbildung gezogenen Grenzen，JZ 1986，557；Rüthers，Die unbegrenzte Auslegung，7. Aufl. 2012；Schapp，Einführung in das Bürgerliche Recht：Auslegung und Anwendung der Rechtssätze，JA 2002，763；den.，Einführung in das Bürgerliche Recht：Die Anspruchsnormen und ihre Anwendung，JA 2002，939；Schmidt-Räntsch，Die Rechtsprechung des BGH，in Riesenhuber，Europäische Methodenlehre，3. Aufl. 2015；Jan Schröder，Gesetzesauslegung und Gesetzesumgehung，1985；Wank，Die Auslegung von Gesetzen，6. Aufl. 2015；Würdinger，Das Ziel der Gesetzesauslegung-ein juristischer Klassiker und Kernstreit der. Methodenlehre，Jus 2016，1.

一、总论

（一）法律适用的概念和目的

1. 法律适用指将法律规定适用于生活事件中。法律在包含抽象的构成要件的同 51

时规定了法律效果。在适用法律时，人们要审查生活事实是否满足法定构成要件。若满足，则产生法律中规定的法律效果。要将作为小前提（Untersatz）的具体生活事实归纳至法律要件这一大前提（Obersatz）下，结论是法律结果，它从调整具体情况的法律中得出。

例如：

(1) V 打算以 200 000 欧元的价格将其房地产出售给 K，K 对此表示同意。双方都想知道，买卖合同可否以口头或书面形式签订以及他们是否必须去公证人处签订合同。

大前提：第 311b 条第 1 款："使一方有义务转让土地所有权的合同必须作成公证证书。"

小前提：V 在与 K 签订的买卖合同中有义务向 K 转让土地所有权。

结论：V 与 K 之间的土地买卖合同必须被作成公证证书。因此，不可以以口头或书面的形式订立合同。

(2) 在将买卖合同作成公证证书后 K 向 V 请求交付并转让土地。是否合理？

大前提：第 433 条第 1 款第 1 句："因买卖合同，物的出卖人有义务将物交付给买受人并使其取得该物的所有权。"

小前提：V 与 K 就一块价格为 200 000 欧元的土地签订了买卖合同。

结论：K 有权向 V 请求交付并转让土地。

(3) 六位歌友打算成立名为"Schönenberg 地区歌唱爱好者合唱团"的歌唱社团（注册社团）。他们想知道，他们能否实现该目标。

大前提：第 56 条："仅在成员人数最少为七人时，登记（在初级法院登记于社团登记簿中，参见第 55 条）始应为之。"

小前提：六个社员打算进行社团登记。

结论：初级法院将拒绝登记，因为未达到最低成员人数。

52 2. 法律适用的目的不仅在于在发生争议前解决法律问题，还在于裁决争议本身。

因此，案例（1）中 V 询问公证人，在缔结计划中的土地买卖合同时应否注意特别的形式规定。在案例（3）中，歌友为了了解在社团登记簿中登记的必要事项而求助于初级法院。在案例（2）中，K 向律师咨询他是否以及怎样得到被购买的土地。只有当 K 的律师因交付和转让土地而起诉 V 时，法官才为了裁决争议处理该案件。

（二）法律对法官的约束

53 法官受法律和其他法规的约束（参见《基本法》第 97 条第 1 款，第 20 条第 3 款）。因此，他不得按照其公平衡量、感觉，甚至个人喜好来审判诉讼中的案件。如果法官认为某项法律规定完全不合目的，那么他可以在论文中从学术角度对此表示反对，以及为了达到修改法律的目的求助议会中的议员。若在裁定争议案件时，他所认为的不合意规定具有重要意义，则他必须遵守该规定。虽然法官认为适用特定法律规定不符合其良知，但他仍应受该法律的约束。即使法官认为某一法律规定是违反宪法的，在裁决时他也不能直接忽略该法律，相反，他必须请求联邦宪法法院对该项法律是否违反《基本法》作出裁决（《基本法》第100条，《联邦宪法法院法》第80条及以下）。

若联邦宪法法院认为该规定违宪且无效，则该规定可以不被遵守。相反，若联邦宪法法院认为该法规与《基本法》一致，则法官必须将它适用于待裁决的案件中，尽管他本人仍认为它是违宪的。

为了使法官"只服从法律"，其裁判案件的独立性受宪法保障（《基本法》第97条），具体由《德国法官法》（第25条及以下）作出规定。

据此，法官在事实上独立，他只服从于法律，而不受其上级或者部长指示的约束。

因此，州法院院长不得建议甚至规定在某法律诉讼中法官应当听取特定证人的证言或者驳回起诉。相反，公诉人是受指示约束的公务人员，他有义务在刑事诉讼中按照上级的命令提请证人或者申请宣告被告人无罪。

为了保障事实上的独立，法官还必须具有人身独立性。因此，获得终身任命的法官不得被免职或者调任（参见《基本法》第97条第2款）。

即使临时将一位获得终身任命的法官（因代替另一位生病的同事）委派至另一家法院，甚至是提拔至高级别的法官职务，也只能在该法官同意的情况下为之。

（三）由法官进行的法律适用

案例： *原告Kramer在初级法院对被告Becker提起诉讼。他请求法院判处被告支付600欧元。理由：被告为了激怒我于2006年5月1日故意将足球踢入我家窗户。玻璃被打碎。更换新玻璃花费了600欧元。* 54

被告则请求驳回起诉。理由：我并未将足球踢入原告家的窗户。无论如何我没故意这样做。充其量我只是因为不小心，在踢球时运气不好才将原告家的窗户损坏。

法官怎样裁决？

---

1. 法官首先审查由原告陈述的案情能否被归纳至某个会产生原告所追求的法律效果的法律规定中。

在上述案例中，要考虑第823条第1款。该规定的前提是："某人（=被告）侵害了（=通过踢球损害）他人所有权（原告的窗玻璃）"。该侵害必须是"不法"的，不得存在合理理由（例如正当防卫，同法第227条，边码694及以下）。上述案件中不存在合理理由。最后，侵害被"故意"实施，这一条件被被告的"故意"所满足。因此原告的说明满足第823条第1款的构成要件。从该规定中可以得出损害赔偿义务这一法律效果："……的人（被告）负有向他人（=原告）赔偿因此而发生的损害（被损坏的玻璃）的义务"。从同法第249条第2款可以得出："因损坏物（=被损害的玻璃）而需损害赔偿（=在这里根据同法第823条）的，债权人

（=原告）可以请求恢复原状所需金额（=在此为600欧元），以代替恢复原状（=替换新玻璃）”。因此，起诉根据原告的说明成立。

55 **2. 只有当法官认为，原告的陈述可以证明其诉求时，他才审查与此相对立的被告的陈述是否重要。**

被告否定曾将球踢入原告的窗户。若被告未侵害原告的所有权，则他将不承担第823条第1款中的损害赔偿义务。这样起诉须被驳回。因为对诉讼的出发点来说重要的是，被告是否将球踢进原告的窗户，所以法官必须（通过证据调查）确定原告的陈述是否与被告将球踢入窗户相符合。

假定原告就被告踢破窗户玻璃一事的陈述被证明是正确的，接下来就取决于被告的以下陈述在法律上是否重要（rechtserheblich）：充其量他只是因为不小心，在踢球时运气不好才将原告家的窗户损坏。被告借此否定他的行为是故意的。然而，即使不存在故意，第823条第1款中的损害赔偿请求权也不会被排除，因为在该规定中故意与过失具有同等地位（“故意或者过失……”）。根据同法第276条，过失实施行为的人是“疏于尽交易上必要注意的人”。因此，被告故意或者只是过失将球踢入原告的窗户对于该诉讼的出发点来说并不重要。由此可知，被告的以下陈述在法律上并不重要：他只是由于不小心才损坏了原告的窗户。

因此，对本诉讼的出发点来说，在法律上重要的（只是）以下有争议的事实：被告是否将球踢进原告的窗户。

56 **3. 法官必须就诉讼当事人之间的、在法律上重要的有争议的事实收取证据。**

（1）一个事实在法律上是否是重要的，体现在能否将当事人陈述的案情归纳于法律中。因此，有时在文献中出现的以下观点是错误的：法官的（第一项）工作是确定实际上发生的事实。

须就在法律上重要的事实收取证据：被告是否将球踢进原告的窗户。错误的做法是，法官将证据调查延伸至以下问题：被告故意还是只是由于不小心将球踢入原告窗户，因为不只在故意，在（单纯）过失的情况下被告同样要根据第823条第1款承担损害赔偿责任。

57 **（2）只有在诉讼当事人之间发生的争议才是证据调查的对象。被一方当事人陈述，而未被另一方当事人否定的事实被视为已被承认（参见《民事诉讼法》第138条第3款）。法官必须将它作为无争议的证据予以接受且不得在此方面作出其他论断，即使他对该事实的正确性仍存疑义或者甚至确信它是不正确的。**

只有当更换新玻璃确实花费了600欧元时，支付600欧元的起诉才能以全额成立。即使法官认为原告最多花费了570欧元，他也不得就损失数额收集证据，因为原告说明了更换玻璃花费600欧元，并且被告并未提出异议。因此就损失的数额不存在争议，为600欧元。

58 **（3）就在法律上重要以及有争议的事实*进行的证据调查*要按照《民事诉讼法》进行。**

在已经进行的案例中，若原告为了证明被告将球踢入窗户传召证人A和B，而被告提出证人X证明案发时间他正在乘车兜风，因而并不在案发现场，则在此情况下法官将传唤全部（三名）证人。

证据调查可能产生三种不同的结果。

（1）第一种可能性：法官确信原告的陈述与事实相符，这样原告胜诉。

如果法官根据证人 A 和 B 所作出的诚实可信的陈述确信被告将球踢入了原告的窗户，那么诉求根据第 823 条第 1 款，第 249 条第 2 款被满足，他将判处被告向原告支付 600 欧元。

（2）第二种可能性：法官确信被告的陈述是正确的，这时被告胜诉。

例如，若证人 X 诚实地证明被告在案发时间停留在距离案发地点 50 千米的地方，而证人 A 和 B 虽然证明了他们听见了球将玻璃踢碎的声音，但不能准确说明踢球的是谁，则法官应驳回起诉，因为他可以确定被告在案发当时没有踢球，因此第 823 条第 1 款的要件并未被满足。

（3）第三种可能性：在证据调查结束后法官既不相信原告陈述的正确性，也不相信被告陈述的正确性。然而，他又必须对该诉讼作出裁决。这时就争议事实承担证明责任的一方败诉。在一些情况中，证明责任问题在法律中被明确加以规定（例如第 179 条第 1 款，边码 606），此外，任何一方都对以下范围承担证明责任：对其有利的规定的前提条件存在。

如果法官在进行证据调查后无法确定符合事实的是原告的陈述（被告将球踢进窗户）还是被告的陈述（他没有踢球），那么该诉求是无依据支撑的（unbegründet）。因为原告必须证明第 823 条第 1 款的前提条件：被告侵害了原告的所有权。若他不能证明这一点，则该有利于他的条款（第 823 条第 1 款）不得适用，诉讼因此被驳回。

二、法律解释

（一）意义和方法

1. 若法学人审查某法律规定是否适用于某生活事实，则他必须查明该规定的意义，他必须对法律进行解释。法律解释指确定法律规定在法律上的重要意义。这种意义确定并非总是简单易行，特别是法律使用的并不是彼此严格区分的逻辑概念，而是专业语言和口语表达。 59

法律解释的相似方法存在于其他学科和日常生活中。

例如：在解释一份中世纪的拉丁语文件时，应当确定作者赋予该文件的意义。首先要从各段文字的字面出发。然而仅这样是不够的，还应当结合各段文字的上下文进行阅读。也许人们可以在同一作者拟定的其他文件中得知某个特定词的特别含义。同时代的其他作家的作品可能说明当时的主流观点，这可能有助于解释文件中的文字。查看原始资料越多，查明历史真相的可能性就越大。

在火车车厢中人们可以看到写有“允许吸烟”或者“禁止吸烟”的公示牌。从此类说明本身人们无法得出以下结论：禁止吸烟车厢只能被不吸烟的旅客使用，而允许吸烟车厢仅对吸烟的旅客开放。重要的是该规定所追求的意义和目的：旅客应当被赋予这样的可能性，即达到旅行目的地，而在乘车途中不应吸入旅伴的二手烟。因此，若吸烟者在旅途中在禁止吸烟车厢内不吸烟，他也可以使用该车厢。相反，不吸烟者也可以在允许吸烟者车厢中乘车，在这里他可以，但并非必须吸烟。

"禁止踩踏草坪"这一告示牌的目的是保护草坪不受损害。若某人在草坪上打滚，他同样违反了该意义。因此，"踩踏"这一表述过于狭窄，依其目的它可以被扩大解释：在草坪上打滚、驾驶等行为同样是被禁止的。

这些例子说明，在解释时虽然要从表示的字面意思出发，但也要注意表示的语言习惯、体系和历史方面的联系以及目的。

60 2. 在进行法律解释时同样如此。存在一系列的解释方法，它们在确定法律规则的意义时非常重要。

（1）要从规范的文义出发。此时必须考虑语法规则、一般的语言习惯以及特别的法律专业语言。

通过这种方式可能会发现立法者的编辑疏忽（Redaktionsversehen）。若写进法律中的并非立法者所希望的文字，则属于此种情况。

例如：第 919 条第 1 款就出现了语法错误（"ein Grenzzeichen verrückt…geworden ist"）。*

在许多情况下法律自行定义它所使用的概念。

例如：第 823 条第 1 款中的"过失"这一概念在同法第 276 条第 2 款中被这样解释：疏于交易上必要注意的人，即为有过失地实施行为。根据第 122 条第 2 款，第 166 条中的"应当知道"的意思是"由于过失而不知道"。根据第 121 条第 1 款第 1 句中的括号定义（Klammerdefinition），《商法典》第 377 条第 1 款中的"毫不迟延"指"没有过错的迟延"。

对于了解法学专业语言的法学人而言，不同的法律表述意味着不同的法律效果。因此，法律规定必须被遵守，无论其中所规定的是"必须"还是"应当"。违反"必须规定"（Mussvorschrift）将导致无效的后果，而违反"应当规定"（Sollvorschrift）则不然。

例如：以公证为目的设立的遗嘱必须由公证员予以记录（《证书法》第 8 条）。它必须包括公证员和被继承人的名称以及遗嘱说明（《证书法》第 9 条第 1 款）。违反必须规定会导致遗嘱的无效。然而，公证员记录时也要遵守应当规定。记录应当包括磋商的地点和日期（《证书法》第 9 条第 2 款）。但违反应当条款并不会影响遗嘱的效力。

61 （2）解释不得仅满足于被解释条款的字面意思。它只是解释标准之一。第 133 条规定，解释意思表示时必须探究真意，不得拘泥于词句的字面意义。这同样适用于对法律规定的解释。如果人们能够注意到被解释的规定与其他规定之间的联系以及被解释的规定在法典中特定章节中的位置（体系解释），那么就能够更接近立法

---

* 应为"ein Grenzzeichen verrückt…worden ist"。——译者注

者的本意。例如以此方式可能会发现，法规的字面意义过于宽泛，并且包括了一些按照立法者的本意不应被包括进来的要件。

例如：根据第 495 条，消费者借贷合同中的借款人享有撤回权（第 491 条及以下）。根据字面表述，这些规定对于所有有偿借贷合同（其中企业作为贷款人，消费者作为借款人）有效。但是，根据第 491 条及以下在民法体系中的位置，其位列于第 488 条及以下，这些规定是关于贷款合同的，故关于消费者借贷合同的特殊规定仅在贷款合同之情况下有效，相反，对于第 607 条及以下规定的物的消费借贷合同并不发生效力。

(3) 就探明真意而言，法律形成的历史可能也是重要的提示（历史解释）。解 62
释《民法典》的材料包括其草案、动议书、议事录（边码 21）以及州法的前身等，对于事后被补充或者变更的条款来说，要参考联邦议会以及联邦参议会文件。有时法律规定随着时间推移而发生的新的发展情况（例如通过法律变更）对于解释同样意义重大。

例如：如果一方合同当事人有权解除合同（例如买受人因买卖物存在瑕疵，第 437 条第 2 项，第 323 条）[41]，那么根据同法第 346 条法律效果是：交还已受领的给付（例如买卖物和价款）。若买受人仍未支付价款，则可想而知，他的付款义务被免除。虽然该法律结果不能从第 346 条的字面得出，但是从法律资料[42]中可以得知，在此情况下给付义务应被免除。立法者认为该后果是不言而喻的，明确的规定并非必要。

(4) 最重要的是，法律规定要按照立法者借助法律追求的意义和目的（立法理 63
由，ratio legis）而被加以解释（目的解释）。以此方式可以确定，一个概念应当被扩大解释还是缩小解释等。

例如：根据《报酬续付法》第 3 条，雇员在因疾病引起的无法工作、且其自身无过错的情况下，有权请求雇主继续支付报酬。从法条文义来看，只要雇员对这一情况之发生有过错，就算是程度最轻的过失，这一请求权也会被排除。但根据这一规定的意义和目的，对雇员在业余时间内所为的行为进行限制并非不必要。根据通说观点，这里的"过错"更多地仅仅被认为是对于某种行为方式的严重背离，而这种行为方式是作为一个理性的雇员，其习惯于在遵循个人利益的前提下行动。也就是说，如果雇员在业余时间参加体育运动时因轻微的过失而受伤，或在业余时间感冒了，其因此而暂时无法工作，这一轻微的过失并不构成《报酬续付法》第 3 条中的"过错"，他仍然有请求继续支付报酬的权利。

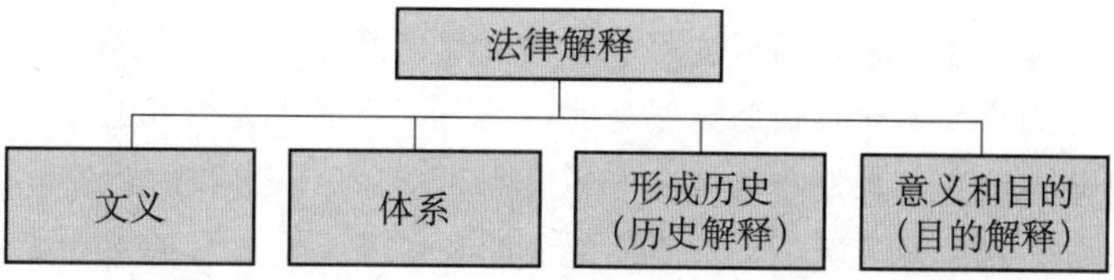

[41] *Brox/Walker* SchuldR BT § 4 Rn. 49ff.

[42] BT-Drs. 14/6040，194.

（二）漏洞填补

64 1. 解释不只是查明真意。在法律不完整、存在漏洞的情况下，解释同样可以实现对法律的补充。此类漏洞的原因可能是立法者故意未对某一特定问题作出规定或者在创设法律时没有考虑到某种情况（非故意）。填补法律中的既存漏洞被称为补充性解释。

补充性法律解释在其他学科和日常生活中也有其类似情形。

例如：神父在对《圣经》中的某一段话进行解释时不仅说明了当时的历史情况，而且提出问题：如果今天发生的某一特定问题被摆到耶稣面前，他会采取何种立场。解释者通过补充性解释作出回答。

房屋主人 H 在离开房屋的时候吩咐女佣 D，她不应该让任何人进入房屋。H 的妻子外出旅行返回家中的时间比他预计的要早。若 D 遵守 H 指示的字面意义，则她也不应当让 H 的妻子进入房屋。然而若 D 不盲从，进行思考，她就会发现 H 的指示存在漏洞。H 在作出指示时从错误的观念出发，即他的妻子会晚于他回到家中。D 通过提出以下问题填补漏洞：如果 H 考虑到妻子会提前返回家中，那么他会如何作出指示。她得出以下结论，H 在没有错误估计的情况下会这样吩咐："别让别人进入房子，除了我的妻子！"通过补充性解释 D 对 H 对自己作出的指示进行了限缩。

65 2. 在进行补充性法律解释时，法官首先要借助上述解释标准来确定，法律中是否存在漏洞。若立法者在制定法律时未考虑到或者未正确考虑到某种情况（原生漏洞，primäre Lücke），则属此类。然而漏洞不必在制定法律时已经存在，它们也可能后来才产生（次生漏洞，sekundäre Lücke）。

法官不得通过自己的判断填补漏洞，因为这样他就在此范围内取代了立法者的位置。他必须根据法律的精神填补漏洞。他要提出以下问题：立法者会怎样规定该问题。因此，法官在解释法律时不得停留在立法者的立法意图（Gebotsvorstellung）上，而必须研究作为该规定的基础的利益权衡以及立法者的动机。以此方式法官将了解到立法者会怎样解决该问题。

66 3. 补充性解释会导致法律规定扩大适用于法律未进行规定的情况（法条类推）。

例如：根据第 442 条第 1 款第 2 句，在买受人因重大过失而不知道瑕疵的情况下，只有在出卖人恶意隐瞒瑕疵或者已为物的品质（Beschaffenheit）提供担保时，买受人才能主张其因瑕疵而享有的权利。然而法律并未规定，在出卖人以恶意欺诈的方式告知买受人该物无瑕疵的情况下，买受人是否仍应当享有权利。不过，（未被规定的）恶意欺诈的情况与（已被规定的）恶意隐瞒的情况具有同样的利益状况。在这两种情况下，出卖人都故意利用了买受人对买卖物实际品质的不知情。因此，如果买受人只在出卖人恶意隐瞒瑕疵时才享有权利，而在出卖人恶意欺诈的情况下却无权利，那么这显然是不合理的。由此可见，法律在恶意欺诈方面出现了漏洞。若立法者知道该漏洞，则他会像在恶意隐瞒的情况下一样对这一问题作出规定。因此，第 442 条第 1 款第 1 句应当扩大适用。[43]

4. **若通过解释得出法律中存在漏洞，则该漏洞可能根据作为多个法律规定基础的法律原则被填补。多个法律规定得到相应适用（法律类推）。** 67

例如：若所有权即将面临以侵夺或扣留占有（Vorenthaltung des Besitzes）以外的方式被侵害（例如邻地所有权人越界建筑至自己的土地），则根据第 1004 条第 1 款第 2 句，所有权人享有不作为请求权。在姓名权（第 12 条第 2 句，边码 719）以及占有（第 862 条第 1 款第 2 句，边码 723）面临侵害时同样如此。相反，若其他法益或者绝对权面临侵害（例如通过在记者会上的不实陈述侵害一般人格权[44]，通过计划中的违法罢工侵害已设立或者已运行的企业）[45]，则不存在不作为请求权的明确法律基础。然而，如果权利人为了能够根据第 823 条第 1 款请求损害赔偿而必须等待他人的侵害，那么这对于所有权人、姓名权人和占有人来说同样是荒谬的。因此，超出第 1004 条第 1 款第 2 句的字面意思，类推适用第 1004、12、862 条，权利人同样被赋予预防性的不作为请求权。[46]

5. **法律漏洞一方面可能体现在特定法律问题应被加以规定却未被规定的情况（开放漏洞）。它通常通过类推适用其他规定而得到填补。** 68

例如：恶意对物的品质进行欺诈（边码 66）。

另一方面，也存在这样的情况：法律包含某规定，但它并不适用于它项下的所有问题，因为立法者未考虑到它们的特殊性。所涉规定的范围过大。若立法者能够注意到该特殊问题，则他会限制该规定的适用。这时存在一个因法律规定范围过宽而导致的隐藏的漏洞。在此情况下，法官同样被授权并且有义务进行漏洞填补。此时他可以通过按照法律的精神将法规进行限制的方式违背法律中确定的文义以及立法者的立法意图（限缩解释、目的性限缩）。 69

例如：Gerner（G）可以通过合同将其对 Schröder（S）的价款请求权转让（＝让与，第 398 条）给 Drepper（D）。然而同法第 400 条规定，禁止扣押的债权不得被让与。因此，G 不能将其对雇主的不可扣押的报酬请求权转让给 D。该规定的目的在于，从个人利益以及公众利益出发，维持 G 的最低生活水平，应避免的是，报酬请求权人成为公众的负担。在禁止让与的情况下，立法者认为，上述原因在每次让与不能扣押的债权时都存在，但却没有考虑到，如果债权人 G 将其不能扣押的债权转让给 D，且该人连续向他支付了被让与的债权的数额，那么该规定的目的就例外地未被损害，在此种情况下债权人 G 未因让与而处于更不利的情况中。因此，尽管第 400 条具有明确的文义且符合立法者的立法意图，但鉴于上述（隐藏的）漏洞，该法条仍应被加以限缩解释：若让与债权的债权人 G 确实从第三人 D 处得到了该人支付的相应费用，则不适用让与禁止。[47]

---

[43] *PalandtlWeidenkaff* § 442 Rn. 18.

[44] *Brox/Walker* SchuldR BT § 45 Rn. 21 ff.

[45] *Brox/Walker* SchuldR BT § 45 Rn. 15ff.

[46] *Brox/Walker* SchuldR BT § 53 Rn. 5f.

[47] Vgl. BGHZ4，163；13，360.

娱乐杂志以侵犯名誉的方式报道了某著名艺术家（K）的私生活。K因而享有第823条第1款（“侵害其他权利”）中的损害赔偿请求权。恢复原状的损害赔偿(Schadensersatz in natura，第249条第1款）将导致撤回侵犯名誉的言论的结果。然而，这对K来说并不足够，他想得到金钱上的损害赔偿。虽然第253条也在非财产损失的情况下规定了金钱上的损害赔偿，但对一般人格权的保护应由司法决定。早在第253条于2002年8月1日被重新规定之前，联邦最高法院即已批准受害者在此情况下得到金钱补偿，法院认为《民法典》存在漏洞，因为它没有正确注意《基本法》有利于保护一般人格权的价值判断（《基本法》第1、2条）。因此，联邦最高法院对该法律规定作出如下补充：在严重侵犯人格领域以及存在重大过错的情况下应给予受害人金钱补偿。[48] 由此可见，（隐藏的）漏洞因《基本法》的颁布而形成。它被《基本法》第1、2条中的价值所填补，因此对于侵害一般人格权来说同样要对受害人支付金钱补偿。

---

[48] Vgl. BGHZ 26，349；35，363；39，124；BVerfGE 34，269.

第二部分　法律行为

第一章 基础

第四节 合同、意思表示和法律行为

参考文献：Brox，Fragen der rechtsgeschäftlichen Privatautonomie，JZ 1966，761；F. Bydlinski，Erklärungsbewuβtsein und Rechtsgeschäft，JZ 1975，1；*Hönn*，Entwicklungslinien des Vertragsrechts，JuS 1990，953；Köhler，Die Problematik automatisierter Rechtsvorgänge，insbesondere von Willenserklärungen，AcP 182（1982），126；S. Lange，Die Willenserklärung，JA 2007，687，766；Leenen，Willenserklärung und Rechtsgeschäft，Jura 2007，721；Mayer-Maly，Vertrag und Einigung，FS Nipperdey，Bd. I，1965，509；Majer，Das Ende der Privatautonomie? Zum Kontrahierungszwang bei allgemein dem Publikum zugänglichen Leistungen，JR 2015，107；Musielak，Das .

Verhältnis von Wille und Erklärung，AcP 211（2011），769；Neuner，Was ist eine Willenserklärung?，JuS 2007，881；Oechsler，Der Allgemeine Teil des Bürgerlichen Gesetzbuchs und das Internet，JURA 2012，422；Pawlowski，Wie kommt es zum Vertrag? FS Groβfeld，1999，829；Petersen，Der Tatbestand der Willenserklärung，Jura 2006，178；Schapp，Grundfragen der Rechtsgeschäftslehre，1986；J. Schmidt，Schutz der Vertragsfreiheit durch Deliktsrecht?，FS Lukes，1989，793；Schmidt-Rimpler，Grundfragen der Erneuerung des Vertragsrechts，AcP 147（1941），130；D. Schwab，»Parallel laufende Erklärungen«，FS Medicus，1999，587；Schwerdtner，Schweigen im Rechtsverkehr，Jura 1988，443；Thüsing/von Hoff，Vertragsschluss als Folgenbeseitigung，Kontrahierungszwang im zivilrechtlichen Teil des Allgemeinen Gleichbehandlungsgesetzes，NJW 2007，21；Weiler，Die beeinflusste WillensErklärung，2003；Wendt/Schäfer，Kontrahierungszwang nach § 21 1 1 AGG?，Jus 2009，206；Wieser，Wille und Verständnis bei der Willenserklärung，AcP 189（1989），112.

案例：

a）V在给K的信中写道："我将我的花瓶以300欧元的价格卖给您，就是您特别喜欢的那个。"K回信说："多谢您的来信，我接受您的建议，同意购买花瓶。"V可以向K请求支付300欧元的价款吗？**（边码78）**

b）若K在回信中写道："我同意购买花瓶，但是只能支付250欧元"，何如？**（边码79）**

c）如果V给K的信尚在邮寄中且K在对此信尚不知情的情况下给V写信："您应该还记得，我喜欢您的花瓶。我想以300欧元的价格购买它"，何如？**（边码80）**

d）书商B主动寄给X一本书，根据附函，他以60欧元的价格为X提供该书，当他在两个星期之内未获得X的答复时，他就认为，X通过沉默接受了该要约。X沉默。他必须支付价款吗？**（边码91）**。

一、合同

（一）意义

70 1. 若某人需要某种财货（Güter），对此则会存在两种完全不同的思考可能性：一种是国家为个人分配食物、衣服、住房、工作场所等，另一种是个人亲自购置他想要的东西。第一种可能性违反了我们的宪法，《基本法》从个人自我负责的理念出发，仅在个人不再能够自助时才允许国家的财货分配。像计划经济所表现出来的缺陷一样，这种财货分配是不切实际的。对第二种可能性来说，若个人毫无顾忌地实现自己的意愿，则会导致恶劣的、反社会的不公平结果。因此，根据我们的法律规范，原则上个人不可以借助其意愿独自影响财货供给。比如说，如果他想获得特定食品，那么他必须缔结一份买卖合同，如果他想使用房屋，那么他应当租下它。为了能够购买或者承租，他需要钱，那么他就会出售物品、出租房屋或者作为雇员开始工作等。在所有这些情况下，重要的并不只是一个人的意愿（例如买受人），而是该人依赖他人的相应意愿（例如出卖人）。只有当双方达成合意时，才会产生计划中的财货交换的结果。相互对立的人达成的意思合致（Willensübereinstimmung）就是合同。

71 （1）私人经济领域的需求满足主要通过旨在交换财产的合同得以实现。买卖合同（第433条）、租赁（第535条）、用益租赁（第581条）、雇佣合同（第611条）和承揽合同（的631条）的共同点是：合同一方当事人正是因为另一方负有给付义务才允诺（versprechen）己方的给付（例如以钱易货）。

这些交换合同（Austauschverträge）表明，一般而言合理的结果可以通过合同当事人的私人积极性达成。合同当事人的利益是彼此对立的，一方的利益就是另一方的不利，各方都想通过尽可能少的个人给付获得尽可能多的他人给付。如果双方就给付和对待给付达成了合意，那么他们中的每个人都搁置了一部分自私的动机。通过合同中的谈判、互相影响以及达成的合意，片面的结果基本上被避免，公平的结果得以达成。

若K打算购买V的汽车，则他打算支付尽可能低的价格（例如7 500欧元），而V则希望汽车能给自己带来尽可能多的收益（例如8 300欧元）。如果双方经过长时间的协商约定了一个“中间”价格（8 000欧元），那么买卖合同被缔结。

只有当合同当事人以大致对等的力量面对他方时，才能实现这种“合同公平”；只有这样双方才能进行谈判，才不会由一方确定合同内容。

（2）合同的重要性不只体现在财货的相互交换上。在给付义务仅应由一方承担的 72
情况下，缔结合同同样是必要的。例如赠与即以合同为前提：应负给付义务的只有赠与人，而非受赠人，因为第516条要求，“双方当事人达成关于无偿给与的合意”*。要求缔结合同的原因在于，没有人需要在缺少或者违背自己意愿的情况下接受赠与。

如果A打算在B生日时送给他一只狗，B谢绝，那么就缺少必要的合意，因此赠与合同不成立。至于B是否是因为顾及犬税、害怕狗抑或不想接受A的任何赠与，法律都不感兴趣。

2. 合意不仅在财产法，而且在其他法律领域，如人格法、婚姻法中同样扮演着 73
重要角色。

因此，若“她”不愿意，则“他”和“她”不可以结婚。

（二）合同自由

1. 合同自由指个人通过合同安排私人生活关系的自由。它受宪法保障（《基本 74
法》第1条第1款）并且是私法自治（边码25）最重要的表现形式。与私法自治原则所表现出来的一般行为自由相同，合同自由的界限同样是他人的自由领域。如果财货应在双方之间被交换（例如以钱易货，以钱易劳务），那么重要的就不只是双方参与者中一方的意愿。相反，双方的意愿必须一致。只有当参与人的合意以每个个人自由地自我安排为基础时，即在合同的情况下，法律才承认自我安排是有约束力的。

例如：A对B享有交付汽车的请求权，并非因为A自己这样打算，而是因为A与B已经就A应当享有该请求权达成合意。法律规范承认B由此而承受的不利（交付汽车的义务），因为B希望这样。B一定知道，他为什么承担这项（不利于自己的）义务。在出售汽车时他负担义务，因为他可以从A处获得作为对待给付的约定价款（8 000欧元）。然而只有当在此范围承担不利的A对此表示同意时，B才能获得价款请求权。即使B本可能因出售汽车获得更高的价款（9 000欧元），法律规范也只能赋予他数额为8 000欧元的价款请求权，因为这对他而言并非不公平，他

* 作者关于第516条的理解并不统一。在本书中，作者认为第516条规定的赠与为允诺赠与（Schenkungsversprechen）；而在《债法各论》中，作者认为第516条规定的赠与为现物赠与（Handschenkung），其中不存在给付义务（Vgl. Brox/Walker, Besonderes Schuldrecht, 45 Aufl., C. H. Beck, 2021, § 9, Rn. 2）。——译者注

已经与A就此价格达成一致，他本可以不接受该价格。

75 2. 合同自由包括缔结自由和形成自由。

(1) *缔结自由*：个人可以自由决定是否以及与谁缔结合同。

B无须让步于A购买其汽车的渴望。他可以保留该汽车或者将它出售给其他人。

只有在例外情况下某人才有缔结合同的义务。根据特殊法律规定（例如针对电、气、客运），此类*强制缔约*一般存在于公共供给义务中（供给生活必需品）。[①]

75a 此外，于2006年8月18日生效的《一般平等对待法》(AGG)[②]，原来被称为《反歧视法》，限制了合同自由。据此，基于人种、民族、性别、宗教或者世界观、残疾、年龄以及性取向（在劳动法以及民法中有不同的范围）的歧视均被禁止（《一般平等对待法》第1条）。它还适用于雇佣雇员（《一般平等对待法》第2条第1款第1项，第6条第1款第2句，第7条）以及关于供给商品和向公众提供服务（包括出租住房）的合同（《一般平等对待法》第2条第1款第8项）。因此，原则上雇主不可以自由决定雇用男人还是女人，年轻的还是年长的或者来自德国还是（特定）外国的应聘者。货物（例如商场）和服务（例如饭店或酒吧）的供应者、出租人（也包括旅店）和保险公司不可以将其要约仅限定于德国的买受人、顾客或者承租人。

诚然，《一般平等对待法》规定了更多的例外情况。在劳动法中，如果特定标准对于某工作来说是重要且具有决定性意义的工作条件（《一般平等对待法》第8条，例如中国餐馆里的亚洲服务员），那么因上述标准之一而采取的区别对待是被允许的。此外，若存在合法目的，也可以对申请者的年龄提出要求（《一般平等对待法》第10条，例如如果特定的长期工作经验对某工作是必要的，那么就可以间接地规定最低年龄）。若在民法中的大宗交易中（《一般平等对待法》第19条第1款第1项，第5款第3句，例如商场、饭店、拥有五十多套住房的出租人）区别对待有合理原因，则不存在对《一般平等对待法》第1条中的歧视禁止的违反（《一般平等对待法》第20条）。例如为了避免危险禁止残疾人使用休闲公园中的特定设施（《一般平等对待法》第20条第1款第1项），为了保护女士的人身安全而在停车场中设置女士停车位（性别）（《一般平等对待法》第20条第1款第2项），为给付能力不强的消费者群体规定的学生折扣（年龄）（《一般平等对待法》第20条第1款第3项）。在"人种"和"民族"的歧视禁止方面不存在例外（除了带有特别密切以及信任关系的债务关系，例如将自己居住的房子中的单人间出租，《一般平等对待法》第19条第5款，论据见《一般平等对待法》第20条第1款），因此禁止外国人进入酒吧或者饭店是不被允许的。

《一般平等对待法》并没有为雇主以及商品、服务和保险合同的提供者规定真正的强制缔约。被歧视者并不享有请求缔结被拒绝的合同的权利（对于劳动关系的确立见《一般平等对待法》第15条第6款）。他只能要求赔偿其最终所遭受的物质损害以及非物质损害（《一般平等对待法》第15条第1、2款，第21条第2款）。

---

① Vgl. *HK-BGB*！*Dörner* Vor § § 145－175 Rn. 4；*Palandt*/*Ellenberger* Einf. v. § 145 Rn. Sff.

② BGBI. 2006 1 1897；Schönfelder，Deutsche Gesetze，Nr. 34.

(2) *形成自由*：合同当事人享有决定如何安排合同内容的自由（参见第 311 条第 1 款）。该自由主要存在于债法合同中，较少存在于物权法、亲属法以及继承法中： 76

例如：A 和 B 可以在合同中约定，A 用旧车折价购买新车，A 用分期付款的方式支付剩余价款，因汽车出现瑕疵而产生的 A 的请求权被排除，A 可以在 8 天内（通过解除）使合同归于无效。相反，X 和 Y 在结婚时不可以赋予双方中的一方终止* 的权利。

在例外情况下，法律同样在债法合同中为形成自由设置了界限。例如违反法律禁止性规定（第 134 条，边码 320 及以下）或者悖于善良风俗（第 138 条，边码 329 及以下）的合同是无效的。《一般平等对待法》也为形成自由设置了界限。根据它，雇佣合同不得为男性与女性规定不同的工作条件以及薪资（《一般平等对待法》第 1 条，第 2 条第 1 款第 2 项、第 6 项、第 7 项）。欧洲法院[③]也从欧洲男女平等对待的原则中得出，保险合同中，不得规定男女不同的收费标准。虽然这种区别对待根据当时仍生效的《一般平等对待法》第 20 条第 2 款第 1 句在某些前提下仍被准许，但是这一规定由于欧洲法院的判决从 2012 年 12 月 21 日起不能再被适用。

（三）概念

合同是意思的一致。确切地说，它是由至少两个人作出的互有关联的内容一致的意思表示所组成的法律行为。人们通过抽象得出该概念，即忽略单个合同如买卖、租赁、承揽等合同的特殊性。与立法者对广泛抽象（边码 37 及以下）的追求相一致，该定义的意义在于为每种单个合同确定必要的构成要件。立法者在第 145 条及以下中为所有合同设立一般性规定时，他们就是从这个概念出发的。 77

人们通过进一步的抽象得出了法律行为和意思表示这两个概念，它们被包含在上述合同的概念中并将在此加以说明。

合同的前提是：

1. 必须存在至少两个人的意思表示。人们将时间上较早的一个表示称为要约（第 145 条）并将较晚的一个称为承诺（第 146 条）。 78

例如：在**案例 a** 中，如果关于价格为 300 欧元的花瓶的买卖合同成立，那么 V 可以根据第 433 条第 2 款向 K 请求 300 欧元的价款。实际情况的确如此，因为 V 的信中包含要约，K 的信中包含承诺。V 在将其住房的一楼出租给 M 夫妇后在租赁合同中签字，并将它寄给 M 夫妇（＝要约）。M 先生和 M 夫人二人在合同上签字后将它回寄给 V（＝承诺）。这个例子说明，两人以上的人也可以缔结合同。

2. 意思表示在内容上必须一致。当然不需要内容完全一致或者字字一致，它们必须在所追求的法律效果上内容一致（例如购买价格为 300 欧元的花瓶）。若承诺表示在内容上与要约不一致，则不存在合意（参见第 150 条第 2 款）。 79

在**案例 b** 中，V 不可以向 K 提出请求，因为买卖合同并未成立。虽然 V 打算

---

* 德语为 Kündigung，指通过终止表示（Kündigungserklärung）单方面终止长期债务关系。——译者注

③ EuGH NJW 2011，907ff. mAnm Armbrüster LMK 2011，315339.

出售，K打算购买，但这仍是不够的。对买卖标的和价格的合意是必不可少的。此时缺少对商品售价的合意。

80 3. 意思表示必须在相互有关联的情况下被作出。从第146条及以下中可以推知，要约必须被承诺。然而如果表示之间并无关联，那么即使它们在内容上一致，合同也不成立。

在**案例c**中，买卖合同并未被缔结。相反，如果V在收到K的信后将花瓶寄给K，那么这就是对K的要约的承诺。

81 4. 若法律并未作出其他规定（例如书面形式、公证书）或者双方无其他约定（边码298及以下），则合同的形式并非必要。

若法律规定，购买面包和香肠需要签订书面合同，这无疑是不现实且不能被理解的。

二、意思表示

（一）概念

82 意思表示是旨在达到某个法律效果的私人的意思表达（Willensäuβerung）。

1. 被考虑的只是私人的，即按照私法被加以评价的意思表达，而非公法领域中的意思表达。

被排除的是政府部门在公法上的表达（例如行政文件），私人在公共事务中的意思表达同样如此（例如议员在联邦议会选举中行使选举权）。

83 2. 意思表示是对指向某个法律效果的意思的表达。它包括两个因素，（内在的）意思和对该意思的表达。能够引起法律效果的并非单纯的内在意思，而是被表达出来的意思。因为内在的意思并不为他人所知，它必须通过向外界表达而为他人知悉。意思在表示中得以体现，意思和表示构成一个整体。

84 (1)《民法典》的起草者按照当时的心理学知识将（内在）意思划分为行为意思、表示意识和效果意思：

a. 行为意思被理解为行为的意识。它指的是指向实施一项外部行为的有意识的意志行为（Willensakt）。

例如：意思可以通过语言、特定姿势（点头、摇头）或者沉默表现出来。相反，如果某个行为是在睡眠中或者在催眠状态中发生的，那么它就缺少行为意思。

85 b. 表示意思（Erklärungswille）或者表示意识（Erklärungsbewusstsein）是行为人的以下意识：他的行为是某个法律上的表示。如果表示人知道其行为能够被理解为法律上的表示，那么该意思就存在。如今，表示意识不再被视为意思表示的必要构成（边码137）。④

例如：A在处理公函时在一封包含购买要约的信上签字，他寄出这封信并且意

④ Vgl. BGHZ91，324 = NJW 1984，2279；BGHZ 109，171（177）=NJW 1990，454.

识到其行为具有法律意义。即使A在为购买要约签字时以为这是一份终止表示，表示意识也同样存在，因为终止表示同样是法律上的表示。就表示意识而言，表示人意识到其所实施的是法律行为即可。表示意思无须指向特定法律效果。

相反，若A邀请B吃晚餐，则不存在表示意识，因为此类表示在法律之外的领域——社会领域被作出。

在特里尔红酒拍卖案（参见边码137）中，外来人A在拍卖时举手向朋友示意。A并不知道在这里举手意味着作出提高100欧元的购买要约。拍卖人拍板将这桶红酒出售给A，对A的“要约”作出承诺。在举手时A具有行为意思。但他缺少表示意识。他并不打算通过招手作出法律上的表示，他不知道其行为在拍卖现场会被理解为法律上的表示（购买要约）。

c. 效果意思是借助表示引起特定法律效果的意思。与表示意识相反，效果意思指的并非是引起随便哪个，而是一个完全特定的法律效果。 86

例如：A打算以5 430欧元将其摩托车出售给B。若他向B作出相应表示，则该表示与其效果意思一致。如果他发生口误，比如将价格说成了4 530欧元，那么对该表示来说仍存在表示意识，因为他希望引起该法律效果。然而此时缺少效果意思，因为A不希望发生他的表示所引发出来的法律效果（以4 530欧元的价格出售摩托车）。

在特里尔红酒拍卖案中，若A举手是为了回应其朋友B将自己的手表以50欧元出售给他这件事，则A具有表示意识，但并不具有指向购买红酒的效果意思。

对于（a）-（c）：在意思表示的一般情况下，意思的形成过程应当是无瑕疵的，效果意思同样应当无瑕疵地被表达出来。这样就无须对各个意思元素进行进一步讨论。法院在审判时经常会遇到这样的情况：在意思形成时或者在将意思转化为表示时出现错误。此时出现的问题是：这样的（错误成立的）表示能否引起法律效果，它可否通过撤销使之归于无效。 87

如果A在催眠状态下通知B终止租赁合同，如果他在拍卖会上举手只是为了和朋友打招呼，如果他说错了待出售的摩托车的价格，那么就会出现这样的问题：基于错误的表示是否不应当产生法律效果（保护表意人），表示应否像无瑕疵一样生效（保护表示受领人），或者是否表示应当生效，但表意人有权利重新排除它的效力（在出现口误的情况下：表示错误，第119条第1款，边码412）。若表意人缺少效果意思，则涉及内容错误，根据第119条第1款它是可撤销的。按照通说，若缺少表示意思，则意思表示同样（与表示错误一样）可撤销。⑤ 这些问题将在意思瑕疵问题（边码375）中被详细探讨。

（2）效果意思通过表达得以实现。表达是一种能够被人知悉的外部行为，它将引起特定法律效果的意思表示出来。只有当人们能够从可知悉的行为中推断出来表意人借此欲表达的效果意思时，此类表达才存在。该行为可以通过多种方式发生： 88

a. *在明示的（直接的）意思表示*的情况下，表意人的效果意思在表示中直接被 89

⑤ BGHZ 91，324（329）= NJW 1984，2279；BGH NJW 2010，861（862）.

表达出来。

例如：一封信含有以下内容："在这里我接受您于5月15日发出的要约。"K对V说："我以100欧元购买您的戒指。"表意人无须使用法律术语，必要的只是，表示让它所指向的人知悉，表意人想引起哪种法律效果。如果承租人对出租人说，他在月底搬家，那么出租人可以将它视为承租人的通知终止表示。

在网络订货的情况下，点击鼠标会引起发送电子信号的结果，受领方的电脑会对其进行转化，使他了解表意人的效果意思。

90 b. 如果行为人借助举止（Verhalten）直接追求其他目的，但间接表达出了效果意思，那么就存在*默示的（间接的）意思表示*，从他的举止中可推断出效果意思。

例如：在圣诞市场上，某人为了乘坐旋转木马而坐在木马上，则他为缔结相应合同（以公告的价格乘坐旋转木马）默示地作出了意思表示。一家能源供应企业（如电力、燃气、水力）为房屋承租人提供可供使用的给付，这一事实上以给付来进行供应的行为中大体上包含着一个以*事实要约*(Realofferte）的形式出现的旨在订立供应合同（Versorgungsvertrag）的合同要约，使用能源的承租人就默示地表达了对这一合同要约的承诺。[6] 雇员书面要求雇主："请立即给我我的证书。"为了寻找新的工作位置，他要求对方向自己返还雇用证书。雇主可以且必须将表示理解为（符合形式要求的，第623条）即时通知终止劳动合同。如果"她"将订婚戒指以及订婚礼物回寄给未婚夫，那么"他"可以从该举止中推断出解除表示（参见第1298条）。

91 c. 在例外情况下也可以通过不作为（Nichtstun）（＝沉默）表达效果意思。

但通常来说不可以从沉默中推断出意思表示。

因此在**案例d**中，X的沉默不能被视为对购买要约的承诺。因此，X无须支付价款。

只有当当事人进行约定或者法律作出规定时，沉默才能被视为意思表示，在以下情况下尤为如此：依诚实信用，沉默者负有作出表示的义务（参见边码195及以下）。

例如：根据《商法典》第362条第1款，如果商人的商事营业（Gewerbebetrieb）涉及对他人事务的管理，那么他有义务毫不迟延地回复其商业伙伴的相关要约，否则其沉默将被视为对要约的承诺。[7] 在这种情况下，法律保护的是商业伙伴，他可以从商人的举止（沉默）中推断出承诺。《民法典》中的法律规定：第108条第2款第2句，第177条第2款第2句，第415条第2款第2句（沉默被视为拒绝）；第416条第1款第2句，第455条第2句，第516条第2款第2句，第1943条（沉默被视为同意）。

在**案例d**中，如果B与X约定，B将所有古典文学领域的新书寄给X，且若X

---

⑥ BGH NJW 2014，3148 und 3150f.

⑦ *Brox/Henssler* HandelsR Rn. 290ff.

未在两周时间内将书寄回，则说明他打算购买这些书。因此X在上述期间中的沉默被视为承诺表示。如果沉默被视为承诺这一条款被包含于附加在要约上的一般交易条款中，那么它是不生效力的（第308条第5项）。

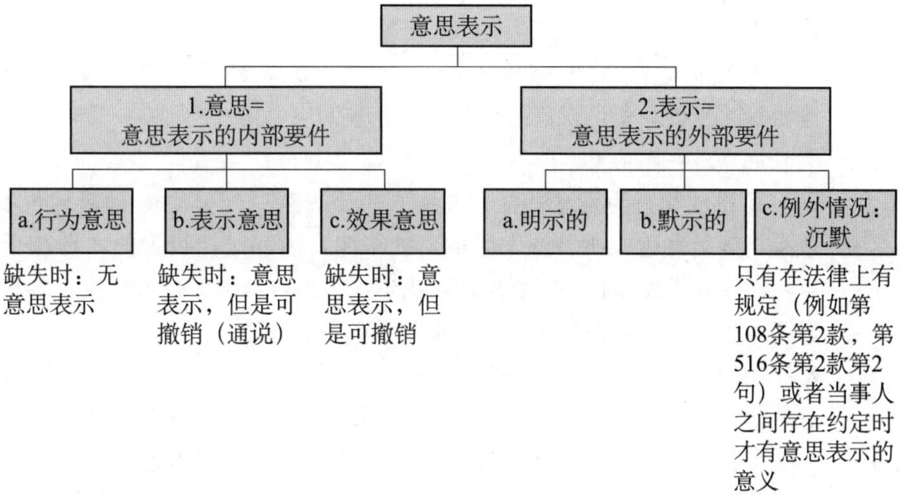

（二）种类

1. 需受领的意思表示是指向他人（表示受领人）的意思表示。因为该人必须能够适应表示所创设的新的法律状况，所以对于表示的效力来说必要的是表示受领人能够知悉。 92

例如：承租人M的终止表示是需受领的意思表示。出租人必须能够对终止所导致的新的法律状况作出调整，他必须寻找新的承租人。如果终止表示在邮寄过程中丢失，那么它不产生效力（参见第130条第1款第1句，边码149）。

合同要约（边码165及以下）也是需受领的意思表示，表示受领人必须能够确定他承诺还是拒绝该要约。承诺表示同样是需受领的意思表示，因为表意人必须知道，合同是否成立。

2. 无须受领的意思表示是不指向他人的意思表示。此时没有人需要适应意思表示可能导致的法律效果。 93

例如：遗嘱是无须受领的意思表示。任何人——无论是遗嘱中被指定的人还是未被指定的人——在被继承人去世前知悉自己将会继承其遗产或不会继承其遗产，对此都不享有受法律保护的利益。为了避免纷争，被继承人可能希望在其去世之前将遗嘱保密。

（三）界定

意思表示须与事实行为和准法律行为相区分。 94

1. 事实行为是这样一种行为，即不取决于行为人的相应意思，法律规范直接将法律效果与行为相联系。这与意思表示正好相反，意思表示的法律效果的发生乃因其被希冀，而就事实行为而言，它的法律效力不取决于其是否被希冀。[8]

例如：A 在 B 的画布上画了一幅画。根据第 950 条，A 通过将画布“加工”为画而成为新物（画）的所有权人。此时 A 是否希望该法律结果发生并不重要。即使 A 因罹患精神疾病而毫无意思能力，他也同样根据法律规定（第 950 条）获得该画的所有权。

若 X 发现了一个埋藏物（比如一枚被长期埋藏以至于不能够确定其所有权人的戒指）并进行保管，则他是物的半个所有权人（第 984 条），X 取得该埋藏物的所有权的意思并不重要。

95 2. 准法律行为是意思表达或者通知，法律将它们与法律效果相联系，这些法律效果不必是表达人所希望发生的。准法律行为和法律行为的区别在于，就前者而言，法律效果无须指向其意思即可出现。另外，与事实行为相比，准法律行为与意思表示更为接近，因为它包含意思或者观念的表达。

例如：因为债务人 S 不向债权人 G 履行所欠的给付，所以 G 对 S 作出催告，G 打算借此达到的目的是，使 S 履行其义务。第 286 条在特定的其他构成要件下将此催告与债务人迟延相联系，它使 G 有权请求 S 赔偿其因债务人迟延而遭受的损害（第 280 条第 1、2 款，第 286 条第 1 款）。此外，该法律效果以催告，即 G 的意思表达为前提。即使 G 在催告时并不想引起 S 迟延的法律效果，而只是督促 S 履行义务，也同样发生上述法律效果。

如果批发商 V 基于买卖合同向零售商 K 提供了腐烂的土豆（边码 18）且 K 立刻对 V 作出存在瑕疵的通知，那么 V 对此事的获悉基于 K 对于被供应的土豆状况的通知。该通知（《商法典》第 377 条）使 K 获得了第 437 条第 2 项（第 1 种情况）中的解除合同的权利，即使 K 在通知时并没有这样考虑也同样如此。

因为准法律行为与意思表示比较接近，所以要审查关于意思表示的各个规定在此能否得到相应适用。

在上述催告和瑕疵责问（Mängelrüge）案例中，行为人必须能够认识到其行为的意义。因此，关于行为能力的规定（第 104 条及以下各条）得到类推适用，这样一来，精神病人的表达不能引起上述法律效果。

三、法律行为

（一）概念

96 法律行为是一个法律事实，至少包括一个意思表示，通常还包括其他要素，法律规范将它与所希望的法律效果的发生联系在一起。

1. 法律行为至少包括一个意思表示，即一个指向实现某个法律效果的意思表达（边码 82 及以下）。意思表示是法律行为的核心。但它与法律行为并不相同。尽管

[8] Vgl. Mot. I 127.

如此，《民法典》仍然经常将它们作为同义词交替使用。[9] 有时，法律行为的构成要件仅限于一个意思表示（例如合同终止的表示）。通常来说，法律行为包括多个意思表示（例如合同）。

买卖合同是由出卖人和买受人的意思表示所组成的法律行为。

2. 法律效果并非总是仅由一个或多个意思表示引起。它经常还需要*其他构成要件*。例如事实行为（边码 94）或者官方的参与。 97

根据第 929 条第 1 句，如果 A 打算将其手表的所有权转让给 B，那么双方除就所有权移转达成合意，即他们缔结一个合同外，还需要一个事实行为，即 A 必须将手表交付给 B。

就结婚而言，新人之间相应的合同并不足够。意思表示必须在户籍官员面前作出（第 1310 条第 1 款第 1 句）。

3. 法律效果不因它们被希望而出现。必要的是，*法秩序承认*（行为人）*所希望发生的法律结果*。如果它否定该法律效果，那么尽管存在相应意思，该行为也不发生效力。 98

因此，根据第 138 条第 2 款，暴利的买卖合同是无效的（第 344 条）。此类合同不会引起合同当事人所希望的法律效果。是否会引起其他法律效果（例如损害赔偿请求权）此时并不重要。

（二）种类

1. *单方法律行为只*包括一个人的意思表示。 99

例如：终止表示、撤销表示（第 143 条第 1 款）、订立遗嘱、悬赏广告（第 657 条）。

2. *多方法律行为包括多人（至少两人）的意思表示*。合同、共同行为和决议均属于多方法律行为。 100

（1）*合同*是至少由两人相互作出的一致的意思表示（边码 77）。

（2）*共同行为*是至少由两人作出的一致的、具有相同指向的意思表示。与合同不同的是，共同行为不是交换一致的、相互作出的意思表示，而是作出并行（平行）的意思表示。 101

例如：M 和 F 夫妇共同承租了一套房屋，他们打算终止租赁关系。因此，M 和 F 各自向出租人作出终止表示。

（3）*决议*是由人的团体（如公司、社团）中的多人所作出的指向一致的意思表示。它们被平行地向团体负责人作出，其目的是规定团体的内部法律关系。公司合同或者社团章程以及法律对如下内容作出规定：以一致统一的决议为必要，还是多数人通过的决议即为已足。与合同和共同行为不同，在多数决议中所有意思表示无须一致，只要已达到必要的多数，决议就具有约束力。 102

例如：射击协会的成员大会以多数作出决议，决定应当购买新的会旗。如果协会章程为此类情况规定了多数决议，那么被作出的决议在协会内部对于投反对票的成员同样具有约束力（详细内容见边码 742）。

---

[9] Vgl. dazu Met. I 126.

第五节 负担行为和处分行为，原因行为和抽象行为

参考文献：Bayerle，Trennungs-und Abstraktionsprinzip in der Fallbearbeitung，JuS 2009，1079；Eisenhardt，Die Einheitlichkeit des Rechtsgeschäfts und die Überwindung des Abstraktionsprinzips，JZ 1991，271；Haedicke，Der bürgerlich-rechtliche Verfügungsbegriff，JuS 2001，966；Jauernig，Trennungsprinzip und Abstraktionsprinzip，JuS 1994，721；Lieber/Berneith，Echte und unechte Ausnahmen vom Abstrakitionsprinzip，JuS 2016，673；S. Lorenz，Grundwissen Zivilrecht：Abstrakte und kausale：Rechtsgeschäfte，JuS 2009，489；Schreiber/Kreutz，Der Abstraktionsgrundsatz-Eine Einführung，JURA 1989，617；Strack，Hintergründe des Abstraktionsprinzips，JURA 2011，5.

案例：

a）V于4月1日在一份书面合同中将一幅价格为2 300欧元的画出售给K。5月2日V将画交付给K。K的法律地位如何？**（边码103、104、105、117）**

b）在V将所出售的画交付给K之前，他于4月5日发现了另一个对画感兴趣的人D，该人愿意以4 000欧元的价格购买该画。V与D就该画签订了买卖合同并立即完成了交付。法律状况如何？**（边码109）**

c）在**案例a**中，若K在不久后发现，V自4月15日起罹患精神疾病，K的法律地位如何？**（边码118）**

d）在**案例a**中，当K打算在5月4日付款时，V发现自己在合同中出现了笔误。他本打算将价格定为3 200欧元，但是在打字时却打成了2 300欧元。V立即向K表示，基于错误（第119条第1款）他撤销合同并要求返还该画。法律状况如何？**（边码119、120、121）**

一、负担行为和处分行为

（一）负担行为

103 负担行为是产生给付义务的法律行为。大多数负担行为被规定在《民法典》债法编中；最主要的例子是合同。它使出卖人负担向买受人交付和转让被出售的物的所有权的义务（第433条第1款第1句），通过买卖合同买受人取得了交付和转让买卖物的所有权的权利（请求权，债权）。负担行为（买卖合同）并未直接改变权利客体（买卖物）的法律状况，虽然缔结了买卖合同，但出卖人仍然是物的所有权人。负担行为并未导致Aktiva（资产）的直接减少，而只是增加了义务

人的负债（Passiva）。*

在**案例 a** 中，如果该画于 4 月 2 日被盗，只有 V，而非 K 能够根据第 985 条向盗画人请求返还该画，因为尽管存在买卖合同，但交付之前 V 仍是画的所有权人。通过 4 月 1 日缔结的买卖合同，K 享有取得画的所有权的请求权（第 433 条第 1 款第 1 句），而非已经获得画的所有权。

在大多数情况下，负担行为是合同（边码 70 及以下），在例外情况下只是单方法律行为（边码 99）。

（二）处分行为

1. 处分行为指直接将权利转让、设定负担、变更或者废止的行为。从权利变动的意义上讲权利的存在受到影响。 104

例如：

在**案例 a** 中，V 于 5 月 2 日将画的所有权通过合意和交付（第 929 条第 1 句）转让给 K。这样画的所有权从 V 处转移至 K 处。

C 在其戒指的所有权上设立了有利于 D 的质权（第 1204 条第 1 款，第 1205 条第 1 款）。虽然 C 仍是戒指的所有权人，但是在其所有权上还存在 D 的质权。该人得到了一个从所有权处分离出来的、独立的“所有权碎片”，质权人 D 现在有权获得所有权人 C 的一部分权能。

E 对 F 享有基于买卖合同的数额为 500 欧元的价款支付请求权，因为 F 无支付能力，所以二人在合同中（第 311 条第 1 款）约定，E 对 F 的数额为 500 欧元的债权变更为 E 取得 F 的二手电视机。

G 通过合同（第 397 条第 1 款）免除了对 H 的数额为 200 欧元的价款请求权。G 的权利通过这种方式被废止。

与负担行为相反，处分行为直接减少了处分人的资产。处分人指通过处分减少或者丧失权利的人。

在**案例 a** 中，V 于 5 月 2 日通过转让处分了他的画。他丧失了画的所有权，K 取得该画的所有权。

许多处分行为被规定在物权法中，因此人们也将其称之为物权行为。然而在这里应当避免误导，因为债法中同样存在处分行为。

物权法中处分行为的例子：所有权转让（动产：第 929 条及以下；不动产：第 873、925 条）。

债法中处分行为的例子：债权让与（第 398 条），债务免除（第 397 条第 1 款）。

2. 有效的处分行为的*前提条件*： 105

（1）大多数情况下处分行为由合同组成，在例外情况下由单方法律行为组成。

处分合同的例子：在**案例 a** 中，V 于 5 月 2 日将画的所有权通过合意和交付

---

* Aktiva 与 Passiva 有学者译作积极财产与消极财产（朱庆育：《民法总论》（第二版），北京大学出版社 2016 年版，第 158 页）。这种译法并不准确。Aktiva 与 Passiva 是金融术语，多见于资产负债表。通常以会计恒等式表现，即资产（Aktiva）＝负债（Passiva）＋所有者权益（Eigenkapital）。——译者注

（第929条第1句）转让给K。合意是转让人V和取得人K之间的、以画的所有权应从V处转移至K处为内容的合同。X将其对买受人K所享有的价款请求权通过其与Y之间的合同转让给Y，根据该合同，X的债权应转移给Y（第398条第1句），随着这份合同的缔结，Y取代之前的债权人X成为新债权人（第398条第2句）。

仅包括一个意思表示的处分行为的例子：E打算放弃对其已损坏的手表的所有权。必要的是E所作出的抛弃所有权的意思表示以及抛弃占有（第959条，边码634）。相反，V通过其单方法律行为“放弃”（Verzicht）针对K的价款请求权是不可能的，V与K必须缔结免除合同（第397条第1款）。

106 （2）处分经常以其他构成要件为前提。

因此，就动产的所有权转让而言，除合意合同之外，第929条第1句还要求转让人将物交付给取得人。就土地所有权转移而言，除合意（＝合意合同，第925条第1款第1句，第873条第1款）外，在土地登记簿上进行登记同样是必要的（第873条第1款）。

与此相对应，某人的债权可以仅通过二人之间的合同转让给另一方，而无须存在其他构成要件（第398条第1句）。

107 （3）然而，只有当处分人享有处分权（Verfügungsmacht）* 时，处分原则上才有效。因此，人们称其为在权利之处分方面的的法上之力。

a. 通常来说，权利人享有处分权。

因此，物的所有权人以及债权人原则上享有通过物的所有权转让（第929条）或者债权让与（第398条）对它们进行处分的（法上之）力，这样取得人将成为物的所有权人或者债权人。

108 b. 在例外情况下，有处分权的并非权利人，而是他人。其前提是，通过法律或者法律行为授予（einräumen）** 该他人处分权。

例如： 尽管破产程序已经开启，但E仍是属于他的画的所有权人。然而，随着程序的开启他丧失了对画的处分权，该处分权由破产管理人（Insolvenzverwalter）行使（《破产法》*** 第80条）。该规定的意义在于，使破产管理人处于以下情况中：将（债务人）E的财产转化为金钱，从而均匀地对债权人进行偿还。如果债务人能够以“变卖”（versilbern）的方式对其财产标的进行处分，从而独自使用收益，而使债权人一无所得，那么这就违反了法律的上述目的。

H将由他出售的属于所有权人E的画转让给K。如果E授予H处分权，那么转让是有效的（第185条第1款，边码506）。尽管H并非所有权人，但K仍能取

---

* 在本书中，作者还使用了Verfügungsbefugnis表达处分权之意。——译者注

** 若该处分权之取得源自法律行为之授予，该法律行为称为“授权行为”。与处分授权同属授权行为者，还包括代理权授予行为、受领权授予行为等。——译者注

*** 《破产法》（Insolvenzrecht，InsO）（连同《破产实施法》），1994年制定，1999年1月1日生效。《破产法》致力于在两德合并后建立统一的破产制度，该法的颁布施行使原《清算法》（KO）、原《和解法》（VerglO）及原《共同执行法》（GesO）失效。

在过去，InsO常译作“支付不能法”，KO译作“破产法”。鉴于德国统一破产制度的建立和现通行译法，InsO译作“破产法”、KO译作“清算法”更为妥适。——译者注

得该所有权，而E丧失其所有权。这并无任何不妥，因为他对H的转让表示同意。

（三）区别

负担和处分行为的区别主要体现在以下两个方面： 109

1. 处分行为的效力以处分人的特别*权力*(Macht)（处分权）为前提，而就负担行为而言，义务人的特别权力并非必要。

因此，原则上只有有处分权的所有权人才能够处分物的所有权并将其所有权转让给他人（参见第929条）。与此相应地，无处分权人在买卖合同中也可能有义务使买受人取得所有权。

在**案例b**中，V就画签订了两份有效的买卖合同。尽管他已经将画出售给K，但他仍然可以将画的所有权转让给D（第929条第1句），因为与K之间的买卖合同并未改变他作为所有权人所享有的处分权。如果他将画转让给D，那么他就丧失了对该画的所有权，因此现在他不再能够使K取得画的所有权。K对V享有损害赔偿请求权（第275条第4款，第280条第1、3款，第283条）。通常来说，K对D不享有请求权，只有在满足第826条的严格前提条件时（故意悖于善良风俗致害），他才对D享有损害赔偿请求权。

由此可见，处分限制的是法律上的“能够”(Können)，而负担限制的只是“应当”(Dürfen)。

在**案例b**中，V在将画转让给D后就不能再次将它转让给他人。虽然V已经对K负有转让画的义务，但他仍能够负有转让给D的义务。当然，他不应当这样做，因为他只能履行一次给付。因此，他向K负有损害赔偿义务。

2. 处分适用*优先权原则*，而在负担方面则不存在此类顺位规则（Rangordnung）。 110

（1）如果某人实施了多次处分，那么只有时间上最早的处分是有效的，所有之后的处分均不生效力（例外：无权利人的善意取得，参见如边码28，639）。*

如果债权人G将其对债务人S的、内容为支付500欧元的债权先转让给D1，之后转让给D2，随后又转让给D3，那么D1（根据第398条）获得针对S的债权。后来发生的针对D2的让与是不生效力的，因为G此时已不再是债权人，即不再能够处分。针对D3的让与同样如此。

（2）相应地，对不同人多次负担义务是可能的，在时间上最早负担的义务在顺位上并不优先于在时间上较晚负担的义务。

V可以将其录音机有效地依次出售给K1、K2和K3。三个买家均享有转让录音机所有权的请求权。显然V只能履行其中一个买卖合同。如果他已经完成了转让（例如向K2），那么他就不再是录音机的所有权人，他也因此不再能够履行另外两个买卖合同，他对另外两个买受人负有损害赔偿义务（第275条第4款，第280条第1、3款，第283条）。

---

* 此处的说法也并非周延。对于所有权转让、质权设立、债权让与而言，在后处分者不生效力；而对于抵押权设立而言，在后处分者并非不生效力，而是在顺位上劣后于在前处分者。——译者注

二、要因行为和抽象行为

（一）导论

111 无论是处分行为还是负担行为均能使行为相对方获得财产价值。人们将其称之为给与（Zuwendung）。

如果A将录音机的所有权转让给B，那么B的财产中就增加了录音机。如果出卖人V基于买卖合同获得了针对买受人K的数额为800欧元的价款请求权，那么该债权对于V来说就具有财产价值。

112 1. *给与并不是没有原因的。*

（1）给与的法律原因并不是驱使给与人作出给与的动机。

例如：出于同情，A将录音机的所有权转让给B，希望它能够陪伴B孤独的晚年生活；出于感激，因为B曾经为A提供了一条非常好的建议；出于宣传，因为他认为自己的慷慨将流传开来；出于自利，他希望B能够在订立遗嘱时考虑自己。

在许多可能的动机中，只有小范围的典型给与目的才在法律上具有意义。人们将其称之为给与的法律原因，它在罗马法中的名称是原因（causa）。

在上述例子中，尽管存在不同的动机，但所涉及的都是B的无偿利益（＝法律原因是赠与）。

113 （2）*给与的法律原因是能够证明给予合理性的原因。*

若A根据第929条第1款将录音机的所有权转让给B，则B从中并不能知道转让的原因。它可能是为了履行两人之间所缔结的买卖合同，也可能是为了履行赠与合同。

罗马法将所有权转让的原因分为赠与原因（causa danandi）、设债原因（causa credendi）和清偿原因（solvendi）。就赠与原因而言，给与引起了无偿利益（例如赠与）。在设债（＝causa acquirendi、causa obligandi*）方面，以为另一方创设义务的方式进行给与（例如在物的消费借贷合同中，贷与人负有以与借贷物种类、品质和数量相同的物予以偿还的义务，第607条第1款）。若给与人打算清偿债务，则给与基于清偿原因发生（例如买受人通过支付价款履行其在买卖合同中的义务）。

114 2. 就某些法律行为而言，可以直接从中推知其法律原因。在这里，法律原因是法律行为的组成部分。因此，人们将此类行为称之为*要因行为*。

例如：赠与合同、买卖合同。

须与之相区分的是以下法律行为：给与的原因不属于其内容。也就是说，此类行为从法律原因中被分离、抽象出来。人们将其称之为*抽象行为*。

例如：第929条第1句中的所有权转让。

---

* causa credendi在罗马法上是指消费借贷原因，causa credendi在这里已经失去罗马法上的原义，与causa acquirendi、causa obligandi同义（Vgl. Westermann，Die causa im französischen und deutschen Zivilrecht，De Gruyter，1967，S. 58），可以统一译为"设债原因"。——译者注

(二) 要因行为*

要因行为指这样一些行为：给与的法律原因（causa）属于这些行为的内容。大多数负担行为均属于此类行为（边码 103）。 115

主要的例子是买卖合同。依买卖合同将产生买受人对转让买卖物所有权的请求权与出卖人的价款支付请求权，约定任何一方合同当事人为了自己的给付而收取对待给付乃是前述请求权发生的法律上原因。

如果出卖人为了照顾朋友将该物以原价出售给买受人，那么这只是一个法律上并不重要的动机，它并不是买卖合同的法律原因。

因为法律原因属于要因行为的一部分，所以若当事人未对法律原因达成合意，则不存在有效的要因行为。

例如：A 打算借钱给 B，因此递给他一张一百欧元的纸币，而 B 认为 A 打算将这些钱送给他。此时双方在法律原因方面缺少合意。转让纸币所有权的抽象行为并没有原因行为（Kausalgeschäft）** 作为基础。

(三) 抽象行为

抽象行为是*与给与的法律原因相分离的法律行为*。法律原因不属于法律行为的内容。所有处分行为（边码 104）以及一些在法律中被特别加以规定的负担行为均属于抽象行为。 116

抽象的负担行为是创设性的债务允诺（第 780 条）、创设性的债务承认（第 781 条）、无记名债券（第 793 条）以及（主要）产生于汇票和支票的义务（根据《汇票法》或《支票法》）。所有这些负担行为都是抽象的，与大多数负担行为不同，它们不包含义务的法律原因。因此，不能从汇票债务的创设推断出它设立的原因，该原因包含于原因行为中（例如买卖、赠与）。

通常来说，抽象行为同样以法律原因为基础。只不过这不属于抽象行为的内容。原因存在于作为抽象行为基础的原因行为中。

三、抽象原则

(一) 意义

抽象原则是指使*原因行为和抽象行为在法律上相分离*。由于这一规则把单独一个事实过程分成不同的法律行为对待，它起初并不容易被理解。 117

例如：A 打算在出售体育报纸的路边摊购买一份报纸。没有说话，他递给摊贩 1 欧元硬币。这一行为可以被视为缔结关于报纸的买卖合同的要约，关于硬币所有

---

* 要因行为（kausale Geschäft）应区别于原因行为（Kausalgeschäft）。前者强调原因是法律行为的内容；后者强调该项原因行为作为处分行为的原因。但从作者行文表达上看，似乎混淆了二者的界限。——译者注

** 在这里译作”原因行为“，意指作者把处分行为前置的负担行为作为处分行为的法律原因。——译者注

权转移合意的要约及其交付。如果摊贩同样一言不发地递给A一份报纸，那么他就对A的买卖要约和合意要约作出了承诺。同时他将报纸的所有权转移至A处；A接受了关于报纸的合意要约。该统一的过程包括了三个不同的法律行为（买卖、钱的所有权转让、报纸的所有权转让）。

社会生活中同样存在原因行为和抽象行为在事实上相分离的情况。此时，原因和抽象行为在法律上的分离较容易理解。原因行为经常是抽象行为的预备阶段，抽象行为是原因行为的履行（参见第362条第1款）。

例如：在**案例a**中，4月1日的买卖合同是5月2日可能发生的画的所有权转让的预备阶段。K通过所有权的转让成为画的所有权人。同时，K对V所享有的以转让画的所有权为内容的债权消灭，因为V已经通过所有权转让履行了买卖合同（参见第362条第1款）。

抽象原则植根于罗马法并主要在萨维尼的影响下于上世纪得以贯彻；它以《民法典》中的规定为基础。

然而，从逻辑上让人信服的理由来看，此项分离原则并非唯一正确。相反，许多其他法律规范从合一原则（Einheitsprinzip）* 出发，根据该原则，买卖合同和所有权转让在法律上构成了一个整体。

（二）影响

118 原因行为和抽象行为在法律上是彼此分离的，一个的效力并不必然影响另一个的效力。

1. *尽管原因行为有效，但抽象行为仍可能无效。*

在**案例c**中，V在缔结买卖合同时精神健康，而在转让所有权时已患有精神疾病。因此，买卖合同有效，但物权合意却根据第929条第1句无效（第104条第2项、第105条第1款，边码267）。因为K未成为画的所有权人，所以他可以基于有效的买卖合同继续请求转让画的所有权（第433条第1款第1句）。该请求权可以通过以下方式被履行：V的照管人（第1902条）以V的名义与K就所有权移转达成合意。

119 2. *原因行为的缺少或无效基本上不会对基于履行原因行为而缔结的抽象行为的效力产生影响。*

在**案例d**中，V可以因表示错误而根据第119条第1款撤销其意思表示（边码413）。如果V进行了撤销，那么该法律行为被视为自始无效（第142条第1款，边码438）。因此，不存在有效的买卖合同。但画的所有权转让并不受此影响，因为V在对于所有权移转进行合意时并未发生错误，V打算转让画的所有权，并这样做了。因此，尽管买卖合同无效，但V仍然丧失了对画的所有权。然而，由于缺少有效的买卖合同，他并不享有价款请求权。另一方面，V不可以根据第985条要求K返还该画，因为他已不再是所有权人。此时适用第812条第1款第1句：因为K在无法律上的原因（不存在作为原因行为的有效的买卖合同）的情况下因V的给付

* 也有学者译作“一体原则”。——译者注

（V 对所有权的转移）而得到某项利益（画的所有权），所以他必须向 V 返还其所得（将画交还并将其所有权返还让与给 V）。

（三）立法原因

120 抽象原则的立法原因在于，使*抽象行为不受原因行为的瑕疵的影响*。该原则有益于法律交往中的安全性。

因此，在**案例 d** 中，尽管买卖合同无效（由于 V 的撤销，第 142 条第 1 款），但把画的所有权转让给 K 的行为仍然有效。该规则有利于法律安全，这尤其体现在以下情况中：K 在此期间将画转卖给 D 并转让了所有权。因为 V 与 K 之间的买卖合同的无效对于所有权转让给 K 并不产生影响，所以 D 从所有权人 K 处获得了所有权。D 无须打探 V 与 K 之间的原因行为是否有效。即使他知道该原因行为的瑕疵，他也仍然从权利人处（所有权人 K）取得所有权。V 不可以根据第 985 条要求 D 返还该画，因为 D 已经成为画的所有权人。

同样，受抽象原则保护的还有债务人的债权人：如果他的债务人（S）取得了有价值的首饰，债权人可以相信他就是所有权人并且导致取得首饰的原因行为（例如前所有人与 S 之间的买卖合同）的瑕疵不会损害 S 的所有权。因此，S 的债权人可以在 S 的首饰上设定质权并进行拍卖，而无须担心前所有权人（把首饰出售给 S 并转让其所有权之人）的干涉。

（四）抽象原则的缺点

121 1. 抽象原则同样具有缺点，因此它早在《民法典》生效之前就饱受抨击。人们首先对以下问题提出异议：将统一的过程（日常生活中的现金买卖）分为原因行为（买卖合同）和抽象行为（转让买卖物的所有权、转让价款的所有权）有悖于大众观念。这种分离对于外行来说很难理解，它也给初学者带来了很大困难。

此外，虽然抽象原则保护了法律交往中的安全性，但是物权法中的善意取得制度（边码 639）同样为此提供了保障。

例如：在**案例 d** 中，如果 K 将画继续出售给 D 并进行所有权转让，假如买卖合同的无效同样会引起所有权转让的无效（合一原则），那么 K 并未成为画的所有权人。因此，D 不可以根据第 929 条第 1 句从 K 处取得所有权。然而，若 D 善意地认为转让人 K 是画的所有权人，则适用第 932 条中的善意取得的规定（边码 639）。

不过，如今抽象原则在法律拒绝适用善意取得制度的领域仍为（法律交往中的）法律安全提供着保障。

例如：如果 A 将其对 X 的贷款债权出售给 B（第 453 条结合第 433 条）并通过以下方式履行该买卖合同：他通过与 B 签订合同将贷款债权让与给该人，那么 B 成为此项针对 X 的贷款债权的权利人。买卖合同的无效对此不产生任何影响，因为抽象行为（债权让与，第 398 条第 1 句）独立于它而存在。若 B 通过合同将贷款债权让与给 C，则 C 成为债权的权利人。A 与 B 之间买卖合同的瑕疵对债权转移毫无影响。但是按照合一原则，A 与 B 之间买卖合同的无效将会引起债权让与的无效。这样

B就不能成为贷款债权的权利人。他也因而不能将不属于他的贷款债权转让给C。与第932条不同，法律并未规定债权的善意取得。此时A与B之间买卖合同的无效会对C的债权取得产生影响。这个与交易安全不相符的结果可以通过抽象原则得到避免。

反对抽象原则的主要原因在于，当处分受领人继续转让或者其债权人对处分客体实施强制执行时，无法律上原因处分之人的利益未得到充分保护。

例如：在**案例d**中，只要画仍在K处，V在买卖合同无效时就可以要求K返还该画。虽然V不享有第985条中的返还请求权，但他可以主张第812条第1款第1句中的不当得利返还请求权。然而，如果K已经将画出售给D且已完成所有权移转，那么V就不能再得到该画。他不能根据第985条向D提出主张，因为他已不再是画的所有权人。V向D主张第812条中的不当得利返还请求权同样是不可能的，因为D并没有因为V的给付而在无法律原因的情况下获得该画，V的不当得利债务人是K，而非D。V不能根据第812条第1款第1句要求K返还该画，因为K不再拥有它。V只享有第818条第2款中的请求K赔偿该画价额的权利，但若K在此期间成为无财产人，则V将一无所得。

在**案例d**中，如果该画在K处被其债权人G设立质权并拍卖，那么V同样无法得到保护。因为尽管买卖合同无效但通过有效的所有权转让行为，所有权将移转至K处，V已经丧失了对画的所有权，所以他必须允许设定质权以及拍卖的发生而不得进行阻碍。V对K享有的不当得利返还请求权（第812条第1款第1句）对V没有任何帮助，因为K不再拥有该画，且在K无财产的情况下画的价额赔偿请求权（第818条第2款）同样是不可实现的。

122 2. 为了避免这些不利，可以采取很多不同的途径。

(1) 如果原因行为和抽象行为构成了经济上的整体，那么它们应当作为一个第139条（边码353）意义上的整体被对待。按照该规定，如果某法律行为的一部分无效，那么原则上整个法律行为无效。

例如：若买卖合同（作为法律行为的一部分）无效，则整个法律行为（买卖以及转让买卖物和价款的所有权）均无效。

然而，上述对第139条的解释被视为对抽象原则的不法规避。法律试图通过将原因行为和抽象行为相分离使抽象行为不受原因行为瑕疵的影响。第139条的适用有悖于法律的此项意图。

123 (2) 人们将抽象行为理解为附条件的法律行为（参见第158条，边码479）。抽象行为应当在原因行为有效的条件下存在。

例如：只有当作为基础的买卖合同有效时，才对买卖物的所有权进行移转。如果买卖合同（例如因撤销）被证实无效，那么就缺少了转让所有权所附的条件，所有权移转因条件不成就而不生效力。

虽然以原因行为有效为条件缔结抽象行为在任何情况下都是可能的，但是只有当行为当事人对原因行为的效力毫不知情时，才存在此类附条件的抽象行为。在很多情况下都并非如此。将此类条件“构思”进抽象行为的人只是希望排除他不喜欢的抽象原则，从而规避法律的意愿。

第六节　对法律行为的解释

参考文献：Biehl，Grundsätze der Vertragsauslegung，Jus 2010，195；Brox，Die Einschränkung der Irrtumsanfechtung，1960，92；den.，Der Bundesgerichtshof und die Andeutungstheorie，JA 1984，549；Cziupka，Die ergänzende Vertragsauslegung，JuS 2009，103；Finkenauer，Ergänzende Auslegung bei Individualabreden，AcP 213（2013），619；Hager，Gesetzes- und sittenkonforme Auslegung und Aufrechterhaltung von Rechtsgeschäften，1983；Jahr，Geltung des Gewollten und Geltung des Nicht-Gewollten-Zu Grundfragen des Rechts empfangsbedürftiger WIllenserklärungen，JuS 1989，249；Kötz，Dispositives Recht und ergänzende Vertragsauslegung，JuS 2013，289；Kuntz，Die Grenze zwischen Auslegung und Rechtsfortbildung aus sprachphilosophischer Perspektive，AcP 215（2015），387；Larenz，Die Methode der Auslegung des Rechtsgeschäfts，Nachdruck 1966；；Petersen，Die Auslegung von Rechtsgeschäften，Jura 2004，536；M. Reinicke，Der Satz von der » falsa demonstratio « im Vertragsrecht，JA 1980，455；Scherer，Die Auslegung von Willenserklärungen » klaren und eindeutigen « Wortlauts，Jura 1988，302；Schimmel，Z. ur Auslegung von Willenserklärungen，JA 1998，979；ders.，Zur ergänzenden Auslegung von Verträgen，JA 2001，339；Stöhr，Der objektive Empfängerhorizont und sein Anwendungsbereich im Zivilrecht，Jus 2010，292；Trupp，Die Bedeutung des § 133 BGB für die Auslegung von Willenserklärungen，NJW 1990，1346；Uffmann，Richtungswechsel des BGH bei der ergänzenden Vertragsauslegung，NJW 2011，1313；Wieling，Falsa demonstratio non nocet，Jura 1979，524；Wieser，Zurechenbarkeit des Erklärungsinhalts?，AcP 184（1984），40.

案例：

a）A 在其遗嘱中将其“在美因茨的土地登记簿第 3 卷第 13 页中所登记的”土地遗赠给 B。A 死亡后，B 向作为 A 的继承人的 A 的儿子 S 要求这块土地（参见第 1939 条）。S 主张，A 曾经多次向其亲属表达过，只打算将他较小的那块土地（美因茨，第 3 卷，第 31 页）赠与 B。B 可以向 S 要求哪块土地？**（边码 131）**

b）在一份作成公证证书的合同中，A 将其土地（美因茨，第 3 卷第 13 页）出售给 B。事后当 B 向 A 请求移转土地所有权时，A 主张 B 只能就较小的那块土地（美因茨，第 3 卷，第 31 页）提出请求。A 打算出售的是这块土地，但他在对土地进行标记时发生了错误，在缔结买卖合同之前 B 所详细参观的也正是这块较小的土地。B 可以提出哪些请求？**（边码 133）**

c）在案例 b 中，如果 A 在合同磋商时一直错误地将土地描述为美因茨，第 3

卷第13页，且B通过查看土地登记簿确定了这块地的位置并在买卖合同缔结之前参观了这块地，那么B可以要求什么？**（边码136）**

d）亚琛的A和波恩的B缔结了一份合同，据此他们交换各自的法律书店。交换后不久B就返回波恩，打算在其原书店旁边再开设一家新书店。A认为，B不应当与自己进行竞争。B反驳说，并不存在此类竞业禁止，因为他们并未在合同中对此作出约定。**（边码139、140）**

e）V将其烟草商店出租给P，租期为五年。他们在合同中约定，V被禁止在同一幢楼房中经营此类商店。V可以在这幢楼房之前设立一间香烟书报亭并在里面出售烟草吗？**（边码139、140）**

f）土地所有权人E与其邻居N约定，N不得在其房子面对E的土地的那面墙上安装窗户。不久，为了使房屋得到更好的采光，N在这面墙上安装了玻璃砖。何如？**（边码139、140）**

124 在法学中，解释在法律解释以及对法律行为的解释方面具有一定意义。在这两种情况下，所解释的是（立法者或者表意人的）意愿，在进行解释时人们从立法者或行为人所表示的内容（法律、法律行为）出发来确定（立法者或者表意人的）意愿。此外，无论法律还是法律行为均可能存在漏洞，它们可以通过补充性解释而得到填补。由于此前论述过相似的内容，所以我们应再次查阅关于法律解释的详细论述（边码59及以下）。

一、简单解释

（一）目标、方法和意义

125 1. 表意人希望通过包含在法律行为中的意思表示引起特定法效果。表意人的（内在）效果意思（边码86）在表示的（外在）形式中被体现出来。简单解释的目的在于*查明位于表示背后的表意人的效果意思*。根据私法自治原则（边码74、25），效果意思非常重要（参见边码136），因为个人应当可以根据其意愿自行安排私人生活关系。通常来说，意思和表示是一致的。然而，在法院审判中一直出现的情况是，表示与表意人的意思不相符或者不完全相符。

表示可以有多重含义（例如出售要约中的货币单位是Dollar，人们无法从中推知所指的是哪种货币）。即使表示是明确的（例如“我以890欧元的价格出售这幅画”），但若该人出现笔误（例如将980欧元错写为890欧元）或者他将其在表示中所使用的概念与其他的意思相联系（例如因为表意人是外国人，他将“出售”理解为了“买入”），则该表示仍与表意人的意思不相符。

126 2. 要从*表示出发*查明表意人的意思。然而，人们在解释时不能停留在原地，否则将无法在出现口误或笔误时查明表意人的真正意思。因此第133条规定，解释意思表示时，必须探究表意人的真意，不得拘泥于词句的字面意义。只有当人们考虑到所有，包括存在于表示之外的情况时，真意才能够被获悉。因此除表示之外，在解释时需要考虑的还有所有能够获悉的情况，如表意人的语言特点、对其他人作出的表示、价目表、合同磋商、交易习惯等。

例如：从以下事实中应当可以推知所指的是加拿大元：表意人来自加拿大且在加拿大购买了他所出售的物品。从价格表可以看出，按照表意人的真实意愿价格应为 980 欧元。从外国人在合同磋商时的姿态可以得知，他打算取得而不是转让。

即使明确的意思表示也应当被正确地加以解释，考虑所有的，包括表示以外所 127
存在的情况会导致以下后果：表示后面隐藏了另一个不同于被推测的表示字面意思的效果意思。

例如：A 以书面形式以特定价格为 B 提供了 100 架钢琴。通过合同磋商可以得知，A 与 B 所进行的是军火交易，为了掩人耳目他们在书信往来中将各个武器类型标记为特定乐器。据此明确地表示，“出售 100 架钢琴”应被解释为“出售 100 挺机关枪”。

X 在遗嘱中将其“图书馆”遗赠给 Y。通过 X 友人的补充法官确信，只拥有几本侦探小说的 X 将自己的优等酒窖戏称为图书馆。因此在“遗赠图书馆”这一明确的表示后面隐藏着 X 的效果意思：Y 应当获得其藏酒作为遗赠物。

3. 解释的意义首先体现在以下问题上：是否存在意思表示。 128

例如：当 A 对 B 说“是”的时候，要结合 B 所提出来的问题来查明 A 的回答中是否包含意思表示。如果问题是：“你愿意以 300 欧元的价格买我的狗吗?”那么答案是肯定的。如果 B 问：“你昨天去动物园了吗?”那么答案就是否定的。

此外，解释对于合同的成立与否也很重要。因为要约和承诺必须在内容上相符（边码 79、186），对于这两种意思表示中的任何一个来说都要通过解释来查明表意人的意思。只有当两种意思一致时，合同才能成立。

例如：如果一份在德国缔结的买卖合同中的要约和承诺所提到的是 1 000 dollar，一方合同当事人所指的是美元，而另一方却以为是加拿大元，那么尽管表示一致但由于缺少一致的意思合同仍不成立。

最后，为了确定法律结果，已缔结的合同和单方法律行为同样必须被加以解释。

例如：合同当事人在合同文本中采用了类似“净价支付”的典型条款，该条款应被这样加以解释：买受人在接收货物时有义务以现金支付且不享受任何现金折扣。承租人在给出租人的信中写道，他已经找到了更好且更便宜的房子，因此必须在月底搬家，这可以被理解为一项终止通知。

（二）解释方法

在解释法律行为时，要考虑表意人以及表示受领人的利益。如果从表意人的利 129
益出发进行解释，那么所得出的就是其真实意思。相反，如果从表示受领人的利益出发，那么得出的则是规范性的意思，它无须与表意人的真实意思一致。与此相对应，人们将这两种情况中的解释方法分别称为自然解释（natürliche Auslegung）和规范解释（normative Auslegung）。

1. 通过*自然解释*，表意人的真实意思被确定（参见第 133 条）。这样被考虑的 130

就只是表意人的结果利益（Erfolgsinteresse），而表示受领人的利益则未被重视。这种解释方法在以下两种情况中是合理的：如果除表意人之外不存在其他需要保护的人，或者虽然一般来说他人（表示受领人）须受到保护，但是在个案中该人例外地无须或者不值得被保护。

131 （1）同样存在这样一些法律行为，其中只有表意人利益才是重要的。遗嘱就是这方面的一个主要例子。在这里不存在其他必须得到保护的人。在遗嘱中被考虑的人（继承人、受遗赠人）对遗嘱内容的信赖同样不值得保护。遗嘱相对人并非表示受领人，因为他们未作出对待给付，而是无偿获得遗产或遗赠物。因此，在对遗嘱进行解释时，所考虑的只是表意人的利益并查明其真实意思，无论它是否在遗嘱文本中被表达出来。[10]

在**案例 a** 中，法官必须通过询问 A 的其他亲属从而查明，A 打算遗赠给 B 的究竟是那块在遗嘱中提到的较大土地（第 3 卷第 13 页）还是未在遗嘱中出现的较小土地（第 3 卷第 31 页）。如果法官的调查显示，A 希望遗赠的是较小的土地，那么有效的是 A 想表示的内容，而不是在遗嘱中所表示的内容，因此 B 仅对较小的土地享有请求权。但若法官不能发现与遗嘱文义不相符的 A 的意思，则仍然适用遗嘱所表示的内容。

以上论述同样适用于酒窖案（边码 127），X 遗赠给 Y 的是他的藏酒，而非图书。

132 （2）就大多数法律行为而言，除表意人的利益外还要考虑表示受领人的利益。需受领的意思表示（例如终止表示、合同要约、合同承诺；边码 92）同样涉及受领人的利益，因为他必须能够适应表示所创设的法律状况。此时若表示与意思不一致（例如出卖人打算以 980 欧元出售某物，却将价格错写并错说成了 890 欧元），则产生以下问题：表示受领人对所表示内容的信赖应否得到保护。这种保护在以下两种情况中是不必要的：

133 a. 虽然存在与表意人的意思不一致的表示，但表示受领人却知道表意人想表示的内容。表意人故意地还是错误地选择了与其真实意思不相符的文字此时并不产生影响。如果表示受领人知道表意人想表达的内容，那么他就不会对所表达的内容产生信赖，这样得以适用的就是表意人所想表达的内容。[11]

例如：使用已经商定的密码文字（钢琴为机关枪的“代码”，边码 127）。

A 为 B 提供“Haakjöringsködträgen”，这个词在挪威语中的意思是鲨鱼肉，但 A 和 B 将这个词理解为鲸鱼肉，此时重要的是共同认识（鲸鱼肉）。[12]

在**案例 b** 中，虽然合同对土地进行了错误的描述，但被出售的仍是较小的土地，因为双方当事人所指的都是这块土地，第 311b 条第 1 款中对合同的形式要求对此不产生影响。[13]

如果买受人出现口误要求购买低咖啡因香烟且出卖人知道他想要的是低尼古丁香烟，那么关于低尼古丁香烟的买卖合同成立。

如果合同双方并未将表示理解为其通俗的词义，而一致地将它理解为另一种含

---

[10] Str.；vgl. *Brox/Walker* ErbR Rn. 198ff.

[11] Vgl. BGH NJW2008，1658（1659）；1984，721；NJW-RR 1987，1284.

[12] RGZ 99，148.

[13] Vgl. BGHZ 87，150（152）= NJW 1983，1610.

义，那么错误的表示不发生损害的效果（误载不害真意）。重要的是受领人知道表意人想表达的内容。这时应解释为表意人想表达的内容，因为受领人无须得到保护。

根据该原则，在错误描述时适用一致的想法而非错误的表达，同样适用于要式行为。 133a

例如[⑭]：在一份作成公证证书的土地买卖合同中（参见第311b条第1款），由于疏忽，当事人没有像共同参观时所拟定的那样对售出土地的整个范围进行描述。根据“误载不害真意”原则，因疏忽未被描述的面积也被同时出售。合同在形式方面同样有效，因为（被当事人一致地另作他解的）错误表示满足了形式要求，这对于由疏忽导致的错误描述来说已经足够。

b. 如果表示受领人虽不知道表意人通过表示想表达的内容，但是在*尽到合理注意后他应当知道该*内容，那么他对所表示内容的信赖就不值得保护。从相互顾及义务中可以得知，表示受领人须对表示进行解释。若他未进行解释，则他对所表示内容的信赖因其违反义务的不作为而不值得保护。如果受领人通过解释得出，表示以其他意思为基础，但他不能查明该意思的内容，那么他就被要求向表意人就此进行询问。他绝对不可以信赖所表达的内容或者直接以自己的方式对意义不明确的表示作出解释。 134

例如：X向Y发出要约，表示打算向他“购买”价格单上的某商品，尽管实际上他打算“出售”它们。如果注意到X以前寄给他的价格单Y就应当能够推知，X从事的是销售业，因此Y不应当相信表示中的表述“购买”。因此，如果Y写信给X表示接受该要约，那么在出卖人X和买受人Y之间的买卖合同成立。科隆的X给慕尼黑的B写信表示，他以5 000 Dollar的价格将某画提供给他，那么该表示是不明确的，因为它未表明所指的是美元还是加拿大元。Y不得选择他认为最合算的货币。

2. 人们通过*规范解释*所查明的并非表意人的真实意思，而是表示的客观含义。 135

（1）该解释的原因在于，人们应当正确对待表示受领人的利益。虽然该人为了探求表意人的真实意思（第133条）必须对表示作出解释并为此搜集所有适合的资料，但是受领人仍无法一直了解该真实意思。

若表示与表意人的真实意思不符且除表示外受领人不享有其他解释资料，则受领人只能从所表示的内容中推知表意人的意思，但以这种方式所查明的意思与表意人的真实意思不相符。

V写信给K，表示他以890欧元的价格向K提供一幅画，而他实际上打算出价980欧元，在缺少其他依据的情况下，K只能从表示中推知V（事实上并不存在的）以890欧元出售该画的意思。

如果在解释时受领人除表示外还拥有其他资料，那么他必须也将此作为确定意思的依据。这样他才能够成功地查明表意人的真实意思。然而也可能发生以下情况：在解释时，尽管受领人考虑了所有解释资料却还是得出了不同于表意人真实意思的结果。

如果K能够从之前的通信中推知V一直出价980欧元，那么K就会知道要约中的笔误并推断出V的真实意思。相反，如果通信以及广告单中并未提及价格，那么K将从要约（890欧元）中推知V的相应意思。

⑭ BGH 1JJW 2008，1658.

136 （2）人们在衡量表意人和表示受领人之间相互对立的利益时要注意，意思和表示之间的不一致是由表意人引起的，也就是说是在他的范围内形成的。此外，如果缺少与之相对应的其他解释资料，表示受领人必须信赖表意人所表示的内容，那么使对受领人的信赖保护优先于表意人的利益无疑是合理的。这样所适用的就不是表意人的真实意思，而是受领人以表示为基础能够将它视为表意人意思的意思。[15] 该结果得到第157条及第119条第1款的证实。根据第157条，合同必须在顾及交易习惯的前提下按照诚实信用原则被加以解释，这样受领人的信赖应受到保护。根据第119条第1款，表意人可以在意思与表示不一致时在一定前提条件下撤销其表示。这说明，生效的是所表示的内容，而非希望表示的内容。表意人只拥有将与其意思不一致的表示通过撤销（边码407及以下）予以“排除”的可能性。

如果K在解释时只知道表示，那么他只能得出V以890欧元出售该画的意思。若K对被这样理解的要约作出承诺，则标的为售价890欧元的画的买卖合同成立，这与V的真实意思相反，但是与V的规范性意思相符。当然，V可以根据第119条第1款撤销其意思表示，因为他根本不想作出该内容的表示。如果他进行撤销，那么根据第142条第1款其表示被视为自始无效，这样买卖合同就不复存在。

136a 因此，就规范解释而言，重要的是在尽到合理注意后表示如何被受领人理解（*按照受领人视角［Empfängerhorizont］进行解释*）。[16] 据此，如果受领人的信赖是值得保护的，那么就在以下情况中应当产生如下的法律效果：表意人拥有从受领人观点出发存在的效果意思。

在**案例c**中，被出售给B的并非是A所希望的较小块土地，而是经公证的合同所提及的较大块土地。在尽到合理注意后B可以信赖A所表示的内容，因为A在合同磋商时介绍的也是这块土地，而且B通过查看土地登记簿和参观其中所记载的土地已经对买卖标的有了清楚了解。但如果较大土地的价值在以下程度上与被公证的价格不相符：考虑到当地的土地价格B理应明白，没有人会以该价格出售被表述的那块（较大）土地，那么就会产生另一种结果。

其他例子：一位顾客给一个旅行社打电话想订飞往葡萄牙的“波尔图”的航班。旅行社员工却因为顾客的萨克森方言而理解成了“波尔多”（按照受领人的观点）。对这样的误解应当采取对顾客不利的解释。所成立的合同应当是关于飞往法国“波尔多”的航班的。[17]

就算是当缔约方通过电子通信手段在自动预订系统上发出他们的意思表示时，预订系统对于这些表示如何处理也不能作为解释的依据，而应该是受领人按照诚实信用原则以及交易习惯对各个表示应当作出的何种理解。[18] 因此，比如在网上预订飞机航班时，有人在必填的乘客姓名一栏填写了“还不清楚”的字样，客运合同是没有成立的。[19]

---

⑮ Vgl. BGH NJW 2013，598（599）；2008，2702（2704）；1984，721.

⑯ BGH ZIP 2017，928 Rn. 23.

⑰ AG Stuttgart-Bad Canstatt BeckRS 2012，17508.

⑱ BGH ZIP 2017，928 Rn. 23 *mAnm Dornis JZ* 2017，637.

⑲ BGH NJW 2013，598ff. mAnm *Hopperdietzel* und Anm. *Schinkels* LMK 2013，343553.

在 eBay 线上购物中的合同表示解释中，规范解释也有决定性的意义。在一个由联邦最高法院判决的案件中，卖方在 eBay 上提供了可以“立即购买”的电动自行车，售价 100 欧元，运费另付。在 100 欧元的价格描述中，还附加了一句话：电动自行车全新千载难逢的 2 600 欧元——阅读商品描述!! 在这一商品描述最后写着：“请注意，因为我在拍卖中（因为高昂的费用）不能输入比 100 欧元更高的价格，您在此处 100 欧元的要约之下同意的其实是 2 600 欧元的售价。”联邦最高法院认为，这一表示从有意购买者的角度来看，应该可以被理解成是关于一口价 2 600 欧元的要约。[20] 从表示受领人的视角来看，点击“立即购买”按钮可以被理解为对这一价格作出承诺的表示。[21] 因此，关于售价 2 600 欧元的电动自行车的买卖合同即可成立。有关可撤销性的论述可见边码 411a、433。

(3) 有争议的是，在通过解释回答以下问题时是否也应当适用规范性解释：意 137
思表示是否存在。像特里尔红酒拍卖案一样，若表意人缺少表示意识，则会出现该问题（边码 85）。

一般来说，即使表示中不存在表示意识，表示受领人也会认为它是意思表示。此时，受领人对意思表示存在的信赖和他对意思及表示一致的信赖同样值得保护。对意思表示进行规范性解释是否会导致完全不同于表意人想表示的内容的结果，与是否将不以意思为基础的行为解释为意思表示之间并无区别。在这两种情况下，行为人对他人产生了错误的影响，行为应归责于他。如果受领人在尽到合理注意后可以得出以下解释结论：这是意思表示，那么他对在其面前作为意思表示出现的行为的信赖就值得保护。[22]

如果某人将买卖要约误以为是贺信并在上面签了字，那么受领人只能将该信视为买卖要约。若他作出承诺，则买卖合同成立。然而，因为在意思与表示不一致的情况下表意人可以通过撤销消灭其意思表示（第 119 条第 1 款、第 142 条），所以如果行为人的实为非法律行为的行为被理解为意思表示并因此被视为意思表示时，行为人也可以通过撤销消灭其意思表示。在特里尔红酒拍卖案中，上述内容同样得以适用，如果拍卖师不能够知道，“出价人”不知道本地习惯或者显然只是想向朋友打个招呼。

二、补充性解释

(一) 含义

补充性解释是对存在漏洞的法律行为所作的补充。被补充的既可以是合同，也 138
可以是单方法律行为（例如遗嘱）。[23] 在通过对各个意思表示进行自然或规范性解

---

[20] BGH ZIP 2017，928 Rn. 12ff.

[21] BGH ZIP2017，928 Rn. 23.

[22] BGHZ 91，324 = NJW 1984，2279；BGHZ 109，171（177）= NJW 1990，454；BGH NJW 2010，861（862）；2011，1434f.（normative Auslegung eines Verhaltens als konkludente Genehmigung）.

[23] Vgl. *Brox/Walker* ErbR Rn. 201.

释，从而使合同缔结得到肯定后，才可能开始对合同进行补充性解释。这时可能会发现，合同双方在合同中并未就某一事项作出约定。在这种情况下，既可能是合同双方的故意不作为，因为他们认为并不需要对该内容作出规定，也可能是一个无意识的不作为，因为当事人忽视了特定问题或者它们不可能考虑到这个问题，因为它在合同缔结时根本没有产生，是后来才出现的。补充性解释总是以漏洞为前提，法官通过漏洞填补进行补充（参见对法律的补充性解释：边码64及以下）。

在经常出现的情况中，法律以作出任意性规定（边码36）的方式帮助法官填补漏洞。

例如： V和K就某售价为900欧元的物缔结了买卖合同。合同并未对买卖物出现瑕疵的情况作出规定。未作出规定的原因是，当事人认为物是无瑕疵的。法律本身为该漏洞作出了补充性规定（参见第434条及以下）。法官对合同的补充在此是没有必要的。

然而，解释也可能表明，在个案中任意性规定并不适合填补漏洞。这样法官就不应适用该规则，而应通过补充性解释来填补漏洞。

（二）漏洞

139 补充性解释的前提是，法律行为中存在*与计划相违背的漏洞*。是否存在漏洞要通过对法律行为进行解释来查明。只是该解释不应停留在对效果意思的查明。此外，还必须对引起效果意思的动机以及情况进行分析。需要填补的漏洞在以下情况中存在：缔结合同时的双方当事人或者单方法律行为（如遗嘱）中的表意人没有或者以错误的方式对特定情况加以考虑。而合同当事人在*缔约*时或者被继承人在订立遗嘱时忽视了当时已存在的情况（＝原生漏洞）还是该情况在之后才出现（＝次生漏洞，参见边码65）则对解释不产生影响。

在**案例d**中，如果双方当事人考虑到B会返回波恩并在合同磋商时就对A表示，他保留重新在其旧书店附近经营书店的可能性，那么在B于A的书店附近经营书店的许可性方面就不存在漏洞。相反，如果A和B在缔结合同时根本未想到他们中的一个人会放弃新书店而打算回到原来的地方继续销售，那么就存在漏洞。[24]

在**案例e**中，尽管双方当事人已经考虑到了竞业禁止问题并将它规定在合同中，但他们却没有想到在房前建香烟书报亭出售香烟的可能性，因此合同在竞业禁止方面是有漏洞的。[25]

在**案例f**中，如果当事人在缔结合同时没有想到使用玻璃砖也会使光线进入N的房子，并因而仅在合同中规定了他们所认为的唯一的光源——窗户，那么合同是存在漏洞的。此时，当事人未能想到玻璃砖的理由并不重要：无论它在合同缔结时尚不存在还是他们没有考虑到使用玻璃砖这种可能性。

㉔ Vgl. zu derartigen Fällen BGH NJW 2002，2310；BGHZ 127，138（142）＝NJW 1994，3287；BGHZ 16，71（76）＝NJW1955，337.

㉕ Vgl. RGZ 119，355.

(三) 漏洞填补

如果在法律行为中发现了需要加以规范的漏洞，那么法官必须对之进行填补。他必须查明，假如双方当事人考虑到了未想到的情况并且注意到了诚实信用原则以及交易习惯（参见第 157 条），那么他们所希望的是什么。[26] 因此，起决定性作用的并非双方当事人的真实想法，而是假设的意思。对假设意思的查明必须从当事人在合同中的评价（im Vertrag getroffene Wertung）出发并提出以下问题，在知道该漏洞的情况下当事人会如何合理地进行约定。[27] 140

“在填补漏洞时，应当以当事人的评价作为基础”，这一点在法律对瑕疵物减价作出的特别规定中得到体现（＝价款的减少，第 441 条）。

如果 V 以 900 欧元的价格出售给 K 的物是有瑕疵的，那么价款的减少应与买卖物的价值相符合。这无法通过法官对瑕疵物的真实价值（800 欧元）进行简单查明而实现。法官应当从当事人的约定出发。按照买卖物在无瑕疵状态（例如 1 200 欧元）以及有瑕疵状态（例如 800 欧元）的价值比例（在这里为 3∶2），约定的价格（900 欧元）应当减少至 600 欧元（第 411 条第 3 款）。假若 K 没有支付约定的价格 900 欧元而支付了物在瑕疵状态下的价值，即 800 欧元，那么这对他是不利的，因为他丧失了在缔约时所得到的好处（以 900 欧元的价格购买价值为 1 200 欧元的无瑕疵物）。

最后，法官在填补漏洞时如何考虑当事人的评价取决于个案中的情况。因此必须考虑案件中的所有情况（动机、交易习惯、利益状况）。通常来说，考察当事人在合同中所追求的目的会有所帮助。

在**案例 d** 中，如果双方当事人考虑到 B 不久后将返回波恩，那么他们会认为专业书店的接管人在短时间内不可能将他与前任店主的顾客之间的关系巩固到这样的程度：即其返回不会使他遭受本质损失。因为当事人立即返回之前的经营范围会对合同造成广泛的损害，所以当事人将会就特定期间内的返回禁止作出约定。这样该漏洞就得到相应补充。[28]

在**案例 e** 中，当事人的目的是通过竞业禁止保护 P 免受 V 的竞争所可能带来的损害。如果允许 V 在位于 P 的商店前面的零售亭内出售香烟，那么上述目的将不会被达成。因此，合同应当被作以下补充：禁止同样适用于这种情况。

在**案例 f** 中，如果约定的意义在于使 E 的土地不能被 N 在房间中看到并使他免受噪声的干扰，那么就没有理由将该约定扩展适用于玻璃砖，因为尽管使用玻璃砖，上述目的仍可以实现。相反，如果约定的目的在于阻止光进入 E 的土地，那么该禁止就必须同样适用于玻璃砖的使用。[29]

---

[26] BGH NJW 2013，678（679）.

[27] BGH NJW 2013，678（679）.

[28] Vgl. BGHZ 16，71（77ff.）＝ NJW 1955，337.

[29] Vgl. die zT andere Begründung des BGH LM Nr. 17 zu § 133（C）BGB.

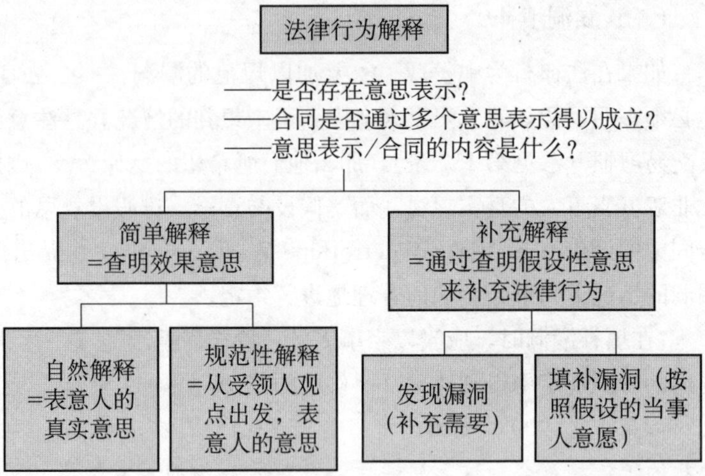

第七节　意思表示的发出和到达

参考文献： Boemke/Schönfelder，Wirksamwerden von Willenserklärungen gegenüber nicht voll Geschäftsfähigen（§ 131 BGB），Jus 2013，7；Brauer，Vertragsschluss und Zugang bei Verträgen mit Minderjähri gen，JuS 2004，472；Brinkmann，Der Zugang von WillensErklärungen，1984；Brun，Die »postmortale Willenserklärung«，Jura 1994，291；Burgard，Das Wirksamwerden empfangsbedürftiger Willenserklärungen im Zeitalter moderner Telekommunikation，AcP 195（1995），74；Coester-Waltjen，Das Wirksamwerden empfangsbedürftiger verkörperter Willenserklärung，Jura 1992，272；dies.，Einige Probleme des Wirksamwerdens empfangsbedürftiger Willenserklärung，Jura 1992，441；Eisfeld，Der Zugang von WillensErklärungen，JA 2006，851；Czeguhn，Vertragsschluss im Internet，JA 2001，708；Ernst，Beweisprobleme bei E-Mail und anderen On line-Willens-Erklärungen，MDR 2003，1091；Franzen，Zugang und Zugangshindernisse bei eingeschriebenen Briefsendungen-BAG，NJW 1997，146；BGH，NJW 1998，134；JuS 1999，429；Haas，Das Wirksamwerden von WillensErklärungen，JA 1997，116；Höland，Verzögerung，Verwirkung，Vereitelung. Probleme des Zugangs von Willenserklärung am Beispiel der Arbeitgeberkündigung，Jura 1998，352；Joussen，Abgabe und Zugang von Willenserklärung unter Einschaltung einer Hilfsperson，Jura 2003，577；Ludwig，Zur Problematik des Widerrufs eines Vertragsangebots gegenüber einem beschränkt geschäftsfähigen Minderjährigen，JURA 2011，9；Mankowski，Zum Nachweis des Zugangs bei elektronischen Erklärungen，NJW 2004，1901；Mrosk，Der Nachweis des Zugangs von Willenserklärungen im

Geschäftsverkehr, NJW 2013, 1481; Norpoth/Dittberner, Die Genehmigung nach § 108111 BGB- immer eine empfangsbedürftige Willenserklärung?, JA 1996, 642; Petersen, Die Wirksamkeit der Willenserklärung, Jura 2006, 426; Putz, Beweisfragen bei Einschreibesendungen, NJW 2007, 2450; A. Roth, Probleme des postmortalen Zugangs von Willens Erklärungen-Ein Beitrag zum Anwendungsbereich des § 130 II BGB, NJW 1992, 791; Sandmann, Empfangsbotenstellung und Verkehrsanschauung, AcP 199 (1999), 455; Schur, Die scheinbar abgegebene Willenserklärung, FS 400 Jahre JLU Gießen, 2007, 545; G. Chr. Schwarz, Kein Zugang bei Annahmeverweigerung des Empfangsboten?, NJW 1994, 891; Taupitz/Kritter, Electronic Commerce - Probleme bei Rechtsgeschäften im Internet, JuS 1999, 839; Temming, Verstehen Sie Deutsch? Sprachenunkenntnis beim Vertragsschluss und bei der AGB-Kontrolle, GPR 2016, 38; Thalmair, Kunden-On-line-Postfächer: Zugang von Willenserklärungen und Textform, NJW 2011, 14; Ultsch, Zugangsprobleme bei elektronischen Willens-Erklärungen, XJW 1997, 3007; Weiler, Der Zugang von Willenserklärungen, JuS 2005, 788; Wietzorek, Der Beweis des Zugangs von Anhängen in E-Mails, MMR 2007, 156.

案例：

a）A 在路边的树上贴了一张纸条："将我走失的腊肠犬带回给我的人将得到 150 欧元的报酬。"如果 B 找到了这条狗并将它交还给 A，但对字条一事毫不知情，那么 A 必须向 B 支付报酬吗？另请参见第 657 条。**（边码 142）**

b）根据房屋租赁合同，承租人 M 有权在月底之前的一个月期间内通知终止租赁关系，他于 1 月 15 日给出租人写信，表示他将于 2 月底终止租赁关系。1 月 22 日他将该信投入信箱。如果 M 在 1 月 20 日（或者 1 月 23 日）罹患精神疾病，那么通知终止是否有效？**（边码 148）**

c）机器的承租人（M）打算打电话通知终止租赁关系。他于星期五下午给出租人（V）的公司打电话。由于已经下班，电话无人接听，而直接接通了自动电话答录机。M 表示，他于 2 月底终止租赁关系。V 在星期一早上 9 点听到了录音。如果通知终止期间于星期五届满，终止表示是否有效？**（边码 149、150a）**

d）因为 V 要补足不足的邮费，所以他拒绝接受来自 M 的信。信的内容为通知终止表示，在 M 贴上足够的邮票后该信于三天后到达 V。如果通知终止期间在这三天内届满，终止表示是否有效？**（边码 157）**

e）如果 V 在度假且未在邮局办理转寄业务，因而直至从度假地返回后他才去邮局取一封内容为通知终止的挂号信，此时通知终止期间已经经过，那么应如何判断？**（边码 159）**

f）M 当面交给 17 岁的 V（参见第 106 条）一份书面的终止表示以及一份书面合同要约。有效吗？**（边码 161）**

一、利益状况和概览

141 意思表示被定义为对指向法律效果的意愿的私人表达（边码 82 及以下）。因此，若表意人表达了其效果意思，则存在意思表示。但就意思表示的效力而言，这并不足以满足所有情况。因此，第 130 条第 1 款第 1 句将“在相对人不在场的情况下向他作出的意思表示”的效力取决于表示的到达，该规定区分了意思表示的发出和到达。实际上，一封信（例如内容为终止表示）要经历不同的阶段：它被表意人所写，被投入邮箱，被邮局寄送给受领人，被受领人阅读。从被投进邮箱时起它即脱离了表意人的范围，从送达起它就进入了受领人的范围。

表示在从表意人处到达受领人处的途中可能会出现一些错误：表示到达受领人时已被篡改（已到达的电报中的内容不是“出售”而是“购买”），邮局延误或者根本未进行寄送。此时的问题是，出现此类错误的风险应当由表意人还是受领人来承担。为了进行合理的风险分配，必须以利益权衡为基础确定意思表示生效的时间点。

最早的时间点是表示的表达或寄出。这样意思表示在发出的同时产生效力。该解决方法被表示理论或者寄出理论所奉行，对无须受领的意思表示如遗嘱（边码 93）来说它会导致合理的结果，因为此时只关系到表意人的利益，根本不存在须被保护的表示受领人。然而，对于需受领的意思表示如终止表示（边码 92）来说，表示受领人要能够适应表示所创设的新的法律状况，因此他必须至少注意到该意思表示。但若只是单纯的表示或者寄出，则不存在上述可能性。

另外，如果人们着眼于最晚的时间点，即受领人知悉的时刻（了解理论），那么表意人就过长时间地承担了风险，而表示受领人则不公正地因表意人的损失而得利。也就是说，表意人完全不能对受领人对以信件形式邮寄给该人的表示的知悉产生任何影响。如果受领人在星期日才阅读一周以来收到的信件，那么信件包括的通知终止表示可能已因通知终止期间的届满而不生效力。如果受领人根本未注意到表示，那么它将不可能生效。

因此，风险转移的时间点必须介于寄出和知悉之间。如果表示进入表示受领人的范围，那么通常来说该人有知悉的可能性，而这时表意人已无法对受领人的知悉产生影响。在普通法中占有统治地位的接收或到达理论由此认为，重要的是表示受领人的接收或者到达他处。《民法典》也遵循了这一理论（参见第 130 条第 1 款第 1 句），因为这样能够达到合理的结果。因为根据该条款表达或者寄出不足以使需受领的意思表示生效，书信形式的意思表示在寄往受领人处途中的丢失应由表意人负担该风险。另外，就意思表示的生效而言，受领人的知悉并不必要。表示进入受领人的范围已经足够，这样该人就拥有了知悉的可能性。若受领人未获悉表示内容，则不利由他承担。

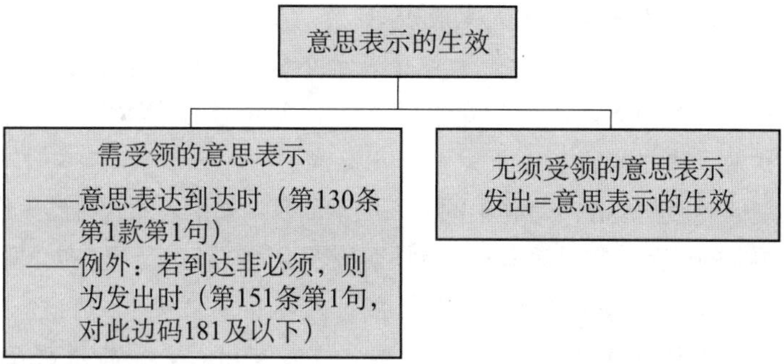

二、意思表示的发出

（一）前提

就发出而言，我们需要区分无须受领的和需受领的意思表示。 142

1. 对于*无须受领的意思表示*来说，若表意人完成表示，则表示已发出。通常来说，此类意思表示在发出时已生效。

案例 a 中的悬赏广告就属于无须受领的意思表示。在纸条被贴到树上的那一刻，意思表示即被发出并生效，即使没有人注意到它也同样如此。“即使行为人并非考虑到悬赏广告而行为”（第 657 条结尾处），A 也必须向 B 支付悬赏的报酬。

2. 对于*需受领的意思表示*来说，表意人完成表示不足以发出表示。为了发出表 143
示，表意人应当使表示*向受领人的方向运动*，并且应当能够预期在正常情况下表示*将到达受领人处*。

（1）如果向*在场者*作出的口头表示被表达，且对方能够听见，那么该表示就已 144
经被发出。因为法律给予“借助于电话的表示”与“在场者之间的表示”同等对待，所以上述内容也适用于电话表示（参见第 147 条第 1 款第 2 句，边码 156）。

在足球场上，如果 A 在观众欢呼时向 B 作出的通知终止表示未被听见，那么该表示未被发出。如果 B 听见了该表示，那么它就视为被发出。在 B 没有听见的情况下，该表示是否有效（边码 156）则是另一个问题。如果 A 在电话中向 B 作出通知终止表示，那么表示就被发出。相反，若 A 因拨错了号码而向他人作出表示并以为接电话的是 B，则表示未被发出。

（2）向*不在场者*作出的口头表示可以通过传达人进行传达。若他是表意人的传 145
达人（表示传达人，边码 417），且表意人将表示向他作出并指示他将表示传达给表示受领人，则表意人实施了使表示生效的一切行为。

如果 A 委托其司机 F 驾车到 B 处并转告 B，他（A）将于下一个允许的时间（zum nächstzulässigen Termin）通知终止租赁合同，那么 A 的终止表示即已被发出。该表示是否到达 B 处从而生效则是另一个问题。若 F 忘记了这个委托，则该表示无法到达 B 处。

（3）如果向在场者作出的书面表示被递交给该人，那么该表示被发出。表意人 146

在写文件时尚未向受领人完成表示。

若A尚未将书面的通知终止表示交给坐在他面前的B，则该表示未被发出。书写表示只是为意思表示的发出做准备。A可以将文本扣留下来或者甚至将它撕碎，这样通知终止表示因未被发出而不存在。

147 （4）就向*不在场者*作出的书面表示而言，如果表意人将已完成的表示送上通往表示受领人的道路，且通常来说可以预期该表示能够到达受领人处，那么该表示被发出。

因此，只有当表意人亲自将信投入邮箱或者委托（例如企业中或者家庭中的）某人寄出时，信中所包含的意思表示才被发出。若他将信放在书桌上（因为他想再考虑一下这件事），其妻子看到后以为他忘记寄出这封信并将它投入邮箱中，根据历史上立法者的观点[30]，这时不存在意思表示的发出，因为它并不是按照当事人的意愿被送上通往受领人处的道路的。相反，根据一种时下流行的观点[31]，如果由于表意人的责任，比如表意人保管不慎，致使一个意思表示被丢失，且该表示进入了交易领域，他只能通过对该意思表示的撤销来解决（边码430及以下），如有必要，还必须根据第122条赔偿表示受领人因信赖该表示的有效性而遭受的损失（边码444）。这一观点认为，表示受领人就像和相信表意人在缺少表示意识的情况下发出的有效意思表示之存在一样。通说观点也认为这种情况下的意思表示是存在的，但是可以被撤销（边码87）。

在使用*现代通信工具*作出意思表示时，就发出而言须进行以下区分：

在*传真程序*（远程复制）中意思表示被作出，之后文本经过公共电话网被接受方的传真机所复制。表示通过引起远程复制而被发出。[32]

通常来说，网络上的意思表示（例如通过电子邮件）也属于向不在场者作出的意思表示。只有当两台电脑在时间上直接相连并因而存在直接的交流时（与电话通话相类似），该表示才能像在场者之间的表示一样被对待。在网络上，意思表示的发出大多是通过点击鼠标或者操作“回车”键实现的。这样意思表示就作为电子信号被送上通往受领人的道路。[33]

（二）法律意义

148 1. 一般来说，无须受领的意思表示一经发出而生效。相反，就需受领的意思表示而言，发出只是其生效的前提条件之一。

2. 对表意人特定特征的存在来说，重要的时间点是发出，而非到达的时刻。根据第130条第2款，表意人在发出意思表示后死亡或者成为无行为能力人对意思表示的效力不产生影响。

在**案例b**中，如果M从1月20日开始罹患精神疾病，那么根据第104条第2项、第105条第1款，在1月22日通过投入邮箱而被发出的意思表示无效。但如果精神疾

---

[30] Mot. I 157. So auch BGH NJW 1975，2101（2102f.）.

[31] MüKoBGB/Einsele § 130 Rn. 14；Palandt/Ellenberger § 130 Rn. 4.

[32] Zu den Gefahren der Manipulation：*Schmittmann* DB 1993，2575.

[33] Zu Abgabe und Zugang von Willenserklärungen im *Internets*. *Dörner* AcP 202（2002），363.

病于1月23日出现，即在发出意思表示之后，那么根据第130条第2款，意思表示的效力不受影响，即使该表示在1月24日才到达V处。在此情形下通知终止是有效的。

除第130条第2款中所提到的情况（死亡、无行为能力）外，该规定的基本思想还适用于涉及意思表示主观前提的所有情况。

因此，对于以下问题来说，重要的是发出意思表示的时刻：表意人产生的能够按照第119条及以下（边码411及以下）导致撤销的错误是否存在。

三、意思表示的到达

（一）对方不在场时表示的到达

根据第130条第1款第1句，需受领的意思表示在到达不在场者处时生效。 149

1. 通说认为，当意思表示进入表示受领人的领域，该人能够知悉并且在通常情况下能够被预期知悉时，该表示即为到达。[34]

（1）表示进入*受领人的范围*对到达来说是必要的。确切地说是空间上的控制范围（房屋、经营场所、家庭信箱）。但到达其他的“范围”同样被视为到达。

若通过现代通信工具（参见边码147结尾处）发出的意思表示被表示受领人的接收机器所接受，则表示已进入受领人的范围。联邦最高法院在之前的判决中将采用传真机发出的意思表示的到达取决于接受方机器上打印过程的结束。[35] 按照新的司法解释，如果接受方的传真机已经将传过来的信号完全接收/保存，那么即使由于相应的程序安排、技术瑕疵或者缺少纸张，传真在之后才被打印出来，传真仍视为已经到达接受方。[36]

案例c 涉及的是向不在场者作出的口头表示，第147条第1款第2句在此不适用，因为M并未与V交谈。在M的留言被录在磁带上时该表示即已进入V的控制范围。受领人必须承认他人向自己为接收而设置的设备所作的表示（参见边码152）。

若某雇员在度假，则一封邮寄地址为其家庭住址的解雇信在被投入其家庭信箱时即已进入其控制范围。

如果某电子邮件可读地到达了受领人的邮箱，那么通过邮件被转移的意思表示就进入了受领人的控制范围。但如果是一家公司经客户同意而在自己的网站上为其提供并维护以一个*客户网上邮箱*，并在那里进行信息设置，那么此时的法律状况便更难以判断了。只有当该信箱是仅供客户本人以用户口令以及密码进入的个人存储空间，并且该公司不可能对已经设置好的信息再进行更改的时候，这里才能被认为是客户的控制范围。[37]

（2）此外，受领人还*必须能够知悉意思表示的内容*。在表示进入受领人的控制 149a

---

[34] BGH NJW 2011，872（873）；2004，1320；1998，976（977）；1977，194；HK-BGB/Dörner § 130 Rn. 4；*MüKoBGB/Einsele* § 130 Rn. 9，16 mwN.

[35] BGH NJW 2004，1320；1995，665（667）.

[36] BGH NJW 2006，2263（2265f.）.

[37] *Thalmair* NJW 2011，14（15）.

范围时，受领人一般均能够知悉该表示。

如果在邮局营业期间信件处于受领人所租用的邮政信箱中或者待领的信件已可以被领取，那么知悉对于受领人来说是可能的。但如果上述状态出现在晚上，那么受领人在第二天早上邮局营业后才能读到这些信件。在电子邮箱以及网上信箱的情况下，受领人则随时可能知悉。

150 （3）到达的最后一个前提是，通常情况下能够预见知悉的可能性。这一时间点对以下问题尤其重要：受期限约束的意思表示（例如通知终止表示）是否在期限之内到达。如果人们只考虑知悉的可能性，那么这可能对表示受领人并不公平，这样一来，表示就有可能在不适当的时间（比如23点30分）到达受领人处。然而，即使存在这种可能性，也不可能期待受领人不分昼夜地时刻查看自己是否收到了意思表示并立即进行了解。只有当能够（根据交易习惯、生活习惯、一般做法）预期受领人的知悉时，表示才到达他处。

150a a. 一个被投进受领人家庭信箱的*书面意思表示*在受领人可以被普遍期待去清空信箱的时刻到达。当受领人为私主体时，这个时间点一般来讲是下一个工作日的早晨（也可能在周六），当受领人处于交易之中，那么这个时间则是下一个营业日的早晨（一般不会在周六，而是在下个周一）。知悉的可能性须被抽象判断，因此如果收件人在具体情况中因疾病或者外出度假（例如因度假而不在场的雇员）[38] 而未能知悉，那么意思表示仍到达。在这种情况下，他必须实施必要的预防措施（例如清空信箱并由邻居或者亲属进行通知，申请转寄）。[39]

在**案例c**中，于星期五在公司停止营业后进入V的范围的意思表示在星期一早上方迟延地到达，因为根据公司的经营习惯人们不能期待V能够更早地知悉情况。如果按照行业常理12月31日下午（尽管这一天是工作日）不工作，那么于12月31日下午被投进办公室信箱中的文件不在这一天到达。[40]

例如：若一封信以留局待领的方式被寄给受领人，并已为其领取做好了准备且领取是可能的，则它已进入受领人的范围。但如果受领人无法预见会收到一份留局待领的信件，那么它未到达。相反，如果受领人已经与表意人就留局待领的信件进行约定，那么在做好领取准备时信件已到达。

150b b. 通过*现代通信工具*（边码147结尾处）作出的意思表示的到达不存在特殊性。在商业领域中，如果此类表示是在营业时间到达（eingehen）的，那么就能预期它被知悉，否则就从下一个营业时间开始。[41]

（a）就通过*电子邮件*作出的意思表示的到达而言：电子邮件首先被发送到接收方的邮箱服务器中，邮箱服务器再将它转移至其信箱内，这样电子邮件就进入了表示受领人的范围，因为从这一刻起该人可以随时（直至保留期间经过）查看它。然而邮件由此却尚未到达，这里应当区分商业的和私人的电子邮件：

---

[38] So schon BAG JZ 1989, 295.

[39] BGH NJW 2004, 1320f.

[40] BGH NJW 2008, 843.

[41] BGH NJW 2004, 1320.

(aa) 对于*商业性使用电子邮件*来说，当根据公司的经营习惯对情况的知悉可以被期待时，电子邮件到达。这个时间点最晚可以被认为是营业时间的结束（但对于 24 小时服务来说是不分昼夜的）。此外，收件人必须以某种方式（例如通过名片、信头）表明，其在法律交往中使用的是其电子信箱。

(bb) 就*以私人目的使用电子邮箱*而言，这取决于在通常条件下，何时可以预期电子邮件被查看。对私人来说，情况应当与家庭信箱类似：至少每天一次。然而与家庭信箱情况不同的是，一个普遍的查询邮件的统一的时间（每天早晨或者每天晚上）在这里却并不能被推测出来。因此，这表明，到达的时间最晚可以是，白天存储在受领人邮箱中可供查看的电子邮件进入邮箱之后。

(b) 对于消息到达企业为其客户在其网站上设置的网上信箱（Online-Postfächer）的时间点来说，如果没有特殊事由，人们一般不可以预期客户每天查一次网上信箱。但是如果企业通过电子邮件通知顾客其网上信箱中有新消息，那么在网上信箱中设置的消息则随同该通知邮件的到达而一同到达。因为人们可以普遍预期受领人会在知悉该通知邮件后查看自己的网上信箱。[42] 150c

2. 意思表示应借助*中间人*到达受领人处的，其到达取决于该中间人是受领代理人、受领传达人还是表示传达人。 151

(1) 若该人是*受领代理人*(第 164 条第 3 款，边码 518 及以下)，则表示在到达代理人时被认为到达被代理人处。就到达而言，将表示转交给被代理人并非必要。

例如：当意思表示到达作为有限责任公司法定代表人（《有限责任公司法》，第 35 条第 1、2 款）的经理处时，它就到达了该公司。而意思表示到达的是该经理的工作还是私人领域则并不重要。[43]

(2) 若该中间人不是代理人，则他可能是*受领传达人*。他被视为适合并有权接受意思表示的人。 152

鉴于交易习惯，通常来说，表意人可以将受领人[44]的办公室职员、仆人以及家庭成员视为其受领传达人。与作出口头表示相比，在作出书面表示时该前提更容易被满足。但如果受领传达人是儿童，那么对表意人来说可能即使在书面表示方面也明显缺少接收所必要的合意。

表达在以下时刻到达表示受领人处：表达被转达给该人在通常情况下是可以被期待的。[45] 因此，受领传达人所起到的是表示受领人的“活信箱”的作用。当在住宅外将家庭成员当作受领传达人作出表示时，也是如此。如果受领传达人将表示错误地、迟延地或者根本没有传达，那么这将对表示受领人不利。

但若受领传达人拒绝接受书面表示，则表示将根本不会到达。[46]

(3) 若中间人并非受领传达人，则表意人将承担正确且及时进行传达的风险。 153

---

[42] *Thalmair* NJW 2011，14（17）.

[43] BGH NJW 2003，3270.

[44] BAG NJW 2011，2604 mAnm *Faust* JuS 2012，68；BGH NJW 1994，13.

[45] BAG NJW 2011，2604（2605）；1994，13；NJW-RR 1989，757.

[46] BAG NJW 1993，1093；dazu *Schwarz* NJW 1994，891.

此时，中间人是表意人的*表示传达人*。直至表示被传达给表示受领人时它才到达受领人处。

154 3. 如果*撤回*表示在意思表示到达之前或者与其同时到达表意人处，那么尽管意思表示已经达到，它仍然不生效（第130条第1款第2句）。撤回必须最晚与意思表示同时到达受领人处，否则他对到达他处的意思表示的有效性的信赖就是值得保护的。

例如：K以书信形式对V的购买要约作出承诺。当他把信投入邮箱后，X向他提出了一个优惠得多的报价。K因此立刻给V发出传真，要求前一封信不发生效力。该传真于同一天在营业时间到达V处（撤回通知的到达），而那封信在第二天才到达V处（承诺表示的到达）。根据第130条第1款第2句，因为撤回到达，所以尽管承诺已经到达但仍不发生效力。相反，如果传真在信之后到达V处，那么承诺表示持续有效，因为撤回通知过晚到达。但如果V在收到信时知道撤回表示正在寄往他处的路上，那么他对承诺表示效力的信赖就不值得保护，正确的做法是他必须允许自己被这样对待：好像撤回表示与承诺表示同时到达他处一样。

154a 4. 第130条是任意性规范，当事人可以通过*相应约定*简化到达。[47] 但如果一般交易条款中存在以下规定：例如“即使一般交易条款的使用人所作出的通知终止表示未到达受领人处，它也要被视为已经到达”，那么该规定不生效力（第308条第6项）。根据第309条第13项字母c，一般交易条款中的以下条款同样不生效力：向使用人作出的意思表示受特殊的到达要件约束（例如只能向使用人的售后服务部门发出）。

（二）对方在场时表示的到达

155 法律并未规定向在场者作出的可受领的意思表示的效力。此时，应考虑第130条的基本思想并对所涉及的是书面还是口头表示加以区分。

1. 就*书面表示*而言，重要的是到达受领人处。通常来说，在交付至受领人处时意思表示生效，因为表示由此进入受领人的控制范围，这时知悉对他来说是可能的。

如果书面表示被秘密地塞进受领人的口袋里，那么虽然它已进入其控制范围，但仍应被视为未到达，因为受领人无法预期以这种形式进行的“寄送”。若表示是用某种语言表达的，而受领人不懂这种语言是广为人知的，那么这个表示在经过翻译所需的恰当时间后才到达受领人处。[48]

156 2. 一般来说，向在场者作出的*口头表示*于发出时生效，因为受领人于此时已经知悉表示。因此，部分人认为到达取决于表示受领人听见了表示（纯粹的*了解理论*）。[49] 就惯例而言，这种观点应当被认同。然而，若表示未被听见，而是可听见的，且表意人可以认为受领人已经听见该表示，则按照纯粹了解理论该表示并未到达。这种不利于表意人的判断是不公平的，并且违背第130条第1款第1句对到达

---

[47] BGH NJW 1995，2217；dazu *Armbrüster* NJW 1996，438.

[48] LAG Hamm NJW 1979，2488.

[49] *Wolf/NeunerBGB* AT §33 Rn. 38f.

的理解。据此，重要的并非受领人对表示的知悉，而是在正常情况下他能否知悉。因此，如果表意人合理地认为受领人已听见表示是不容置疑的，那么到达必须被承认（=*被限制的了解理论*）。[50]

因此，如果受领人因听觉迟钝或未在意而没有听见表示，且表意人没有（从情况中推知的）理由认为受领人没有听见该表示，那么该表示到达。相反，若根据表意人的观点，其有理由怀疑受领人是否正确并完全地听懂了表示，那么他应当询问并证实[51]，否则该表示并未到达。

根据通说观点，到达问题主要围绕着以外语表达的表示。如果表意人可以认为，受领人懂这种语言，那么当其知悉该表示时到达。[52] 相反，如果受领人懂相应的语言不能被期待的话，该表示就没有到达他那里。

（三）到达障碍

法律未加以规定的情况是，意思表示因受领人的行为或者在其范围存在的其他原因而没有或者迟延地到达该人。此时，只能通过权衡相互对立的利益来寻求解决问题的方法。 157

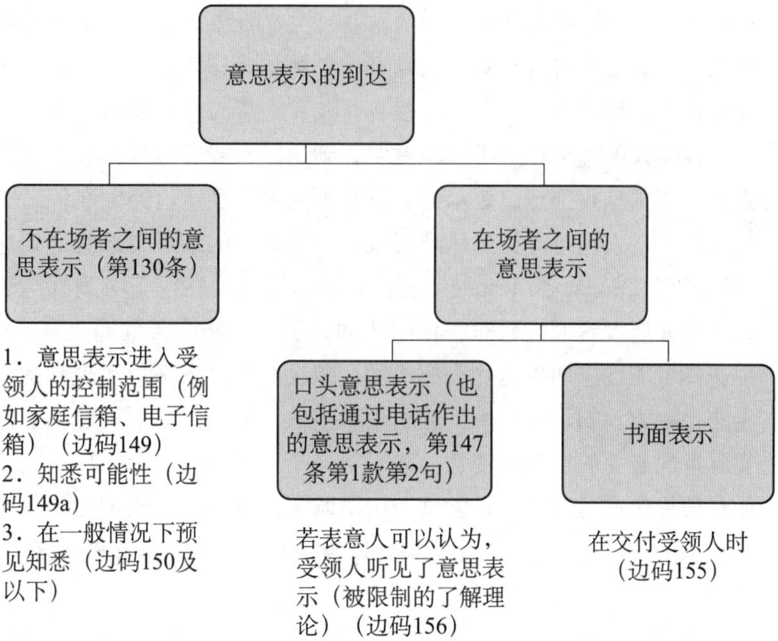

1. 就*拒绝接受*书面表示或者拒绝倾听口头表示而言，要区分以下两类情况：

（1）如果表示受领人所作出的有权拒绝不利于表意人。表示未到达。

例如：受领人应当补交未付清的邮费（案例 d，通知终止不生效力）；信上的地

---

[50] *Erman/Arnold* § 130 Rn. 23；HK-BGB/Dörner § 130 Rn. 12；*MüKoBGB/Einsele* § 130 Rn. 28；*Palandt/Ellenberger* § 130 Rn. 14；*Soergel/Hefermehl* § 130 Rn. 21.

[51] *MüKoBGB/Einsele* § 130 Rn. 28.

[52] *Bork* BGB AT Rn. 629.

址没有清楚表明，它是否被寄给受领人；因为口头表示中含有侮辱性的内容，所以表示受领人捂上耳朵、离开房间或者挂断电话。

(2) *无权*拒绝（到达破坏，Zugangsvereitelung）对表示受领人不利。表示被视为在不存在受领拒绝的情况下它本应到达的时间生效，尽管它在该时刻并未进入受领人的控制范围（第162条的法律思想，边码493）。受领人曾经能够获悉表示的内容并且这在通常情况下也是可预见的。[53]

例如：尽管受领人须预见通知终止的到达，但他还是拒绝了被递送给他的信件或者挂号信，尽管信箱里有一张通知单，但他还是不去邮局领取挂号信。

在受领被毫无根据地拒绝的情况下，到达被“假设”，而不取决于表意人是否进行了新的邮寄尝试，因为这不一定会成功而且是多余的。[54]

158 2. 其他的到达障碍或者到达迟延也可能源于缺少或者存在错误的受领设施（没有信箱、没有姓名牌、关闭了传真机、收件箱已满）。如果受领人本应为表示的及时到达进行准备却没有这样做，那么他不值得保护。这种不真正义务可以产生于合同、参与合同磋商以及受领人的职业（例如商人）。

因此，雇员或者承租人必须预见其合同相对方所作出的意思表示（例如通知终止）并（例如通过贴了姓名牌的信箱）完成准备工作，从而使这些意思表示能够到达他处。若某人将其传真号码或者电子邮箱地址告知他人，则其必须确保正常的接收可能性。按照规定，商人必须将其经营场所的迁移告知邮局。

接收人的过错在这里并不重要，到达障碍或者迟延存在于他的范围内即可。原则上，须预见收到意思表示的人也必须为表示到达他处做准备工作。[55]

159 以前，人们将此类到达障碍或者到达迟延的结果与恶意的到达破坏一样看作是到达拟制（Zugangsfiktion）。据此，表示被视为在以下时刻到达受领人处，即不存在受领人所设置的障碍时它将到达的时刻。按照今天的通说[56]，表意人被赋予了一种选择可能性。如果他什么都不做，即没有在之后努力实现到达，那么表示就不发生法律效力。如果他想使其意思表示生效，那么他必须采取一切被期待的或者根据实际情况必要的措施，使意思表示进入表示受领人的范围。为了使到达发生效力，他必须尽快进行新的寄送尝试。按照诚实信用原则，表示受领人必须像及时的到达一样承认该迟延到达。[57] 他必须允许自己被这样对待：好像表意人已经遵守了相应期限（例如通知终止期限）。[58]

若内容为终止的信件因“无法投递”而被退回，且表意人打算继续通知终止，则他必须立即重新进行到达尝试（必要时按照第132条进行）。若该表示到达，则

---

[53] Ähnlich BGH NJW 1983，929.

[54] BGH NJW 1998，976（977）.

[55] BGH NJW 1998，976（977）；BAG NZA 2006，204（205）.

[56] Erman/Arnold § 130 Rn. 30；*Medicus/Petersen* BürgerlR Rn. 50f.；HK-BGB/Dörner § 130 Rn. 7；*MüKoBGB/Einsele* § 130 Rn. 37f.

[57] BGH LM Nr. 1 zu § 130 BGB.

[58] BAG NZA 2006，204（205）；1996，1227.

受领人必须允许自已被这样对待：好像第一次到达尝试已经成功。

对于通过电子邮件传递意思表示的情况来说，同样如此。如果电子邮件因收件箱已满而“无法寄送”，那么就这点而言，在使用商业电子邮件的情况下这不利于粗心的受领人。如果新的寄送尝试奏效，那么受领人必须允许他人这样对待自己：就好像第一次到达尝试已经成功一样。

在**案例 e** 中，到达不因缺少或错误的接收装置而失败。如果 V 已经能够预见通知终止将被寄送，那么他必须承认它是及时的。只有在这种情况下，他才有责任使挂号信在他不在场时到达他处。相反，若他无法预见，则迟延不利于 M。若他未通过挂号信而是用平信作出通知，则该通知将及时到达，因为这样信件就会被投入 V 的信箱并因此进入其控制范围。

（四）到达的特殊情况

1. 就*向非完全行为能力人*作出的意思表示的生效而言，要在受领人为无行为能力人还是限制行为能力人之间作出区分。而意思表示向在场者还是不在场者作出则并不重要。 160

（1）若意思表示到达*无行为能力人*（第 104 条，边码 264 及以下）的法定代理人处，则该向无行为能力人作出的表示有效（第 131 条）。因为受领人必须能够适应表示所创设的法律状况，所以法律要求受领人有必要的知悉能力。无行为为能力人并不具有这一能力，因此意思表示必须到达其法定代理人处。到达法定代理人处有以下前提：他并非仅仅是偶然知晓该意思表示，该意思表示大多必须要指向该法定代理人，或者至少是针对他的。[59] 根据第 131 条第 1 款，若无行为能力的状况结束，一个仅到达无行为能力人处的意思表示并不自动有效。[60]

当然，无行为能力人可能是表示传达人（边码 153）也可能是受领传达人（边码 152），只有当他被法定代理人指定为受领传达人时，他才是此类传达人。

（2）同样的规定也基本适用于向*限制行为能力人*（第 106 条，边码 270 及以下）作出的表示（第 131 条第 2 款第 1 句）。然而，如果意思表示能够给限制行为能力人带来纯法律上的利益（第 107 条，边码 272 及以下）或者法定代理人已经允许（第 111 条，边码 285），那么限制行为能力人也可以作出有效的意思表示。在这种情况下，向该人作出的意思表示同样随着到达而生效（第 131 条第 2 款第 2 句），因为限制行为能力人已得到足够的保护。 161

在**案例 f** 中，合同要约给 V 带来了纯法律上的利益，他由此只是被赋予了对要约作出承诺的权利。因此，根据第 131 条第 2 款第 2 句，合同要约在到达 V 处时生效。然而，因为对 V 来说通知终止表示并不是纯获法律上的利益，所以它在到达法定代理人处时方生效（第 131 条第 2 款第 1 句）。

（3）第 131 条并未规定向*丧失意识者*或者*暂时精神障碍者*作出的意思表示的效 162

---

[59] BGH NJW 2011，872（873f.）.

[60] BGH NJW 2011，872（874）.

力。此类人并无法定代理人。在上述状况下作出的意思表示是无效的（第 105 条第 2 款）。但并不能由此得出，向丧失意识者或者暂时精神障碍者作出的意思表示不在到达时生效。在这里，向不在场者作出的表示的效力适用第 130 条的规定，向在场者作出的表示的效力则应当根据被限制的了解理论来确定（边码 156）。

例如：如果通过信件作出的通知终止表示被投入受领人的信箱并且该人在通常情况下能够被知悉，那么该表示是有效的，受领人是清醒的还是醉得不省人事并不重要。向醉酒的表示受领人作出的口头表示是不生效力的，前提是表意人能够明显看出该人完全不能正确地领会该表示。

第 131 条第 2 款同样适用于在允许保留情况下有行为能力的照管人（第 1903 条第 1 款第 2 句，见边码 287 及以下）。

163 2. 根据第 130 条第 3 款，*向机关作出的（=需要机关受领的）*意思表示与需受领的意思表示相同。因此，对于意思表示的生效来说，到达是至关重要的（第 130 条第 1 款第 1 句）。

164 3. 意思表示的*到达有以下两种替代方式*：一是由法院执达员送达（第 132 条第 1 款），二是由初级法院进行公示送达（第 132 条第 2 款）。

164a 4. 此外，第 151、152、156 条中均包含有关在缔结合同时承诺表示到达的特殊规定（边码 181 及以下）。

第二章 合同缔结

第八节 要约和承诺

参考文献：Alexander，Die Rücknahme des Angebots bei lnternetauktlonen，JR 2015，289；Alexander，Neuregelungen zum Schutz vor Kostenfallen im Internet，NJW 2012，1985；Bischof，Der Vertragsschluss beim verhandelten Vertrag，2001；Böse/Jutzi，Vertragsschluss durch Auktionsabbruch bei eBay，MDR 2015，677；Brehmer，Die Annahme nach § 151 BGB，JuS 1994，386；Czeguhn，Vertragsschluss im Internet，JA 2001，708；Dörner，Rechtsgeschäfte im Internet，AcP 202（2002），363；Fischinger，Grundfälle zur Bedeutung des Schweigens im Rechtsverkehr，Jus 2015，294，394；Föhlisch! Stariradeff，Zahlungsmittel und Vertragsschluss Im Internet，NJW 2016，353；Fritzsche，Der Abschluss von Verträgen，§ § 145 ff. BGB，JA 2006，674；Hellgardt，Privatautonome Modifikation der Regeln zu Abschluss，Zustandekommen und Wirksamkeit des Vertrags，AcP 213（2013），760；Henke，» Berühren verpflichtet zum Kauf « -ein Sonderfall des Vertragsschlusses im Selbstbedienungsladen，JA 2017，339；Jung，Die Einigung über die » essentialia negotii « als Voraussetzung für das Zustandekommen eines Vertrages，JuS 1999，28；Kirschbaum，Die gesetzliche Neuregelung der sog. » Internetfalle «，MMR 2012，8；Klees/ Keisenberg，Vertragsschluss bei ebay- » 3...2 (...1) ...meins «?，MDR 2011，1214；Korch，Abweichende Annahme? Kein Fall für Treu und Glauben!，NJW 2014，3553；Meder，Annahme durch Schweigen bei Uberweisungsvertrag und Gutschrift，JZ 2003，443；Oechsler，Der Allgemeine Teil des Bürgerlichen Gesetzbuchs und das Internet，*JURA* 2012，422（497）；

Paal/Kumkar, *Anfängerhausarbeit- Zivilrecht*: Schuldrecht AT-Streit um die Internetauktion, Jus 2015, 707; Paulus, Die Abgrenzung zwischen Rechtsgeschäft und Gefälligkeit am Beispiel der Tischreservierung, JuS 2015, 496; Petersen, Schweigen im Rechtsverkehr, Jura 2003, 687; ders., Das Zustandekommen des Vertrages, Jura 2009, 183; *Pfeiffer*, *Von Preistreibern und Abbruchjägern-Rechtsgeschäftslehre bei Online-Auktionen*, *NJW* 2017, 1437; Repgen, Abschied von der Willensbetätigung, AcP 200 (2000), 533; Schöne/Vowinkel, Vertragsschluss bei Internet-Auktionen, Jura 2001, 680; Schulze, Rechtsfragen des Selbstbedienungskaufs, AcP 201 (2001), 232; Schwarze, Die Annahmehandlung in § 151 BGB als Problem der prozessualen Feststellbarkeit des Annahmewillens, AcP 202 (2002), 607; Volp/Schimmel, § 149 BGB-Eine klare und einfache Regelung?, JuS 2007, 899; *Vytlacil*, *Die Willensbetätigung*, *das andere Rechtsgeschäft*, 2009.

案例：

a) V在其橱窗中展示了一件价格为1 500欧元的时装。A女士看到这件衣服后打电话给V表示她有意购买。V答复说会将衣服寄给她。不久后，B女士同样看到了这件衣服，她立刻走进商店对V表示其要购买它。V遗憾地表示这件衣服已经被售出。B女士仍要求购买，因为她对V在橱窗中所作出的要约作出了承诺。如何处理？**(边码165a)**

b) 书商B在给其顾客K的信中写道："本书店向您供应刚刚到货的最新版Palandt法律评注"。K回信表示其接受该要约并要求B不久后供货。如何处理？**(边码167)**

c) 若B向K供应的是一本"二手Palandt法律评论"且K接受了该要约，如何处理？**(边码167)**

d) V在他6月1日寄出且被邮局于6月3日邮寄至K处的信中以900欧元的价格向K供应了一只花瓶。K在6月4日晚上写信给V表示其对该要约作出承诺，该信于6月6日到达B处。买卖合同是否成立？**(边码173、175)**

e) 在**案例d**中，如果K于6月4日早上通过电话向V表示他欲以800欧元购买该花瓶，V没有接受该提议。如何处理？**(边码171)**

f) V写信给K表示愿以5 000欧元的价格向其供应某机器，K回复表示他同意该要约，但是必须要在五个月内分期支付价款。合同是否成立？**(边码187)**

165 合同由至少两人作出的内容上一致的意思表示组成（边码78及以下）。人们将时间上的第一个意思表示称为要约，将后一个称为承诺。

一、要约

(一) 概念和生效前提

合同要约（第145条）是一个需受领的意思表示，缔结合同的意思通过该表示被以以下方式提供给他人，即合同的成立只取决于该人的同意。

1. 必须通过解释首先予以确定的是，在个案中所存在的是要约还是只是*要约邀请*。后者并非要约，而只是希望他人发出要约的请求。请求他人发出要约的人可以承诺或者拒绝向他所作出的要约。 165a

很明显，向公众作出的公告（报纸广告、网络上的供货[①]、通过邮局散发的广告及信息、产品目录或者橱窗等）缺少效果意思，因此它并不是法律意义上的要约，而只是请求他人作出要约的要约邀请。如果它属于要约，那么无数人都可以通过承诺使合同成立。所有这些合同都将是有效的（边码 109、110），供货人可能只能履行一份合同并因不履行其余的合同而应向其他的合同当事人承担损害赔偿责任。此外，还可能发生的是某人承诺了该“要约”，但因其无支付能力供货人不打算将其作为自己的合同相对方。如果供货人的表示只是要约邀请，那么他就可以避免以上麻烦。这样一来，其他人作出要约，而是否对要约作出承诺则由供货人决定。相反，激活网络拍卖的供货页面则不只是单纯的要约邀请，它是一个内容为在供货时间内与出价最高者缔结买卖合同的有法律约束力的意思表示。[②] 随着拍卖的经过，与出价最高者订立了一个合同。在拍卖提前中断的情况下也是如此，如果要约人并不是例外地享有中止的权利。

在**案例 a** 中，若 B 女士和 V 之间的关于时装的买卖合同成立，则她对该衣服享有请求权。这是要被否定的。因为橱窗中的展示只是要约邀请。[③] B 女士在服装店中发出了要约，而 V 拒绝了该要约。相反，V 和 A 女士之间关于该服装的合同通过 A 的电话（=要约）和 V 的同意（=承诺）而成立。如果橱窗中的展示就是 V 的要约的话，那么 A 女士在电话中的表示以及 B 女士在商店中的表示将分别导致合同的成立，但 V 只能履行其中的一份合同。

在标价出现错误的情况下，对要约和要约邀请作出区分具有一定意义。

如果时装的价签被贴错（非 1 500 欧元，而是 1 200 欧元）并将其视为要约，那么通过顾客所作出的购买服装的表示，买卖合同就会以橱窗中的价格成立，在这种情况下 V 当然可以撤销错误的表示（第 119 条第 1 款，边码 412）。因为橱窗中的展示只是要约邀请，所以 V 可以拒绝顾客作出的以所展示的价格购买服装的要约。这样合同就不存在，也无须进行撤销。

2. 作为*需受领的意思表示*，要约并非在发出时，而是在*到达*受领人处时才生效（边码 149 及以下）。在此之前它可以被撤回（第 130 条第 1 款第 2 句）。 166

3. 因为合同的成立取决于他人的同意，*所以要约必须在内容上被详细确定，这样承诺就可以仅通过他人单纯的同意而得以实现*。使合同仅通过承诺人单纯的回复“是”就得以成立的前提是，要约中包括合同的必要之点（wesentlichen Punkte），比如在买卖要约中必须对买卖标的物、价格作出说明。它们必须是可确定的（参见 167

---

① BGH NJW 2005，976.

② BGH NJW 2017，468 Rn. 20 mAnm *Linardatos* LMK 2017，385307，Anm *Litzenberger* EWiR 2017，141，und Anm *Mankowski JZ* 2017，253；zu der Entscheidung ferner *Pfeiffer* NJW 2017，1437；BGH NJW 2002，363 (364).

③ Vgl. auch BGH NJW 1980，1388.

第315条及以下）。

如果A将坏掉的手表交给钟表匠U修理，那么尽管双方并未约定报酬，此时仍存在一个缔结承揽合同的要约。因为如果U对要约作出承诺，那么就视为双方默示地约定了通常的报酬（参见第632条）。

在**案例b**中，虽然在B的要约中不包括对价格的说明，但这是可确定的，因为所指的是以书店中的售价出售。相反，在**案例c**中，人们无法知道B以何种价格提供哪一版Palandt法律评注。因此，在**案例c**中不存在有效的意思表示，因此合同不成立，K不能向B提出请求。在**案例b**中，K可以根据第433条第1款第1句请求交付Palandt法律评注，因为合同已经存在：以书店售价购买一本最新版的Palandt法律评注。

167a 通常情况下，只有当要约也确定了合同相对方时，它才是足够确定的。一般来说，与谁缔结合同对于要约人而言并不是无关紧要的。但同样存在这样的情况，即某人不打算寻找其合同相对方，而且向各受领人作出个别的要约是不可能的。此时向公众作出的表示就被理解为合同要约（所谓向不特定的人作出的要约，Offerte ad incertas personas）。

例如：自动售货机的设立就是一个向每个按照标价投入硬币的人发出的、以缔结买卖合同为内容的要约。这应当被解释为：只要存货充足且机器运转正常，该要约就有效。有轨电车的运行是一个向每个人发出的、以缔结运输合同为内容的要约。出卖人激活网络拍卖的供货页面是一个足够确定的、以缔结买卖合同为目的意思表示。[4] 它指向的是在拍卖时间内出价最高的人。至于它是要约还是先表示出来的承诺则并不重要。

对于在加油站以及商场所缔结的合同的成立而言，在细节上存在一些争议。[5] 一般来说，人们可以将加油站经营者在自助加油站中对分油泵的安置以及商场所有人在商场中对商品的提供视为向特定的人作出的要约。[6] 顾客自行加油（而非在收款处）或者在收银台出示货物（而不是将货物放进购物车中）就是对该要约的承诺。加油站的经营者放弃了在加油过程中存在的承诺的到达（第151条第1句）。然而，在出售特价商品或者只有少量存货的商品的自助商店中则要适用不同的规定。这时在商店中提供商品就不是有约束力的要约。相反，顾客通过在收银台出示商品发出要约。鉴于所希望购买商品的数量该要约可能被拒绝。

168 4. 只要要约未消灭，它就有效（见边码171及以下）。

（二）效力

169 第145条从受领人的利益出发作出规定：只要要约人未排除*要约的约束力*，他

---

④ BGH NJW 2002，363（364）.

⑤ Ausf. dazu *Schulze* AcP 201（2001），232.

⑥ Wie hier BGHJuS2011，929 mAnmFaustund Anm. S. *Lorenz* LMK 2011，319864；HK-BGB/Dörner § 145 Rn. 6；*MüKoBGB/Busche* § 145 Rn. 12f.；*Palandt/Ellenberger* § 145 Rn. 8；*Schulze* AcP 201（2001），232（234f.）；Staudinger/Bork，2010，§ 145 Rn. 7f.；offen gelassen von BGHZ 66，51（55f.）= NJW 1976，712；aA bzgl. Selbstbedienungsladen insbes. *Erman/Armbrüster* § 145 Rn. 10（Angebot erst durch den Kunden an der Kasse）.

就受要约的约束。

1. 因此，原则上要约是不可撤回的（例外见边码 198 及以下）。要约人不可以单方面宣布与要约脱离关系，而是必须在该条款所保护的受领人的同意下进行。通过上述对要约人的约束，受领人获得了有利的法律地位：他可以承诺或者拒绝要约。 169a

不可撤回的前提是，要约不仅被发出，而且已到达受领人处，因为只有这样表示才是有效的。在此之前，撤回可以阻碍意思表示的生效（第 130 条第 1 款第 2 句，边码 154）。

2. 要约人可以*排除该约束力*(第 145 条结尾处)。 170

（1）其前提是，要约本身包括了对约束力的排除或者该排除至少与要约同时到达受领人处。

要约人经常使用像“不受约束的”或者“无责任”这样的表述。这可能意味着，表意人保留了在承诺表示到达后提出反对的权利，这样合同就不会成立。按照诚实信用原则，在这种情况下如果要约人不希望缔结合同，那么他必须毫不迟延地表示反对。如果他对承诺表示保持沉默，那么受领人可以将它视为最终的同意。然而，要约人也可能希望上述条款成为合同的内容。这样带有该条款的合同经承诺而成立。它并未排除要约的约束力，而是赋予要约人脱离合同的权利（合同上的解除权，第 346 条及以下）。

（2）在*网络拍卖*中，要约的约束效力也可通过以下方式被排除：要约人保留在拍卖时间截止之前由于特定原因撤回其要约的权利。[7] 在 eBay 之前一般交易条款中有如下表述：在拍卖结束或提前结束之时，与出价最高者之间的合同成立，除非法律规定要约人有权撤回要约或者删除现有的报价。这样的条款从受领人角度，也就是出价人的角度来解释，这个出售要约保留了撤回要约的权利。[8] 在无过失的物之灭失或出让给他人的情况下，撤回是合法的。如果要约人并非出于上述原因而提前取消拍卖，那么与此时出价最高的人之间的合同仍然成立。即使该最高出价低于市场价，最高出价人仍然有履行请求权。[9] 他就是买了个“便宜货”。如果卖家履行不能，那么他有义务进行替代履行的损害赔偿。 170a

网络拍卖中的约束效力不仅可以通过其合法的提前结束来取消。出于个人原因，该约束效力也可以通过删除出价人的出价而被排除。但是根据联邦最高法院最新的判决[10]，仅当出于这些原因时，出卖人根据法律有权通过第 119 条及以下规定的撤销权或合同解除权（第 323 条第 5 款）从其出卖要约中脱离出来。但问题若是关于“不认真”的出价人的，则该承诺并不能使（出卖人）有权删除要约，因为网络拍卖中的出卖人并不负先履行义务，其仅应在出价最高人预付款后履行。

---

⑦ BGH NJW 2016，395f.（dazu *Föhlisch*！*StariradeffNJW* 2016，353）；NJW 2014，1292；2011，2643.

⑧ BGH NJW 2016，395（396）；2015，1009（1010）mAnm *Meier* NJW 2015，1011 und Anm. *lindacher* EWiR 2015，247；NJW 2014，1292；2011，2643.

⑨ BGH NJW 2015，548f. mAnm *Oechsler* NJW 2015，665 und Anm. *Riehm* JuS 2015，355.

⑩ BGH NJW 2016，395ff.

（三）要约的消灭

171 为了保护要约人，要约的约束力不得永久存在。因此，法律对要约的消灭作出了规定。此外，要约人也可以自行使要约消灭。

1. *消灭原因*包括对要约的拒绝以及承诺期间的经过，一般不包括要约人的死亡或者无行为能力（第153条）。

(1) 向要约人作出的*拒绝*要约的表示（第146条）是一个需受领的意思表示。如果承诺人在作出承诺时将要约“扩张、限制或者作出其他变更”，那么这同样是对要约的拒绝（第150条第2款），此类“承诺”并非法律意义上的承诺，而是新要约（第150条第2款），它可以被另一方承诺或者拒绝。

在**案例e**中，K在电话里拒绝了V的要约，因为他只想支付800欧元。K的这个新要约在电话中被V拒绝。如果K给V写信表示接受该要约，那么因V的要约的消灭此时已不存在能够被承诺的要约。这封信应当被理解为新要约（以900欧元的价格购买花瓶）。此时由V决定是承诺还是拒绝。

172 (2) 未得到及时承诺的要约将归于消灭（第146条，*期间届满*）。

a. *期间主要由要约人指定*。在这种情况下，承诺只能在该期间内被作出（第148条）。要约人可以在要约中指定某一时刻为截止日期（例如截至6月10日）或者为承诺确定一个时间段（例如在一周之内）。

因为要约人想知道合同是否成立或者期间是否经过以及他是否不再受到约束，所以原则上必须以此为出发点：规定的期间应当从要约的日期（而不是到达受领人的日期）起算，并且承诺表示必须在期间经过之前到达要约人处（而非单纯的发出）。当然，要约人也可以作出其他指定（例如承诺在该期间内发出即可）。从个案的具体情况中也可能得出对期间的确定。因此，从要约信件中的“请用电子邮件回复”这句话可以推知要约人的如下意思：该期间应短于普通信件回复所需要的时间。

173 b. 若要约人未指定期间，则期间由法律规定。

根据第147条第1款，向在场者或者通过电话作出的要约只能被立即承诺。因此，受领人必须立即作出决定。若他未及时对要约表示同意，则要约消灭。

如果受领人在电话中表示他想再考虑一下并将在一个小时以后回电话，而要约人也表示同意，那么可以从该行为中推知要约人会在一小时之内保持其要约不变。在这种情况下，第147条第1款被排除适用，要约有效期间为一个小时（第148条）。

173a 根据第147条第2款，向*不在场者*作出的意思表示只能在以下时刻之前被作出：要约人在通常情况下可以预期收到答复时。从表意人的利益出发，法律以一般情况下该人能够预见承诺表示到达的时间为准。在计算期间时，要考虑将要约寄送至受领人处所需的时间、考虑及回复的时间以及将答复寄送至要约人处的时间。[11]

---

[11] BGH NJW 2016，1441f. mAnm KeilEWiR 2017，15.

所要计算的有：以所选择的寄送方式进行寄送所需的通常时间、在休息日到达工作单位、按照要约的重要性和范围确定的考虑时间等。据此，在**案例 d** 中 K 及时对 V 的要约作出了承诺。

要约人也要考虑到一些其所知悉的导致处理时间延长的特殊状况（例如邮递员罢工、受领人住院或受领人外出度假，一些节日休息日）[⑫]，这样他必须将迟延计算在内。

上述事实表明，法律不可能对承诺期间作出详细规定。这可能导致的结果是，在个案中期间长短是不确定的。例如，联邦最高法院认为在缔结营业出租合同的要约时，根据第 147 条第 2 款，两到三周的承诺期间是合适的，而 51 天之后才作出的承诺无论如何是迟到的。[⑬] 因此，如果要约人认为明确的期间规定比较重要，那么他必须自行为其要约设定期间。

一般交易条款中的下列规定不生效力：使用人保留过长的或者不足够确定的承诺期间或拒绝要约的期间（第 308 条第 1 项，参见边码 235）。新车出售条款中所包括的对买受人长为四周的约束期间并非过长。[⑭] 相反，联邦最高法院[⑮]判决出卖要约超过 4 个月的效力期间不生效力，即使该合同须被公证以及出卖人需要时间获取信用信息。在这些情况下，根据第 147 条第 2 款，承诺表示可以被期待在 4 周内被作出。

（3）要约人的*死亡*和*无行为能力*通常不是要约的消灭原因（第 153 条）。该规定对第 130 条第 2 款进行了补充，据此，表意人在意思表示的发出和到达之间死亡或者丧失行为能力对意思表示的有效性不产生影响（边码 148）。第 153 条补充的内容是：若表意人死亡或者丧失行为能力，则无论它们在要约到达之前还是之后出现，该要约均可以被承诺。这时承诺应当向死者的继承人或者无行为能力人的法定代理人作出。 174

在例外情况下，要约人死亡或者丧失行为能力时要约消灭，其前提是，可以认为要约人有此类意思（第 153 条结尾处）。因为要约人可能在作出要约时未曾考虑过死亡或者丧失行为能力的问题，所以要取决于假定的要约人的意思。重要的是，如果他考虑到了死亡或者丧失行为能力的问题，那么他会怎样决定。[⑯] 若他知道自己即将死亡，则虽然他可能不会订购个人用品，但可能为其商店订货。不过，为了保护受领人的利益，只有当他已经知道对当事人的假定意思来说重要的情况时，要约才能消灭。[⑰]

如果*要约的受领人死亡*，那么必须区分以下情况：

---

⑫ BGH NJW 2016，1441f. mAnm KeilEWiR 2017，15.

⑬ BGH NJW 2016，1441（1443）.

⑭ BGHZ 109，359 = NJW 1990，1784.

⑮ BGH NJW 2010，2873ff.

⑯ *Bitter/Röder* BGB AT § 5 Rn. 31.

⑰ Str.；vgl. HK-BGB/Dömer § 153 Rn. 4；*Medicus/Petersen* BGB AT Rn. 377；Staudinger/ *Bork*，2010，§ 153 Rn. 5.

如果死亡发生在要约到达之前，那么要约就不再能够到达。这时要审查的是，要约人是否可能也向继承人作出要约，如果答案是肯定的，那么要约就在到达继承人处时生效。

如果受领人在要约到达之后死亡，那么问题则是承诺的权利是否转移至继承人处。起决定作用的是（假定的）要约人的意思，这取决于该人是否也愿意与受领人的继承人签订合同。

若要约的受领人在承诺表示作出之后到达之前死亡，则合同在表示到达时生效（参见第130条第2款）。

175 2. 要约消灭的效力在于，要约在法律上不再存在。因此，在缺少要约的情况下，仍被作出的承诺不能导致合同的缔结。承诺表示被视为新要约（第150条）。

若承诺表示被及时发出，但因非常规的寄送在承诺期间（第148、147条）之后才到达要约人处，则该承诺同样被视为新要约。此时得到保护的同样是要约人，他因期间已过而不再受到要约的约束。然而，承诺人也不能完全不受保护。如果他及时发出了承诺，那么在一般情况下他可以预见其表示将及时到达要约人处且合同将因此而成立。若表示事与愿违地迟延到达，则承诺人需要知悉合同并未成立。因此根据第149条，要约人必须毫不迟延地将迟延的情况告知承诺人。该规定的前提是：一方面承诺表示被及时发出并且在通常的寄送情况下会及时到达要约人处（否则承诺人不值得保护）；另一方面，只有当要约人知道或无论如何应当知道到达迟延系由非常规的寄送导致时，人们才能要求要约人进行上述通知。这样承诺人可以期待被告知迟延一事，此类信息对要约人来说同样是合理的。若该人未作出通知或者迟延通知，则承诺人对合同成立的信赖是受保护的。因此，根据第149条第2句，在这种情况下迟延的承诺被视为未迟延。这样一来，尽管出现迟延，合同仍被缔结。

在**案例d**中，若K于6月4日发出的信因邮局的错误在6月15日才到达V处，并且V肯定可以根据寄出日期和邮戳认识到邮局在寄送过程中出现了错误，那么他必须毫不迟延地将此事通知K（第149条第1句）。若他这样做了，则合同因承诺表示的迟延到达而不成立。否则，承诺被视为未迟延（第149条第2句），合同已成立。

二、承诺

（一）概念和生效要件

176 1. 原则上，承诺是需受领的意思表示，要约受领人借此告知要约人他对缔结合同的同意。

177 （1）作为（原则上）*需受领的表示*，承诺表示在*到达*要约人处时生效（例外见边码181及以下），因此直至到达为止，承诺人均可以撤回其表示（第130条第1款第2句）。

178 （2）要约人不仅可以指定承诺期间（第148条），而且可以*提高*（例如亲自交给要约人，将法律未要求作成公证证书的表示作成公证证书）或者*降低*（例如到达并非必要）对承诺表示的要求。

(3) 因为承诺人通过承诺向要约人表明他的同意，所以*他必须针对要约作出承诺表示*。若要约与承诺相交错，则合同不成立（边码 80）。 179

(4) *内容上*，承诺表示必须与要约表示相一致，否则不存在合意（边码 79、187）。 180

2. 在例外情况下，*承诺表示的到达并非必要*。 181

(1) 如果按照交易习惯*承诺表示不必被期待或者要约人已经放弃它*，那么合同因承诺而成立，无须向要约人作出承诺的意思表示（第 151 条第 1 句）。因此，该规定包含了到达要求的例外从而加速了合同的成立。然而，在第 151 条的情况下，明确向外界表现出来的承诺意思是必不可少的[18]，单纯的内部承诺意思是不够的。必须从客观第三人的立场出发并根据外部行为推断出是否存在真实的承诺表示。

例如：如果债权人向其债务人主张某一无争议的请求权，而债务人只寄给他一张数额仅为被主张请求权一小部分的支票，那么这其中可能存在一个和解或者一次性补偿要约（所谓免除陷阱，Erlassfalle）。然而，单纯从支票兑现行为无法推断出债权人具有对该补偿要约作出承诺的意思。从中立的第三人角度来看，不能认为债权人愿意免除债务人大部分的债务。[19] 因此，此时不适用第 151 条第 1 句，补偿、和解或免除合同不成立。

如果一个顾客请求一个营业性质的中介委托查询，他就作出了一个订立居间合同的要约。如果该中介着手进行了该工作，就满足了对该要约作出承诺的条件。[20]

加油站经营者设立加油塔是向不特定人发出要约（见边码 167），表示其放弃了承诺表示的到达，承诺存在于顾客加油的过程中。[21]

因为意思不需要被“表示”出来，而只需被“实现”，所以人们称之为“意思实现”[22]。但人们在许多领域中一致认为，该承诺无论如何都要像意思表示一样被对待，因此出现意思瑕疵时可以考虑撤销（第 119、123 条，边码 411 及以下）该意思表示。

首先，若*按照交易习惯到达不必被期待*（例如短期预订旅店房间，赠与要约），则不要求承诺到达。如果要约的受领人通过行为（例如通过准备旅馆房间，通过在与赠与要约一同邮寄过来的书上作注释）实现了其承诺意思，那么合同在要约人不知情的情况下被缔结。 182

在旅店房间案例中，如果旅店经理已经为订房者准备好房间，但客人没来，那么此时旅店经理可以请求客人支付住宿费（对要约受领人的保护）。另一方面，基

---

⑱ BGH NJW 2004，287；2001，2324；1990，1655（1656）.

⑲ BGH NJW 2001，2324.

⑳ BGH NJW-RR 2010，257.

㉑ Zum Zustandekommen des Kaufvertrages an der Zapfsäule BGH JuS 2011，929 mAnm *Faust* und Anm. S. LorenzLMK20ll，319864.

㉒ So zB BGH NJW 2004，287.

于已缔结的合同，预订者享有针对所订房间的请求权，如果旅店经理将该房间提供给另一名客人，以致预订者必须到更昂贵的酒店入住，那么他可以要求损害赔偿（对要约人的保护）。

183 其次，若*要约人放弃了承诺的到达*（例如价格波动严重的商品被“快速”预订），则不要求到达。承诺存在于履行行为中（例如包装、寄送货物），合同由此成立。

因为合同在包装时已经成立，所以要约的受领人不能进行其他处理或将该货物出售给他人。订货人享有合同中的供货请求权（保护要约人）。若货物在寄送途中遗失，则出卖人享有价款请求权（第447条第1款，例外见消费品买卖，第474条第2款）。[23] 要约人不可以主张其要约并未被要约受领人承诺，因为承诺表示并未到达他（要约人）处，买卖合同已经在寄出货物时被缔结（保护要约的受领人）。

这些例子表明，承诺行为首先涉及履行行为（例如预订旅店房间，寄出所订货物）以及占有和使用行为（例如将与购买要约一同邮寄的书赠与他人或者“翻烂”）。

为了使要约人不会过长时间地受其要约的约束，第151条第2句规定，要约消灭的时间根据要约或从情况可推知的要约人的意思来确定。

184 (2) *在将合同作成公证证书的情况下，如果要约和承诺被分别作成证书*（第128条，边码306），那么合同在将承诺表示作成证书时，而非在其到达时成立（第152条第1句）。该规定与要约人被推知的意思一致并且有助于加速合同的缔结，它是可变更的（第152条第1句结尾处）。

在规定要约消灭时间时，第152条第2句援引了第151条第2句的规定。据此，迟延地将承诺表示作成证书不会导致合同的缔结。

185 (3) 在由私法规定的拍卖过程中，合同在拍卖师拍定时成立（第156条第1句）。因此，出价者的出价是要约，拍卖师的拍定是承诺。该承诺同样是无须受领的。即使出价者在击锤之前离开了拍卖现场且对拍定毫不知情，合同仍然成立。

据此，拍卖师对拍卖品的提供只是要约邀请。若更高的出价被提出或者拍卖未经拍定而结束，则出价（出价人的要约）消灭。

ebay网上的拍卖并非第156条中所规定的拍卖。[24] 没有拍卖师对出价者的出价进行拍定。确切地说，该合同通过意思表示，根据第145条及以下（出卖人激活拍卖要约页面，出价最高者出价）而成立（参见边码166、167）。[25] 在eBay网拍卖中，第156条不发生效力，也不能类推适用。[26] 但是当出价人是除要约人以外的人时，出价最高者的出价中含有一个有效的承诺表示。相反，要约人自己通过其他会员账号出价，用来抬高出价（所谓的“自我抬价”），该出价并非一个有效的承诺表

---

[23] Dazu *Brox/Walker* SchuldR BT § 7 Rn. 1，5.

[24] BGH NJW 2002，362（364）.

[25] BGH NJW 2011，2643 und 2421.

[26] BGH NJW 2017，468 Rn. 19ff.，35 mAnm *Linardatos* LMK 2017，385307，Anm *Litzenberger* EWiR 2017，141，und Anm *Mankowski* JZ 2017，253；zu der Entscheidung ferner *Pfeiffer* NJW 2017，1437.

示，因为没有人可以与自己订立一个合同。[27]

（二）效力

186 1. 如果*承诺在内容上与要约*（边码 79）*相符*且它在要约消灭前生效，那么合同成立。

187 2. 如果*承诺中包含了对要约加以扩张、限制或者其他变更的内容*，那么要约人将产生以下印象：承诺人不同意或者不完全同意该要约。因此，承诺人的该表示不应被理解为承诺，而是对要约的拒绝。根据*第 150 条第 2 款*，它被视为新要约，相对方可以接受或者拒绝。若他未作出表态，则其沉默不能被视为同意，因此也不能视为对新要约的承诺。

在**案例 f** 中，K 的表示与 V 的要约不相符，因为 K 打算分期付款，而按照 V 的要约 K 并未被赋予分期支付价款的权利。因此 V 的要约被拒绝（第 150 条第 2 款）。然而，该拒绝使 K 受到新要约的约束（以 5 000 欧元购买机器，在 5 个月之内分期支付），V 可以接受或拒绝。

但如果 K 在信中表示其接受该要约并请求 V 以友好的方式进行考虑：V 能否同意他每月分期支付 1 000 欧元，这样 K 的承诺中就不包含对 V 的要约的更改，因此合同依照要约（即不分期付款）成立。请求准许分期付款应被理解为在支付方式方面对已缔结的合同进行变更的新要约，如果 V 接受该提议，那么已缔结的合同就要按照 K 的变更要约被变更，否则已缔结的合同不变。

如果原来的要约人接受作为新要约的变更后的承诺表示，以变更后的条件为内容的合同成立。但是，这仅当要约人可以意识到承诺表示中有变更时适用。根据司法判例，从诚实信用原则出发，这要求合同要约受领人清楚且没有歧义地表示出其承诺表示中有与要约有偏差的合同意思。[28] 如果要约受领人因为在承诺表示中隐藏了这一偏差而未完成上述要求，根据一般解释规则（按照受领人的观点），以原先要约为内容的合同成立。

188 3. 如果*承诺发生迟延*，那么首先必须审查在例外情况下承诺是否根据第 149 条（边码 175）被视为不迟延。如果不是这样，那么迟延的承诺不会导致合同的缔结，因为基于期间的经过要约已经消灭。这样“承诺表示”就会被理解为新要约（第 150 条第 1 款）。

（三）承诺义务

189 1. 从私法自治原则中可以得出，*原则上要约的受领人可以自由决定接受还是拒绝该要约*（边码 25、75）。

190 2. 在*例外情况*下，要约受领人有*义务作出承诺*（=缔结义务）。

（1）一方或双方当事人*在预约合同中*承诺缔结另一个合同（=主合同）。预约

---

[27] BGHNJW2017，468Rn. 23.

[28] BGH NJW 2014，2100 mAnm Riehm JuS2014，1118；NJW 2010，3436.

合同中的权利人享有向义务人请求该人接受缔结主合同的要约的权利，可以起诉对方作出此类合同表示。[29] 准许预约合同的依据是合同自由原则。

实践中，预约合同并不具有重要意义。

191 (2) 缔结合同的要约*基于法律规定*而产生，例如：电、气、客运（边码75）以及存在公共供给任务时的普遍客体。缔结合同的义务产生于特别法律规定或者一般性地产生于第826、249条，若拒绝合同要约则构成违反善良风俗的侵害。

例如：自来水厂、药店以及在事故现场的医生的缔约强制。

三、eBay拍卖中的合同缔结特殊性

191a 正如前述的几处，eBay拍卖并非有关第156条第1句规定的以出价最高者拍板成交为终结的拍卖。合同在更多情况中是通过要约表示和承诺表示成立的。[30] 总结如下。

1. 要约

191b 要约人发布一个关于待售物的拍卖信息并附上一定的起价（例如1欧元的起价或最低X欧元），这种行为即构成了第145条意义上的具有约束力的出卖要约。这一要约是对在拍卖期间（根据第148条的承诺期间，参见边码172）经过后的最高出价者作出的。根据第145条，只有要约人以外的人才可以作为合同要约的受领人。根据这一条，必须向其他人发出订立合同的要约。没有人可以和自己订立一个合同。因此，所谓的要约人通过一个其他会员账户发出的、意在提高拍卖价格（所谓“自我抬价”）的自我出价（Eigengebot）是不能导致合同订立的。

2. 承诺

191c 在拍卖中出价的人是进行了承诺的人。在数个出价中，要约仅针对那个在拍卖期经过之后出价最高者所出的价。合同因此在要约人与出价人（在拍卖期结束时出价最高者）之间成立了。如果最高出价人是要约人自己的话，这里就不存在有效的承诺表示。重要的衡量标准是，最后有效的最高出价是否是由要约人以外的出价人作出的。根据第156条第2句，这一出价还不会因更高的出价而被消灭。联邦最高法院拒绝了对这一条款进行类推适用，因为第156条意义上的拍卖中拍板成交的情形与通过要约与承诺成立的合同并不具有可比性。[31]

191d 根据eBay一般交易条款，出价人可以作出所谓的*最高出价*，这一出价并不为要约人与其他出价人知晓。通过这一操作，一旦其他的出价人出了更高的价格，他就可以使自己的出价也自动随之水涨船高。只要他的最高出价不被其他出价人的出价超过，那么他就可以一直保持自己最高出价人的地位。通过这种方式，出价人不

---

[29] Zu einer solchen Klage BGH NJW 2006，2843.

[30] Zu den folgenden Einzelheiten siehe etwa BGH NJW 2017，468 Rn. 19ff. mAnm *Linardatos* LMK 2017，385307，Anm *Litzenberger* EWiR 2017，141，und Anm *Mankowski* JZ 2017，253；zu der Entscheidung ferner *Pfeiffer* NJW 2017，1437.

[31] BGH NJW 2017，468 Rn. 35.

用一直待在拍卖现场却可以对其他出价作出反应。联邦最高法院根据第 133 条、第 157 条将这一最高出价解释为：出价人仅表示了自己想要出高于所有其他有效出价的价格，但这一价格在最高出价的范围内。这会产生以下效果：要约人不生效力的自我抬价促使出价人自动作出更高出价的表示。判断合同是否成立的标准并非这一最高出价，而是出价人对之前那个有效的出价所作出的高于其的出价表示。[32]

在由联邦最高法院判决的案件中，要约人拍卖一辆实际价值 16 500 欧元的大众高尔夫车，起价 1 欧元。一个不知名的出价人（1）出价 1 欧元。下一个出价人（2）按照规定的加价幅度将价格提高到了 1.5 欧元，并同时设置了（隐蔽的）最高出价 17 000 欧元。要约人在拍卖结束的时候，自己通过第二个用户账号进行了多次自我抬价，将价格抬高到 17 000 欧元以上。没有其他出价人参与出价。此时拍卖结束但是合同不能成立，因为要约人进行了不生效力的自我抬价。合同之成立与否应考量最后一个有效的出价，这一出价来自出价人（2）。这样一来，很明显就只能以 17 000 欧元的最高出价为准了。如果以联邦最高法院的解释来对最高出价进行解释，那么提价本来是针对之前最后一个“有效的”出价作出的，那么之前最高的出价就是 1.5 欧元（出价人（1）之前出的最后一个有效价格）。联邦最高法院承认了以该价格成立的合同。虽然给付与对待给付并不对等，但这一合同并不违反善良风俗。对于出价人（2）来说，他并没有可受非难的态度，因为他毕竟（因其设置了最高出价）准备提出与物之价值相符的竞拍价格。 191e

四、电子商务中与消费者缔结合同的特殊性

根据第 312j 条第 2 款至第 4 款[33]，电子商务中企业与消费者以企业有偿给付为标的的合同之成立，应符合一个额外的前提。根据第 312j 条第 2 款以及《民法施行法》第 246a 条第 1 项第 1 款第 1 句第 1、4、5、11、12 项，经营者有义务在消费者发出订单之前，清楚明白地直接告知消费者以下信息：就具体情况而言可能产生的运费信息、持续性债务关系的合同最短持续时间。根据第 312j 条第 3 款，经营者必须这样形成预订情势，使消费者在订单中明示地确认其有支付价款的义务。预订系通过按钮（预订按钮）进行的，该按钮应当十分易读地写有“在担负支付义务的情况下预订”字样，或者其他相应的清楚的表述。根据第 312j 条第 4 款，这一义务之履行是电子商务消费者合同成立的前提。消费者在订约时发出的是合同要约（针对经营者之前发出的要约邀请）还是承诺表示在所不问。 191f

第 312j 条第 2 款至第 4 款中的规定与形式要件的规定效力相同。该规定应当在互联网中特定情形下为仓促订约或错误订约的消费者提供保护。[34] 所提供的给付的价格可以很容易地通过不清楚的以及误导性的网页设计被掩饰。如果给付被标明为 191g

---

[32] BGH NJW 2017，468 Rn. 27f.

[33] Neu gefasst mit Wirkung zum 13. 6. 2013 durch Gesetz v. 20. 9. 2013（BGBl. 2013 I 3642，3647）. Bis zum 12. 6. 2014 § 312g（BGBl. 2012 I 1084；dazu *Kirschbaum* MMR2012，8）.

[34] BR-Drs. 525/11，13.

“免费”，但是在小字中又不甚明显地注明了应当支付相应价款否则该订购合同（Abonnenmentvertrag）就被排除，这一规定也会得到适用。虽然在这样的情况下，合同经常会由于其他原因（例如没有关于给付标的与价格的一致意思表示）而根本不成立，或者可撤回（第312c条、第312g条）、可撤销（第119条、第123条）。但是消费者通常不会意识到这些权利，而会在讨债公司与律师粗暴而带有恐吓性质的压力下准备履行经营者单方面声称的债务。消费者应当在这种互联网价格与订购陷阱中受到第312j条第2款至第4款的保护。[35] 第312j条第2款至第4款是对编号为欧盟2011年83号消费者权益保护指令[36]的转化适用。[37]

合同缔结的前提

Ⅰ. 要约（第145条）
1. 发出受法律约束的表示（≠要约邀请）
2. 到达（第130条第1款第1句）
3. 无撤回（第130条第1款第2句）
4. 在内容和合同相对方方面足够确定

Ⅱ. 承诺
1. 到达（第130条第1款第1句），如果到达必不可少（第151条第1句）
2. 无撤回（第130条第1款第2句）
3. 依据要约
4. 内容：是（同意要约，否则第150条第2款）
5. 及时（第146至149条，否则第150条第1款）

Ⅲ. 电子商务中与消费者缔结合同的特殊性（第312j条第2款至第4款）

五、特殊情况

（一）选择

192 选择是通过表示单方面地（即无须相对方参与的）创设合同的权利。与要约相反，选择权的行使无须合同相对方的承诺表示，合同由此成立。合同相对人并未因此遭受不公正的对待。因为选择权产生于双方当事人之前缔结的一个合同（选择合同），其中包括了另一方对选择权人所创设的其他合同的同意。

例如：在有期限的出租合同中，承租人被赋予在租赁关系期满后通过单方面表示以合同中的条款创设新租赁关系的权利。

---

[35] BR-Drs. 525/11，3f.

[36] RL 2011/83/EU des Europäischen Parlaments und des Rates über die Rechte der Verbraucher v. 25. 10. 2011，ABl. 2011 L 304，64.

[37] BT-Drs. 17/7745，9（noch zu § 312g aF）.

在法律上，选择合同被理解为附条件的（边码 479 及以下）合同。在这里，条件是权利人对选择权的行使。

与选择合同具有同样法律效果的可能是固定报价（Festofferte），此时要约人被赋予了很长的承诺期间（大多数为几年）。它与选择合同的主要区别是，固定报价的承诺需要以合同（可能）要求的必要形式作出，而按照通说选择表示无须遵守该形式要求。[38]

（二）社会典型性行为

1. 按照以前的具有代表性的观点，在现代客运中合同并不是通过要约和承诺， 193
而是通过对给付的实际要求而成立。此类要求必须依其社会典型性意义引起法律行为的法律效果。据此，合同的成立与法律行为上的意思无关，而只取决于事实行为。

例如：登上有轨电车会创设运输合同，将汽车停在有管理员的停车场会创设保管合同。因此，有轨电车和停车场的使用者有义务按照收费标准付费。

社会典型性行为理论主要希望解决两大难题：一是在父母不知情的情况下请求给付的未成年人（边码 271）有义务作出对待给付（例如票价）。二是已获得给付的有行为能力者（例如将车停在有管理员的停车场）同样负有对待给付义务（例如支付费用），若他在要求给付时表示其既不想获得给付也不想进行对待给付（例如他虽然想停车，但是他的车不需要被看管，因此不打算付费）。[39]

2. 该观点应被否定。法律规定合同需要要约和承诺，社会典型性行为的观点在 194
法律中并无依据。我们并不需要社会典型性行为学说。大多数情况下，人们可以从请求给付这一行为中看出（默示的）意思表示。

因此，登上有轨电车应被理解为缔结有偿运输合同的意思表示。

未经父母同意获得给付的未成年人未签订有效的合同（参见第 108 条），因此不能依据合同要求他支付车费。社会典型性行为理论认为未成年人有义务支付车费，这违反了《民法典》中保护未成年人的原则。

可以向未成年人行使不当得利返还请求权（第 812 条）或者损害赔偿请求权（第 823、828 条第 3 款、829 条）。

请求给付的有权利能力人必须承认其行为在交易中的意义，即使他作出以下表述：他不想为对待给付（停车案例）。其与事实行为相矛盾的意思保留（protestatio facto contraria）并不重要，因为行为人使它与其实际行为相矛盾。

（三）沉默作为承诺

1. 原则上，单纯的沉默不具有意思表示的意义（未预订的给付的法律状况见第 195
241 条 a）。只有*在例外的情况下，对要约的沉默才被视为承诺*。其前提是，当事人

---

[38] Vgl. BGH LM Nr. 16 zu § 433.

[39] Vgl. BGHZ21，319 = NJW 1956，1475.

就此作出约定或者法律对此作出规定。

例如：第 516 条第 2 款第 2 句，《商法典》第 362 条第 1 款（边码 91）。

196 2. 按照习惯法，对*商业确认函的沉默*被视为对信函内容的同意。[40]

（1）商业交往中较常见的情况是，一方合同当事人对双方已口头缔结的合同内容进行书面确认。该*确认函的意义*在于避免双方之后就以下问题发生争执：合同是否被缔结，具体约定了哪些合同条件。因此，若该信函尤其应当服务于证据目的，则在接受人不对它采取任何行动并在之后的争执中主张信函的内容是假的，合同根本未被缔结或者在合同中双方进行了其他约定的情况下，信函的证据目的将遭到阻碍。因此，如果接受人不同意信函中的内容，那么他应毫不迟延地表示反对，否则之后他就必须承认其内容。

此项规定是合理的，因为在商业交往中存在对明确性的特别要求，而且人们可以要求作为确认函接受人的商人在处理信件时尽到特别注意的义务。如果他未毫不迟延地作出表态，那么他给别人的印象就是同意信函的内容。寄送人对此的信赖必须得到保护。

例如：商人 K 通过电话在 V 处预订了多批男裤。V 在确认函中搞错了具体数量。若 K 未毫不迟延地提出异议，则出售给他的就是确认函中所提到的数目。

197 （2）从该规定的意义中可以得出以下*前提*：

a. 信函的接受人必须是*商人*或者至少在较大范围内参与商业活动。人们不能期望其他人尽到特别的注意。确认人同样必须至少在较大范围内参与商业交往。只有这样，他才能预期自己将按照商业习惯被对待。

b. *合同磋商*必须在确认函之前发生。否则，发信人不可以预期受领人的沉默意味着同意该信函的内容。

c. 确认函必须*在合同磋商后立即被寄出*，以便收信人为到达做相应准备。[41]

d. *确认函必须以复述合同内容的方式对之前订立的合同作出确认*。若它表达出的意思是寄信人接受合同相对方的要约且合同应因此而成立，则即使它被称为“确认委托”，它也不是确认函。若此类承诺与要约不一致，则适用第 150 条第 2 款，因为收信人对该新要约的沉默不应被视为承诺。[42]

e. *发信人必须被允许持有以下观点：信函的内容与约定相符合*或者只包括收信人同意的偏离。[43] 不正直的发信人对收信人沉默的信赖不值得保护。

f. *收件人应毫不迟延地提出异议*。在作出及时的反对时，发信人无须得到保护。一般来说，一个星期之后作出的反对是迟延的。[44]

---

[40] *Brox/Henssler* HandelsR Rn. 294ff.；*K Schmidt* HandelsR § 19 Rn. 66.

[41] BGH NJW 1964，1223（1224）.

[42] Vgl. BGHZ 18，212 = NJW 1955，1794；BGHZ 61，282（285）= NJW 1973，2106.

[43] Vgl. BGHZ 18，212 = NJW 1955，1794；BGHZ 61，282（285）= NJW 1973，2106.

[44] BGH BB 1969，933.

第九节　对指向缔结合同的意思表示的撤回

一、一般撤回权（第130条第1款第2句）

每个已作出意思表示的人，只要该意思表示仍未到达受领人处，他就享有一般撤回权（第130条第1款第2句，边码154）。 198

二、保障消费者的撤回权

参考文献：Bernhard，Widerrufsrecht bei Internet-Auktionen?，ZGS 2005，226；Borges，Das Widerrufsrecht in der Internet-Auktion，DB 2005，319；FS Czeguhn/Dickmann，Übungsklausur - Zivilrecht：Minderjährigenrecht-Ärger über das Internet，JuS 2008，336；Dethloff，Vertragsschluss-，Widerrufs- und Rückgaberecht im E-Commerce，Jura 2003，730；Fischer，Das verbraucherschützende Widerrufsrecht und die Schuldrechtsreform，DB 2002，253；Habersack/Mayer，Der Widerruf von Haustürgeschäften nach der »Heininger« -Entscheidung des EuGH，WM 2002，253；Kellermann，Der deutsche Verbraucherbegriff-eine Würdigung der streitigen EinzelFälle，JA 2005，546；Kern，Die Entwicklung des Verbraucherbegriffs，ZGS 2009，456；Mankowski，Online-Auktionen，Versteigerungsbegriff und fernabsatzrechtlches Widerrufsrecht，JZ 2005，444；Martis/Meinhof，Voraussetzungen des Widerrufs nach § 355 BGB，MDR 2004，4；Petersen，Der Widerruf im Bürgerlichen Recht，Jura 2009，276；Reiner，Der verbraucherschützende Widerruf im Recht der Willens-Erklärungen，AcP 203（2003），1；Reinicke/Tiedtke，Kaufrecht，7. Aufl. 2004，Rn. 1648 ff.；K. Schmidt，Verbraucherbegriff und Verbrauchervertrag-Grundlagen des § 13 BGB，JuS 2006，1；Schmidt-Räntsch. Gesetzliche Neuregelung des Widerrufsrechts bei Verbraucherverträgen，ZIP 2002，1100；Staudinger，Der Widerruf bei Haustürgeschäften：eine unendliche Geschichte?，NJW 2002，653：Staudinger/Schmidt-Bendun，Kein Ausschluss des Widerrufsrechts des Verbrauchers im Rahmen einer Internetauktion-eBay，BB 2005，732；M. Stürner，Der Widerruf bei Verbraucherverträgen，JURA 2016，26；Woitkewitsch，Vertragswiderruf- Wertersatz und Nutzungsentschädigung bei fehlerhafter Belehrung，MDR 2015，1157.

（一）意义和概念确定

1. 即使通过要约（边码165）和承诺（边码167）有效的合同已经成立，在特殊情况下合同的一方当事人也有权在一定期间内撤回其意思表示。为了保护消费者 199

的权益，法律将此类撤回权赋予需要特别保护的合同当事人。“消费者”和“经营者”这两个概念来自欧洲法，按照《民法典》中的“提取公因式法”（边码37及以下），它们被规定在《民法典》的起始部分。

199a 2. 根据第13条[45]，*消费者*是主要既非以营利活动为目的，也非以其独立的职业活动为目的而从事法律行为的任何自然人。“主要”这一要件直到2014年6月13日才被增设并生效。[46] 其主要在如下情况下具有意义：合同既是以营利为目的也是以私人目的而缔结的。[47]

例如，独立职业者（Selbstständiger）买了一辆既为自用也为经营所用的卡车。

因此，被保护的只是自然人（边码702及以下），而不包括像社团、公司（边码728及以下）这样的法人。

*公寓大厦管理委员会*虽然并不是自然人，但是它是由自然人组成的。这些自然人并不会因为他们是这个委员会的成员而丧失其消费者的特性。即使公寓大厦管理委员会在作出法律行为时不是营业性质的，而是基于管理成员的私人财产的目的，只要其中至少有一个成员属于消费者，它也会被等同于第13条中规定的消费者。[48]

然而，只有当自然人所从事的法律行为属于其私人领域而不属于营利或独立的职业活动时，他才需要保护。根据联邦最高法院[49]的观点，与自然人订立的合同原则上被看作是与消费者的交易，除非有以下情况：从交易一方看来，这一交易毫无疑问是营利或独立的职业活动。

根据这一原则，联邦最高法院[50]将作为独立职业者的律师在互联网上购买几个台灯的行为归属于消费者行为。虽然送货地址与账单地址都是其事务所的地址，但是根据联邦最高法院的观点，仅仅这样并不足以将这种购买行为完全解释为律师的独立职业活动。该购买行为是否属于消费者行为对于以下问题十分重要：该律师是否享有第312c、312g条（见边码217）中规定的撤回权。

199b 根据第14条，*经营者*是在缔结法律行为时从事营利活动或独立职业活动的自然人、法人或有权利能力的合伙。

（二）法定撤回权

200 《民法典》包括了一系列旨在保护消费者的不同撤回权，其前提条件被规定于各个消费者合同所适用的条款中。例如缔结贷款合同（参见第491条及以下）的消费者可以根据第495条享有在特定前提条件下撤回其旨在缔结消费者贷款合同的意思表示。其他撤回权被规定于第312g条第1款，其适用于以下几种合同：订立于营业场所外的合同（第312b条）、异地交易合同（第312c条），撤回权还被规定于

[45] Neu gefasst durch Gesetz v. 20. 9. 2013（BGB! . 2013 I 3642，3643）.

[46] Gesetz v. 20. 9. 2013（BGB! . 2013 I 3642）.

[47] Beschlussempfehlung und Bericht des Rechtsausschusses，BT-Drs. 17 /13951，61.

[48] BGH ZIP 2015，979ff. mzustAnm *Derleder* EWiR 2015，347.

[49] BGH NJW 2009，3780f.

[50] S. nochmals BGH NJW 2009，3780f.

第 485 条第 1 款（分时居住权合同）、第 510 条第 1 款（分期供应合同）以及《远程授课保护法》第 4 条第 1 款（远程授课合同）中。如果这些撤回权的前提条件存在，那么原则上消费者可以根据第 355 条行使该权利。旨在保护消费者的撤回权的行使及其法律效果被统一规定于第 355 至 361 条中（第 495 条第 2 款消费者借贷中有改动）。只有当消费者被其他规定赋予撤回权时，第 355 条及以下的条款才得以适用。

以下这两类规定之间的交错关系（规定撤回权前提条件的条款和关于撤回的行使及其法律结果的规定，见第 355 至 361 条）将在论述订立于营业场所外的合同中的撤销权时被详细说明。

1. 订立于营业场所外的合同中的撤销权

案例：

a）K 女士在廉价购物旅行团* 中被说服购买了一条电热毯并支付了 80 欧元。后来她打算退货，可能吗？**（边码 205a、207）**

b）K 打算通过做文案工作赚取额外收入来给自己购入一台电脑。在看到某打字社在报纸上的相关广告后，他请求拜访办公室的一名职员，该人在谈话期间出售给他一台个人电脑。K 必须付款吗？或者他是否可以从合同中脱离出来？**（边码 209）**

c）在案例 b 中，K 于 2 月 1 日在购买个人电脑的订货单上签字。该单据包含七项事先印好的字号、颜色都相同的条款，其中第 5 款提到了撤回权。K 在 2 月 25 日作出的撤回表示是否有效？**（边码 214）**

（1）意义。 201

很多情形下，尤其是（但不只是）老人经常会在家门口被（纠缠不休）的推销者或者代理人说服签订一些之后令他们后悔不已的合同（比如关于书籍、杂志、化妆品、吸尘器、厨房用品等）。因为消费者在家门口经常因推销者的出现而感到意外甚至惊愕并被说服缔结合同，所以第 312g 条在特定条件下赋予其撤回权。这样在缔结合同时，决策自由被侵害的消费者就得到了保护，因为他在未经过充分考虑的情况下承担了带有重大经济后果的付款义务。此项法定的消费者保护制度不受当事人约定的限制，所有与第 312 条及以下条款不一致且不利于消费者的约定均不生效力（参见第 312k 条第 1 款第 1 句）。

（2）撤回权的前提。 202

撤回权的前提是，经营者与消费者在营业场所外缔结或磋商的（第 312b 条第 1 款）指向经营者有偿给付的合同（第 312 条第 1 款）。

a. 合同约定的标的*必须是经营者的有偿给付*（第 312 条第 1 款）。其中不仅包括买卖合同或其他双务合同，而且包括消费者在其中有义务为有偿给付的所有合同。在这

* 此为译者意译。德语原文为 Kaffeefahrt，直译为咖啡旅行，指有组织的乘车或船外出并附加了购物活动的旅行。一般来说此类旅行的报价较低，并提供咖啡、蛋糕或者午餐，参加者多为退休人员。在法律上咖啡旅行被视为“外部的上门交易”。——译者注

里，对价被定义为什么并不重要，它可以是价款、工资、酬金、费用或者其他。

例如： *有偿给付合同有：* 买卖、租赁、用益租赁、劳动、承揽、旅游、（婚姻）经纪合同以及加入需缴纳会费的社团。在担保合同中，担保人单方面承担义务，但其保护需要却要大于以下情况：向某人承诺为其给付支付对价或已支付对价。因此，第312条同样适用于担保合同。[51]

203 b. 必须在*营业场所以外被缔结或磋商合同*（第312b条）。这类合同原来会被简称为上门交易。在这类合同中，会产生以下这种典型的危险：消费者因意外或惊愕而缔结合同。根据第312b条第2款，营业场所是经营者长期地从事其活动的不动产营利性场所，以及经营者惯常地从事其活动的动产营利性场所。如果经营者并非自己参加合同磋商，而是让其他人以其名义或委托他人进行磋商，那么该经营者就被看作是亲自参与了合同磋商与缔结（参见第312b条第1款第1句）。

法律为订立于营业场所外的合同规定了以下构成要件。

203a （a）合同缔结于*双方同时亲自在场*的情况下，并且不是在经营者的营业场所之外缔结的合同（第312b条第1款第1句第1项）。

例如： 在包括楼房的大门和每一层楼门、楼梯间以及房屋花园的私人住宅（不仅指消费者的住宅）里订立的合同；在饭店、宾馆、疗养大楼、游泳池、体育馆、公共交通区订立的合同。

204 （b）消费者在营业场所外发出合同要约（第312b条第1款第1句第2项）。

例如： 如果只是消费者是在惊愕的情形下发出了要约，就算经营者的承诺意思表示是从其营业场所里发出的，也满足这一要件。

205 （c）合同缔结于经营者的营业场所或通过远程通信手段订立，但消费者在此之前于经营者的营业场所外（例如在公共交通工具或公用交通区范围内）直接被单独攀谈过（第312b条第1款第1句第3项）。

这种攀谈典型地发生于经营者商店前的公共交通区、火车站、高速公路休息处、公共公园。攀谈也可以通过发传单进行。

但是，消费者被攀谈必须与在经营场所内缔结合同有时间上的联系。如果间隔时间足以使消费者有足够的时间来检视合同的缔结（几天以后才缔结合同），则不符合第3项中的“直接”要件。[52]

205a （d）合同是在经营者以向消费者推销其商品并与其订立相应的合同为目的而组织的出游（提供咖啡点心的购物旅行团、观光团，案例a）中被缔结的（第312b条第1款第1句第4项）。

第4项也包括因该出游而在经营场所内缔结合同的情况。[53] 这种情况中也存在“惊愕情形”是因为：这种出游使消费者处于一种放松警惕的休闲状态，经营者若趁机发出要约，消费者则很难拒绝。

---

[51] *Reinicke/Tiedtke*, Bürgschaftsrecht, 3. Aufl. 2008, Rn. 461ff.

[52] BT-Drs. 17/12637, 49.

[53] BT-Drs. 17/12637, 49.

(3) *撤回权的排除*。在大量订立于营业场所外的合同中，撤回权都被排除了。206
如果合同中消费者不值得被保护或者合同中最终存在的另一种利益无论如何都更加重要，那么就存在排除撤回权的情况。

a. 根据*第 312g 条第 2 款第 1 至 13 项*，如果*合同是关于特定货物的供应以及特定服务的提供*，那么撤回权就被排除。有关的货物如：刚刚为消费者制作的或为其个人需求而裁剪的货物（第 1 项）；很快腐烂的货物（第 2 项）；由于健康保护原因或由于卫生原因而不适合于退还的被拆封的货物（第 3 项）；被拆封后的录音或录像或电脑软件的合同（第 6 项）；价格取决于金融市场波动的货物或服务（第 8 项）；消费者明确希望的修理或维持标准的工作的合同（第 11 项）。

b. 如果订立于营业场所外的合同之给付在磋商结束时被立即提供或支付，且 207
消费者所支付报酬不超过 40 欧元，第 312g 条之撤回权自始不得适用（第 312 条第 2 款第 12 项）。虽然此时消费者可能感到意外或者惊愕，但此类交易被视为鸡毛蒜皮的小事，它给消费者带来的不利是很轻微的。直至 2014 年 6 月 12 日，这一撤回权的排除被规定于旧法第 312 条第 3 款第 2 项中。

因此，在**案例 a**（80 欧元）中 K 享有撤回权。如果购买两件商品共花费 80 欧元且因第 312 条第 2 款第 12 项的规定所缔结的是各为 40 欧元的两个合同，那么就存在对法律的规避。

c. 如果合同缔结已由公证人作成证书（第 312 条第 2 款第 1 项），第 312g 条之 208
撤回权自始不得行使。此时消费者已得到足够保护，因为公证人于之前进行的说明是必要的（参见《公证证书作成法》第 17 条）。如果合同里并未规定公证条款，那公证人肯定向消费者作出了关于第 312g 条第 1 款中规定的撤回权的消灭的说明（第 312 条第 2 款第 1 项字母 b 结尾）。

特别要考虑以下情况：合同在合同当事人一方的私人住宅中被达成，之后被作成公证证书。

d. 相反，根据旧法第 312 条第 3 款第 1 项，事前的排除原因自 2014 年 6 月 13 209
日起不再发生效力。所以如果合同是在消费者先前的订单的基础上（例如）在私人住宅中缔结或磋商的（案例 b），与旧法第 312 条第 3 款第 1 项相反，消费者也享有撤回权。[54] 其余的只有旅游合同之给付可以适用（第 312 条第 2 款第 4 项）。

(4) 撤回权的行使。应根据第 355、356 条行使撤回权。撤回表示是需受领的 210
意思表示（边码 92），消费者借此向经营者表达了收回其旨在缔结合同的意思表示。在此“撤回”一词并非必要，只要经营者能够从表示的文义知悉消费者不打算受其意思表示的约束即可。

例如：“现在我有了不同的想法，我不想与该合同再有任何关系。”“我解除合同。”“请保留您的商品。”

a. 形式：关于撤回表示的规定于 2014 年 6 月 13 日起被重新修订。它不再要求以 211
文本形式（第 126b 条）作出（与旧法第 355 条第 1 款第 2 句不同）。相反，口头表示

---

[54] BT-Drs. 17/12637，49.

即可满足要求，例如：打电话。但是，在仅有口头表达的场合存在举证的问题。不加解释送回标的物不再能构成撤回表示（与旧法第355条第1款第2句不同）。

212 b. 期间：撤回必须遵守期间规定。及时发出撤回则为遵守期间（第355条第1款第5句），不要求该撤回在期间内到达经营者处（边码149及以下）。

213 撤回期间为14天（第355条第2款第1句）。大致上从合同成立时起算（第355条第2款第2句）。订立于营业场所外的合同的撤回期间起算具有其特殊性。尤其是，直至经营者符合规定地向消费者说明有关其撤回权的事宜时，撤回期间才开始起算（第356条第3款）。如果撤回事项并未被说明或未被符合规定地说明，撤回权最晚在原来14天的撤回期间结束后的12月内消灭（第356条第3款第2句）。

214 第356条第3款、《民法施行法》第246a条第1项第2款第1句第1项，或者第246b条第2项第1款中规定了对合法说明的要求。合法说明的前提条件是：经营者必须在订立合同前对撤回进行说明（《民法施行法》第246a条第4项）。如果他使用了撤回说明的法定模板，他必须以适当的文本形式（第126b条）提交给消费者（《民法施行法》第246a条第1项第2款第2句）。撤回的说明在内容上必须含有一定内容上的表述。内容尤其包括对消费者享有撤回权的提醒，并且撤回并不需要理由，还包括撤回受领人的姓名和地址、撤回期间的起算点与时长，以及及时发出撤回就可以遵守期间要求。外表上，该说明应当在排版印刷方面做到清楚明显（例如通过字体加粗、改变颜色、更改字号），以使其清楚明显地有别于其他文本（明确性要求）。最后该说明不应含有任何多余的表述，使消费者的注意力转移到撤回说明之外。

在**案例c**中，撤回说明不够清楚明显地排版印刷，因此撤回期间尚未开始。

如果经营者使用含有《民法施行法》第246a条第1项第2款附录一规定的撤回说明模板的表格，对经营者来说是最便捷的。借此，无论如何都可以满足法定要求（《民法施行法》第246a条第1项第2款第2句）。

215 (5) 撤回的法律效果。

若消费者对其撤回权的行使符合形式和期间要求，则适用第355条第1款第1句以及第3款、第357条中的法律效果。不需要考虑第346条及以下的解除规定。

详细内容属于债法的范畴。[55] 在这里被提及的只有：已经履行的给付应被同时返还。在下列前提下，消费者必须就商品的价值损失给予价额补偿：价值损失是因为消费者对商品进行了对测试商品不必要的操作，以及经营者已经依规定将消费者的撤销权告知消费者（第357条第7款）。

2. 消费者借贷合同中的撤回权

216 在请求贷款时，私人经常缺乏相关经验。存在这样一种危险：他被诱使缔结一份对他不利的借贷合同。因此，如果消费者为私人目的而非进行职业活动使用该贷款，那么他可以根据第495条得到特别保护。该条款赋予他一项撤回权，该权利的行使和法律效果规定于第355条、第356b条、第356b条、第356d条、第357a条，但是根据第495条第2款被修正。[56]

---

[55] Brox/Walker SchuldR AT § 19 Rn. 34ff.

[56] Einzelheiten zum Verbraucherdarlehen：Brox/Walker SchuldR BT § 17 Rn. 36ff.

3. 异地交易合同中的撤回权

如果一个人作为消费者缔结一份异地交易合同（第 312c 条），那么他可以根据 217
第 312g 条第 1 款获得第 355 条、第 356 条中的撤回权。[57] 根据第 312c 条，异地交易合同大致指经营者和消费者之间的、仅使用远程通信手段缔结的关于供应货物或提供劳务的合同。

第 312g 条第 1 款中的撤回权在经营者和消费者之间的所谓*网络拍卖*（*eBay*）合同中同样存在。[58]虽然根据第 312g 条第 2 款第 1 句第 10 项在以拍卖形式（第 156 条）订立的异地交易合同中，撤回权被排除，但按照立法者的设想，该条款所指的只是那些通过传统拍定方式缔结合同的拍卖。不过，网络拍卖框架内的合同并非经第 156 条中的拍定而成立，而是通过出卖人的要约和出价最高者的承诺[59]而成立（边码 185）。

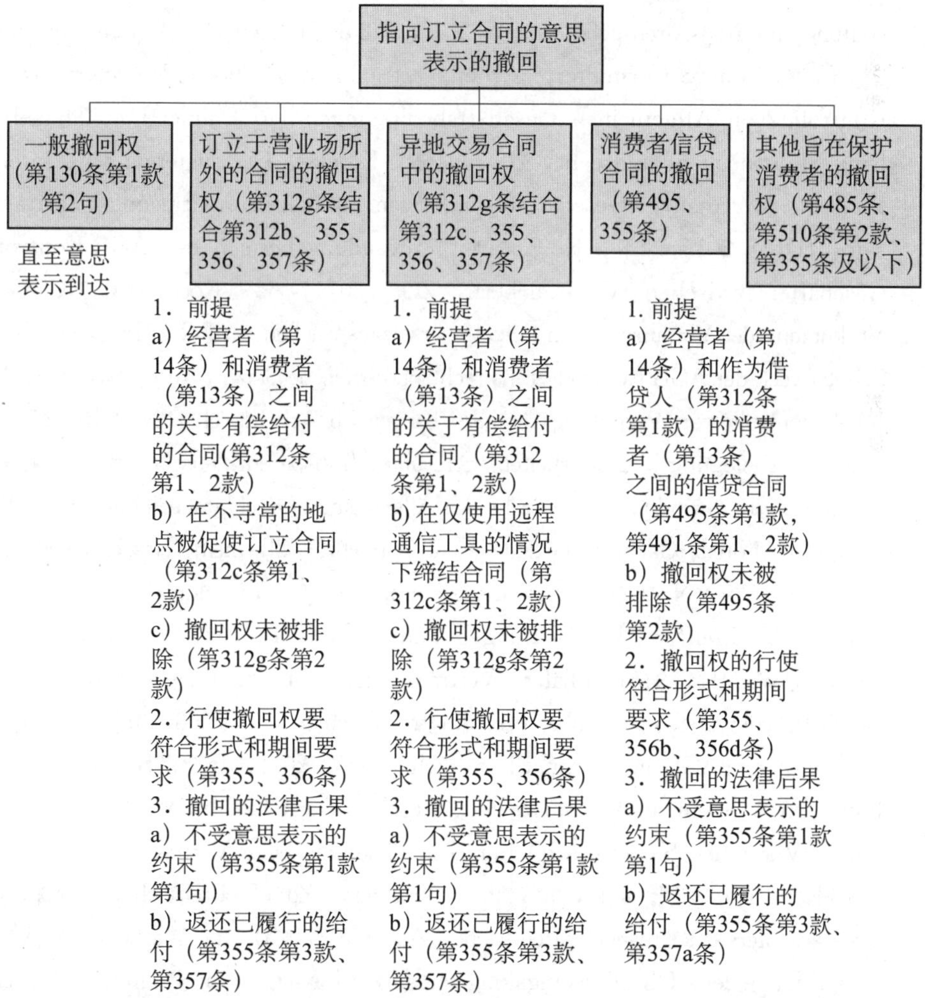

[57] Dazu BGH NJW 2003，1665. Eizelheiten zum Fernabsatzgeschäft：Brox/Walker SchuldR AT § 19 Rn. 14ff.，34ff.

[58] BGH NJW 2005，53ff.

[59] BGH NJW 2002，363.

4. 分时居住权合同中的撤回权

218 与第312b条中的订立于营业场外的合同以及第495条中的消费者借贷合同相类似，同法第485条赋予分时居住权合同中的消费者第355条中的撤回权。第356a条与第357b条中进行了特殊规定。详细内容将在债法中被加以讨论。[60]

第十节 包含一般交易条款的合同缔结和包含滥用性条款（Mißbräuchliche Klauseln）的消费者合同的缔结

参考文献： Becker，Die Reichweite der AGB-lnhaltskontrolle im unternehmerischen Geschäftsverkehr aus：'teleologischer Sicht，JZ 2010，1098；Berger/Kleine，AGB-Gestaltung und Transparenzgebot，NJW 2007，3526；Hansen Die Anwendung der §§ 305 ff. BGB auf vorformulierte Arbeitsverträge，ZGS 2004，21；Herrnrichs，Die Kontrolle von Allgemeinen Geschäftsbedingungen，in Dauner-Lieb/Heidel/Lepa/Ring，Das neue Schuldrecht，2002，169；Klocke，Die systematische Interpretation von Allgemeinen Geschäftsbedingungen im lichte unwirksamer Vertragsklauseln，JURA 2015，227；Koch，Der Anwendungsbereich der AGB-Kontrolle bei Geschäften zwischen Verbrauchern，ZGS 2011，62；Koch，AGB-Klauseln zur Verkürzung der Verjährung von Schadensersatzansprüchen，MDR 2016，61；Kötz，Der Schutzzweck der AGB-Kontrolle-Eins rechtsökonomische Skizze，JuS 2003，209；Lakies，Inhaltskontrolle von Vergütungsvereinb；rungen im Arbeitsrecht，NZA-RR 2002，337；Lange，Auslegung，Unklarheitenregel und Transparenzklausel，ZGS 2004，208；Löhnig/Gletl，Grundfälle zum Recht der Allgemeinen Geschäftsbedingungen，JuS 2012，393，494；Lorenz/Gärtner，Grundwissen-Zivilrecht：Allgemeine Geschäftsbedingungen，JuS 2013，199；Neideck，Die Einbeziehung von AGB in der Fallbearbeitung，JA 2011，492；Pfeiffer，Entwicklungen und aktuelle Fragestellungen des AGB-Rechts，NJW 2017，913；Schäfer，Vertragsschluss unter Einbeziehung von Allgemeiner Geschäftsbedingungen gegenüber Fremdmuttersprachlern，JZ 2003，879；Schmidt，Einbeziehung von AGB im Verbraucherverkehr，NJW 2011，1633；Schmidt，Einbeziehung von AGB im unternehmerischen Geschäftsverkehr，NJW 2011，3329；Temming，Verstehen Sie Deutsch? Sprachenunkenntnis beim Vertragsschluss und bei der AGB-Kontrolle，GPR 2016，38；P. W. Tettinger，Zu cV Freizeichnungsmöglichkeiten des Verkäufers einer mangelhaften Sache，AcP 205（2005），1；Walker，Die Verbandsklage nach dem Unterlassungsklagengesetz（UKlaG），in Daune：-Lieb/Heidel/Lepa/Ring，Das neue Schuldrecht，2002，183；v. Westphalen，AGB-Recht im Jahr 2011，NJW 2012，2243.

---

[60] Einzelheiten：Brox/Walker SchuldR BT § 7 Rn. 67ff.

案例：

a）在缔结买卖合同后，V将K所购买的机器寄给K并附带了一张印有一般交易条款的供货单。据此，在买卖物出现瑕疵时买受人只享有请求补充履行的权利。K因机器出现故障而打算解除合同（参见第437条第2项第1种情况）。V主张一般交易条款。**（边码225）**

b）若一般交易条款被包含在V的要约中，应如何判断？**（边码228、235、238）**

c）银行顾客承认银行当时的一般交易条款有约束力，后来他得知银行已经对该一般交易条款进行了不利于他的修改。他必须承认其效力吗？**（边码229）**

d）K购买了一台咖啡机。根据出卖人所设置的被缩印的一般交易条款，买受人每个月必须购入一定量的咖啡。当K之后得知该购买义务时，他觉得自己遭到了蒙蔽。他不打算购买咖啡，最好也能将咖啡机退货。**（边码230）**

一、一般交易条款的意义

要约人经常在合同要约中附上打印出来的一般交易条款（AGB）。他可以借此达到以下目的：一般交易条款中所包含的规定成为合同的内容。如果要约受领人无条件地接受了要约，那么合同成立，其内容包括要约中出现的一般交易条款。 219

在今天的经济生活中，一般交易条款扮演着重要角色。大多数大企业（例如银行、保险、交通运输企业、生产商）均在缔结合同时使用由自己、其法律顾问或其利益集团所制定的一般交易条款。这样可以达到诸多目的：在缔结大批量合同时，一般交易条款可以实现合理化效果，内容相同的供货和付款条件可以简化对交易的处理。此外，一般交易条款中的特定规定还会限制使用人的风险（例如“在支付全部价款之前货物是我的财产”，“在此期间的工资上涨可以导致相应的价格上涨”）。最后，一般交易条款会对法律关系进行全面规定，在这里法律规定经常是不足够的。它不仅适用于未被法律加以规定的合同类型（例如租赁合同Leasingvertrag，设立自动售货机合同），而且适用于现存的、可变更的法律规定（例如物出现瑕疵时只能修理而不能解除合同或者要求降价，第434条及以下）。

然而，与其优点相对应，使用一般交易条款也存在缺点。存在这样的危险：一般交易条款的使用者通过以下方式单方面将它设置为对自己有利却对相对方不利；免除自己的义务并把所有风险转嫁给相对方。虽然相对方可以自愿决定是否缔结该合同，但只要他作出决定，他就必须表示同意适用一般交易条款。如果他急需某商品或服务并且一般交易条款的使用人占有垄断地位，那么他几乎是被强制缔约。即使他可以在多个供货人之间进行选择，但如果这些供货人均将其利益集团所制定的一般交易条款作为合同的内容，也同样如此。这意味着，虽然在使用一般交易条款时合同自由（缔约自由）在形式上被维护，但实质上更多是一般交易条款使用者的 220

单方面强制。此外，未受过法学或者商业教育的相对方可能没有读到许多被印刷得字体很小的一般交易条款中的规定或者没有理解其含义。

二、法律规定和第305条及以下的适用

221 长久以来，一般交易条款的上述严重缺点促使司法界和学界在以下范围内对一般交易条款的适用加以限制：它单方面废除了不利于使用者相对方的法律规定。从1977年开始，1976年12月9日通过的《一般交易法》对一般交易条款进行控制。2002年1月1日它们基本上被第305至310条所取代。

第305条及以下得到《不作为诉讼法》的补充。[61] 据此，使用或推荐不生效力的一般交易条款的人可以被消费者保护团体要求停止该行为（边码239）。

对一般交易条款进行控制的规定（die Vorschriften über die AGB-Kontrolle）并不适用于所有合同。根据第310条第4款第1句，第305条及以下的可适用性在亲属法、继承法、公司法领域中的合同以及劳资协定与经营协议中被排除。特别是针对（被视为不值得保护的）经营者的一般交易条款，针对在特定供应合同中的一般交易条款，针对雇佣合同中的一般交易条款，根据第310条第1款、第2款、第4款第2句，第305条及以下仅被限制适用。在研究第305条及以下的前提条件之前，我们必须首先根据第310条审查这些规定是否适用。建议使用的审查结构见边码242。

三、一般交易条款的概念

222 一般交易条款是指为大量的合同而预先拟定的、由一方合同当事人（使用人）在合同订立时向另一方提出的所有合同条款（第305条第1款第1句）。

*合同条款*指应成为合同内容的规定。可以几乎是合同的全部内容，也可以只是合同的个别组成部分。

例如：像统一使用租赁合同之类的格式合同包括了除对合同当事人、租赁客体、租金以及租期开始的说明之外的全部合同条款。支付和供货条款仅对合同的个别部分作出了规定。

222a 该合同条款必须*为大量合同预先拟定*。“大量”以至少使用三次的意图为前提。[62] 在这种情况下（以及有其他前提条件），在第一次使用时，一般交易条款就已经存在。就“预先拟定”而言，使用者亲自拟定，还是由其利益集团或第三人拟定并没有区别。同样不重要的是，该规定构成了在外观上独立的合同部分还是被纳入契约中。此外，其有什么样的范围用何种字体拟定，合同采用哪种形式均不重要（第305条第1款第2句）。

---

[61] Schönfelder，Deutsche Gesetze，Nr. 105；Beck-Texte im dtv BGB Nr. 4；Nomos Gesetze Zivilrecht Nr. 54.

[62] BGH NJW 2002，138；1998，2601.

因此，（例如，事前印好的或用打印机打出来的）条款可能在被公证的合同中被提及，它们也可能被纳入公证证书的文本中。联邦最高法院认为，即使在公证员从标准信函手册中选出一个条款且一方当事人单方面利用它使其对自己有利时，一般交易条款也应当存在。[63] 为反复使用而拟定的条款已足以被视为第 305 条第 1 款意义上的预先拟定的合同条款。[64]

该合同条款必须由使用者*向合同相对方提出*，即单方面强加于相对方。若当事人对合同条款进行了详细商谈，则不存在一般交易条款（第 305 条第 1 款第 3 句）。根据联邦最高法院的权威判例，在以下条件下存在商谈：“使用者严肃地将其一般交易条款中的规定供他人支配，并且赋予了相对方被赋予了保障其利益的形成自由（Gestaltungsfreiheit），使其至少有能对合同条款的内容设计施加影响的真实的可能性。”[65] 合同的另一方应当有机会，提出可供选择的自己的文本建议，这一建议具有实际的、可在商谈中被执行的可能性。[66] 222b

但合同相对方告知更改意愿的可能性[67]或者对个别条款（例如手续费数额或者合同期限）进行手写变更不会使一份除此之外其他均像事先拟定一样保持不变的条款全部成为个别约定。如果使用人仅是让人认识到，他愿意就一般交易条款中的个别规定进行商谈，那么也不存在商谈。[68] 相反，如果当事人在商谈合同条款时最终得出的结论是，他们认为将常见的支付条款约定为合同条款对双方来说均是符合目的的，那么尽管这也是事先拟定的文本，但仍是个别约定这是因为该文本被双方当事人自由商定且未被另一方当事人所强加。因此，第 305 条及以下并不适用。

四、将一般交易条款纳入合同

与被立法者明确赋予规范特征的劳资协议不同，一般交易条款并非法律规范。一般交易条款的适用一直以法律行为为基础。为了使一般交易条款成为合同的内容，合同当事人之间相应的意思一致性（纳入约定）是必不可少的（第 305 条第 2、3 款）。此外，出人意料的一般交易条款不能成为合同内容（第 305c 条第 1 款）。虽然第 305 条及以下位于《民法典》第二编，但事实上这些限制规定不属于债法，而属于民法总则。 223

根据第 305 第 2、3 款，纳入合同内容的限制规定在针对经营者使用的一般交易条款中并非必要（参见第 310 条第 1 款第 1 句）。在商人交易中，如果合同双方可被推定为就一般交易条款的纳入具有合意，条件即为已足（边码 228）。[69] 相应

---

[63] BGHZ 74，204（210）= NJW 1979，1406；krit.：Stürner JZ 1979，758；anders auch：BGH NJW 1991，843.

[64] BGH NJW 1992，2759.

[65] BGH NJW 1992，2760 mwN.

[66] BGH NJW 2016，1230.

[67] Dazu BGH NJW 2016，1230.

[68] AA BGH NJW 1979，367.

[69] BGHZ 102，293（304）= NJW 1988，1210；BGH BB 1991，502.

的，如果一般交易条款针对一个公法法人或一个公法上特别财团，也如是（第310条第1款第1句）。在雇佣合同中，第305条第2、3款中的前提条件也不需要存在（第310条第4款第2句）。但是雇主必须最晚在合同缔结一个月之后当面交给雇员具有重要工作条款的文件（参见《雇佣关系重要条款证明法》第2条）。[70]

（一）纳入协议

224 必要的纳入协议可以借由以下两种方式被达成：根据第305条第2、3款就个别情况进行约定或者以框架协议的方式。

225 1. 个别情况中的纳入协议并非特别的法律行为，而是合同的一部分。其前提是：

（1）使用者必须在缔结合同时向另一方合同当事人指出一般交易条款。一般来说，明确的提示是必要的（第305条第2款第1项）。

缔约后的提示（例如在账单上、供货单上，**案例a**）是不可以的，因为这里涉及的是旨在对已缔结的合同进行变更的要约。合同相对方无须接受该要约。从相对方的沉默或对要约的接受不能得出该人接受了变更要约的结论。在**案例a**中，K可以解除合同（第437条第2项第1种情况）。仅将一般交易条款印在合同要约的背面同样是不可以的，此时必须在合同要约中对一般交易条款作出明确提示。[71]

226 例外地，若鉴于缔约种类明确的提示只有在极度困难的处境下才是可能的，则在缔约地点张贴明显可见的通告即可（第305条第2款第1项）。

例如：在有管理员的停车场上对汽车进行看管，使用行李自锁保管柜。

227 （2）顾客必须能够*以合理方式知悉一般交易条款的内容*（第305条第2款第2项）。原则上，一般水平的顾客必须可以毫不费力地阅读且无须花费过多时间即可理解此类条款。此外，使用者还必须顾及合同相对方的明显身体残疾。

在通过网络进行预订时，如果使用者的一般交易条款可以借由在订货页面上清晰可见的链接被调出并打印，那么就存在知悉的可能性。[72]

如果使用人知道其顾客是无法理解一般交易条款的外国人，那么他必须主动请人进行翻译。当然，该顾客可以放弃翻译以及对条款的知悉。[73]

228 （3）顾客必须对一般交易条款的适用表示同意（第305条第2款结尾处）。同意可以被明确或者沉默地作出。

若使用人在其合同要约中对一般交易条款作出了明确的提示，且相对人在承诺时并未提及一般交易条款，则有关条款属于合同的内容（**案例b**，条款的生效：边码235）。相反，如果要约由顾客作出，而使用人在接受该要约时指出其一般交易条款，那么这属于对要约的拒绝，同时也是新要约（第150条第2款，边码187）。

在商人之间的合同中，经常会出现的情况是，双方当事人中的每一方均在其意

---

[70] Beck-Texte im dtv ArbG Nr. 15.

[71] Vgl. BGH ZIP 1986，1126.

[72] BGH NJW 2006，2976（2977）.

[73] Vgl. BGH NJW 1995，190.

思表示中附上自己的一般交易条款并且这两份条款彼此不一致。

例如：出卖人在其要约中指出了所附的出售条款，买受人在承诺表示中指的是在背面印刷的购买条款。根据出售条款，合同中的买受人承担买卖物的灭失风险；根据购买条款，买卖物在运输过程中出现的风险由出卖人承担。

因为一般交易条款属于意思表示的一部分，所以如果该条款互相违背，那么在此范围内意思表示也不一致。因此，适用第150条第2款（边码187）。这样一来，承诺被视为对要约的拒绝即一个新要约。然而，如果双方当事人尽管如此仍履行合同，那么他们借此表示的内容是：他们希望合同不因一般交易条款的不一致而失败。这样一般交易条款仅在其互相一致的范围内生效[74]，其他部分适用任意性法律规定（第306条第2款）。

2. 框架协议是由合同当事人针对未来发生的法律行为的特定种类而就特定的一般交易条款的适用所事先达成的协议（第305条第3款）。这样当事人就不必每次在缔结新合同时都要就一般交易条款的适用进行重新约定。 229

例如：在接受银行账户信息时，银行与其顾客约定银行条款应适用于之后的所有交易。

（1）只有当*第305条第2款所提到的要求*被满足时，此类框架协议才*有效*（第305条第3款，参见边码225及以下）。

因此，只有当银行指出其一般交易条款且顾客能够获悉其内容并同意其适用时，银行条款才能适用于未来的交易。

（2）得到同意的只是特定的一般交易条款，而非各个版本的条款的适用。否则使用者就可以不经相对方同意将一般交易条款进行有利于自己的变更。

如果银行在此期间打算变更其条款，那么被变更的条款只有在满足第305条第2款的前提条件下才能成为合同的内容。因此，案例c中的变更对银行顾客不生效力。

（二）出人意料的条款不被纳入

虽然存在第305条第2、3款意义上的个别情况下的有效的纳入协议或者框架协议，但如果根据具体情况，特别是根据合同的外观，一般交易条款中的个别条款如此不同寻常，以致使用人的合同相对方无须考虑到它，那么该条款仍不能成为合同内容（第305c条第1款）。这样可以保护相对方免受惊讶。他应当可以信赖一般交易条款会遵守这样一个框架条件：此类合同中的内容通常能被期待。因此，法律并不覆盖出人意料的条款的协议，此类条款也因而不能成为合同内容。 230

例如：手工业者购买了一台机器，在一般交易条款中“隐藏”了一份维修协议。案例d中的购买咖啡义务就是第305c条第1款中的出人意料的条款。它并未被有效地纳入合同。不过，购买咖啡机的合同仍有效（第306条第1款，边码238）。

---

[74] BGH NJW 1985，1839；1991，1606.

五、一般交易条款的解释

（一）解释方法

231 如果一般交易条款已成为法律行为的内容，那么原则上它适用解释法律行为时的重要规则（边码124及以下）。可予以考虑的不仅有简单解释（边码125及以下），还有补充性解释（边码138及以下）。

然而，因为一般交易条款所追求的目的是在缔结大批量合同时稳定地进行业务处理，所以在解释一般交易条款时重要的并非具体表示受领人在个案中如何或者应当如何理解该一般交易条款，而是应当参考平均水平的顾客的理解程度。因此，在解释一般交易条款时，要考虑的只是那些能够被平均水平的顾客所期待的情况。[75]

（二）个别约定的优先

232 如果当事人已达成个别约定且该约定与一般交易条款中的某一规定相矛盾，那么此时个别约定优先于一般交易条款（第305b条）。这与合同当事人的意思相符，因为他们希望个别约定能够得到适用，而他们是否知道约定与一般交易条款中的某条款相矛盾则并不重要。

如果一般交易条款规定与其不相符的个别约定需要书面形式，那么即使它未按照形式要求被（口头）作出，该约定也同样有效，因为在作出该约定时书面形式条款同时被（默示地）变更（通说，边码318）。

（三）疑义规则

233 如果对一般交易条款中某条款的解释在考虑到解释时所应予考虑的所有情况后仍未得出明确的结果且至少存在两种法律上有代表性的解释结果，那么就要作对使用人不利的解释（第305c条第2款）。因为与个别约定的情况不同，顾客未对一般交易条款的设定施加影响，而且使用人本可以且必须进行清楚的表达，所以要适用有利于顾客，而不利于使用者的解释结果。

与第305c条第2款中的疑义规则相类似的是同样由司法界提出但未被吸收进法律中的限制性原则（Restriktionsprinzip）。据此，如果一般交易条款中的某个对顾客不利的条款与任意性法律规范不一致，那么应当对它进行限制（即有利于顾客的）解释。对于免责条款来说尤其如此。如果一般交易条款的使用人完成某作品且在某条款中使自己免于承担因作品损害而导致的责任，那么在有疑义时免责只涉及合同责任，而不涉及因侵权行为产生的请求权。[76] 疑义规则和限制性原则均实现了有利于顾客的解释。

---

[75] Vgl. dazu etwa BGH NJW 2011，220（221）；2008，360（363）；BGHZ 106，42（49）= NJW 1989，222；BGHZ 33，216（218）= NJW 1961，212.

[76] Vgl. BGH NJW 1975，1315（1316）.

(四) 对一般交易条款进行内容控制 (概述)

第 305 条及以下的主要目的在于，当一般交易条款单方面对法律规定进行了不利于使用人合同相对方的变更时，则应限制该条款的适用。对此，第 307 条第 3 款第 1 句规定，只有当一般交易条款中的规定与法律规范不一致或者对它进行了补充时，才进行内容控制。如果一般交易条款规定，适用于另一合同类型的法律规范同样是可适用的 (例如买卖中适用承揽合同条款)，那么上述前提条件同样存在。⑦ 234

法律含有个别条款禁止 (第 308、309 条) 以及一般性条款 (第 307 条第 1、2 款)。应当按照从后往前的顺序对第 307 至 309 条进行审查。首先提出的问题是，某条款是否在第 309 条的目录之列。如果是，那么该条款永远不生效力。只有当不是这样时，才能继续讨论该条款是否属于第 308 条中的情况并根据该条文中的各个必要评价 (例如 "过长" 和 "足够确定" [第 1、2 项]，"实质上的正当理由" [第 3 项]) 来判断它在个别情况中是否不生效力。最后，第 307 条中的一般性条款也可能导致不生效力的后果。

1. 个别的条款禁止 (第 308、309 条)

第 308、309 条所包括的条款涉及不同的法律领域，必须被分别加以讨论。 235

如：在**案例 b** 中，该条款已成为合同的内容，但它拒绝给予 K 最低的法律保护。也就是说，如果 V 的补充履行失败，那么 K 就机器瑕疵不再享有任何请求权。因此，根据第 309 条第 8b 项序号 bb，将买受人的权利仅限于补充履行的条款是不生效力的，因为它并未明确地为买受人保留补充履行失败时的降价请求权或合同解除权。⑱

例子：以下条款包含了对合同相对方来说不合理的变更权保留，因此根据第 308 条第 4 项它们不生效力："若特定货物不能供货，我们将根据具体情况寄给您数量和价格相等的其他货物 (替代货物)。"⑲

在对企业经营者、公法法人或公法上特别财团 (第 310 条第 1 款) 使用的一般交易条款以及在特定的供给合同 (第 310 条第 2 款) 中，以第 308 条第 1 项、第 2 至 8 项，第 309 条为衡量标准的内容控制不发生效力。在雇佣合同中，对第 308 条、第 309 条的适用应考虑到劳动法的特殊性 (第 310 条第 4 款第 2 项)。⑳

2. 一般条款 (第 307 条)

个别的条款禁止无法涵盖所有违反诚实信用原则的条款。因此，作为截堵构成要件的第 307 条第 1、2 款对一般性条款进行了列举。如果未满足第 308、309 条所提及的构成要件，那么必须审查第 307 条第 1、2 款中的一般性条款是否适用。 236

如果第 308 条以及第 309 条中的特别的禁止性条款不能适用，那么就应当注意这一规定 (参见第 310 条第 1 款、第 2 款)。

---

⑦ Vgl. auch BGHZ 91，55 (57f.) = NJW 1984，2161. 113.

⑱ Vgl. auch BGH NJW 1994，1005.

⑲ BGH NJW 2005，3567 (3568)；vgl. ferner BGH NJW 2008，360 (362).

⑳ Zu den Besonderheiten des Arbeitsrechts s. etwa MüKoBGB/Basedow § 310 Rn. 93ff.

根据第307条第1款第1句，如果一般交易条款*违背诚实信用原则*使使用人的合同相对方遭受不适当的损害，那么该条款不生效力。

236a （1）对此，第307条列举了*三种情况*：

a. 若条款不明白易懂，则可能出现第307条第1款第2项中的不合理损害（*透明性规定*）。虽然使用人无法对其一般交易条款进行逐个说明，但他必须这样进行表述：即使没受过法学教育的人也能够理解其内容。

b. 此外，如果一般交易条款中的条款与其*排除不予适用的法律规定的主要基本观念*不相符，那么在有疑义时就可以认为存在不合适的损害（第307条第2款第1项）。

例如：根据居间人制定的一般交易条款，居间佣金请求权的存在与居间给付无关。虽然该条款并未违反第308、309条所包含的特别规定，但违反了第307条第1、2款中的一般性条款。根据居间法的法律指导原则，佣金请求权的产生取决于所追求的合同是否因居间人的报告或媒介而成立（第652条）。与此不相符的一般交易条款不生效力（第307条第2款第1项），适用第652条中的法律规定。

c. 最后，如果一般交易条款中的某一条款对基于合同性质而产生的主要权利或义务构成了限制，以致对*合同目的的实现产生了威胁*，那么在有疑义时应当被认定存在不合适的损害。

例如：保管企业在其一般交易条款中排除了瑕疵保管所产生的责任。这样保管义务的合规履行是有疑问的，合同的目的已被危及。

236b （2）最近的司法判决中还存在其他因第307条而不生效力的条款的例子[81]：劳动合同——失效条款（Verfallklausel），据此请求权只能在短期内被主张并在必要时被起诉[82]；洗车场——对因轻微过失导致的特定汽车部件的损害以及间接损害的免责[83]；运输合同——在署名车票丢失或者被没收时排除补偿或者偿还请求权[84]；购买条款——推测在12个月之内出现的物的瑕疵在风险转移时已经存在[85]；航空运输——将责任限定于因故意或者重大过失给特定邮包造成的损害[86]；休闲泡澡——因丢失可借以要求各种服务的芯片钥匙、与过错无关的损害赔偿义务[87]；租赁合同——普遍禁止安装抛物面天线[88]，对承租人旨在美化外观的修葺义务的僵化的日期计划[89]，承租人的最终修缮义务与最后一次美化修葺无关[90]；购买家具——在通

---

[81] Zahlr. Beispiele aus der Rspr. zum früheren § 9 AGBG s. 31. Aufl. 2007，Rn. 236b.

[82] BAG ZIP 2008，1651.

[83] BGH NJW 2005，422.

[84] BGH NJW-RR 2007，1124；NJW 2005，1774.

[85] BGH NJW 2006，47.

[86] BGH NJW 2007，997.

[87] BGH NJW-RR 2015，690（691）.

[88] BGHNJW-RR2007，1243.

[89] BGH NJW 2006，2915.

[90] BGH NJW 2007，3776（isolierte Endrenovierungsklausel）；NJW 2005，2006 und NJW 2006，2116（Summierungseffekt von Klauseln über Endrenovierungspflicht und Schönheitsreparatur）.

知准备供货时即应付款[91]；承揽合同——缩短要求承揽报酬的法定时效期间。[92]

六、规避禁止

因为许多条款会因法律而被禁止，所以一般交易条款的使用者将寻找能够规避法律的方法。这种现象可以通过第 306a 条中的规避禁止而被避免。客观要件存在时该规定即可适用。使用者无须故意进行规避，规避意图并非必要。 237

例如：某商人持续为其顾客供货，但他却未就每次供货分别与对方缔结买卖合同，而是缔结了包含一般供货条款的公司合同。第 305 以及下各条不适用于公司合同（参见第 310 条第 4 款第 1 句）。因为在这个例子中法律被规避，但仍然应适用第 306a 条。

七、条款不生效力或者不被纳入时的法律效果

（一）原则：合同的其余部分有效

如果被纳入合同的一般交易条款中包含不生效条款，那么根据第 139 条（边码 238
353 及以下）整个法律行为可能归于无效。然而，该结果经常与内容控制所欲达到的保护一般交易条款使用人相对方的目的相矛盾。*维持除不生效力的条款之外的合同的有效性*与合同相对方的典型利益相符合。第 306 条第 1 款将该内容规定为惯例。如果一般交易条款全部或者部分地没有成为合同的组成部分，那么就相应地适用上述法律规定。

如果一般交易条款中的某个条款只有一部分不生效力，那么第 306 条第 1 款同样适用。因此，如果某条款是可分的且在没有不生效力部分的情况下仍然具有意义，那么在此范围内它仍然有效。

例如：所谓的双重失效条款规定，如果某请求权到期后在一定期间内未被主张或者在被拒绝后未在另一个期间内被起诉，那么该请求权失效。如果只是第二个期间（起诉期间）被安排得太短且由于第 307 条第 1 款第 1 句中的不适当的损害而不生效力，那么该条款关于第一个期间（主张期间）的部分仍有效。[93]

合同可能因条款未被纳入或不生效力而*存在漏洞*。合同中的这些漏洞应当根据第 306 条第 2 款通过（任意性）法律规范得以填补。如果这是不可能的（例如由于不存在此类规定），那么就要对合同进行补充性解释（边码 138 及以下）。[94]

在**案例 b** 中，取代不生效力的条款而得以适用的是以下法律规定：买受人在买

---

[91] BGH NJW 2007，1198.

[92] BGH NJW 2013，525.

[93] BAG ZIP 2008，1651（1652）.

[94] BGHZ 90，69（73ff.）= NJW 1984，1177；BGHZ 117，92（98）= NJW 1992，1164；BAG ZIP 2007，1673（1676）.

卖物出现瑕疵时可以主张补充履行、解除、降价或者请求损害及费用赔偿（第437条）。

存在疑问的是，不生效力的条款可否（例如期限为四年的报纸订阅，参见第309条第9a项）至少在其被允许的范围内（例如两年期限）继续存在（所谓效力缩减原则）。这种做法通常必须被否定，因为只有整个条款的不生效力才能创设清晰的关系，使用者不值得保护，否则法律的目的（保护消费者）会遭到侵害。[95]

（二）例外：整个合同不生效力

238a 考虑到在第306条第2款意义上的漏洞填补的情况下，如果维持合同对合同相对方来说是一种不合理的艰难（第306条第3款），那么在某条款不生效力或者未被纳入的情况下合同例外地不生效力。若维持合同会完全打乱给付和对待给付之间的平衡关系或者其余的合同内容会使被追求的目的失去意义，则属于这种情况。

例如：在出售土地时，双方商定了补付款条款，以适应在合同缔结后土地价值明显上涨的情况。如果这一条款根据第307条不发生效力，而出卖人在没有这一补付款条款时也绝对不会缔结该合同，根据第306条第3款整个买卖合同不发生效力。[96]

八、诉讼上的消费者保护

239 如果只是单个合同相对方能够在与使用者的诉讼中对不生效力条款进行抵抗，那么对消费者的保护就是不完善的。因此，消费者协会、工商业协会以及手工业协会等有权在所谓团体诉讼的框架内请求一般交易条款的使用人停止或者废除使用条款，尽管它们未被直接涉及（《不作为诉讼法》第3条）。根据《不作为诉讼法》第11条，一般交易条款的使用者的合同相对方原则上可以主张内容为支持诉求的判决。详细内容可以从《不作为诉讼法》中得知，该法律调整违反消费者保护法或其他法律时的不作为诉讼。

九、涉及消费者合同时的特别之处

（一）第310条第3款的保护目的

240 第310条第3款将加强缔约时对消费者的保护。因为作为消费者的自然人在私下的合同磋商中与从事营利活动或独立职业活动的经营者相比处于劣势，所以与一般交易条款使用者的合同相对方相似，他应当被保护免受滥用性条款

---

[95] BGHZ 84，109（114ff.）= NJW 1982，2309；BGHZ 92，312（315）= NJW 1985，319；BGHZ 124，371（380）= NJW 1994，861；BGH NJW 2000，1113.

[96] BGH NJW-RR 2002，1136 f.

（Miβbräuchliche Klauseln）所带来的损害。即使相应条款并非由经营者引入合同或者它仅被一次性使用并因而不满足第 305 条中的前提条件，消费者也受到上述保护。

（二）扩张保护的前提

第 310 条第 3 款以经营者和消费者之间的合同为前提。 241

1. 经营者是从事营利活动或者独立职业活动的人（参见第 14 条）。

其中不仅包括商业公司，而且包括个人，例如农业经营者、手工业者和自由职业者，只要其独立职业存在一定的期限且以营利为目的。

2. 第 310 条第 3 款意义上的消费者是指既非以营利活动为目的，也非以其独立的职业活动为目的而缔结法律行为的自然人（参见第 13 条，边码 199）。

如果某人是为非独立活动获取必需品而缔结合同，那么他仍是消费者。不过，社团和财团不受保护，因为它们是法人。

3. 如果一方合同当事人在缔约时从事营利活动或者独立的职业活动，而另一方未从事此类活动，那么消费者和经营者之间的合同就适用第 310 条第 3 款。在涉及经营者时，合同在有疑义时被归为经营范畴（《商法典》第 344 条中的法律思想）。[97]而消费者必须出于私人目的缔结合同。个案中的合同类型（例如买卖、租赁、贷款）则在所不问。

因此，第 310 条第 3 款不适用于工商企业主之间、消费者之间以及经营者和消费者之间的合同，前提是该消费者在缔约时实施其营利活动或者独立职业活动。

（三）结果

若存在第 310 条第 3 款意义上的消费者合同，则适用第 305 及以下各条中的规定。 242

1. 如果一般交易条款并非由经营者，而是由第三人（例如公证人、居间人、建筑师）提出，那么同样如此。但如果一般交易条款由消费者引入合同中（例如应消费者的建议租赁合同以租赁格式合同为基础），那么该消费者不值得保护，第 305 至 310 条不适用（参见第 310 条第 3 款第 1 项）。

2. 第 305c 条第 2 款和第 306 条、第 307 条至第 309 条以及《民法典施行法》第 29a 条同样适用于预先拟定好的合同条款，即使它们只是为一次使用而确定的也同样如此，但以消费者因合同条款的预先拟定而不能对其内容施加影响为限（第 310 条第 3 款第 2 项）。

3. 在判断某条款是否对消费者产生了不适当的损害时，不仅应进行一般性的、超越个体性的考虑（参见第 307 条第 1、2 款），而且应当根据欧共体原则考虑随着合同订立而产生的具体个别情况（第 310 条第 3 款第 3 项）。

例如：缔结合同时使相对人错愕将导致合同不生效力。

---

[97] Brox/Henssler HandelsR Rn. 285.

对一般交易条款的控制

Ⅰ. 第305条及以下的适用（第310条第4款第1句）

Ⅱ. 一般交易条款的存在（第305条第1款）

1. 合同条款

2. 为大量情况预先拟定（例外：第310条第3款第2项）

3. 由使用者提出（在第310条第3款第1项中同样如此）

Ⅲ. 纳入控制

1. 纳入（在第310条第1款、第4款第2句的情况中不审查）

a）个别情况中（第305条第2款）

aa）由使用人或者清晰可见的张贴进行明确提示（第305条第2款第1项）

bb）知悉可能性（第305条第2款第2项）

cc）合同相对方的同意（第305条第2款结尾处）

或者

b）通过框架协议（第305条第3款）

2. 无出人意料的条款（第305c条第1款）

Ⅳ. 一般交易条款的解释

1. 个别约定的优先（第305b条）

2. 疑义规则：有疑义时，解释不利于使用者（第305c条第2款）

Ⅴ. 内容控制（界限为第307条第3款第1句；根据第310条第4款第2句，在雇佣合同中仅限制适用）

1. 无评价可能性的条款禁止（第309条；在第310条第1、2款的情况中不审查）

2. 有评价可能性的条款禁止（第308条；在第310条第1、2款的情况中不审查）

3. 一般性条款（第307条）：不适当的损害，尤其通过

a）违反透明性要求（第307条第1款第2项）

b）与法律的基本思想不相符（第307条第2款第1项）

c）威胁合同目的（第307条第2款第2项）

Ⅵ. 条款不生效力或者不被纳入时的法律效果

1. 基本原则：合同的其余部分有效（第306条第1条），必要的话，适用法律规定进行漏洞填补（第306条第2款）

2. 例外：如果不能期待合同一方坚守合同，整个合同不生效力（第306条第3款）

第十一节　合意和不合意

参考文献： Jung，Die Einigung über die »essetialia negotii« als Voraussetzung für das Zusatandekommen eines Vertrages，Jus 1999，28；Leenen，Abschluß，Zustandekommen und Wirksamkeit des Vertrages- zugleich ein Beitrag zur Lehre vom Dissens-，AcP 188（1988），381；Leenen，Faktischer und normativer Konsens，FS Prölss，2009，153.

案例：

下列案例中的合同是否已成立？

a）V 打算以 980 欧元的价格将一幅画出售给 K 并写信给 K 表示愿以 890 欧元的价格向他提供这幅画。K 知道，V 想写的是 980 欧元，因此表示了同意。K 给 V 的回信中表示愿以 98 欧元购买该画。V 察觉到了这个书写错误。**(边码 244、247)**

b）在案例 a 中，K 在给 V 的回信中表示其接受该要约。此时他并不知道要约信件中的书写错误，由于缺少其他解释资料他也无法推知 V 的真实意思（价格为 980 欧元）。**(边码 245、248)**

c）V 将其画以 980 欧元的价格提供给 K。K 表示接受该要约，但必须分期付款。V 对此表示同意并表示期待相应计划。**(边码 255)**

d）A 给 B 发了这样一条传真："50 台 E 型号电视机每台 500 欧元"。B 同样通过传真回复"同意"。后来发现，双方均打算出售并将对方视为买受人。**(边码 256、257)**

一、合意

（一）概念和法律规定

1. 合意（"consensus"）指的是指向合同缔结的意思表示的一致。只有当要约和承诺一致时，合同才成立。相反，没有合意会阻碍合同的订立。 243

2. 法律未对合意作出明确规定。需要借助于关于合同订立的规定（第 145 条及以下）。特别是可以从第 150 条第 2 款中得出，只有不偏离要约，即与之一致的意思表示才是对该要约的承诺。

（二）合意及解释

若合意意味着意思表示的一致，则会出现以下问题：所指的是（内部）意思还是（外部）表示或者表示的客观意义的一致。只有对解释原则（边码 125 及以下）加以考虑才能找到正确的答案。据此，须区分以下类型： 244

1. 如果对要约和承诺进行解释得出的结果是，这两种表示后面存在*两个表意人的一致的意思*，那么基于内在意思的一致必须肯定共同追求（gemeinsam gewollte）意义上的合意，即使表示一致地偏离双方的追求也同样如此（错误表示无害原则，边码 133）。该解决方法并未不利于双方当事人中的任何一方，因为它以双方的追求为准。

因此，在审查合意是否存在时，首先要查明双方表意人的意思。若它们相一致，则存在合意。所表示的内容并不重要。

在**案例a**中，V和K的意思一致（关于价款为980欧元的画的合同）。合同以此为条件成立。不相符的错误表示对此不产生影响。

245 2. 如果解释的结果是要约人和承诺人的意思不一致，那么就要通过对两种意思表示进行规范解释（边码135、136）来查明从受领人观点出发每种表示的含义。尽管双方的实际含义不相符，但若*两种表示的含义（客观的表示含义）相符合*，则仍然存在合意。

在**案例b**中，当事人的内在意思不一致，V的售价为980欧元，而K打算以890欧元购买。在进行规范解释时，V必须承认其表示（以890欧元出售）对自己有效。这样K的承诺与之一致，买卖合同以890欧元的价格成立。

（三）结果

246 1. 合同在合意时成立，因此各方均可以向相对方主张合同赋予自己的请求权。

247 2. 如果*合意以真实意思的一致*为基础，那么双方均无权基于错误撤销其表示（第119条及以下，边码413及以下）；即使表示与意思不一致，该错误也不会产生对表意人不利的后果，因为重要的是其真实意思。

在**案例a**中，合同以双方当事人所希望的条件（价款为980欧元）成立。因此，双方不可以撤销错误的表示。

248 3. *若合意的基础是由规范解释所导致的表示的含义的一致*，则表示的含义不同于其真实意思的一方可以进行撤销（第119条第1款），因为该人必须承认表示对自己的效力，这对他来说是不利的。

在**案例b**中，买卖合同以890欧元的价格成立。因为V有其他意思，所以他可以根据第119条第1款（边码412）基于表示错误撤销其表示。

二、不合意

（一）前提

249 不合意（“dissensus”）意味着意思表示之间的*不一致*。因为在合意不存在时即出现不合意，所以必须首先通过对意思表示进行解释来查明两种表示的真实意思（边码133）或者表示的客观含义（边码135）是否一致。只有当二者均被否定时，才存在不合意。

因此，就不合意而言要区分以下两类情况：

250 1. 双方当事人的意思表示“擦肩而过”，即不相符。

例如：V对K表示，他打算以1 000欧元的价格将画出售给他，K回答，他可以以900欧元购买它。因为双方当事人就价格未达成一致，所以买卖合同未成立（参见第150条第2款）。然而，如果与表示相反，双方应当一致希望价格为1 000欧元，那么合同因双方意思一致而订立。

251 2. 当事人的*意思表示在客观上具有多重含义*。这样即使表示在外观上相符，但仍缺少一致性。

教学中采用的案例是货币案（边码 126、128）：双方在合同中约定价款 1 000 dollar。它可能是美元也可能是加拿大元。因此，如果双方均认为它是加元或者规范解释因合同在加拿大订立而将加元确定为一致的意思，那么就存在意思一致。只有当两种可能性均被排除时，才因多重含义存在不合意。

（二）明显与隐存的不合意

252 若存在不合意且当事人知道他们未达成一致，则人们将其称之为明显的不合意。如果当事人错误地认为其已达成一致，那么就存在隐存的不合意。第 154 条（明显的不合意）以及第 155 条（隐存的不合意）中的解释规则正是以该区分为依据。

253 1. *存在明显的不合意*（＝明显的合意瑕疵）时，当事人知道他们未达成一致。

例如：V 对机器的报价是 5 000 欧元。K 表示他只想支付 4 500 欧元（＝拒绝且提出新要约，第 150 条第 2 款，边码 187）。

254 (1) 若未就某项重要的*合同成分*（＝要素，essentialia negotii）达成一致，则合同不成立。重要与否的标准是能够根据法律确定合同类型的情况。

就买卖而言，此类情况指的是对买卖标的和价格的确定（第 433 条）；而对租赁来说，则是对租赁物和租金的确定（第 535 条）。

255 (2) 相反，若只是未就合同中的*次要内容*（＝偶素，accidentalianegotii）达成一致，则合同应当在何时成立取决于当事人的意愿。当事人可以约定，合同应当在最后一项尚未解决的次要内容被达成一致后成立，还是尽管存在未达成一致的次要内容，合同仍被视为已订立。按照当事人的意愿，仍未被规定的次要内容（例如给付的时间和地点、运输费用的承担）可能具有以下意义：他们将整个合同的效力取决于对这些次要内容的合意。然而，对于当事人来说，这些次要内容也可能非常次要，以致他们不希望合同订立因未对这些内容达成一致而失败。

当事人的意思可以通过解释被查明。若解释未查明其意思，则适用*第 154 条第 1 款第 1 句中的解释条款*。据此，双方当事人未就所有内容达成合意，而按照哪怕一方的表示，应就所有内容达成协议的，合同未订立。

在**案例 c** 中，V 接受了 K 的要约：以分期付款的方式购买价格为 980 欧元的画。因为未对一个次要内容，即分期付款的形式（分几期、款额、时间）达成协议，所以必须查明当事人是否仍将合同视为已订立。此类意愿的标志可能是作为履行买卖合同的转让和交付等。若解释未产生结果，则仍适用第 154 条第 1 款第 1 句中的解释规则，合同因而未订立。

若解释导致的结果是尽管未就次要内容达成合意合同仍应成立，则漏洞*必须*由补充性合同解释（边码 140）或者通过任意性法律的适用而得到填补。

第 154 条中包括其他两个解释规则。一个是有疑义时在就整个合同达成合意前对各个内容的记录（＝草约）并无约束力（第 154 条第 1 款第 2 句）。该规则产生于第 154 条第 1 款第 1 句。

另一个是，若当事人约定将合同作成（个人的或者公证的）证书，则有疑义时合同在作成证书时成立（第154条第2款）。

256 2. 在*隐存不合意*的情况下，当事人认为他们已达成一致，但实际上存在不合意。

例如：打算建立普通商事合伙（offene Handelsgesellschaft）的人书写了书面合同并进行了签字。他们认为合同已订立，但忘记最后对公司的终止作出规定。在**案例 d** 中，双方当事人所使用的词语看似相符，但实际上却存在不合意。因为根据各方的真实意思他们自己都是出卖人，而对方都是买受人。对两个意思表示进行标准解释同样不能确定一致的意思，因为从简洁的传真表述中不能推断出谁应当是出卖人，谁应当是买受人。[98] 在一份承揽合同中，就铺设“天然石材”这一表述，委托人认为应使用自然生成的材料，而经营者则认为可以使用由大理石块与人造树脂凝聚而产生的岩石，那么此时即存在隐存的不合意。[99]

257 （1）若未就*合同的重要内容*达成合意，则与明显不合意一样，合同不成立（案例 d）。

258 （2）若未就*次要内容*达成合意，则在隐存的不合意的情况下必须考虑，当事人是否认为合同已成立。因为双方当事人信赖合同的效力，所以第155条中的解释规则必须“挽救”其他未出错的合意。因此，如果能够认为合同在没有次要内容条款的情况下仍会被缔结，那么根据第155条约定的内容有效。

当事人是否会在没有次要内容条款时订立合同必须通过解释被查明。若合同订立被肯定，则必须通过补充性解释或者任意性法律的适用来填补存在的漏洞。

例如：若合同当事人在未对普通商事合伙的终止作出约定时同样会订立该公司合同，则在无法查明其他假定的当事人意思的情况下，在必要时要通过法律规定（《商法典》第131、132条）来填补该合同漏洞。

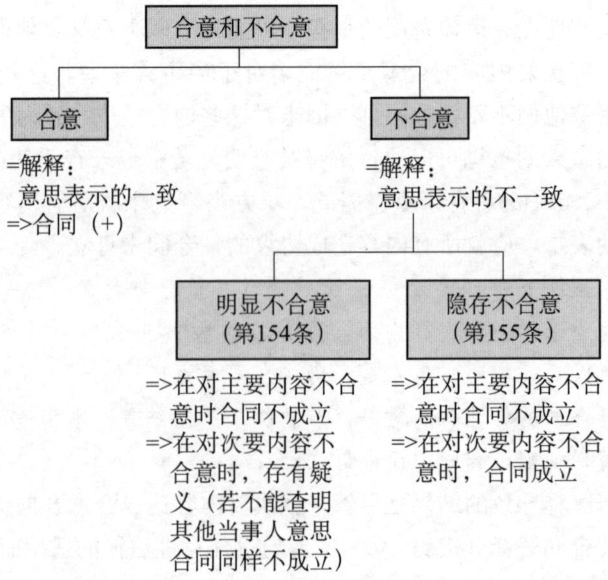

[98] Vgl. RGZ 104，266.

[99] KG NJW-RR 2008，300f.

第三章

法律行为的生效要件

第十二节　行为能力

参考文献： Aleth, Der Vertragsschluβ mit Minderjährigen, JuS 1995, L 9; Schlumpfbeeren für 3000 Euro-Rechtliche Aspektd von In-App-Verkäufen an Kinder, NJW 2014, 183; Boemke/Schönfelder, Wirksamwerden von Willenserklärungen gegenüber nicht voll Geschäftsfähigen (§131 BGB), JuS 2013, 7; Brox, Der Minderjährigenschutz beim Rechtsgeschäft, JA 1989, 441; Casper, Geschäfte des täglichen Lebens-kritische Anmerkungen zum neuen § 105a BGB, NJW 2002, 3425; Coester-Waltjen, Überblick über die Probleme der Geschäftsfähigkeit, Jura 1994, 331; Coester-Waltjen, Nicht zustimungsbedürftige Rechtsgeschäfte beschränkt geschäftsfähiger Minderjähriger, Jura 1994, 668; Derleder/Thielbar, Handys, Klingeltchhe und Minderjährigenschutz, NJW 2006, 3233; Fleck/Schweinfest, Anfängerklausur - Zivilrecht, Minderjährigen-und Stellvertretungsrecht-Die Playstation, JuS 2010, 885; Franzen, Rechtsgeschäfte erwachsener Geschäftsunfähiger nach § 105a BGB zwischen Rechtsgeschäftslehre und Betreuungsrecht, JR 2004, 221; Götz, Ansprüche des Minderjährigen bei fehlerhafter Tätowierung, JR 2014, 289; Hähnchen, Schwebende Unwirksamkeit im Minderjährigenrecht - Ein Aufbauproblem aus historischer Sicht, Jura 2001, 668; Hagemeister, Grundfälle zu Bankgeschäften mit Minderjährigen, JuS 1992, 839; Hager, Schenkung und rechtlicher Nachteil, FS Leenen, 2012, 43; Harder, Minderjährige Schwarzfahrer, NJW 1990, 857; Joussen, Die Rechtsgeschäfte des Geschäftsunfähigen-der neue § 105a BGB, ZGS 2003, 101; Keller/Purnhagen, Fernsehkauf einer Minderjährigen ohne Einwilligung der Eltern，JA 2006，844；Köhler，Grundstücksschenkung an Minderjährige - ein »lediglich rechtlicher Vorteil«?，JZ 1983，225；Kulke，Probleme der beschränkten Geschäftsfähigkeit，JuS Lernbogen 2000，L 81；2000，L 89；2001，L 1；2001，L 9；Leenen，Die Heilung fehlender Zustimmung gemäβ § 110 BGB，FamRZ 2000，863；M. Lipp，Das Verbot des Selbstkontrahierens im Minderjährigenrecht，JURA 2015，477；V. Lipp，Die neue Geschäftsfähigkeit Erwachsener，FamRZ 2003，721；Löhnig/Schärtl. Zur Dogmatik des § 105a BGB，AcP 204（2004），25；S. Lorenz，Grundwissen- Zivilrecht：Rechts- und Geschäftsfähigkeit，JuS 2010，11；Modrzyk，Die Dogmatik der Leistungsbewirkung gem. §110 BGB im Lichte des Abstraktionsprinzips，JA 2012，407；Pawlowski，Willenserklärungen und Einwilligungen in personenbezogene Eingriffe，JZ 2003，66；Münch，Gibt es eine ausnahmsweise Genehmigung einseitiger Rechtsgeschäfte Minderjähriger?，Festschrift f. Leipold，2009，1109；Petersen，Die Geschäftsfähigkeit，Jura 2003，97；Piras/ Stieglmeier，§110 BGB im Zeichen der Zeit，JA 2014，893；Preuβ，Das für den Minderjährigen lediglich rechtlich vorteilhafte Geschäft，JuS 2006，305；Rothel/Krackhardt，Lediglich rechtlicher Vorteil und Grunderwerb，Jura 2006，161；M. Roth，Die Rechtsgeschäftslehre im demographischer Wandel，AcP 208（2008），451；Schmitt，Der Begriff der lediglich rechtlich vorteilhafter Willenserklärung i. S. des § 107 BGB，NJW 2005，1090；Scholl/Claeßens，Schenkung und Übereignung eines Tieres an einen beschränkt Geschäftsfähigen，JA 2010，765；Staudinge/ Steinrötter，Minderjährige im Zivilrecht，JuS 2012，97；Timme，Die Schenkung eines Tieres an einen beschränkt Geschäftsfähigen JA 2010，174，848；Ulrici，Alltagsgeschäfte volljähriger Geschäftsunfähiger，Jura 2003，520；Vortmann，Bankgeschäfte mit Minderjährigen，WM 1994，965；Wedemann，Die Rechtsfolgen der Geschäftsunfähigkeit，AcP 209（2009），668；Wedemann，Die Geschäftsunfähigkeit，JURA 2010，587；Wilhelm，Aufforderung zur Erklärung über die Genehmigung eines schwebend unwirksamen Geschäfts und Widerruf des Geschäftes，NJW 1992，1666；Wilhelm，Das Merkmal »lediglich rechtlich vorteilhaft« bei Verfügungen über Grundstücksrechte，NJW 2006，2353.

案例：

a）K长时间以来罹患精神分裂症，他以5 000欧元的价格在V处购买了一幅画。如果K在精神清醒时实施行为，那么合同是否成立？**（边码265、267）**

b）如果照管法院指定监护人B作为K的照管人为其处理所有与财产有关的事宜并规定，K在财产事宜中所作的意思表示均需得到B的允许，何如？（参见第1896、1903条）。**（边码271）**

c）父母E打算将一块地产赠与15岁的儿子S并进行转让。该土地价格20万欧元，其上设定了15万欧元的抵押权。E可以与S缔结必要的合同吗？**（边码275、**

276、286）

d）16 岁的 K 在其父母不知情的情况下在 V 处以 60 欧元的价格购买了一台 MP3 并用零花钱支付了 20 欧元，他打算以分期付款的方式支付余款。该买卖合同有效吗？**（边码 280、281、282、283）**

e）未成年人 G 对 S 享有数额为 1 000 欧元的有息贷款债权。根据合同，每个月的第一天均可以通知终止，期间为 1 个月。4 月 30 日，G 在其父母不知情的情况下通知 S，此合同于下一个时间终止，6 月 1 日他要求 S 付款。**（边码 284、285）**

f）17 岁的 S 在父母的同意以及家事法院的追认下开设了一家食品店。在其租用店面、雇用售货员并办理数额为 20 000 欧元的贷款时，其父母表示了反对。S 可以独立缔结这些交易吗？**（边码 296）**

g）17 岁的帮工 S 在得到父母允许的情况下在纺织厂工作。因为他不喜欢该工作，所以他在父母不知情的情况下辞职，并在一个砖厂成为一名帮工，且加入了工会。有效吗？**（边码 297）**

一、概念、意义和界定

（一）概念和意义

1. 行为能力是有效实施法律行为的能力。私法自治允许每个人按照自己的意愿 259
缔结法律行为。然而，只有当行为人能够理解其意思表示的后果时，这才是有意义的，因此他必须具有最低程度的理解和判断能力，即行为能力。

如果合同当事人在缔结每个合同时都必须核实各相对方是否具有行为能力，那么这将导致法律上的极大不确定性。通常来说也没有理由这样做，因为一般而言每个成年人均达到了必要的意思成熟度。因此，法律同样没有以肯定的方式规定哪些人具有行为能力的必要，而只是规定了哪些人不具有完全行为能力。这些规定使有缺陷的行为能力取决于固定的年龄阶段和精神健康的特定障碍。从该规定中可以得出，通常来说只要未处于不能自由决定意思的精神障碍的状况中，每个成年人，即每个年满 18 周岁的人（第 2 条）均具有行为能力。

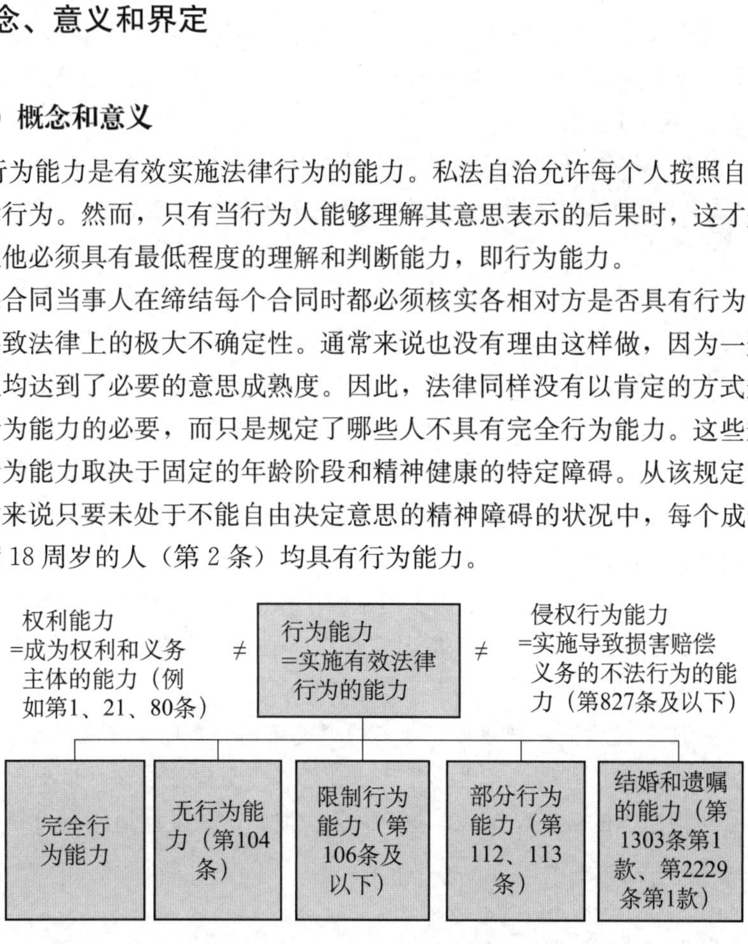

2. 有缺陷的行为能力条款的意义在于保护非完全行为能力人。他们应当被保护 260

免受自己给自己带来的损害。比如，如果非完全行为能力人的合同相对方认为并且也可以认为该人具有行为能力，这一保护功能也不能因法律交往中的利益而被违反。因此，对交易相对方行为能力的善意信赖并不受法律保护[①]（对让与人所有权的善意信赖则不同：边码28、639）。

(二) 界定

261 我们必须对行为能力（包括结婚能力和遗嘱能力）、侵权能力以及权利能力进行界定。

1. *结婚能力*和*遗嘱能力*是行为能力中的特殊情况。结婚能力是指缔结有效婚姻的能力，它原则上在自然人成年时产生（第1303条第1款）。遗嘱能力是指设立有效遗嘱的能力，它原则上在自然人年满16周岁时产生（第2229条第1款）。[②]

17岁的A与16岁的B打算结婚，他们不具有结婚能力。然而，如果申请人年满16周岁，且其未来配偶已成年，那么家事法院可以根据申请免除对结婚能力的要求（第1303条第2款）。因此，若A已满18岁，则结婚能力的免除将被作出。如果申请人的法定代理人或者其他有权照顾的人对申请提出异议，那么只有在该异议不具备令人信服的理由时，家事法院才能给予免除（第1303条第3款）。然而，B可以在其经公证的遗嘱中有效地将A确定为继承人（参见第2229条第1款、第2233条第1款）。[③]

262 2. *侵权能力*是实施导致损害赔偿义务的不法行为的能力（第823条及以下）。（狭义）行为能力是实施有效法律行为的前提，而侵权能力原则上是侵权行为责任的前提。

如果某12岁的儿童购买了一个足球，那么该合同的效力取决于关于行为能力的规定；如果他用这个球踢碎了邻居的窗玻璃，那么其因侵权行为产生的责任（第823条）就取决于其侵权能力。

第827、828条规定了侵权能力。据此须区分：

(1) 所有未满七周岁（第828条第1款）以及在丧失知觉的状况下或者在不能自由决定意思的精神错乱的状况下（第827条第1句、第827条第2句）的人均*无侵权行为能力*。

(2) 原则上，已满七周岁但未满十八周岁的人具有*受限制的侵权能力*。只有当他们在实施加害行为时具备识别责任所必要的判断力时，他们才为侵权行为负责（第828条第3款）。

12岁儿童用足球踢碎了他人的窗玻璃，如果他能够根据其精神发育水平认识到其行为的不正当性以及由此导致的责任，那么他就应该对损害承担责任。

该原则的例外是第828条第2款。据此，如果在道路和有轨交通中发生了导致

---

① RGZ 120，170（174）；BGH ZIP 1988，829（831）.

② Brox/Walker ErbR Rn. 89ff.

③ Brox/Walker ErbR Rn. 89f.

损害的事故，并且未满十周岁的限制侵权能力人并非故意引起该损害，那么他对给他人带来的损害不承担责任。

只有在事故中由儿童承担机动车道路交通中的风险是一种苛求时，上述规定才适用。[④] 如果儿童用其自行车给停着的汽车造成损害，那么他就要根据第 828 条第 3 款承担责任。

3. 所有其他人均具有侵权能力。

4. 权利能力是成为权利和义务主体的能力（边码 703）。它与广义的行为能力（Handlungsfähigkeit，包括（狭义）行为能力和侵权能力）相对应。每个人都具有权利能力。 263

因此，虽然婴儿和精神病患因不具有（狭义）行为能力和侵权能力而无法缔结买卖合同以及为侵权行为承担责任，但他们却可以成为土地的所有权人或债务人。

二、无行为能力

无行为能力人不能有效地实施法律行为。 264

（一）前提

1. 未满七周岁的人是无行为能力人（第 104 条第 1 项）。

2. *处于精神错乱状态，以致无法自由决定意思的人是无行为能力人，但以该状态在本质上不是暂时的为限*（第 104 条第 2 项）。如果某人不能自由地且在不受既存精神障碍影响的情况下形成意思并根据合理的判断能力实施行为，那么他就是不能自由决定其意思。[⑤] 265

在**案例 a** 中，K 处于病态的精神活动障碍中，在此为精神分裂症。这种状况对他来说是长期的，而非暂时的。然而，他并不处于不能自由决定意思的状况中，因为在那一清醒的片刻（中间清醒期）他能够认识到由他发出的意思表示的含义并根据这种认识实施行为。因此，合同是有效的。

完全醉酒不属于第 104 条第 2 项中的无行为能力。它是暂时性的精神障碍（参见第 105 条第 2 款，边码 269）。如果完全醉酒者赠与他人 100 欧元的钞票，那么该赠与无效，因为他无法作出有效的意思表示（参见第 105 条第 2 款）。

满足第 104 条第 2 项中前提条件的人对于每种法律行为来说都是无行为能力人。然而，如果某人只是在特定生活领域中无法自由决定其意思，比如进行诉讼（“好诉妄想”）那么该人就是部分无行为能力人。就所有其他行为而言，他仍具有完全行为能力。相反，针对特别困难的交易的“*相对无行为能力*”（relative Geschäftsunfähigkeit）则被否定[⑥]，否则任何一种清楚的界定都可能不复存在。

---

④ Brox/Walker SchuldR BT § 44 Rn. 7.

⑤ BGH NJW 2011，872；1996，918.

⑥ So auch BayObLG NJW 1989，1678.

266 3. 直至1991年，根据*旧法*（指重新修订之前的《民法典》，下同）第104条第3项，因精神疾病而被宣布为禁治产人的人为无行为能力人。与涉及禁治产的*旧法*第6条一样，该条款于1992年1月1日因《照管法》（第1条第1、2项）的生效而被废除。该法律因禁治产制度对行为能力的影响被废除，因为这种僵化的干预并未充分顾及该人的其余能力。[⑦] 照管人的任命对被照管人的行为能力不产生影响。只有当他处于不能自由决定意思的精神错乱状态中时，他才是无行为能力人（参见第104条第2项）。

若不存在第104条第2项中的情况，则被照管人具有行为能力，这样他就可以缔结有效的合同，例如电视买卖合同。唯一的例外是，照管法院为了被照管人的利益规定了允许保留（第1903条，边码287）。照管人也可以以被照管人的名义缔结此类合同，因为他在职责范围内代理诉讼和非诉讼事务（第1902条），因此可能产生双重义务。[⑧]

（二）后果

267 1. 无行为能力人的意思表示无效（第105条第1款）。因此，无行为能力人不能实施有效的法律行为。意思表示也不能有效地到达他处（参见第131条第1款，边码160）。

在**案例a**中，若K在缔结合同时因精神疾病而不具有行为能力，则他既不能发出购买要约（第105条第1款、第104条第2项），也不能受领V的合同要约（第131条第1款、第104条第2项）。

268 2. 因为无行为能力人具有权利能力，所以他必须——尽管不是亲自——能够以其他方式参与法律交往。为无行为能力人实施行为的人是其法定代理人。对于儿童来说，通常是其父母（第1629条第1款第2句），对于患有精神疾病的成年人而言则是照管人（第1902条）。若法定代理人以无行为能力人的名义行为，则法律效果由被代理的无行为能力人承担（边码531、533）。

269 3. 在丧失知觉或者暂时精神活动障碍的状况下所作出的意思表示同样无效（第105条第2款）。其中包括完全醉酒、癫痫发作以及其他神志不清的情况等。然而，在上述状况下并不会出现无行为能力。导致无行为能力的意思障碍与第105条第2款中的此类障碍的区别是，意思表示可以有效到达失去知觉者（参见边码162）。

（三）第105a条的特殊性

269a 根据第105a条，如果日常生活中的交易能够以价额不高的资金得到履行，那么成年的无行为能力人可以有效缔结此类交易。这样能够促进成年的精神病患者融

---

⑦ Vgl. BT-Drs. 11/4528，49.

⑧ Zimmermann/Damrau NJW 1991，538（539）.

入社会。[9]

该条款适用于日常交易（而非单方法律行为），它由作为食品的买受人或者出卖人、或者作为其他为满足日常需要而缔结的交易中的合同相对方的精神病患者所缔结。

只有当给付和对待给付均被履行时，由精神病患者所缔结的交易才生效。当然，若该交易构成了对无行为能力人本人或其财产的巨大威胁（例如酒精依赖者购买酒），根据第 105a 条第 2 句，则不适用该规定。

行为能力＝有效实施法律行为的能力

Ⅰ. 原则：存在行为能力（第 104 条为例外）

Ⅱ. 例外：无行为能力（第 104 条）

1. 前提

a）满七周岁之前（第 104 条第 1 项）

b）非暂时性精神错乱（第 104 条第 2 项）

2. 结果

a）意思表示无效（第 105 条第 1 款，第 105 条第 2 款，尽管在这里并非无行为能力）例外：第 105a 条

b）意思表示不到达无行为能力人处（第 131 条第 1 款）

3. 法定代理人的代理

——父母（第 1629 条第 1 款第 2 句，第 1626 条第 1 款第 1 句）

——父母一方（第 1671、1680 条）

——照管人（第 1902 条）

三、限制行为能力

限制行为能力人能够独自在特定范围内有效地实施法律行为。然而，原则上他们需要其法定代理人的同意。在这里，法律对合同和单方法律行为进行了区分。 270

（一）前提

限制行为能力是： 271

1. 已满七周岁（第 106 条），但尚未成年，即未满 18 周岁（第 2 条）的*未成年人*。

2. 自 1992 年 1 月 1 日起*不再存在*被限制行为能力的*成年人*。之前所适用的*旧法*第 114 条（据此，禁治产人等同于限制行为能力人，参见*旧法*第 104 条第 3 项，边码 366）被《照管法》第 1 条第 3 项所废除。因此，成年人要么是无行为能力人

[9] Einzelheiten：Casper NJW 2002，3425；Löhnig/Schärtl AcP 204（2004），25；Ulrici JURA 2003，520.

(第104条第2款)，要么是（完全）行为能力人。

在**案例 b** 中，K是否具有行为能力并不重要，因为即使其具有行为能力，只要照管人的允许（更正确的说法：同意，参见边码503）未被作出，意思表示就会因允许保留（第1903条）而无效（具体：边码287）。

（二）无须同意的法律行为

272 如果限制行为能力人可以通过某一法律行为获得单纯的法律上的利益，那么他可以独立且有效地实施该行为。然而，若该法律行为给他带来了法律上的不利，则其行为的生效取决于其法定代理人的允许（第107条）。是否存在单纯的法律上的利益要根据交易在法律上的效果，而非经济结果来判断。这意味着，法律不打算将经济利益作为衡量的标准。

273 1. 如果限制行为能力人未承担法律行为中的义务，那么*负担行为*(边码103)就具有法律上的利益。

(1) 就限制行为能力人而言，*双务合同*永远都不会是单纯的法律上的利益。如果一方当事人因另一方当事人负有给付义务而承诺实施某一给付，那么此类合同存在。因此，限制行为能力人会一直承担法律行为中的义务。

例如以下情况就属于非单纯的法律上的利益：以500欧元的价格购买一幅画，用一本书换一个足球，或者以300欧元的租金承租一间房屋，这是因为限制行为能力人在这些情况中均负有给付义务。即使该交易对于限制行为能力人来说在经济上非常有利，也同样如此。

274 (2) 对于当事人来说，*不完整的双务合同*同样不是单纯的法律上的利益。如果一方合同当事人要一直履行义务，而另一方合同当事人仅在特定前提下履行义务，那么此时就存在此类合同。因此，限制行为能力人要么在合同缔结时已负有法律义务，要么可能在满足其他前提条件时方承担义务。

如果未成年人A在假期时将他的狗无偿寄托在B处（第688条)，那么A不必为寄托履行对待给付，因此这并不是一个双务合同。然而，A却要向B承担费用偿还义务，例如狗食的费用（参见第693条)。对于A来说，由于此项义务的存在使得该合同并非单纯的法律上的利益。

275 (3) 在*单务合同*中，只有一方合同当事人负有义务。因此，如果限制行为能力人不是承担义务的一方，那么他就可以缔结该合同。

在**案例 c** 中，S可以有效地接受E所作出的内容为转让土地所有权的赠与要约。对于S来说，债法中的赠与合同是单纯的法律上的利益，因为他得到了转让请求权，而无须承担法律行为中的义务。S将基于处分行为成为抵押人。如果父母给赠与附加了条件：S必须维护他们的坟墓，那么该赠与就包括法律上的不利（参见第525条)。在赠与未成年人动物的情况下，单纯债法上的赠与合同纯粹在法律上是有利的，因为根据动物保护法，受赠与人的义务并非源于债法上的赠与合同，而是于转让所有权后源于其动物饲养人的法律地位（边码276b)。

276 2. 如果一项权利以有利于限制行为能力人的方式被转移、废除、变更或者设置负担，那么*处分行为*(边码 104 及以下）就是法律上的利益。

在**案例 c** 中，将土地转让给 S 是法律上的利益，因为他取得了所有权。虽然 S 成为了抵押人，但该行为并未因此成为法律上的不利。S 并未以其他个人财产，而只是以该土地向抵押权人承担责任。[10] 因此，S 取得的是减去抵押债务的价值为 5 万欧元的所有权。在可以设想的最不利情况下，如果抵押值超过了土地价值，那么所有权取得带来的既不是利益也不是不利。[11] 可是这一说法从经济的角度一眼看上去并不成立，虽然这一判断仅关于交易是否纯粹在法律上有利。但是与抵押人对强制执行土地的容忍义务相联系的法律上的不利（第 1147 条）并非是由未成年人的土地取得人的身份所带来的，而是由其作为被设置了抵押权负担的土地所有权人的身份所带来的。这种不来源于法律行为（所有权取得）而来源于所有权人地位的法律上的不利益不应通过第 106 条及以下被规避，使未成年人免受此种不利益。[12] 在转让已被使用租赁或者用益租赁的土地[13]或房屋所有权[14]时，适用不同的规定，因为在这些情况下根据《住宅所有权与长期居住权法》(WEG)[15]，取得人不仅在物权上以所取得的物，而且以其个人其他财产承担在使用租赁或者用益租赁合同中的义务（参见第 566 条第 1 款、第 581 条第 2 款）。相反，以土地所有权为支撑的公共法律负担，例如土地税、居民修路费，则没有使交易成为法律上的不利。[16] 部分原因是，这些负担并非基于法律行为，而是基于调整所有土地所有权人的法律而产生。联邦最高法院未将这些公共负担视为不利，因为它们被限制在一定范围内，大多数情况下可从土地收益中支付且一般来说不会给未成年人的财产造成威胁。[17]

根据抽象原则（边码 117 及以下），作为抽象法律行为的处分行为应当不依赖 276a
于作为其基础的原因行为被加以判断。即使处分服务于原因行为的履行，也同样如此。因此，在判断单纯的法律上的利益时，不应对债权行为和物权行为进行整体考量。[18]

例如：17 岁的 K 不顾其父母的明确反对，以 500 欧元的价格在 V 处购买了一台轻型摩托车并立即完成了转让。因为 K 没有付款，所以 V 要求其返还摩托车。V 不享有第 985 条中的返还请求权。第 929 条第 1 句中的转让即使在未经父母允许的情况下也同样有效，因为所有权转移给 K 带来的是单纯的法律上的利益。K 已成为所有权人。然而，他必须根据第 812 条第 1 款第 1 句第 1 种情况将摩托车返还给 V，因为他“无法律上的原因”（无有效的买卖合同）“通过他人的给付”（V 所进行的

---

⑩ BGHNJW2005，415（417）；1952，1175.

⑪ BGHZ 15，168 = NJW 1955，1353；BayObLGZ 1979，53.

⑫ M. Lipp JURA 2015，477（483）.

⑬ BGH ZIP 2005，1430.

⑭ Vgl. BGH NJW 2010，3643f. mAnm Medicus JZ 2011，159；BGHZ 78，29（31ff.）= NJW 1981，109；Jauernig JuS 1982，576.

⑮ Schönfelder，Deutsche Gesetze，Nr. 37.

⑯ BGH NJW 2005，415（417f.）.

⑰ BGH NJW 2005，415（418）；krit. zur Begründung des BGH M. Lipp JURA 2015，477（484）.

⑱ BGH NJW 2010，3643；2005，415（417）.

转让）“获得了利益”（摩托车的所有权和占有）。作为双务合同的买卖合同并未带来单纯法律上的利益并且因缺少父母的允许而无效。

在**案例c**中，以下问题并不重要：S因赠与允诺*而享有的转让请求权是否经所有权转让而消灭（参见第362条第1款，向未成年人转移所有权的履行效果，见边码286）；就转让而言，其中是否可能存在法律上的不利方面。处分是否带来单纯法律上的利益不应取决于原因行为的“命运”。

276b 在向未成年人以赠与的方式转让对动物的所有权时[19]，应区分以下情况：如果并未经过法定代理人的同意即向16周岁以下的人交出（也在转移所有权的框架下）脊椎动物，则根据第134条其已经由于违反了法律（动物保护法第11c条）禁止规定而不生效力。这一规定服务于动物保护，未成年人是否受以纯粹法律上的利益在所不问。动物保护法第11c条虽然并未涵盖向16周岁以上的未成年人转让脊椎动物所有权与向限制行为能力人转让无脊椎动物的所有权的情况，但是这种所有权之转让不是纯粹在法律上有利的。根据动物保护法第2条，动物饲养人有义务提供适合特定动物的食粮、护理以及适合其生活习性的安置处。何时土地所有权人的公共负担可以被视作是法律上的不利益（边码276结尾处），如果人们探寻联邦最高法院的判例关于这一问题的态度，可以发现，对未成年人的所有权转让根据第107条需要法定代理人的同意，因为未成年人必须以自己的其他财产支持食粮供给的花销，而从长远来看，这一花销会超过动物的价值。

276c 取得遗产份额一定不会在法律上是纯粹有利的，即使他取得时是无偿的，这是由于遗产债务（Nachlassverbindlichkeiten）取得人承担责任（第2382、2385条）。[20]

277 3. 既未给限制行为能力人带来法律上的利益也未带来不利的法律行为（中立行为）可以由该人自行有效地实施。虽然第107条的条文要求法律上的利益，但若该交易未给限制行为能力人带来法律上的不利，则他无须得到保护。如果某交易只对他人，而非对限制行为能力人自己产生法律效果，那么它就是中立的。

例如：作为未参与合同的第三人，限制行为能力人根据第317条第1款确定了价款数额。这样他既未获得法律上的利益也未遭受不利。他处分他人的物。如果该处分经权利人的同意而发生（第185条第1款，边码506）或者取得人进行了善意取得（第932条，边码639），那么它是有效的。此类处分不会因限制行为能力人作出而被主张不当得利返还请求权（第816条第1款，边码852）[21]或损害赔偿请求权（第823条）[22]而属于法律上的不利。

（三）需要同意的合同

278 1. 法律原则是，就限制行为能力人非获得单纯法律上的利益的意思表示而言，

---

* 在德国，赠与有两种类型：一种是赠与允诺（合同）（《德国民法典》第518条），另一种是现物赠与（合同）（《德国民法典》第516条）。——译者注

[19] Dazu Scholl/Claeßens JA 2010, 764; Timme JA 2010, 174 und 848.

[20] OLG Frankfurt NJW-RR 2015, 842f.

[21] Einzelheiten: Brox/Walker SchuldR BT § 42 Rn. 17ff.

[22] Einzelheiten: Brox/Walker SchuldR BT § 45 Rn. 1 ff.

需要其法定代理人的允许（第 107 条）。允许是事前同意（参见第 183 条第 1 句，边码 503）。若限制行为能力人已经就缔结某合同得到其法定代理人的允许，则他所作出的意思表示有效。然而原则上，允许在实施行为之前被撤回（第 183 条第 1 句）。允许的给予和撤回均可向限制行为能力人或者其合同相对方作出（参见第 182 条第 1 句、第 183 条第2 句）。

例如：如果父母给他们未成年的儿子 K 购买自行车的费用，那么此时就存在对 K 购买自行车一事的允许。因此，该人可以独立与商人订立有效的买卖合同。如果父母经过考虑在缔结合同前给商人打电话撤回允许，那么 K 就不能发出旨在缔结买卖合同的意思表示。

(1) *允许的范围*可能不同。法定代理人既可能只针对某一特定法律行为作出允许，也可能对某一有限范围内的法律行为作出概括允许（有限的概括合意，beschränkter Generalkonsens）。 279

未成年的技校学生每月从父母处获得 600 欧元以支付所有花销，此时即存在一个对缔结所有满足生活需要及教育所必需的法律行为的允许。因此，该学生可以独立购买食品和教科书。

不过，概括允许不得范围过大。法定代理人不得提前向限制行为能力人作出针对所有种类交易的不受限制的允许，否则后者就将获得与完全行为能力人同等的地位。这与法律规定相矛盾。

(2) 如果限制行为能力人用金钱履行合同要求的给付，而且该金钱是法定代理人或者经法定代理人同意的第三人为此目的或者为自由处分而交给该限制行为能力人的，那么在未经父母同意的情况下该人所订立的合同自始有效（第 110 条，*零花钱条款*）。虽然法条中的用词是“未经同意”，但这仍属于允许的特殊情况，它存在于由法定代理人或者经其同意的第三人的金钱交付行为中。因此，在进行法律分析时，第 110 条应当在第 107 条之后，第 108 条（边码 282）之前被审查。 280

第 110 条要求限制行为能力人在*事实上履行符合合同的给付*。给付须已被完全履行。法律条文中的“用金钱履行”应被理解为“已用金钱履行”。

在**案例 d** 中，K 在达成合意时尚未履行其基于合同的给付，合同不会根据第 110 条生效。第 110 条欲阻止限制行为能力人的分期付款，该人应该一开始就能够用自己实际上可以支配的金钱承担给付义务。由于合同未经 K 父母的必要允许即被缔结，因此其效力悬而未决，取决于父母是否追认（参见第 108 条第 1 款，边码 281）。然而，如果父母不知道该交易且 K 已经履行了所有分期付款，那么根据第 110 条合同在支付尾款时溯及既往地生效，因为 K 已经履行了其基于合同所要求的给付。

金钱必须是法定代理人或者*经法定代理人同意的第三人为此目的或者为自由处分而交给该限制行为能力人的*。因为第 110 条中规定了允许的情况，所以需要一直审查存在于交付金钱行为中的允许所指向的是否正是对具体合同的履行。也就是说，原则上法定代理人可能为自由处分而将金钱交给他，只是排除了特定合同（买卖香烟和酒精）。如果认为法定代理人只能要么将与具体目的相结合的金钱交给未成年人使用，要么完全供其任意使用，那么这是不符合第106条及以下的教育功能的。[23]

如果未成年人用5欧元购买了一张彩票，那么根据第110条该交易是有效的，因为它属于由供自由支配的金钱所缔结的交易。如果该未成年人用5 000欧元的彩票奖金购买一辆摩托车，那么该买卖并未被父母的允许所涵盖。[24] 如果交付金钱时法定代理人并未同时作出相应的允许，那么未成年人通过使用该金钱获得财产的法律行为需要法定代理人的允许（第107条）。

281 2. *未经允许而订立的合同的效力取决于法定代理人的追认*（第108条第1款）。追认是事后同意（参见第184条第1款，边码503）。在作出或者拒绝追认之前出现的是悬而未决的状态，合同效力为待定的不生效力。合同经追认而生效。追认可以向限制行为能力人或者其合同相对方作出表示（第182条第1款）且原则上其效力追溯至法律行为实施之时（第184条第1款）。相反，合同经拒绝追认而无效。

在**案例d**中，首先合同效力为待定的不生效力，因为不存在父母的允许以及第110条中的前提条件。若父母之后向K或者V作出追认，则合同溯及既往地生效，在其父母拒绝追认时，该合同最终不生效力。

若限制行为能力人在其所缔结的合同效力仍未定期间成为完全行为能力人，则他自己的追认将代替法定代理人的追认（第108条第3款）。

282 (1) 合同相对方需要知道，效力待定的不生效力的合同是否会生效。因此，第108条第2款赋予其搞清楚状况的可能性。*合同相对方可以催告代理人作出追认表示*。这样追认就只能向合同相对方作出，在催告前已经向限制行为能力人作出的追认或拒绝失效。因为即使他之前已经就此向限制行为能力人作出表示，他也可以通过合同相对方的催告获得新的决定自由。若代理人未在受领催告后两个星期以内进行追认，则视为追认被拒绝，合同不生效力。

在**案例d**中，如果父母已向K作出购买MP3的追认，但V不知道并因此催告代理人作出同意表示，那么若父母未在受领催告后两个星期之内进行追认，则买卖合同自始无效。

283 (2) 只要限制行为能力人和其相对方之间的合同效力为待定的不生效力，在法定代理人决定之前对限制行为能力人的最终约束就是悬而未决的。因此，合同相对方享有以下利益：在合同对限制行为能力人产生约束之前，自己同样不受合同约束。第109条因而赋予其撤回权。据此，到合同被追认时为止，合同相对方始终可以向代理人以及限制行为能力人作出撤回表示（第109条第1款）。然而，如果该人已经知道其相对方为限制行为能力人，那么他就无须得到保护，因而不享有撤回权。在这种情况下，他不得不认定合同是效力待定的。但如果限制行为能力人违背实情，声称已得到代理人的允许，那么合同相对方在知道对方为限制行为能力人的

---

[23] MüKoBGB/Schmitt § 110 Rn. 27.

[24] Vgl. RGZ 74, 235.

情况下仍可以撤回，但若他在缔结合同时知道欠缺允许，则撤回权被排除（第 109 条第 2 款）。

在**案例 d** 中，若 V 不知道 K 尚未成年，则其在 K 的父母追认之前可以作出撤回表示。若父母只是向 K 作出了追认表示并且 V 向他们作出了向自己作出追认的催告（参见第 108 条第 2 款），则 V 仍可以撤回，因为经过催告，K 的父母可以自由决定且合同对 K 的约束仍是悬而未决的。

（四）需要允许的单方法律行为

1. 限制行为能力人在*未经其法定代理人必要允许*的情况下所实施的*单方法律行为*(边码 99）是*不生效力的*(第 111 条第 1 句）。它不可以经追认生效。只有在它给限制行为能力人带来单纯法律上的利益（边码 272 及以下）或者法定代理人已经表示允许（=*事前*同意）时，该法律行为才生效。此项规定的意义在于：为被法律行为所涉及却并未参与其实施的人创设明确的法律状况。考虑到他们的利益，合同中悬而未决的状态应当被排除。 284

此外，若限制行为能力人经法定代理人的允许而向他人实施法律行为，但未以书面行为出示该项允许，且相对人因此毫不迟延地拒绝该法律行为，则该法律行为不生效力（第 111 条第 2 句）。上述规定同样是基于明确性的考量。但若法定代理人已将允许告知相对方，则相对方不得拒绝（第 111 条第 3 句）。

案例 e 中的通知终止不生效力，因为它在未经 G 的父母允许的情况下被作出。因此，G 不可以于 6 月 1 日要求 S 还款。如果他在父母允许下作出通知终止表示，却未以书面形式向 S 证明该允许，而且在 6 月 1 日 G 请求还款时 S 才指责其未提供证明，那么 G 享有还款请求权，因为一个月之后发生的对未以书面形式出示的允许的拒绝并未满足毫不迟延这一条件。

2. 在例外情况下，即使不存在法定代理人的允许，第 111 条也同样适用。若相对方在知道行为人为限制行为能力人的情况下同意法律行为的效力取决于法定代理人的追认，即属于此种情况。该情况与第 111 条的保护目的不相符，此时第 108 条及以下将得到相应适用。[25] 285

在**案例 e** 中，如果 S 于 4 月 30 日同意了通知终止，并且他知道对方为限制行为能力人，那么他不必受到保护。如果 G 的父母于 5 月 15 作出了追认，那么通知终止溯及既往地于 4 月 30 日生效（参见第 108 条第 1 款、第 184 条第 1 款）。G 可以于 6 月 1 日请求 S 还款。

（五）向限制行为能力人履行

限制行为能力人所享有的履行请求权不能通过向该人进行给付而实现，因为履行（第 362 条第 1 款）对他而言并非单纯法律上的利益。请求权因履行而消灭。因 286

---

[25] Ebenso Münch，FS Leipold，2009，1109（1123ff.）.

此，根据通说，未成年人缺少受领的权限。[26] 限制行为能力人的请求权只能在法定代理人允许时通过向他作出给付而得到履行，也可以通过向其法定代理人作出的给付而得到履行。

例如：若10岁的V对继承人E享有内容为支付1 000欧元的遗赠请求权（第2174条），则在E将钞票转让给V时，V成为所有权人，但V请求支付1 000欧元的权利并未消灭。若V将钞票折成纸飞机而遗失，则其父母可以以V的名义向E请求再次支付。直至该款项向V的父母履行或者在其父母的同意下向V履行为止，丢失的风险均由E承担。在案例c中，S的赠与请求权消灭，因为S正是在其父母的允许下以转让的方式得到土地。

限制行为能力人＝在7周岁和18周岁之间的未成年人（第106条、第2条）

Ⅰ. 未成年人的法律行为有效，只有当

1. 对未成年人只有法律上的利益（第107条）

——未成年人无须承担义务的单方面的负担行为（绝不是双务合同!）

——有利于未成年人的处分行为（例如转让）

——法律上的中立行为＝对未成年来说既非利益也非不利的行为

2. 法定代理人的允许（＝事前同意，第183条第1句）

a) 明确的和默示的允许（第107条）

b) 通过给予零花钱作出允许，如果未成年人已经用零花钱履行了合同给付（第110条）

3. 法定代理人的追认（事后同意，第184条第1款）（第108条第1款）

（直至追认：待定的不生效力）

——可以向未成年人或者其合同相对方作出追认（第182条第1款）

——成年后可自己作出追认（第108条第3款）

——合同相对方通过催告法定代理人作出追认缩短合同悬而未决的状态（第108条第2款）

——合同相对方通过撤回结束合同的悬而未决状态（第109条）

Ⅱ. 未成年人的单方法律行为（例如通知终止）不生效力

只在法定代理人允许时存在例外（第111条第1句）

Ⅲ. 不可以在未经法定代理人的允许下向未成年人履行（第362条）

请求权因履行消灭，所以履行并非法律上的利益

Ⅳ. 向未成年人作出的意思表示的生效（边码161）

1. 原则：到达法定代理人（第131条第2款第1句）

2. 例外：到达未成年人（第131条第2款第2句）

---

[26] BGH NJW 2015，2497（2498）mAnm Walker/Weis WuB 2015，518；Palandt/ Grüneberg § 362 Rn. 4；aM Harder JuS 1977，149（151f.）.

a）第 1 种情况：意思表示给未成年人带来单纯法律上的利益

b）第 2 种情况：得到法定代理人的允许

四、附录：在被照管人作出意思表示时的允许保留

根据第 1903 条第 1 款第 2 句，如果“所涉及的是照管人职责范围内的意思表示，被照管人必须得到照管人的允许”（第 1903 条第 1 款第 1 句），那么第 108 至 113 条以及第 131 条第 2 款和第 210 条也相应地得到适用。该“允许保留”具有以下性质： 287

1. 若成年人因心理疾病或者身体、精神或心灵上的残疾而完全或部分地不能处理其事务，则监护法院要为其选任一个照管人（第 1896 条第 1 款第 1 句）。仅得就有必要照顾的职责范围选任照管人，在该范围内须无其他辅助人（第 1896 条第 2 款第 1 和 2 句）。照管人在其职责范围内诉讼及非诉讼地代理被照管人（第 1902 条），因此他基于法律规定而享有代理权（边码 531）。选任照管人并未改变被照管人的行为能力，因此只要他不属于第 104 条第 2 款（边码 265）中的情况，该人就具有行为能力并因而能够实施有效的法律行为。然而，为了避免被照管人的人身或者财产遭受显著危险，有必要时监护法院可以在照管人的特定职责范围内规定允许保留（第 1903 条第 1 款第 1 句）。这样在被照管人的意思表示涉及上述职责范围时，其生效就需要照管人的允许（第 1903 条第 1 款第 1 句）。该规定旨在保护被照管人。

2. 在存在允许保留的情况下，在该特定范围内，具有行为能力的被照管人所实施的法律行为的效果与限制行为能力人所实施的行为是相似的，这体现在第 1903 条第 1 款第 2 句对第 108 条及以下以及第 131 条第 2 款和第 210 条的援引。 288

从中可以得出：

（1）如果被照管人未经照管人的必要允许而订立合同，那么其效力取决于照管人的追认与否（参见第 108 条第 1 款，边码 281）。被照管人的合同相对方可以催告照管人作出追认表示，这时追认只能向合同相对方作出（参见第 108 条第 2 款，边码 282）。若允许保留被废止（第 1908d 条），则被照管人的追认代替照管人的追认（参见第 108 条第 3 款，边码 282 结尾处）。

（2）直至照管人对合同作出追认表示为止，合同相对方均有权向照管人或被照管人为撤回表示（参见第 109 条第 1 款，边码 283）。然而，若合同相对方知道允许保留的规定，则不存在撤回权。但若被照管人违背事实，声称照管人已经允许，则相对方仍可撤回。若相对方在订立合同时已知道允许未被作出，则撤回权被排除（参见第 109 条第 2 款，边码 283）。 289

（3）如果被照管人已经用金钱履行了合同要求的给付，而且该金钱是照管人或者经照管人同意的第三人为此目的或者供任意处分而交给被照管人的，那么在未经照管人同意的情况下，被照管人所订立的合同被视为自始有效（参见第 110 条，边 290

码280)。

291 (4) 被照管人在未经照管人必要允许的情况下所实施的单方法律行为不生效力(参见第111条第1句，边码284，其他详细内容：边码284、285)。

292 (5) 若具有行为能力的被照管人受到允许保留的约束，则由他独立从事的营业以及缔结、废止和履行的雇佣或劳动合同相应地适用第112条和第113条中的规定(见边码296和297)。

293 (6) 第1903条第1款第2句并未援引第107条（边码272及以下)。然而，第1903条第3款第1句明确规定，如果意思表示给被照管人带来单纯法律上的利益，那么尽管存在允许保留，照管人的允许仍非必要。因此，在这里第107条中的内容(边码272～278）也得到了相应适用。根据第1903条第3款第2句，如果意思表示只涉及日常生活的琐碎事务，那么在法院没有其他命令时，照管人的允许并非必要。此时所指的是那些价值不高的物品的日常现金交易，例如购买食品，但以它们在数量和价值上没有超过通常程度为限。[27]

294 (7) 在允许保留的情况下，向被照管人作出的意思表示在到达照管人时生效(参见第131条第2款第1句，边码161)。但如果该意思表示给被照管人带来单纯法律上的利益或者照管人已经允许，那么它在到达被照管人时生效（参见第131条第2款第2句，边码161)。

295 (8) 只要被照管人无法定代理人，在允许保留的情况下其请求权时效就会中止(参见第210条，边码676)。

五、部分行为能力

296 限制行为能力人在《民法典》第112、113条所规定的法律行为中具有完全行为能力。相反，他们在所有其他法律行为中不具有完全行为能力。

这两项规定也相应地适用于被照管人，如果他所作出的意思表示需要被照管人的允许（第1903条第1款第2句，边码287)。

（一）从事营业

法定代理人经家事法院批准，授权限制行为能力人独立从事营业的，就营业所引起的法律行为而言，他具有完全行为能力（第112条第1款第1句)。在此范围内，该限制行为能力人无须得到其法定代理人的同意，而法定代理人也不再能够以法定代理人身份为限制行为能力人实施有效的行为。上述部分行为能力不适用于代理人需要为之得到家事法院批准的法律行为（第112条第1款第2句，第1643、1821、1822条)。此项授权只能经家事法院批准，由代理人收回（第112条第2款)。

在**案例f**中，S独资经营了一家食品店。此项经营为他带来了计划中的交易。因为S系经父母允许以及家事法院批准而从事营业，所以他在此范围内具有完全行

[27] BT-Drs. 11/4528，139.

为能力。但这并不适用于贷款，因为若他们打算为S实施此类行为，则需要家事法院的批准（第112条第1款第2句、第1643条第1款、第1822条第8项）。因为其父母只有经家事法院的批准才能收回其授权但没有这样做，所以S可以承租房屋并雇佣售货员。

（二）雇佣或劳动关系

法定代理人授权限制行为能力人提供劳务或者从事劳动的，就涉及缔结或废止所许可种类的雇佣或劳动关系或履行基于此种关系而发生的义务的法律行为而言，未成年人有完全的行为能力（第113条第1款第1句）。与第112条相反，此时家事法院的批准并非必要。被排除的同样是代理人需要为之得到家事法院批准的合同（第113条第1款第2句，第1643、1821、1822条）。针对个别情形而给予的授权，在有疑义时被视为就缔结同一种类的合同的概括授权（第113条第4款）。该授权可以被代理人收回或限制（第113条第2款）。被授权人在第113条的范围内具有完全行为能力，其法定代理人在此范围内丧失其代理权。 297

在**案例g**中，S可以在未经其父母允许的情况下有效地终止其与纺织厂之间的劳动合同，因为在废止、缔结劳动合同方面他已得到父母的授权，因而具有完全的行为能力（第113条第1款第1句）。对在纺织厂从事帮工工作的授权可以被视为对缔结同种劳动关系的一般性授权（第113条第4款）。作为帮工的职业培训不取决于在纺织厂还是砖厂内进行该工作。因此，他可以自行缔结砖厂中的劳动关系。加入工会有助于履行S在劳动合同中的义务，因为工会直接为S商议工作条件。[28]因此，S也可以独立加入工会。但该授权并不包括缔结作为酒吧调酒师的劳动合同，因为这与已经得到授权的行为不属于同一种类的劳动关系（第113条第4款）。[29]

第十三节　法律行为的形式

参考文献：Armbrüster，Treuwidrigkeit der Berufung auf Formmängel，NJW 2007，3317；Binder，Gesetzliche Form，Formnichtigkeit und Blankett im bürgerlichen Recht，AcP 207（2007），155；Blasche，Notarielle Beurkundung，öffentliche Beglaubigung und Schriftform，Jura 2008，890；Boente/Riehm，Das BGB im Zeitalter digitaler Kommunikation-Neue Formvorschriften，Jura 2001/793；Einsele，Formerfordernisse bei mehraktiger. Rechtsgeschäften，DNotZ 1996，835；Hennemann/Nemeczek，Die Formbedürftigkeit von Vertragsänderungen gemäß

㉘ Str.；vgl. Gilles/Westphal，JuS 1981，899（901）m. w. N.

㉙ Brox/Rüthers/Henssler ArbR Rn. 160.

§311b Abs. 1 BGB，ZGS 2011，157；Keim，§ 313 BGB und die Beurkundung zusammengesetzter Verträge，DNotZ 2001，827；Lützen，» Schriftlich « und » Schriftform «-der unbekannte Unterschied，NJW 2012，1627；Lunk/Seidler，Neue Formvorschriften für Anzeigen und Erkärungen-（ungewollte?）Auswirkungen im Aribeitsrecht，NJW 2016，2153；Malzer，Die öffentliche Beglaubigung，DNotZ 2000，169；Mankowski，Formzwecke，JZ 2010，662；MeierReimer，Vorwirkung von Formvorschriften-Formzwang aus nicht abgeschlossenen Verträgen?，NJW 2015，273；Petersen，Die Form des Rechtsgeschäfts，Jura 2005，168；Pohlmann，Die Heilun; formnichtiger Verpflichtungsgeschäfte durch Erfüllung，1992；Regenfus，Gesetzliche Schrift-formerfordernisse-Auswirkungen des Normzwecks auf die tatbestandlichen Anforderungen. JA 2008，161，247；Roβnagel，Das neue Recht elektronischer Signaturen-Neufassung des Signaturgesetzes und Änderung des BGB und der ZPO，NJW 2001，1817；Thalmair，Kunden-Online-Posfächer：Zugang von Willenserkärungen und Textform，NJW 2011，14；Zenker，Textform im WWW，insbesondere bei ebay，JZ 2007，816.

案例：

a）出于对推销人员的同情，T在家门口被说服预订了一年的某专业法律杂志。但后来他比较后悔，因此打算撤回其表示。于是他在杂志出版者的电话答录机中留下了相应表示。该撤回是否有效？**（边码300c）**

b）房屋出租人V通过传真向承租人M作出通知终止表示。有效吗？（参见第568条第1款）**（边码303、308）**

c）银行与贷款债务人达成合意，通知终止表示应以挂号信作出。银行通过一封盖有签名图章*的信进行通知终止，但并未“挂号”。该通知终止是否有效？**（边码304、317）**

d）V通过与K缔结被作成公证证书的买卖合同出售其土地。同时他们达成口头协议，K可以分期支付价款。有效吗？**（边码308、310）**

e）律师R向债权人G承诺，他将作为担保人担保S的债务。R指出，作为律师他无须就该承诺作出书面表示（参见第766条第1句）。之后G向R请求支付。可以吗？**（边码314）**

一、形式自由原则

298 原则上，法律行为无须形式而生效。表意人可以自由选择表示方式（例如口头、书面表示、手势）。形式自由原则有利于简化法律交往。只有在例外情况下遵

* 签名图章（Faksimilestempel）指如实按照持有人的真实签名刻出来的图章。——译者注

守形式要件才是必要的。

二、形式要求的意义

基于法律或者当事人约定而产生的对法律行为的形式要求可以服务于极为不同的目的。因此，形式能够使人明确合同是否以及以何条件被缔结，这样就可以避免以下争议：当事人只是进行了前期磋商还是已经订立了合同，该合同有哪些内容。因此，形式有利于证据的安全性（*证据功能*）。此外，形式条款也可能是为了告诫当事人在缔结重要法律行为时不要仓促行事（*警示功能*）。最后，通过将法律行为作成公证证书，当事人可以就该行为的后果得到法律咨询（*咨询功能*）。此外还有更多形式要求的目的可供考量。[30] 大多数情况下，形式条款由上述多个原因构成。 299

例如：根据第 550 条第 1 句结合第 578 条第 1 款，期限长于一年的土地使用租赁合同需要采取书面形式，以便为合同内容提供证据，特别是在转让土地时它对取得人具有重要意义，因为该人代替出租人加入基于使用租赁关系而发生的权利和义务（第 566 条）。因为第 550 条并未排除以电子形式代替书面形式，所以土地使用租赁合同也可以以电子形式被缔结（参见第 126a 条），立法者认为该形式可以以同样的方式实现证据保障。根据第 766 条第 1 句，为了保护保证人不要仓促行事，他必须以书面形式作出意思表示。而此时电子形式就无法提供相似的保护，因此第 766 条第 2 句排除了该形式。根据第 311b 条第 1 款第 1 项，土地买卖合同需要被作成公证书，其目的在于警告土地所有权人和取得者不要仓促行事，由公证人为他们提供专业咨询以及避免缔结合同及合同内容方面的争议。

三、形式的种类

法定形式已得到全面规定。基于私法自治原则，当事人可以通过法律行为自由约定行为的形式。在大多数情况下，他们会约定法定形式中的一个。 300

（一）文本形式

就法律所规定的文本形式而言，可读的意思表示（其中表意人自身被提及）必须通过可长期保存之数据载体发出（第 126b 条第 1 句）。

文本形式于 2001 年 7 月 13 日[31]通过法律被引入，它取代了亲笔签名，因此相对书面形式（第 126 条）而言，它在实践中是一种非常重要的简化。从另一方面来讲，它仅具有微不足道的证据和警示功能，这导致在大多数情况下立法者仅在准法律行为（例如：根据《民法施行法》第 246 条第 3 款第 1 句消费者合同中的撤回说明，根据《民法施行法》第 246a 条第 1 项第 2 款第 2 句订立于营业场所外的合同以

---

[30] Dazu Mankowski JZ 2010，662.

[31] BGBl. 2001 I 1542.

及异地交易合同中的撤回说明模板，根据第558、558a条第1款、第559、559b条第1款第1句中的租金提高请求权，根据第613a条第5款对与营业移转相关的受雇人关于营业移转的时点、事由以及效果的通知）才允许使用该形式。第126b条直至2014年6月13日[32]被重新修订，引入了欧盟2011年83号消费者权利指令中的术语。但是立法者无意对至今生效的版本中的内容进行修改。[33]

300a 1. 表示必须可读。如果表意人或者受领人可以直接阅读在持续性的数据载体上（例如在纸上写）发出的意思表示，就符合该要求。在电子文件中发出的意思表示（其在显示程序的帮助下可被阅读）也是可读的。[34]

300b 2. 在表示中，表意人自身必须被提到。但是，从文本中能够推知表意人本身即符合该要求。

第126b条在2014年6月12日之前生效版本中还要求，应当通过复制签名或其他方式使表示之终止可辨识（终止功能）。这一前提虽然不再存于现行的法律条文中。但是立法者并无意在第126b条的新版本中进行内容上的修改。因此，意思表示的终止仍然必须具有可识别性。对复制签名来说，本人签名复制之图章、扫描之签名等符合该要求。不同于书面形式，亲笔签名不被要求。其他可以使表示之终止可辨识的方式有：加注日期、祝贺语或“表示结束”的标记。

表示必须在持续性的数据载体上被发出。第126b条第2句中有相关的法律定义。据此，可长期保存的数据载体是任何一种媒体，这种媒体使受领人可以保管（纸面上的表示）或保存（电子方式的表示）针对其个人的表示，使受领人可以在与表示目的相符的期间（只要受领人可以从表示中引出某些权利）内接触到该表示（第1项）。此外，数据载体必须可以将表示完整还原（第2项）。符合这些前提的典型方式有：纸、磁盘、U盘、光盘、存储卡、数字视频光盘、电脑硬盘和移动硬盘。文本形式的要求也可以通过电子邮件和De-Mail[35]实现，因为受领人可以将表示存储在硬盘上并可长期从那里还原信息。

相反，仅在发出人的网页上写出表示内容，使受领人可以回看，这种方式并不能满足要求。因为受领人既不能保管亦不能保存在他人网页上的表示，而且这种方式也不能保证表示在合理的时间段内不被修改以及可以被阅读。[36] 如果经营者在所谓的高级网站上提供了一个表示（例如：撤回的说明），这一网站几乎肯定会通过其设计敦促消费者回看或者保存这一表示，这种情况是否属于进行了某种改动，联邦最高法院对此还未作出定论。[37]

有争议的是，以下情况是否属于对文本形式的遵循：表意人在一个网上信箱中

---

[32] Gesetz v. 20. 9. 2013（BGBl. 2013 13642）.

[33] BT-Drs. 17/12637，44.

[34] BT-Drs. 17/12637，44.

[35] Besonders gegen unbefugten Zugriff und nachträgliche Änderungen geschützte Möglichkeit，elektronische Dokumente zu verschicken und zu empfangen. S. dazu das De-Mail-Gesetz v. 28. 4. 2011（BGBl. 20111666）.

[36] BGH NJW 2014，2857（2858f.）；2010，3566（3567f.）. So auch BT-Drs. 17/12637，44 im Zusammenhang mit der Neufassung des § 126b mit Wirkung zum 13. 6. 2014.

[37] BGH NJW 2014，2857（2859）mAnm Thüsing.

设置了一条消息，这个网上信箱是针对受领人的并且是需要用户口令和密码才能进入的，受领人可以下载并打印这个消息（边码149、150c）。联邦最高法院倾向于肯定。[38] 根据其他观点，只有在受领人事实上存储或打印出这一消息时，文本形式要求才能得到满足。[39] 根据折中观点，只要表意人的网站设计得（几乎可以肯定）能敦促消费者保存或打印该表示，这一前提即已足。[40]

在案例a中，T在杂志出版商的电话答录机中留下了其撤回表示。电话答录机虽然可以长期保存该表示，但是不适合以文字还原该表示。然而，这无伤大雅，因为从2014年6月13日起，撤回不再像旧法第355条第1款第2句那样还要求文本形式，撤回不再有形式要求。因此，T作出了有效的撤回。

无论如何作为“最低”形式要求的文本形式可以通过其他各个“高级些的”形式（书面形式和电子形式，公证认证和作成公证证书）得到保障。 300d

（二）书面形式

1. 就书面形式要求而言，必须作成证书并由作成证书的人以亲笔签名或借助于公证认证的画押加以签押（第126条第1款）。 301

（1）必须作成证书。证书是意思表示的书面表现。在写字板上的签名不是在这种意义上的证书，也不符合法定的书面形式要求。[41] 证书文本无须由表意人亲自书写，文本可以被打印、由打字机打出或者手写。

在这里，简单的书面形式不同于亲手书写的遗嘱。被继承人必须亲自手写并签名（第2247条第1款）。[42]

若表示存在于不同页码上，则只有它们之间存在一种持续的、有意的实体联系时（例如各页被钉在一起），各个页码才构成一份文件。[43]

然而，若可以从连续的页码、各条款的连续编号、统一的图形设计、文本在内容上的联系或者有可比性的特点毫无疑问地得出这些页码是一个整体，则第126条中的书面形式就不要求证书中的各页码之间一定要有实体上的联系。[44]

（2）*签押*必须在空间上终止证书的文本。只有存在于签押之前的内容才被签押所涵盖。因此，补充的内容必须被重新签押。[45] 签押因而具有*终止以及涵盖效果*（Abschluss-und Deckungswirkung）。即使一份表格规定在上面的边缘处签名，此类“上面的签名”也同样不能满足第126条的规定。[46] 301a

---

[38] BGH NJW 2009，3227（3228）；bejahend auch HK-BGB/Dörner § 126b Rn. 4；MüKoBGB、Einsele § 126b Rn. 4，9.

[39] So zB Palandt/Ellenberger § 126b Rn. 3.

[40] Thalmair NJW 2011，14（18）.

[41] OLG München NJW 2012，3584.

[42] Brox/Walker ErbR Rn. 121ff..

[43] Vgl. BGHZ 40，255（263）= NJW 1964，395；BGHZ 52，25（29f.）= NJW 1969，1063.

[44] BGH NJW 2003，1248；WM 1997，2361.

[45] BGH DB 1990，877.

[46] BGHZ 113，48 = NJW 1991，487.

就合同而言，双方当事人必须在同一份证书中签押（第126条第2款第1句），当事人的签押必须涵盖表示的全部内容。若每一方均想拥有一份文件，则出于简化考虑，第126条第2款第2句允许各方只为另一方签押特定文件。这样各方均共同签署了合意。

若V通过寄出一份已签名的合同草案向M发出了期限为5年的出租土地的要约，而M通过回信表示接受，则书面形式（参见第550条第1句结合第578条第1款）未被遵守。V在合同草案中的签名与M在回信中的签名仅各自涵盖了要约和承诺，而非整个合意。因此，为了符合书面形式的要求，V和M必须共同签署合同文本。M在由V所签署的合同草案上签名即可。[47] 也可以这样：V为M在特定文件上签名且M同样为V在某文件上签名。

所谓的*"空白签字"*同样被允许。在这里，一份无内容的文件被签名。基于信赖保护，之后由被授权者所填入的文字被视为签字者的表示，即使它与其意思不相符也同样如此（参见边码422）。

302 （3）作成*证书的人必须以亲笔签名或借助公证认证的画押加以签押*。这是必不可少的，因为这样合同当事人就可以被明确。他可以用姓氏签押，如果可以通过其笔名对其进行确认，那么他也可以使用笔名。签名不必可读，但是必须使人能够辨认是字母的组合并且表现出独特的足以表明签名者身份的特点。[48] 判例对此的要求也十分宽泛。据此，如果签名人还以同样或类似的方式另外再签字的话，那么被严重磨损而难以辨别的，且仅由线条构成的字符串无论如何都是符合签名的要求的。[49] 相反，单纯的画押并非签名，即仅由姓名中的一个或几个字母组成并且看起来明显是故意的姓名缩写。[50]

303 （4）签押必须由作成证书的人亲笔作出。这样该人就独立为该表示承担责任。亲笔意味着手写，用签名图章或者打字机进行签名是不可以的。

根据第568条第1款，案例b中的通知终止表示需以书面形式作出。但传真并非书面形式[51]，因此通知终止表示不生效力。被V亲笔签名的放入传真机中的文件虽然满足了书面形式的前提条件，但却未到达M处（第130条）。在M处被打印出来的传真（远程复制，边码147）并未被V亲笔签名，因此到达的通知终止表示并不是以书面形式作出的。[52] 可能的一种替代方式是电子形式（参见边码304a）。

亲笔并不意味着*签名不得被代理*。原则上，代理人必须通过以被代理人的名义实施行为来指出其代理权（参见第164条第1款，边码524）。因此，他可以用自己的名字以及表明其代理权的补充（"代理"，"委托"）进行签押。[53] 然而，今天在习

---

[47] BGH ZIP 2004，2142（2143f.）.

[48] BGH NJW 2005，3775；1997，3380.

[49] BGH NJW 2015，3104.

[50] BGHNJW-RR2007，351.

[51] Vgl. BGHZ 121，224 = NJW 1993，1126.

[52] Vgl. BGHZ 24，297（301）= NJW 1957，1275.

[53] BGH NJW 2003，3054.

惯法上也承认代理人用被代理人的名义进行亲笔签名。[54] 如果民事合伙合同（第705条及以下）只由一个合伙人进行了签字，在以下情况中，这种代理关系可以被识别出来：签名后还附有合伙的签章。这是因为这种方式可以证明签名人是有权签署的人。[55]

2. *若通过法律行为*确定某法律行为需采用书面形式，则在有疑义时适用关于法定书面形式的条款（第127条第1款）。不过，当事人能够提高或降低书面形式的要求，因此他们可以放弃亲笔签名或者约定通过挂号信邮寄信件。 304

若（不要求公证的）合同的一般交易条款规定，向使用人作出的意思表示应采用比书面形式更严格的形式，则该条款不生效力（第309条第13项字母b）。事先拟定好的雇佣合同的除斥期间即为一例。若一条款规定："如果雇佣关系中产生的请求权未在到期后的特定期限内向合同相对方以'书面形式'进行主张，该请求权即消灭。"据此，该条款不生效力。

但如果当事人未对书面形式作出特别规定，那么电信传达即为足够。就合同而言，书信往来即为足够。若选择了此种形式，则可以事后请求作成符合第126条的证书（第127条第2款第2句）。

案例c中的通知终止信件未被亲笔签名。然而，若书面形式通过法律行为被约定且不能认为当事人有其他意思，则签名图章即为足够。这可以从第127条第2款第1句中被推知，因为在电信传达时同样不存在亲笔签名。因此，书面形式得到遵守，但该信并未以挂号信的形式被寄出（见边码317）。

（三）电子形式

若法律无其他规定，则书面形式可以被电子形式所代替（第126条第3款）。作出意思表示的人必须将名字附加于意思表示中，并根据《签名法》将合格的电子签名加到电子文件中（第126a条第1款）。 304a

在签名的警示功能未得到保证的情况下，使用电子形式被明确排除。例如，担保表示（第766条第1款第2句）以及通过终止表示和解除合同终止劳动关系（第623条结尾处）。

1. *电子文件*是指所有以电子形式存在的数据，无论是在屏幕上还是通过打印，它们均可被转化为字符并可供人阅读。 304b

2. *电子签名*是指以电子形式存在的数据，它们附在其他电子数据上或者在逻辑上与之相联系，并用于证明其真伪（参见《签名法》第2条第1项）。[56] *合格*是指它们以《签名法》第2条第7项意义上的有资格开具证书的机构所签发的证书为基础，且由《签名法》第2条第10项意义上的安全的签名制造软件或硬件所制作。电子签名替代了书面形式中所要求的手写签名。这一方式具有必要性的原因可能 304c

---

[54] So schon RGZ 74，72.

[55] BGH NJW 2013，1082ff.

[56] Einzelheiten：Palandt/ Ellenberger § 126 a Rn. 3 ff.

是：电子形式在私人交易中并未得到贯彻，以及在经营者之间的交易中也不被接受。

关于安全认证服务提供商以及提供密匙时的安全措施的详细内容被规定在 2001 年 11 月 16 日通过的《签名条例》[57] 中。De-Mail 由于缺少发出人合格的签名而不符合《签名条例》中的前提条件。如同 E-Mail 一样，De-Mail 也只能符合文本形式的要求（边码 300）。写字板（签名板）上的签名由于缺少电子签名也不符合第 126a 条规定的电子形式的要求。

3. 最后，*附加姓名*也具有终止以及涵盖效果。

4. 根据第 126a 条第 2 款，就合同而言，当事人分别以所提到的方式对内容相同的文件进行电子签名即可。但就法律所规定的电子形式而言，单纯在要约和承诺上签字是不够的。不过，在任意性的电子形式的情况下适用其他规定：有疑义时，虽然适用第 126a 条，但第 127 条第 1 款规定了一些简化形式。

（四）公证认证

305 法律规定对意思表示进行公证认证的，意思表示必须以书面形式作成，并且表意人的签名或者画押必须由公证人加以认证（第 129 条第 1 款）。对副本或者签名进行公证认证的管辖权可以由州法委托给其他人或机构（例如按照《黑森州地方法院法》第 13 条第 1 款：地方法院）（《公证证书作成法》第 63 条）。认证只涉及签名，而非文件的文本。公证人通过在公证评语中对签名人作出描述从而在证书上证明签名是由真正作出意思表示的人作出（《公证证书作成法》第 40 条第 3 款）。据此，认证的目的是证明文件的真伪。这在向行政机关作出意思表示的情况下通常是必要的。

因此，例如向土地局作出的重要表示（参见《土地登记簿条例》第 29 条）、为在社团登记簿中登记而进行的申报（第 77 条）以及商事登记（参见《商法典》第 12 条）均需公证认证。

要与公证认证相区分的是由行政部门作出的机构认证，后者证明的是复印件或副本与文件原件的一致性。它并未被规定于第 129 条中，《公证证书作成法》中的条款此时也不适用（《公证证书作成法》第 65 条）。对此，重要的是联邦和州的行政程序法（参见《行政程序法》第 33、34 条）。

（五）公证证书的作成

306 将表示作成公证证书并通过在公证人面前履行特定程序而得以实现。表示将按照公证人所提供的咨询向该人作出、记录、为表意人朗读、被其准许并签字，紧接着由公证员签字（参见《公证证书作成法》第 8 条及以下）。证书用以证明：表意人在公证人面前作出了作成证书的表示。公证证书可以代替书面形式和公证认证（《民法典》第 126 条第 4 款、第 129 条第 2 款），因而也能够替代文本形式以及电子

---

[57] BGBl. 200113074.

形式。在裁判和解的情况下，公证证书可以被以下记录所取代：将意思表示记入根据《民事诉讼法》的规定作成的记录（第127a条）。

特别重要的合同需要作成公证证书，例如为转让土地而缔结的负担合同（参见第311b条第1款第1句）以及赠送承诺（参见第518条第1款）。

原则上，要约和承诺不必同时被作成证书，首先将要约，随后将对要约的承诺作成证书即可（第128条，连续作成证书）。若双方当事人无其他约定，则合同在将承诺作成证书时，而非其到达时成立（第152条，边码184）。

（六）在行政机关处作出

若规定要求表示在行政机关处作出，则在重要情况下它必须在所有参与人均在 307
场的情况下才能进行。

因此，结婚申请人必须在户籍官员面前亲自表示愿意相互缔结婚姻，且他们必须同时在场（第1310条及以下）。土地的让与人和取得人在达成合意时必须在双方当事人同时在场的情况下，在有管辖权的机构面前作出表示（第925条第1款），此时不必亲自出席，可以被代理。

四、不遵守形式的法律效果

（一）不遵守法定形式

1. 未遵守法律所规定的形式的法律行为无效（第125条第1句）。 308

因为**案例b**中的通知终止表示既未遵守书面形式，也未遵守电子形式，所以该表示无效。

（1）若某要式法律行为的补充协议未遵守形式要求，而法律行为主要部分的缔结却遵守了合同规定，则根据第125条第1句，补充协议无效，而主要部分的效力应取决于第139条（边码353）中的规定。据此，若不能认为除去无效部分该法律行为仍能被实施，则在有疑问时整个法律行为无效。

在**案例d**中，根据第125条第1句结合第311b条第1款第1句，分期付款协议无效。因为分期付款对V和K极为重要，所以若他们知道分期付款协议无效则不会缔结买卖合同，因而作成证书的合同的主要部分同样无效（第139条、第125条第1款、第311b条第1款第1句）。

（2）原则上，对要式法律行为进行变更同样应遵守形式要求，因此未遵守形式 309
要求的变更是无效的，但以该变更是法律上的重要变更为限。[58] 若某人被形式要求保护，而其义务只是因为他不再需要保护而被加以削减，则不适用上述规定。

在一份担保合同中，担保人B有义务以1 000欧元为债务作担保，若将此条款变更为B应以1 500欧元进行担保，则需要进一步的书面形式的承诺，因为第766

[58] BGH ZIP 2001，883（884）（rechtliche Erheblichkeit verneint）；BGH NJW 1996，452.

条第1句旨在保护担保人。相反，若担保合同中的数额减少为700欧元，则B的减少同意就不必以书面形式作出，B无须得到保护，因为其义务减小了。

310 2. 对特定要式行为来说，形式瑕疵可以被补正。未遵守形式要求的法律行为经补正而生效，在土地转让合同（参见第311b条第1款第2句）、赠与约定（参见第518条第2款）以及担保（参见第766条第3句）方面，补正在未依形式（作出）承诺的给付已被履行时得以实现。补正主要是基于法律安全理念的考虑。应当避免的是，物权法上缔结的关系在时效经过前受到不当得利返还的约束。[59] 此外，在完成履行后，警示和证据功能已成为多余。然而，只有合同的形式要件可以被补正。如果合同表示还由于其他原因不生效力或由于缺少及时的承诺而消灭（具有双重瑕疵的合同），该合同的形式瑕疵就不可再补正，该合同即不复存在。[60] 此外，从上述规定各自的适用范围之外却无法得出通过履行补正形式条款的一般性原则。因此，使某人负有全部财产移转义务的赠与允诺（参见第311b条第3款）若出现形式瑕疵，其不能像第518条第2款规定的那样通过赠与的执行被补正，因为第311b条第3款并未规定与第518条第2款相应的补正可能性。[61]

例如：在**案例d**中，若V和K已就土地所有权转移达成合意且K已作为所有权人被登记在土地登记簿中（参见第873条第1款，第925条第1款），则V不得根据第812条第1款基于以下理由请求返还土地：买卖合同未满足形式要求，转让的发生因此无法律基础。根据第311b条第1款第2句，补充协议的形式瑕疵已通过合意以及登记而得到补正，因而买卖合同是转让的法律基础。

311 3. 若一方主张法律行为因形式瑕疵而无效，则在个别情况下这可*能违背诚实信用原则*(参见第242条)。然而，为保障个别情况的合理性而违反形式强制必须被限定在少数例外情况中[62]，否则形式条款将被损害。此时，要对仅涉及交易相对方利益的债法上的法律行为和涉及公共利益或者第三人利益的处分进行区分。

312 (1) 在债法合同方面司法已经强调，只有在例外情况下才能为了避免完全无法忍受的结果根据第242条放弃形式强制，若结果只是使相关人感到难以忍受，则并非足够。[63] 然而，这种表达方式太过模糊且未进一步深化。因此，必须对此进行分类，分类可能是不全面的。[64]

313 a. 若当事人已知道形式瑕疵然却仍未遵守形式条款，则法律行为无效。因形式瑕疵受到损害的人不应得到将行为视为有效的保护，因为他知道形式存在瑕疵。

314 b. 若一方就合同的要式对另一方进行了恶意欺诈或阻止其遵守形式要件，则

---

[59] BGH DB 2005，663.

[60] BGH NZM 2016，646 mAnm *Riehm* JuS 2016，935.

[61] BGHNJW2017，885Rn. 11.

[62] BGH NJW 2016，311 Rn. 25 mAnm Riehm JuS 2016，551.

[63] BGH NJW 2016，311 Rn. 25 mAnmRiehmJuS2016，551；BGHZ 29，10；48，396（398）= NJW 1968，39；BGH NJW 1978，102；DB 1990，878.

[64] Einzelheiten：Reinicke，Rechtsfolgen formwidrig abgeschlossener Verträge，1969，41ff.；Erman/Arnold § 125 Rn. 31ff.；HK-BGB! Dömer § 125 Rn. 10ff.

欺诈人不得因形式瑕疵拒绝履行合同。[65] 若被欺诈人要求履行，则合同必须从被欺诈人的利益出发被视为有效。

在**案例 e** 中，若 G 信赖专业人士 R 的话且他不知道担保承诺为要式法律行为，则尽管担保无效他仍可以请求 R 付款。

c. 若双方当事人不知道合同为要式合同且未遵守形式系基于过失，则合同原则上不能被视作有效。 315

若 V 通过口头约定将其土地出售给 K，且双方忘记将合同补作成公证证书（第 311b 条第 1 款第 1 句），则合同无效，V 和 K 之间的土地出让合同不应得到保护。如果只有 V 因过失不知道合同的要式，而 K 可以信赖 V 的表述，那么同样导致上述结果。但 K 可以因合同成立时的违约而向 V 请求损害赔偿（缔约过失，第 280 条第 1 款、第 241 条第 2 款、第 311 条第 2 款）。

（2）就处分而言（边码 104），形式强制不能被第 242 条“破坏”。由于处分效果是绝对的，因此它涉及第三人的利益，此时交易安全利益具有优先性。 316

（二）未遵守法律行为中约定的形式

1. 当事人的以下权利以私法自治（边码 25）为基础：通过法律行为就遵守形式进行约定。因此，未遵守约定形式的法律效果同样应取决于当事人的意思。这应当通过解释被确定。若在此范围内未确定任何意思，则适用第 125 条第 2 句。据此，*未使用通过法律行为约定的形式在有疑义时将导致法律行为无效*。 317

解释可以表明，当事人打算将约定的形式作为法律行为的*生效前提条件*还是仅作为*保障证据的方式*。在前一种情况下，法律行为在形式被遵守时方生效（＝决定性效果），不遵守形式将导致无效的后果。在后一种情况下，形式只是为了保障证据（＝宣告性效果），不遵守它并不会损害合同的效力。

在**案例 c** 中，将通知终止表示以挂号信寄出这一形式约定未被遵守。在大多数情况下，双方当事人打算通过挂号信达到的目的是，表示安全到达受领人处且到达能够被轻松证明。因此，该形式是为了保障证据，即使通知终止表示实际上以其他方式到达，也不影响其效力。[66]

若当事人约定将合同作成证书，则在有疑义时合同在证书作成时成立（第 154 条第 2 款，边码 255）。

2. *形式约定*可以随时被双方当事人废除。它既可以明确地，也可以沉默地通过以下方式被作出：当事人在缔结法律行为时未遵守形式要求，借此使人认识到形式约定已被废除。 318

例如：若 V 和 K 打算以书面形式缔结买卖汽车的合同，但他们并没有这样做，而是立即付款并转让汽车所有权，此时合同有效。双方的履行说明他们已变更形式约定。

合同中所谓的*简单书面形式条款*（“变更需要书面形式”）并不能阻止合同以不 318a

---

[65] BGH NJW 2016，311 Rn. 25 mAnm Riehm JuS 2016，551.

[66] BGH NJW 2004，1320；NJW-RR 1996，866（867）.

遵守该形式条款的方式被变更。若当事人希望进行阻止，则他们必须约定所谓的*双重*书面形式条款。（“变更需要书面形式，这也适用于对书面形式要求的撤销”）在一般交易条款中（第305条及以下，边码319及以下），这样的条款仅在不指向个别约定的形式要件之废除时有效（“除非，废除是经过个别商议决定的”），因为根据第305b条，个别的合同约定优先于一般交易条款。

法律行为的形式条款

Ⅰ. 意义

1. 证据功能

2. 警示功能

3. 咨询功能

Ⅱ. 种类

1. 文本形式（第126b条），例如在第355条第2款，第1款第2句的情况下

2. 书面形式（第126、127条）

a）法定书面形式（第126条），例如第623、766条

b）合同中约定的书面形式（第127条）

3. 作为书面形式的替代形式的电子形式（第126a条、第126条第3款）

4. 公证认证（第129条），例如《土地登记簿条例》第29条

5. 作成公证证书（第128条），例如第311b条第1款、第518条

6. 在同时在场的情况下在行政机关处作出，例如第925条第1款、第1310条及以下

Ⅲ. 未遵守形式的法律效果

1. 未遵守法定形式

a）原则：法律行为无效（第125条第1句）

b）根据第311b条第1款第2句、第518条第2款、第766条第3句补正形式瑕疵

c）在例外情况下，主张形式无效因违反第242条而不被允许

2. 未遵守法律行为中约定的形式

a）有疑义时，法律行为无效（第125条第2句）

b）然而：随时可以撤销形式要求

第十四节　法律行为的内容限制

参考文献：Arzt，Die Ansicht aller billig und gerecht Denkenden，1962；Beater，Der Gesetzes-begiff von § 134 BGB，AcP 197（1997），505；Bezzenberger，

Ethnische Diskriminierung，Gleichheit und Sittenordnung im bürgerlichen Recht，AcP 196（1996），395；Bülow，Grundfragen der Verfügungsverbote，JuS 1994，1；Cahn，Zum Begriff der Nichtigkeit im Bürgerlichen Recht，JZ 1997，8；Canaris，Gesetzliches Verbot und Rechtsgeschäft，1983；Datis，ebay-» Schnäppchen «-sittenwidrig und rechtsmissbräuchlich?，JURA 2015，376；Eckert，Sittenwidrigkeit und Wertungswandel，AcP 199（1999），337；Hajmelmann/Schnabl，Das Ende der Sittenwidrigkeit sog. Geliebtentestamente?，JURA 2009，161；H. Honsell，Die zivilrechtliche Sanktion der Sittenwidrigkeit，JA 1986，573；Jung，Wucherähnliches Rechtsgeschäft-Tatbestand und Beweis，ZGS 2005，95；Kreft，Privatautonomie und persönliche Verschuldung，WM 1992，1425；Majer，Sittenwidrigkeit und Prostitutionsgesetz bei Vermarktung und Vermittlung，NJW 2008，1926；Mayer-Maly，Die guten Sitten als Maßstab des Rechts，JuS 1986，596；Otte，Die Nichtigkeit letztwilliger Verfügungen wegen Gesetzes-oder Sittenwidrigkeit，JA 1985，192；Peter，Probleme bei der Behandlung und Rückabwicklung wegen Verstoßes gegen § 134 BGB nichtiger Dienst- und Werkverträge，JA 2014，248，333；Petersen，Gesetzliches Verbot und Rechtsgeschäft，Jura 2003，532；Schmoeckel，Der maßgebliche Zeitpunkt zur Bestimmung der Sittenwidrigkeit nach § 138 I BGB，AcP 197（1997），1；Timm，Außenwirkungen vertraglicher Verfügungsverbote?，JZ 1989，13；Schreiber，Veräußerungsverbote，Jura 2008，261；Ulrici，Verbotsgesetz und zwingendes Gesetz，JuS 2005，1073；E. Wagner，Rechtsgeschäftliche Unübertragbarkeit und § 137 S. 1 BGB，AcP 194（1994），451；Willingmann，Systemspielverträge im Spannungsfeld zwischen Zivilrechtsdogmatik，Verbraucherschutz und Wettbewerbsrecht，VuR 1997，299.

案例：

a）面包店老板向其学徒作出了通知终止表示，因为该人参加了工会且违背《商店停止营业时间法》在停止营业后仍出售面包。是否有效？**（边码 323）**

b）饭店老板 W 因酗酒被吊销了饭店经营许可，于是他将饭店出售给 K 并与之约定自己作为 K 的经理进行经营。有效吗？**（边码 328）**

c）银行 B 与负债累累的顾客 K 约定，该人为了担保贷款应将其全部机器的所有权转移给 B，以使 B 获得与其他将因此遭受不利的债权人相比更为特别的保护。根据该义务，K 将其机器所有权转移至 B 处。有效吗？**（边码 334、340）**

d）被逮捕的 G 对另一个有烟瘾的被拘禁者 H 承诺，若该人退出教会，则他将把自己的那一份烟草送给他。H 在退出教会后可以向 G 要求交付香烟吗？**（边码 337）**

e）在 A 描述了其极其不稳定的经济状况后，B 为他提供了一笔月利息为 10% 的贷款。**（边码 344、345、346）**

319 为了生效，法律行为必须拥有被允许的内容。出于对重要大众利益的保护，需要限制自由制定合同内容的可能性。第 134、138 条即旨在提供此项保护。据此，内容违反法律禁止规定或者善良风俗的法律行为无效。

此外，个人还有以下利益：其法律地位不受他人法律行为的侵害。第 135 条及以下中的让与禁止即服务于该保护目的。

一、法律禁止性规定

320 根据第 134 条，若法律未作出其他规定，则违反法律禁止性规定的法律行为无效。因此，就无效的法律效果而言，一方面必须存在禁止性法律，另一方面对该禁止的违反导致了法律行为的无效。然而，从第 134 条中却无法得出某法律规范中是否包含禁止性规定以及在违反该规定时法律行为无效的法律效果是否出现。这必须根据各个法律条款的意义及目的通过解释加以确定。

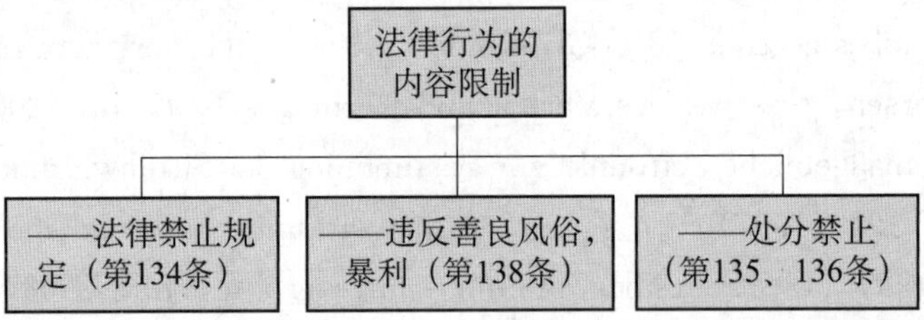

（一）禁止性法律

321 因为《民法典》意义上的“法律”指的是各种法律规范（参见《民法典施行法》第 2 条），所以不仅在法律中，如《民法典》或《基本法》[67]，而且法规（边码 5）、自治规章（边码 6）、欧共体的规定（边码 7）以及习惯法（边码 8）中也可能包含禁止性法律。对法律规范进行解释可能得出，法律行为因其被实施时的特殊情况、内容或者所追求的法律效果而被禁止。在这里法律条文提供了依据。虽然大多数禁止性规定不会包含像“禁止”或者“不准”这样的表述，但以下表述通常表明该法律规定否定了对特定法律行为的实施：如“不得”“不被允许”“不可转让”。

例如：《刑法典》第 259 条（购买被盗物），《刑法典》第 284 条第 1 款（禁止赌博），《刑法典》第 334 条第 1 款（对官员贿赂性赠与），《基本法》第 3 条第 1 款（作为平等原则结果的恣意禁止原则）[68]，《联邦律师规章》第 43a 条第 4 款（律师利益冲突代理禁止）[69]；《法律咨询法》[70] 第 3 条（独立实施非诉法律咨询的许可义务，

[67] Zur Anwendbarkeit des § 134 bei Grundrechtsverstößen BGH NJW 2004，1031；1976，709.

[68] Dazu BGH NJW 2004，1031（nach § 134 unwirksame Kündigung eines Kontos der »Republikaner« durch die Postbank）.

[69] BGH NJW 2016，2561 Rn. 5f.

[70] Schönfelder，Deutsche Gesetze，Ergänzungsband Nr. 99.

边码 321)。[71]

(二) 违反禁止性法律的后果

并非每项对禁止性规定的违反都会导致法律行为的无效。根据第 134 条，只有当该条款未作出其他规定时，法律行为才因违反禁止规定而无效。 322

1. 有些禁止性法律反对的只是法律行为被缔结时所采取的方式和方法（程序性规定)，而并不希望阻碍法律行为的效果。因此，违反此类程序性规定并不会导致法律行为的无效。 323

因此，《商店停止营业时间法》以及《商店开始营业时间法》的目的并非阻碍**案例 a** 中的 B 向顾客出售面包，而是出于对雇员的保护，规定雇员只能在特定时间内实施销售行为。然而，该法律并不希望排除在商店营业时间以外所实施的销售行为的效力。

2. 其他的禁止性规定则因法律行为的内容而对其进行阻碍。违反此类内容禁止的法律行为通常是无效的。 324

(1) 然而，若禁止性法律只反对法律行为中一方的行为，则要特别审查该法律行为应当无效还是考虑到无过错方的利益而应当使之生效。一般来说，如果禁止性法律仅影响合同一方的行为以及阻止合同的成立，那么就不会认定为无效。但是如果合同之有效性会与禁止性法律的意义与目的发生龃龉，那么该合同就会根据第 134 条无效。[72] 325

例如：若买卖合同因出卖人的欺诈而成立，则该法律行为违反《刑法典》第 263 条。虽然出卖人须因违反法律禁止规定受到指责，但正直的买受人却可能仍对使合同生效享有利益，因此合同并非自始无效，而只能通过买受人基于恶意欺诈进行的撤销（第 123 条，边码 450）使之无效。在缔结承揽合同时，如果经营者违反了《打击非法劳工法》，但顾客对此并不知情，那么根据最近联邦最高法院[73]的判例或在少量例外情况下根据诚实信用原则，守法顾客的利益决定了合同不因第 134 条而无效，该顾客仍保留履行以及瑕疵担保请求权。相反，如果顾客知道实情，并利用其为自己牟利，合同就会根据第 134 条无效。因此，在缔结承揽合同时，双方对于经营者不开具发票的合意一般会导致合同不生效力。同样，虽然承揽合同在缔结时并未违反禁止性法律规定，但是由于后来的变更合意——比如付款方式（不开具发票，无增值税）——其违反了《打击非法劳工法》中的禁令。[74] 在这种情况下，顾客由于缺少有效的合同而没有合同上的瑕疵请求权。[75] 反过来，经营者也没有权利请求对方为其工作支付报酬[76]，他也绝对不会有价额赔偿的不当得利请求权（第

---

[71] Einzelfälle：Erman/Arnold § 134 Rn. 26ff.；Palandt/ Ellenberger § 134 Rn. 14ff.

[72] BGH NJW 2016，2561 Rn. 10.

[73] BGH NJW 2013，3167，3168f. mAnm Mäsch JuS2014，355.

[74] BGH NJW2017，1808 Rn. 17 mAnm Stamm und mAnmSchwab JuS 2017，550.

[75] BGH NJW 2013，3167，3169 mAnm Mäsch JuS2014，355.

[76] BGH NJW 2014，1805ff.

812 条第 1 款第 1 句第 1 种情况，第 818 条第 2 款），因为这一请求权已经根据第 817 条第 2 款被排除了。[77]

《联邦律师规章》第 43a 条第 4 款中的关于禁止利益冲突代理的规定，针对的虽然只是同时为冲突双方当事人进行代理的律师，而不是当事人自己。但是这一规定是为了维护司法中的信赖保护以及预防利益冲突。因此，违反此规定的律师与当事人之间的咨询合同根据第 134 条无效，并且不是律师合同上的报酬请求权的基础。[78]

326 （2）若禁止性法律规定所针对的是合同的内容，则违反该法律规定原则上将导致负担行为的无效。为履行无效的负担行为所实施的处分行为是有效的，但可以根据第 812 条及以下中的不当得利规定要求返还（但要注意第 817 条）。

例如：若某人通过事务处理合同（第 675 条）被委托处理他人的法律事务，则尽管他未根据《法律咨询法》得到许可，但无效的仍只是事务处理合同以及必要时被授予的意定代理权[79]，而非报酬的转让。不过，报酬是在无法律上的原因，即缺少有效义务的情况下被支付的，因此可以根据第 812 条第 1 款第 1 句第 1 种情况要求返还报酬。

从禁止性法律规定的意义和目的可以得出，除负担行为外，为履行被禁止的行为而授予的意定代理权同样*根据第 134 条不生效力*。

例如：在违反《法律咨询法》的情况下，除事务处理合同外，为履行合同而授予的意定代理权同样不生效力。[80] 若表见代理权的前提条件不存在（边码 560、562 及以下），则以授权人名义行为的被授权人即为在无代理权的情况下实施行为。

327 （3）若禁止性法律规定既否定了负担行为的内容又不允许商品的转移，那么除负担行为外处分行为同样无效。在这种瑕疵具有同一性（Fehleridentität）的情况下，处分其所有权的处分人仍是所有权人，他可以根据第 985 条请求返还其所有权。

例如：从对交易麻醉药品的禁令（《麻醉药品法》第 29 条第 1 款第 1 项）中不仅可以得出买卖合同的无效，而且对药品以及作为价款被支付的金钱的转让行为同样无效。[81] 若 A 向税务官员 B 承诺，如果 B 将其欠税调低，那么他就向 B 支付一笔款项。根据第 134 条的规定，此时不论是 A 的负担行为，还是向 B 转让金钱的行为，均因违反《刑法典》第 344 条第 1 款而无效。

（三）规避行为

328 第 134 条的法律效果也包括所谓的规避行为。该行为试图通过禁止性规定中未规定的方式达到禁止性法律规定所否定的结果。只有当禁止性规定旨在完全阻碍法

---

[77] Bestätigt von BGH NJW 2017，1808 Rn. 26.

[78] BGH NJW 2016，2561 Rn. 11f.

[79] BGH NJW 2006，2118（2119），noch zum früheren RechtsberatungsG.

[80] StRspr zum früheren RechtsberatungsG；s. nur BGH NJW 2008，3357；2005，2983；ZIP 2002，1191（1192f.）.

[81] BGH NJW 1983，636.

律行为的结果，而不取决于当事人打算以何种方式实现该目的时，第 134 条的法律效果才适用于规避行为。这样一来，禁止性法律规定必须超出其文义适用于按照法律所包含的价值而应当适用的情况。

在**案例 b** 中，从《餐旅业法》中条款的禁止性特征可得出，W 不得经营餐饮业。如果 W 通过与 K 的约定而能够经营餐饮业，那么这就是对该法定禁止的规避。W 与 K 之间的合同规定，W 作为经理为 K 经营饭店（所谓的看门合同），根据第 134 条，该合同规避了禁止性法律条款，因而无效。[82]

另一个例子：根据《手工业条例》第 1、7 条[83]，只有在手工业卷册上登记的人才被允许独立经营手工业，而登记又以通过师傅考试为前提。一个手工业师傅与一个没有师傅的手工业企业签订一个合同，只是为该企业提供自己的师傅头衔，以使该企业得以经营，但该师傅并不就职于该企业，这样的合同根据第 134 条因规避《手工业条例》第 7 条而无效。[84]

二、违反善良风俗

（一）构成

根据第 138 条第 1 句，违反善良风俗的法律行为无效。 329

1. 善良风俗这一表述是一个需要进行价值填补的概念。根据其发展历程和联邦最高法院的司法判决，善良风俗所包含的内容应根据“所有有公平正义思想的人的体面感”进行判断。[85] 这种表述同样需要价值填补。但是它说明了与之相联系的并非风俗（边码 2），而是已有的社会道德（边码 3）。此时，作为判断标准的既非社会某一部分人士特别高水平的道德观念，也不是一些极不严肃的观点和陋俗，即使它们已经广泛传播。重要的是“体面的普通人”的观点，而这一般是难以确定的。因此，经常被采取的方式是通过利益权衡进行无价值判断。在判断是否违反善良风俗时重要的是，根据从法律行为的内容、动机和目的中得出的整体特征来判断法律行为是否与法律和风俗中的基本价值不相符。[86] 违反善良风俗的也可能是使第三人受到威胁或伤害，或者与公共福祉明显矛盾的法律行为。[87]

例如：若孩子成为法律行为的客体并因而降级为商品，则代孕合同是违反善良风俗的[88]*，代孕母亲中介被《领养中介法》（2001 年 12 月 22 日版）所禁止。“层

---

* Schnellballprinzip，德语直译为雪球原则，指一种为了运作需要持续增多的参与者的商业模式，其中参与者几乎都是通过介绍新成员进入该体系以及投入金钱来盈利。在国内又被称为“传销”。——译者注

[82] Vgl. OLG Hamm NJW 1986，2440；OLG Koblenz NJW-RR 1994，493.

[83] Sartorius，Verfassungs-und Verwaltungsgesetze，Nr. 815；Nomos Gesetze Öffentliches Recht Nr. 76.

[84] BAG NJW 2009，2554（2555f.）mAnm Gutzeit/Kürth AP § 134 BGB Nr. 26.

[85] Vgl. Mot. II 727；BGH NJW 2004，2668（2670）；BGHZ 52，17（20）= NJW 1969，1343；RGZ 48，124.

[86] BGH NJW 2008，982（983）；2008，2026（2027）.

[87] BGH NJW 2005，1490（1491）；1990，567.

[88] OLG Hamm NJW 1986，782.

压式推销”[89] 中的抽奖游戏违反了善良风俗，因为其目的是使多数参与人丧失赌注。[90]

330 2. 第138条的要件是违反善良风俗。

(1) 从*客观*方面来看，法律行为违反善良风俗的前提条件是*对善良风俗的违反*。从*主观*方面来看，行为人必须*知悉*违反善良风俗的事实情况，但他不必认为其行为是违反善良风俗的。[91]

例如：若啤酒厂因向饭店主提供贷款而使对方负有如下义务：在长达30年的时间里只能从该厂以高价购进啤酒，则该合同违反了善良风俗。因为就费用而言，饭店主经济上的行动自由受到限制。即使双方当事人认为该合同是合理的，该法律行为也同样违反善良风俗，因为他们知道违反善良风俗的事实情况——在30年的时间里只能从该厂高价购进啤酒。

然而，一方当事人通过恶意欺诈达到订立合同的目的却不能被归为违反善良风俗。[92] 这种情况被规定于第123条中。据此，恶意欺诈只能使合同可撤销。如果除恶意欺诈外还存在其他导致违反风俗的情况，那么根据第138条合同自始不生效力。

331 (2) 就合同而言，原则上双方当事人的行为必须均违反风俗。如果违反风俗只能归咎于一方合同当事人，那么对违反风俗的行为加以指责对正当的当事人就是不公平的。该人具有以下合法利益：虽然另一方当事人实施了可指责的行为，但法律行为仍有效。

例如：K为了毒死妻子而从V处购买了有毒的杀虫剂。若V不知道K的打算，则该买卖合同不违反善良风俗。但若V知道K的计划，则在缔结买卖合同时二人的行为均违反善良风俗。

如果违反风俗正好体现在向行为相对方实施的行为中（例如啤酒案），那么在例外情况下*单方面违反风俗*即已足够。司法判例认为，没有规定合同一方的任何赔偿义务的合同是违反风俗的，因此也是无效的，因为这赋予了合同一方比另外一方更多的利益。[93]

332 3. 通常，就违反风俗这个问题而言，重要的是缔结法律行为的时间。[94] 若法律行为被立即履行，则之后发生的道德观念的变更对其效力不产生影响。若道德观念在缔结法律行为和发生法律效果之间产生变化，则后一个时间具有决定性意义。因为第138条的目的并非惩罚卑鄙的道德观念，而是阻止应被否定的法律效果。在事实关系发生变更时，产生法律效果的时间同样具有决定性意义（有争议）。

例如：为报答与其通奸的情人G，被继承人E在遗嘱中将G确立为唯一继承

---

[89] Brox/Walker SchuldR BT § 41 Rn. 9.

[90] BGH NJW 2009，984；2008，1942；2006，45 (46)；1997，2314.

[91] StRspr，zB BGH NJW 2005，2991 (2992).

[92] BGH NJW 2008，982 (983).

[93] BGH NJW 2014，2177f.

[94] BGH NJW 2014，2177 (2178)；2007，2841.

人，该遗嘱违反了第 138 条。若之后 E 与 G 结婚，则在 E 死亡时就不再有理由将确定 G 为继承人这一事实视为违反风俗。

（二）法律效果

1. 违反善良风俗将导致法律行为的无效。因此，合同请求权（例如请求履行或者去除瑕疵）被排除。 333

（1）原则上，无效的只是负担行为，而不包括处分行为。通常来说，后者是不包含价值因素（Wertneutral）的，因为其目的只是变更财产的归属。

（2）然而，若违反风俗恰好存在于对财产归属的变更中，则该处分行为无效。 334

因此，在**案例 c** 中，违反风俗且无效的不只是为了担保而进行的债法上的负担行为，还有转让行为，因为对其他债权人产生的违反风俗的威胁就是债务人所有权的丧失造成的。

2. 此外，被违反风俗的法律行为所侵害且本身并不能因违反善良风俗被指责的人对加害人享有损害赔偿请求权（第 826 条）。 335

（三）判例群

随着时间的推移，第 138 条这个一般性条款已被司法所填补。在此期间形成了一些典型的判例群，但它们绝不是全面的。[95] 336

1. 许多法律行为只是因其内容而违反风俗，这是因为它们的目标在于实施被普遍否定的行为。 337

例如：A 向 B 承诺，若 B 实施一项违法行为（谋杀、盗窃），则他会得到报酬。标的为雷达侦测器的买卖合同无效，因为它为实施违反《道路交通规则》第 23 条第 1 款 b，第 49 条第 1 款第 22 项的行为服务并且最终以损害交通安全为目的。[96] 在**案例 d** 中，H 不能向 G 请求其香烟份额，因为人不得出售其世界观和信仰（边码 29）。

2. 所谓的束缚性合同（Knebelungsvertrag）是违反善良风俗的。人们将其理解为在人格或经济自由方面过分限制某一合同相对方，从而使其或多或少听任另一方摆布的合同。 338

例如：啤酒厂使餐馆主负有义务，在 30 年之内在其餐馆内仅出售该啤酒厂的产品（违反善良风俗的啤酒购买合同）。[97] 一家餐馆对自动售货机的安装者负有如下义务，在新店开业时再次与之缔结自动售货机安装合同。[98] 为了使出版商 V 出版作家 S 的处女作，S 承诺将其未来的全部作品均委托 V 出版，V 决定作品是否被

---

[95] Einzelfälle：Erman/Arnold § 138 Rn. 61 ff.；HK-BGB/Dörner § 138 Rn. 6ff.；Palandt/Ellenberger § 138 Rn. 24ff.，40ff.，65ff.，77ff.

[96] BGH NJW 2010，610（611）；2005，1490f.

[97] BGHZ 74，293（298）= NJW 1979，2150；BGH NJW 1992，2145.

[98] Vgl. BGH NJW 1983，159.

印刷。[99]

339 3. 过分利用垄断地位可能违反善良风俗。不得为以下目的利用垄断地位：为本来已经在自由选择合同相对方方面受到限制的合同当事方规定不合理以及过分严格的合同条款。然而，该类型因《反限制竞争法》中的规则已失去其意义。

340 4. 为某一债权人提供过分担保从而给其他债权人带来不利同样是违反善良风俗的。如果全部担保物品从其他债权人处被取走，并且对新债权人而言债务人的贷款信用被掩饰，那么此类让与担保（案例 c）尤其违反善良风俗。[100]

341 5. 法律行为可能因违反婚姻和家庭法规而违反风俗。

例如：某人在遗嘱中将其情人确定为继承人，只是为了使她继续与自己保持通奸关系。[101] 然而，现在由于性道德的转变（边码 341a），将此类情人遗嘱归为违反风俗的行为是有争议的。[102] 夫妻双方在离婚时约定放弃婚后扶养，他们由此故意给社会救济增加了负担，并导致对方可能需要补助。[103]

341a 6. 在判断违反性道德是否导致违反善良风俗时，存在着较大争议。其原因不仅在于社会道德观念的自由化，而且在于立法者对于例如同性生活伴侣的认可（《同性生活伴侣关系法》）[104] 以及为因实施性交易而产生的报酬请求权制定规则（《卖淫法》）。[105] 如果合同的内容是作为色情表演客体的、在舞台上或演出中的性交（例如脱衣舞表演中的演出义务），那么该合同一如既往地被视为违反风俗并因此不产生义务。[106] 相反，有争议的是，与性相关的物品的展示（西洋镜展示的义务）是否属于第 138 条的规制范围。[107] 然而，之前被联邦最高法院视为违反风俗的色情电话[108]按照如今的通说却不属于第 138 条的适用范围，该通说已得到联邦最高法院认可。[109]

网络运营商和顾客之间的电话服务合同肯定不包含价值因素（wertneutral），因此不违反善良风俗。因此，如果顾客拨打特定的 09005 号码[110]（以前是 0190）* 即使通话内容违反了善良风俗，运营商也可以请求他按照价目表支付报酬。[111] 同样不

---

* 德国情色电话号码。——译者注

[99] BGHZ 22，347 = NJW 1957，711.

[100] Vgl. BGHZ 109，240 = NJW 1990，716；BGH NJW-RR 1990，1459；1991，625.

[101] Brox/Walker ErbR Rn. 263.

[102] ZB Schnabl JURA 2009，161.

[103] Vgl. BGH NJW 1992，3164.

[104] Gesetz v. 16. 2. 2001（BGBl. 20011 266）；abgedruckt und kommentiert bei Palandt/Brudermüller；Nebengesetze hinter dem BGB.

[105] Gesetz v. 20. 12. 2001（BGBl. 2001 I 3983）；abgedruckt und kommentiert bei Palandt/Ellenberger Anh. zu § 138.

[106] Palandt/Ellenberger § 138 Rn. 52a；aM MüKoBGB/Armbrüster § 138 Rn. 58.

[107] Zweifelnd Palandt/Ellenberger § 138 Rn. 52a.

[108] BGH NJW 1998，2895（2896）.

[109] S. nur BGH NJW 2008，140（141）；Palandt/Ellenberger § 138 Rn. 52a mwN sowie die Andeutung bei BGH NJW 2002，361；krit. Majer NJW 2008，1926.

[110] BGH NJW 2002，361（362）.

[111] BGH NJW-RR 1988，1379.

违反风俗的还有关于合法妓院的买卖合同和卖淫场所的房屋租赁合同。[112]

7. 给付（例如买卖物）与对待给付（例如买卖价款）之间单纯的不相称不足以构成第138条第1款中的违反善良风俗，除此之外受益人还必须具有卑鄙的道德观念。[113] 然而，这可以在极为（明显）不相称时被推知，例如给付的价值几乎是对待给付价值的两倍。[114] 在土地买卖合同中，只有当高于或低于市场价值90%以上时，才能推断卑鄙的道德观念存在。[115] 即使遭受不利的一方知悉不相称这一事实，卑鄙道德观念这一结论也成立[116]，因为由知悉不能得出该人在决定订立该合同时是真正自由的。当第138条第2款（边码344及以下）中的暴利的构成要件不能被全部满足时，给付与对待给付明显不对等的情况就构成违反善良风俗。[117] 342

商定的律师费是否高得足以违反善良风俗，首先取决于律师工作的客观市场价值与报酬之间是否明显的不成比例。如果工作难度过高或耗时过长，那么即使超出法定费用标准几倍也不属于客观的不成比例。[118] 如果客观不成比例的情况存在，也不能从中自动地推断出律师具有卑鄙的道德观念。根据司法判例，这里要求的“严重的”不成比例需要商定的报酬高达法定费用的五倍以上。[119] 342a

但是网络拍卖适用特殊规定。这里出价人的最高出价与（估测的）拍卖物的价值之间的严重不成比例不能使合同缔结被认定为基于卑鄙的道德观念。这便是这种拍卖的吸引力，通过提交最初的低价竞标来维护自己买到便宜货的机会。[120] 如果出价人提交了与待售商品价值相当的最高出价，但这一出价由于缺少其他竞价还远远未穷尽，这种情况就更是缺少卑鄙的道德观念。所以联邦最高法院[121]已经将以1.5欧元在拍卖中买入客观价值为16 500欧元的客车的行为不视为违反善良风俗，因为出价人提交了17 000欧元的最高出价。但是因为根据1欧元的起拍价和出价人1.5欧元的出价来看，并没有其他有效的出价被提交，关于客车的买卖合同以1.5欧元的价格成立。因为卖方在此期间又将客车出让给另外的人，买方可以要求16 500欧元的替代履行的损害赔偿（第280条第1款、第3款，第281条第1款，第325条）。 342b

8. 使穷人负债也可能导致对善良风俗的违反。虽然合同的效力并非在每次谈判平衡被打破时都成问题，但若一方合同当事人具有强大优势，以致他实际上单方面 343

---

[112] BGH NJW 1970，1179.

[113] BGH ZIP 2016，2479 Rn. 17.

[114] BGH NJW 1992，899；NJW-RR 1993，198；2003，558；NJW 2007，2841（2842）；2012，1570f.；2012，2723.

[115] BGH NJW 2014，1652.

[116] BGH NJW 2007，2841.

[117] BGH NJW 2007，2841.

[118] BGH ZIP 2016，2479 Rn. 19f.

[119] BGH ZIP 2016，2479 Rn. 21，27.

[120] BGH NJW 2017，468 Rn. 43 mAnm Linardatos LMK 2017，385307，Anm Litzenberger EWiR 2017，141，und Anm Mankowski JZ 2017，253；zu der Entscheidung ferner Pfeiffer NJW 2017，1437；BGH NJW 2012，2723f. mAnm Hoeren EWiR 2012，471，Kulke NJW 2012，2697 und Schwab JuS 2012，839.

[121] BGH NJW 2017，468 Rn. 1 9ff.，43.

决定合同内容，则这对另一方当事人来说是他方决定（Fremdbestimmung）。[122] 如果一方当事人处于明显劣势，那么违反风俗主要取决于：合同如何成立，特别是处于不利的一方如何行为。[123]

例如：妻子或刚成年的子女为丈夫/父亲的债务担保或者承担该债务。此时，就违反善良风俗而言，可能具有决定性意义的是，家庭成员是否很可能永远无法履行所承担的债务，他们是否未充分意识到这个问题以及提供贷款的银行是否知悉这一切并且未作出相应说明。若担保人的义务与其给付能力明显不相称，则担保合同被视为违反善良风俗，但以债权人没有例外地对该担保享有合法利益为限。[124]

（四）暴利的法律行为

344 暴利行为属于违反善良风俗的法律行为的特殊情况（第 138 条第 2 款："尤其"）。然而，该特别规定并未排除对第 138 条第 1 款的援引。

若第 138 条第 2 款的主观前提条件不存在，则根据第 138 条第 1 款准暴利行为无效。[125] 这尤其对于不合理的分期付款条款具有重要意义。[126]

1. 在客观上，暴利行为以给付与对待给付的明显不相称为前提。此类不相称不能被统一确定。相反，在各个法律行为中应考虑个案中的全部情况（例如风险分担、行为的投机性、一般的市场情况、市场常规）。

在**案例 e** 中，尽管 A 承担了损失的风险，但要求月利息 10% 与 A 给予贷款之间仍不相称。

345 2. 在主观方面，第 138 条第 2 款要求获得暴利者利用了他人的处于急迫情势、没有经验、缺乏判断力或意志显著薄弱。*

利用（Ausbeutung）指为获取过度利润故意使用（Ausnutzen）行为相对方的窘境。缔结法律行为的建议是否由被盘剥者提出在这里并不重要。[127] 获得暴利者必须不仅知道所约定给付的明显不相称，而且知道合同相对方的急迫情势、没有经验、缺乏判断力或意志显著薄弱。一般来说，可以将给付与对待给付的极不相称视为其标志。

（1）若由于一时的紧迫——大多数为经济上的窘境——而需要他人提供实物或者金钱，则存在急迫情势。

例如：案例 e（贷款暴利）。在下面的案例中，联邦最高法院在刑事诉讼中承认了租房暴利[128]：一出租人将一个多人房间中的床位出租给了一个寻求政治避难者，

---

* 在译者所生活的城市柏林，面积为 20 平方米的单人间的月租金约为 300 欧元。——译者注

[122] BVerfGE 81, 242 (255) = NJW 1990, 1469.

[123] BVerfGE 89, 214 = NJW 1994, 36; BGH NJW 1994, 1278 (1341); 1995, 592; 1997, 52.

[124] BGH ZIP 2005, 432; 2003, 796 (797); s. auch Brox/Walker SchuldR BT § 32 Rn. 9ff.

[125] Erman/ Arnold § 138 Rn. 39; Staudinger/Sack/Fischinger, 2011, § 138 Rn. 200.

[126] Vgl. dazu BGHZ 80, 153 = NJW 1981, 1206; BGH NJW 1987, 183 und 2220; 1988, 696 und 1659; HK-BGB/Dörner § 138 Rn. 14.

[127] BGH NJW 1985, 3006f.

[128] Vgl. BGH NJW 1982, 896.

其处于找不到其他住处的困境中。出租人向他索要比其他可比的租金高出50%以上的租金。

(2) 没有经验指缺乏生活及交易经验。

例如：不熟悉本地经济情况的流亡者接受了A所提供的、作为“开业资助”的贷款，月利息为10%。

(3) 若某人（大多因智力障碍）在很大程度上缺乏以下能力：在法律行为中按照理性的动机行事或者正确评价双方的给付以及交易在经济上的结果。这可以被认为缺乏判断力。[129]

例如：幼稚的X被劝说购买了20卷核物理方面的著作。

相反，若某人完全能够了解其法律行为的内容和结果，但却未充分利用该能力并因而缔结了不经济的法律行为，则不属于缺乏判断力的情况。第138条第2款的目的并非保护错误的评估以及未达预期的投机行为。[130]

(4) 意志显著薄弱指减弱的抵抗能力。

例如：饱受戒毒副作用之苦的瘾君子因急需用钱购买新毒品而接受了一份利息为50%的贷款。

3. 暴利的法律效果是法律行为的无效。根据第138条第2款的条文（“约定或 346
给予”），无效的不只是负担行为，还有处分行为。

在**案例e**中，第812条第1款第1句第1种情况中的返还请求权与同法第817条第2句的条文并不矛盾，因为交由B处理的仅为对金钱的使用。正确的处理方式是，A不能立即，而只能在约定的贷款期间经过后再请求返还贷款，这也可以从第817条第2句的意义和目的中被推知。在此期间内，A得到的并非暴利利息，而是合理利息。[131]

此外，根据第823条第2款结合各个保护法或者根据第826条，被盘剥者享有损害赔偿请求权。

第138条

Ⅰ. 违反善良风俗（第138条第1款）

1. 前提

a) 客观：违反善良风俗（例如：诱使毁约，使对方负有实施性行为的义务——有争议，购买雷达探测器）

b) 主观：知道违反风俗的事实情况

2. 违反的法律效果

a) 负担行为无效

b) 处分行为只在例外情况下无效

---

[129] BGH NJW 2006, 3054 (3056).

[130] BGH NJW 2006, 3054 (3056).

[131] Medicus/Petersen Bürger! R Rn. 700; Brox/Walker SchuldR BT § 17 Rn. 19 und § 41 Rn. 13; aA RGZ 161, 52 (57f.); BGH NJW 1983, 1420 (1422f.); 1993, 2108 (2109).

c）必要时受损者享有第826条中的损害赔偿请求权

Ⅱ. 暴利

1. 前提

a）客观：被约定或者给予的给付和对待给付明显不相称（例如贷款暴利）

b）主观：利用（=故意使用）对方急迫情势，没有经验，缺乏判断力或意志显著薄弱

2. 违反的法律效果

a）负担行为无效（“约定”）

b）处分行为无效（“给予”）

c）必要时受损者享有第823条第2款，第826条中的损害赔偿请求权

三、让与禁止

347 让与禁止（处分禁止、处分限制）禁止通常被允许的处分。人们将其分为绝对和相对让与禁止。

（一）绝对让与禁止

绝对让与禁止旨在保护公众的重要权益。因此，它可以对任何人有效（=绝对的），违反此类禁止的处分根据第134条无效。

绝对让与禁止很少见，它们曾经存在于战争和战后时期关于物品的扣押和国家管制的条款中。如今，它们存在于对危害健康的食品和药品等的让与中（参见《食品饲料法》第5、6、17、26、30条，《药品法》第43条及以下）。

（二）相对让与禁止

348 1. 相对让与禁止的意义在于*保护特定人*（而非公众）。该禁止应阻止权利人（例如物的所有权人）通过处分侵害需受到保护的个人的法律地位。因此，它禁止权利人进行不利于被保护者的处分。

349 2. 相对让与禁止*根据法律*（第135条）或者*法院或机关的命令*（第136条）而存在。此类难以理解的规定主要适用于法院所发布的内容为相对让与禁止的诉讼保全。

例如：V以1 200欧元的价格将一幅画出售给K1，但并未进行转让。之后他又以1 500欧元的价格将同一幅画出售给K2。因为K1很可能担心V会将该画转让给K2，这样该人将成为所有权人，而自己将不再能够从V处获得所有权，所以K1向初级法院申请诉讼保全（参见《民事诉讼法》第935条、第938条第2款）。[132] 通过诉讼保全，V被禁止就该画进行不利于K1的处分。

---

[132] Brox/Walker ZVR Rn. 1580ff.

若 V 遵守该禁止，则 K1 将得到充分保护。相反，若 V 未遵守该禁止，仍将画转让给 K2，则 K2 成为画的所有权人，因为处分行为并非无效。然而，该处分对于 K1 来说（＝相对）是不生效力的（第 136 条、第 135 条第 1 款第 1 句）。因此，K2 取得了可以针对所有人，只是不能针对 K1 主张的所有权。

就相对让与禁止所保护的 K1 而言，V 的处分不生效力。虽然 V 已经将画转让给 K2，但（只）对于 K1 而言，V 仍然是画的所有权人。因此，K1 可以根据第 433 条第 1 款第 1 句向买卖合同中的 V 请求转让该画。虽然由于 V 不再占有该画，该转让已无法根据第 929 条第 1 句通过合意和交付实现，但 V 可以根据第 931 条通过合意以及移转对 K2 的返还请求权使 K1 成为画的所有权人。K1（作为所有权人）可以根据第 985 条通过向 K2（作为占有人）请求返还该画获得对它的占有。

然而另一方面，若 K2 在取得该画时对于诉讼保全毫不知情且并非因为重大过失而忽视其存在，则 K2 同样值得保护。在这种情况下，他得到了具有全面效力的（同样对 K1 有效的）所有权（第 136 条、第 135 条第 2 款、第 932 条第 2 款）。这样一来，K1 不能从 V 处取得画的所有权，但他对 V 享有代替给付的损害赔偿请求权（第 275 条第 4 款、第 280 条第 1、3 款、第 283 条）。

3. 相对让与禁止的法律效果是，权利人不得对标的实施对禁止所保护的人不利 350
的处分。

（1）若权利人不理会相对让与禁止，则处分对于禁止所保护的人不发生效力（第 135 条第 1 款第 1 句）。

因此，处分并非完全无效。未被让与禁止保护的第三人不能主张处分人对禁止的违反，他必须承认该法律行为的效力。该处分仅对处分禁止的受益人不具有法律意义。因此，违反相对让与禁止会导致*处分的相对不生效力*。

因为相对让与禁止的受益人无须承认违反禁止的处分的结果，所以对他而言尽管发生了处分，之前的所有权人仍是物的所有权人。禁止所保护的、享有针对所有权人的所有权转让请求权的人可以请求所有权人转让该物（一般来说根据第 931 条）。[133] 因所有权人违反禁止的处分而取得所有权的人必须（根据第 985 条）向受益人返还该物。

（2）另一方面，相对不生效力可能与通过违反禁止的处分取得物的人的利益不 350a
相符。原则上，他可以认为权利人具有处分权。若受益人无论如何都可以取消善意第三人的权利取得，则上述信赖将遭到破坏。因此，第 135 条第 2 款规定，违反禁令的物之取得也对被禁止性法律保护的人有效。

然而，恶意的取得人不值得保护。恶意指在取得动产时知道或者因为重大过失不知道处分禁止（第 135 条第 2 款结合第 932 条第 2 款）。

4. *不能通过法律行为创设相对让与禁止*。从法律交往的利益出发，不得通过法 351
律行为排除或者限制处分让与上的权利（veräußerliches Recht）的处分权限（第 137 条第 1 款）。法律行为所创设的让与禁止不能使处分相对不生效力。

---

[133] Anders BGH JZ 1991，40，mab！Anm Mayer-Maly und Kohler JURA 1991，349.

例如：若 V 与 K 约定，后者不得将其从 V 处购得的土地转让给第三人，则该由法律行为创设的让与禁止根据第 137 条第 1 款不生效力。若 K 处分该土地，则这与同 V 进行的合同约定并不矛盾，处分有效。

然而，法律行为中的让与禁止在法律上并非毫无意义。它创设了一项有效的债法上的义务：不处分（第 137 条第 2 句）。

在上述案例中，若 K 处分了土地，则他向 V 负有损害赔偿义务。

第十五节　部分无效、转换和认可

参考文献：Canaris，Gesamtunwirksamkeit und Teilgültigkeit rechtsgeschäftlicher Regelungen. FS Steindorff，1990，519；Deubner，Von verfehlter und richtiger Anwendung des § 139 BGB-OLG Schleswig，NJW-RR 1995，554，JuS 1996，106；Hartmann，Zur Anwendung des § 139 BGB auf Vollmacht und Grundgeschäft，ZGS 2005，62；Keim，Keine Anwendung des § 139 BGB bei Kenntnis der Parteien von der Teilnichtigkeit?，NJW 1999，2866；Köhler，Einschränkungen der Nichtigkeit von Rechtsgeschäften，JuS 2010，665；Krampe，Aufrechterhaltung von Verträgen und Vertragsklauseln，AcP 194（1994），1；Peter，Grundsätze der Teilanfechtung unter Berücksichtigung der Besonderheiten im Mehrpersonenverhältnis，JURA 2014，1；Petersen，Die Bestätigung der nichtigen und anfechtbaren Rechtsgeschäfts，Jura 2008，666；Peterson，Die Teilnichtigkeit，JURA 2010，419；Regenfus，Die Rechtsfolgen der Bestätigung：Herstellung des gebotenen Einklangs durch Gesetzesauslegung oder durch Auslegung des konkludenten Erklärungsverhaltens；Tiedtke，Teilnichtigkeit eines sittenwidrigen Rechtsgeschäfts，ZIP 1987，1089.

案例：

a）V 以书面形式将其土地租赁给 M 并同时在同一份证书中赋予其先买权。租赁合同是否有效？**（边码 354、355、356、358、361、362）**

b）为了从 V 处赊购货物担保货款，K 将多个债权让与给 V。当 K 后来得知，让与由于“束缚性”（Knebelung）无效时，他认为整个合同无效并拒绝支付价款。**（边码 354、355、356、360）**

c）A、B 和 C 为共同经营诊所成立了一家普通商事合伙。该普通商事合伙协议因未进行营业而无效。存在合伙关系吗？**（边码 370）**

d）精神病人 V 于 1 月 1 日与 M 缔结了一份租赁合同。2 月 1 日 V 的照管人与 M 一致表示，合同应当有效。M 是否必须支付一月份的房租？**（边码 372、373、374）**

无效的法律行为自始不发生法律效力。但问题是，法律行为的部分无效同样可能影响法律行为的其他有效部分，此时该无效部分是使整个合同无效，还是至少其他的部分仍有效（部分无效：第 139 条）。此外，还存在这样的问题：该无效法律行为是否会被转化为另一个有效的法律行为，这样被无效法律行为所追求的有效结果可以通过此种方式被完全或部分地达成（转换：第 140 条）。最后要讨论的则是，实施无效法律行为的人能否通过认可从法律行为中去除无效这一瑕疵（认可：第 141 条，边码 371 及以下）。 352

一、部分无效

若法律行为的一部分无效，且不能认为除去该无效部分法律行为仍会被实施，则根据第 139 条整个法律行为无效。因此，首先必须审查，统一的法律行为中的一部分是否无效。之后要通过（补充性）解释查明，其余法律行为仍应当有效还是也因部分无效而整个归于无效。若解释无法得出明确结论，则适用第 139 条中的解释规则，据此整个合同无效。 353

（一）解释的前提

1. 必须存在一个统一的法律行为。尽管涉及多个法律行为，但若它们彼此之间并非独立，则可以适用第 139 条。起决定性作用的是参与人的意思。[134] 可以从同时实施行为或者在统一的文件上签名推知法律行为的统一性。经济上的紧密联系也可以说明这一点。 354

例如： 双方在买卖合同中约定哪一家法院应对合同争议享有管辖权（＝诉讼地协议）；劳动合同中包含竞业禁止；出于经济原因，许多合同类型都彼此相连（**案例 a** 与**案例 b**）。两个以上的人订立合伙合同。若 A 将其食品店租赁给 B，并且将存货出售给他，则租赁和买卖就是统一的行为，即使是首先签订租赁合同，几天之后才订立买卖合同，也同样如此。若店面在科隆被租赁而别墅在慕尼黑被出售，则租赁和买卖之间毫无关系，也就不存在统一的法律行为。即使这两个合同在一份文件中被作成公证证书，也同样如此。由于抽象原则的存在，买卖合同和为了履行它而被实施的转让未构成统一的法律行为（边码 122）。

2. 统一的法律行为必须是*可分的*。“必要的是，法律行为的可分性体现在将无效部分分离后其余部分仍可作为独立法律行为存在”[135]，只有这时才会出现以下问题：余下的部分作为法律行为是否仍有效。法律行为的可分性既可以体现在内容和参与人方面，也可以体现在它应当产生法律效力的期间方面。 355

例如：在**案例 a** 和 **b** 中，合同可分解为几个部分。在就多个物支付总价的买卖合同中，如果总价可以按照出售的物被分配，那么合同标的（多个物、价款）是可

---

[134] 134 Vgl. Mot. 1222.

[135] RGZ 93，338；BGH NJW 1962，913.

分的。[136] 若啤酒供货合同的期间过长，则可以相应地适用第139条使该合同以短一些的期间继续存续。[137] 相反，若限制竞争规定不仅在时间的延长方面，而且在其他导致适用第138条的原因方面违反了善良风俗，则第139条不适用。[138] 若A、B和C订立了一份合伙协议，并且C的意思表示因无行为能力而无效，则A与B之间的协议仍有效，因为C的意思表示可以从统一的行为中被分离出来。[139] 相反，若只有两个人缔结一个合同且一方的表示无效，则法律行为（合同）不可分，因为另一方的（有效）意思表示无法单独构成合同。

356 3. 统一的法律行为中的一部分须无效。无效原因（例如无行为能力、形式瑕疵、违反第134或138条）在这里并不重要。

在**案例a**中，先买权的设定因形式瑕疵（第125条第1句，第311b条第1款第1句）而无效。在案例b中，债权让与担保（Sicherungsabtretung）因违反风俗（第138条）而无效。“不开具发票的约定”（例如在与工匠签订的承揽合同中）因与此相关联的逃税行为而根据第134、138条归于无效。[140]

（二）解释

357 若法律行为的一部分无效，则法律行为其余部分应当有效还是无效取决于参与者的意愿。该意愿应通过解释查明。

1. 解释的结果可能是，参与人考虑到了部分无效的可能性并为该情况确定了规则：余下部分应否引起法律效果。

因此，人们经常会在内容广泛的合伙合同的结尾处看到以下（所谓挽救型）条款：“若该合同的一部分不生效力，则它不影响合同其余部分的效力。”

通过这样一个条款，第139条的任意性规定就被规避了。虽然整体无效不能被排除，第139条的推定却被反转了。仅在即使存在挽救型条款合同当事人也不再愿意使其余行为存续的个案之中，合同整体才无效。[141]

358 2. 若法律行为中不包括关于部分无效的规定，则它在此范围内存在漏洞。该漏洞须由补充性解释（边码138及以下）进行填补。重要的是，参与人根据诚实信用原则在注意到交易习惯的情况下会理智地作出何种决定。此时须考虑案件中的全部情况（动机、交易习惯、利益状况、追求的目标）。[142]

例如：A、B和C签订了一份合伙协议，后来发现C的意思表示因无行为能力而无效。如果可以得出A和B只是考虑到C的高额资金投入才签订该协议，那么整个协议无效。相反，如果C的参与对于A和B来说并不重要，那么A与B之间

---

[136] Vgl. BGH BB 1957，164.
[137] BGH NJW 1992，2145.
[138] BGH DB 1997，2070.
[139] RGZ 141，108.
[140] BGHNJW-RR2008，1050und 1051.
[141] BGH ZIP 2010，925（926）.
[142] BGH NJW-RR 2008，1050 und 1051.

的法律行为的效力不受C的无效表示影响。

在**案例a**中，若解释的结论是，对于M而言重要的只是租赁合同，而非先买权，则尽管先买权的赋予无效，租赁合同仍有效。相反，若从M的对待给付数额中可以反映出先买权的重要性，则整个合同无效。

在*下列情况下尤其*要适用*部分无效*而非整体无效： 359

（1）如果*无效的只是法律行为中微不足道的部分*，那么将参与人所重视的、法律行为的主要部分视为无效是没有意义的。若补充协议因某法律规定而无效，更是如此。

例如：在订立于营业场所外的合同（边码201以及下）中，双方约定争议应由企业所在地的法院管辖。该约定因《民事诉讼法》第29c条中的规定而无效。合同其他部分的效力不受此影响。

（2）若法律行为的无效部分只是或者主要有利于一方参与人的利益，并且整体无效有利于另一方参与人，则这种法律效果通过假定的当事人意思被排除。因为未因（无效）约定的作出而获利的参与人在以下情况下没有遭受损失：法律行为在除去对另一方有利的部分后仍有效。[143] 360

在**案例b**中，无效的担保性债权让与的作出有利于V。不应当容忍K“为了逃避履行而利用担保的无效性”[144]。K必须付款。

（3）若法律行为的部分无效毫不重要，则没有理由从部分无效得出整体无效的结论。如果法律行为已被履行，且履行与无效的约定无关，那么维持已履行的、有效的部分符合参与人的利益。[145] 361

在**案例a**中，如果租赁合同和先买权的期限为10年，那么在时间经过后先买权的无效并不能导致租约的无效，但以先买情况（第463条）根本未出现为限。

3. 若统一的法律行为的一部分无效，并且解释无法得出法律行为的余下部分应当有效这一结果，则适用*第139条中的解释规则*，据此整个法律行为无效。 362

在**案例a**中，若不能确定尽管先买权的赋予无效但租赁合同仍应生效，则租赁合同根据第139条无效。

（三）第139条的例外

如果法律中的特别解释规则适用于对部分无效的法律行为的处理，或者从法律规定的意义和目的能够得出不应出现整体无效的法律效果，那么第139条不适用。 363

1. 第2085条包含针对遗嘱的*特别解释*：如果一份遗嘱中多个处分中的一个无效，那么在有疑问时它不导致其他处分的无效。与第139条不同，第2085条提出了可推翻的、对其余处分的有效推定。这通常与被继承人的利益相符，当其遗嘱发生法律效果时，设立新遗嘱是不可能的，因为被继承人已经死亡。

---

[143] Vgl. BGH NJW-RR 1997，684（686）；RG JW 1916，391.

[144] So RGJW 1916，391.

[145] So RGJW 1916，391.

例如：若E将A和B确定为其继承人，但对B的设定因违反善良风俗（第138条第1款）而无效，则这通常不会导致对A的设定的无效。

363a 2. 在一般交易条款无效或者部分无效的情况下，根据第306条第1款，合同的其余部分仍有效；根据第306条第2款，此时由法律规定代替无效的约定。相反，若维持合同对于一方合同当事人来说是苛求，则根据第306条第3款整个合同不生效力（边码238a）。

364 3. 从*法律规定的目的*可以得出，第139条不适用。

第573c条第1款在房屋租赁的情况下规定了出租人在通知终止时必须遵守的有利于承租人的强制最短期间，约定更短的时间是无效的。若该无效会导致整个租赁合同的无效，则承租人将完全不受保护，因为此时他无须通知终止，必须立即搬出。这样该规定的意义就被完全歪曲了。

二、转换

365 若无效的法律行为具备另一个（有效的）法律行为的要件，且须认为行为人在知道无效性时会愿意使另一法律行为有效，则根据第140条该行为有效。因此，转换（相当于转化）有助于维持无效的法律行为。根据第140条，需审查：无效法律行为是否存在，其中是否包括有效的法律行为，若参与人知道所缔结的法律行为无效，他们是否会缔结该有效的行为。

（一）解释的前提

366 1. 必须存在*无效的法律行为*。法律行为为何无效并不重要。

367 2. 无效的法律行为中必须包含一个*有效的替代行为*。

（1）只有当替代行为的范围比无效行为更小时，才可能出现转换。无效行为所追求的结果必须能够被替代行为全部或部分地实现，因为参与人的意愿通过转换而得到维持。不同的或者更广泛的法律效果不符合参与人的想法，因此不可以通过转换被创设。

例如：根据第1059条第1句，对用益权的转让（Übertragung）无效。然而，该无效行为包含托付（Überlassung）他人行使用益权的全部特征，后者作为减少"之后增加"而存在，根据第1059条第2句，该行为有效。无效的、非常规的终止表示包括了作为"一种减少"而存在的，有效的、于下一为法律所许可的期限中作出的正常的终止表示。相反，无效的质权设定不能被作为有效的所有权转移被维持，因为它相对设定质权而言是"更多的"[146]。

368 （2）替代行为本身不得被无效原因所累。

这意味着，在因无行为能力而无效的情况下不发生转换，因为其他行为也受到

[146] Einzelfälle：Erman! Arnold § 140 Rn. 18ff.；HK-BGB/Dörner § 140 Rn. 5；Palandt/Ellenberger § 140 Rn. 9ff.

该无效原因的影响。相反，转换对因违反法律禁止性规定或者善良风俗而无效的行为来说是可能的，只要替代行为与禁止的目的并不矛盾。不生效力的非常规的通知终止也不能转换为一个正常的通知终止，如果其前提不像上述一样存在。

（二）解释

如果根据上述内容将无效法律行为转换为其他行为是可能的，那么在它与参与人的意思相符的情况下可以进行转换，该意思通过解释得以查明。 369

1. 若参与人为无效情况规定了替代规则，则适用该规则。

2. 参与人通常不会考虑到无效的情况，这时要考查的并非其真实意思，而是其可能的意思。这可以通过补充性解释（边码 138 及以下）实现。要确定的是，参与人在知道法律行为无效时会希望还是会放弃缔结替代行为。 370

在**案例 c** 中，补充性解释的结果可能是，无效的普通商事合伙合同可以转换为有效的合伙合同（Partnerschaftsvertrag）（参见《合伙法》）[147] 或者建立民事合伙（Gesellschaft des bürgerlichen Rechts）的合同（参见第 705 条及以下）。但结果也可能是，A、B 和 C 只打算成立普通商事合伙，如果这无法实现，那么他们根本不打算成立合伙，此时合同仍然无效。

三、认可

参与人可以通过认可（第 141 条）使无效的法律行为生效。认可是对法律行为的重新实施（第 141 条第 1 款）。它的实现与亲自实施法律行为的人所作出的追认不同。 371

（一）前提

1. 须存在无效行为，无效的原因并不重要。 372

2. 无效法律行为须被认可：

（1）首先，认可的意思必不可少，它以知道无效为前提。然而，如果涉及对效力的保障，那么对效力的怀疑也可以作为认可的前提。[148]

当事人履行无效合同中被确定的义务，如果他们认为合同有效，那么就缺少认可的意思，因此不存在认可。[149]

（2）认可的意思必须被表示。这是法律行为的重新实施。它既可以明确地，也可以默示地被作出。不过，新行为必须符合生效的全部前提条件。此外，默示的认可必须到达另一方，此时才能产生认可的法律效果（边码 373、374）。

若当事人在知道合同无效的情况下履行了合同义务，则其中存在对无效合同的

---

[147] Schönfelder，Deutsche Gesetze，Nr. 50b.

[148] BGH NJW 2012，1570（1572）；BGHZ 129，371（377）＝NJW 1995，2290；RGZ 150，388.

[149] BGH NJW 2012，1570（1572）；1995，2290.

默示认可。如果合同为要式合同（例如作成公证证书），那么重新实施也要遵守该形式。即使合同并非因形式瑕疵而无效，也同样如此。[150]

在**案例 d** 中，通过 M 和 V 的照管人的认可，合同于 2 月 1 日初次成立。

（二）后果

373 1. 无效的合同并不会经认可而溯及既往地自始有效。相反，有效的法律行为经重新实施方成立。

在**案例 d** 中，租赁合同自 2 月 1 日起生效。

374 2. 就合同而言，在有疑义时认可为当事人创设以下债法上的义务：相互给予假如合同自始有效双方会有的一切（第 141 条第 2 款）。这通常与合同当事人的利益相符。也就是说，通过认可，一开始的（无效）约定至少在双方当事人的债法关系方面具有重要意义。若一方当事人不希望履行该义务，则他必须在认可时表达该意愿。否则适用第 141 条第 2 款中的解释规则（“有疑义时”）。

在**案例 d** 中，若无其他约定，则 M 同样有义务支付一月份的租金。相反，若物权行为无效，例如转让（第 929 条）被重新实施，则所有权在重新实施时方转移。

[150] BGH WM 1985，1000.

第四章 意思瑕疵

第十六节 对意思瑕疵的法律层面的利益评价之概述

参考文献：Coester-Waltjen，Die fehlerhafte Willenserkärung，JURA 1990，362；S. Lorenz，Grundwissen Zivilrecht：Willensmängel，JuS 2012，490；Martens，Die Regelung der Willensmängel im Vorschlag für eine Verordnung über ein Gemeinsames Europäische Kaufrecht，AcP 211（2011），845.

一、起始情况

（一）无瑕疵的意思表示

意思表示（边码 82 及以下）通过以下方式产生：某人基于一系列动机产生了 375
引起特定法律效果的意思并根据这个所谓的效果意思作出了表示。

例如：K 打算在 6 月 1 日，其女友生日那天送她一份礼物。他认为女友喜欢首饰并打算花费 500 欧元为其购买一件首饰。他以为 V 拿给他看的戒指是纯金的。基于上述理由他打算以 500 欧元的价格购买该戒指。于是他对 V 表示："我以 500 欧元购买这枚戒指。"如果 V 对该要约作出承诺，那么以这枚价格为 500 欧元的戒指为标的的买卖合同成立。

在理想以及通常情况下，意思形成（Willensbildung）的实现以及效果意思的表示都是无瑕疵的。

（二）有瑕疵的意思表示

1.《民法典》的起草者必须就以下三种意思瑕疵作出规定： 376

(1) 如果表示人从错误的动机出发，那么即存在意思形成（Willensbildung）中的错误。

K 的女友 12 月 1 日才过生日，她对首饰并不感兴趣，K 只能用 300 欧元购买礼物，戒指并非纯金，而是镀金的。

377 (2) 若表示与效果意思不一致，则存在表示时的错误。就表意人而言，存在一种意思与表示之间无意识的不一致。

K 打算以 500 欧元购买戒指，但由于口误他说成了："我以 600 欧元购买这枚戒指。"

378 (3) 表意人在无效果意思（边码 86）的情况下行为。他准确无误地表示了想表示的内容，但其希望表示的内容不生效。因此，对于表意人而言，存在一种故意的意思和表示的不一致。

K 为了取悦女友，当着她的面对售货员说，他以 500 欧元购买这枚戒指，尽管实际上他并不想这样做。

379 2. 对于《民法典》起草者来说，主要存在两种用于规定有瑕疵的意思表示的法律效果的理论。

(1) 意思理论认为，起决定作用的是表意人的意思。由此导致的结果是，与相应意思不相符合的表示不发生法律效果。这种观点会产生有利于表意人，而不利于表示受领人的效果。

据此，K 所作出的以 600 欧元购买戒指的表示是无效的，如果 K 只打算花费 500 欧元，他只是发生了口误。

380 (2) 表示理论则认为表示起决定性作用。因此，即使缺少相应的意思，所表示的内容也应当引起法律效果。这种观点会产生有利于表示受领人，而不利于表意人的后果。

据此，即使 K 只打算花费 500 欧元购买戒指却因口误说成了 600 欧元，K 的表示也仍然有效。

二、利益评价

381 立法者并未遵循上述任一理论。相反，他在权衡表意人和表示受领人之间相对立的利益的基础上为各个判例群（Fallgruppe）找寻在他看来公正的解决方法。他找到了三种不同的解决方法，在这里我们将分别举例说明：

（一）意思表示的有效性

382 根据《民法典》的规定，一些特定的意思瑕疵可以不予考虑。因此，尽管存在意思瑕疵，但意思表示仍有效。与表示理论相同，在这里法律所保护的是表示受领人对所表示的内容的信赖。

例如，若意思形成中的*每个错误*都会导致意思表示的无效，则交易安全将受到威胁。从表示受领人的利益以及交易安全出发，表意人的动机错误基本上不予考虑，在此情况下意思表示仍有效。

即使K搞错了女友的生日、女友对首饰的态度或者他自己的经济状况，K所作出的以500欧元购买该戒指的表示也仍然有效。

（二）意思表示的无效性

383 同样存在以下意思瑕疵：法律认为它相当重要，以至于带有该瑕疵的意思表示不应产生法律效果。因此，意思表示因该意思瑕疵而无效。它自始无效，表意人不必为了使其无效而为某种行为。与意思理论一样，法律在这里保护的是表意人。

因此，若一个需受领的意思表示系与受领人通谋而虚假作出，则根据第117条第1款该意思表示无效。这个有利于表意人而不利于表示受领人的决定之所以被作出，是因为表示受领人没有被保护的必要——经其同意的表示只是被虚假地作出。

K打算取悦女友，于是让女友在V处挑选一件首饰。她选定了一枚售价为500欧元的戒指。K对V说，他以500欧元购买该戒指。实际上他并不打算购买。之前他已经与V通过电话达成一致，其表示将不引起法律效果。

（三）意思表示的可废止性

384 在大多数法律认为重要的意思瑕疵方面，为了兼顾表意人与表示受领人的利益，立法者选择了一种处于表示的有效和无效之间的折中方法：意思表示有效，但是可废止，其可以通过撤销被废止。

比如说如果表意人根本不打算作出包含该内容的意思表示，因为他发生了口误，那么该表示根据第119条第1款第2种情况可以基于表示错误被撤销。

K打算以500欧元购买戒指，由于口误他说成了以600欧元购买该戒指。

385 1. 可撤销的意思表示的*有效性有利于有理由信赖所表示内容的表示受领人*。

若V对K所错误表示的以600欧元购买戒指的要约作出了承诺，则内容为以600欧元购买戒指的买卖合同成立。

386 2. *意思表示的可撤销性对表意人有利*。他享有选择的可能性：使（错误的）表示内容继续存在还是使它消灭。

（1）若表意人打算使表示的内容继续存在，那么他无须为任何行为。

若K未对有瑕疵的意思表示采取措施，则以购买价格为600欧元的戒指为内容的合同生效且继续有效。

（2）若表意人打算使有瑕疵的表示归于消灭，那么他必须向表示受领人作出撤销表示。在这种情况下，法律行为被视为自始无效（第142条第1款）。

若K对V表示，他在发出要约时发生了口误并欲因此撤销要约，则买卖合同自始无效。

387 3. 因为法律赋予表意人在意思表示的有效和废止之间进行选择的可能性，所以对于表示受领人而言，意思表示的继续存在或者归于废止是不确定的。从*表示受领人的利益*出发，这种悬而未决的状态应尽早结束，他应尽快知道自己所处的状况。因此，表意人必须在*特定期限之内*进行撤销，比如说在发生表示错误时撤销必须在表意人得知撤销原因后毫不迟延地，即在没有过错的迟延的情况下发生（第121条第1款第1句）。

若K在邮寄账单时发现了自己的口误，则他不得用数周时间考虑应否撤销要约。若他未在知道其错误后毫不迟延地撤销，则他丧失撤销权，已缔结的合同继续有效。

388 4. 若表意人有效地撤销了其意思表示并由此使法律行为废止，那么这可能会使表示受领人遭受因信赖意思表示的有效性而产生的损害。因此，原则上表意人必须*向表示受领人赔偿其所谓信赖损害*（第122条第1款）。然而，若表示受领人知道或者应当知道该行为具有可撤销性，则他无须得到保护（第122条第2款）。

若V应K的请求将戒指以邮件形式寄出且该交易基于K的表示错误被撤销，则K必须向V就邮费进行赔偿。因为V只是因为信赖买卖的有效性才将戒指寄出并由此遭受损失——邮费。

三、法律规定

（一）可撤销的意思表示

389 最重要的构成要件是可撤销的意思表示。其中包括：

1. 意思和表示之间无意识的不一致

（1）表示错误（第119条第1款第2种情况，边码413），

（2）内容错误（第119条第1款第1种情况，边码414），

（3）错误传达意思表示（第120条，边码415）。

2. 意思形成时的错误

（1）关于交易上认为重要的人或物的性质的错误（第119条第2款，边码418），

（2）恶意欺诈（第123条，边码450），

（3）不法胁迫（第123条，边码464）。

（二）无效的意思表示

390 若存在意思和表示之间故意的不一致，大多数情况下都将导致意思表示的无效。

1. 虚伪表示（第117条，边码402及以下），

2. 戏谑表示（第118条，边码397及以下），

3. 带有内心保留的意思表示，且表示受领人知道该保留（第116条第2句，边码396）。

（三）有效的意思表示

391 所有其他表示瑕疵都对意思表示的效力不产生影响。法律仅提及表示受领人所

不知道的内心保留（第 116 条第 1 句，边码 393 及以下）。

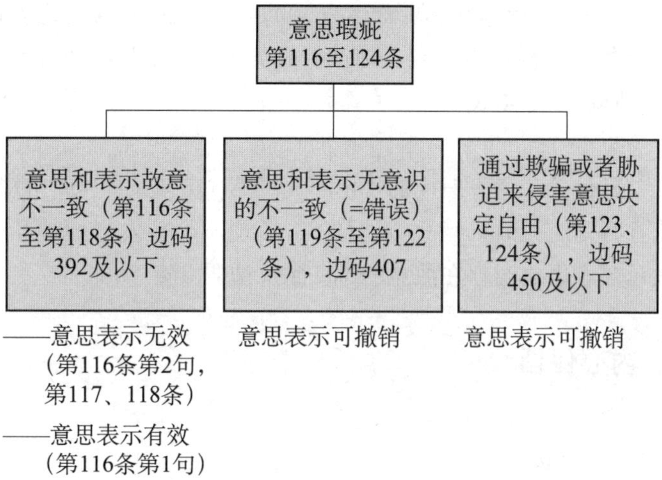

第十七节　意思和表示故意不一致

参考文献：Coester-Waltjen，Die fehlerhafte Willenserklärung，Jura 1990，362；Köhler，Einschränkungen der Nichtigkeit von Rechtsgeschäften，JuS 2010，665；Preuβ，Geheimer Vorbehalt，Scherzerklärung und Scheingeschäft，Jura 2002，815；Thiessen，Scheingeschäft，Formzwang und Wissenszurechnung，NJW 2001，3025；Tscherwinka，Die Scherzerklärung gem. § 118 BGB，NJW 1995，308；Wacke，Mentalreservation und Simulation als antizipierte Konträrakte bei formbedürftigen Geschäften，FS Medicus，1999，651；Weiler，Wider die Scherzerklärung，NJW 1995，2608.

案例：

a）V 通知 M 于年底终止店铺的租赁关系，尽管实际上他并不打算这样做。他希望借此使 M 顺从并恳请自己继续租赁关系。该通知有效吗？**（边码 394、395）**

b）在案例 a 中，若 M 在 V 为通知行为之前已经从第三人处获悉，V 将假意通知他终止租赁合同，何如？**（边码 394、396）**

c）若 V 在啤酒桌上以各式各样的英雄故事进行自夸后向 M 使眼色并开玩笑地作出通知终止意思表示，何如？**（边码 398、399）**

d）在案例 c 中，M 信以为真，并在报纸中发布广告寻找另一间商铺，M 向 V 请求赔偿广告费用，何如？**（边码 398、399、400、401）**

e）为了欺骗 D，V 与 M 合谋给 D 造成了店铺将于年底空出的假象。于是 V 向 M 作出通知终止的意思表示，因为这样他就可以立即与 D 签订租赁合同并收取预

付租金，何如？（**边码 402、404**）

f）V和K打算就一块价格为500 000欧元的住房用地签订买卖合同。为节省费用及税款，V和K在作成公证证书的买卖合同中标明的价格为400 000欧元。有效吗？（**边码 403、405**）

392 与其他关于意思瑕疵的规定不同，第116至118条中的构成要件是相同的：表示人在行为时无效果意思（边码86）。他不希望发生由他所表达出来的法律效果。其表示与意思之间存在故意的不一致（边码378）。

一、内心保留

（一）前提

393 若表意人作出意思表示且在心里作出保留（内心保留），即不希望发生所表示的内容，则此时存在内心保留（第116条第1句）。

1. 因此，首先必要的是，表示并非出自真意并且保留所涉及的正是所表达的法律效果。

394 2. 同样必要的还有表意人的意思：他人（即需受领意思表示的表示受领人）不知道该内心保留，在这里表意人的动机（例如：对相对方的欺骗、对重症病人的宽慰）不在考虑之列。若表意人认为他人知道其表示缺乏真意，则不属于第116条中的情况，而应适用第118条（缺乏真意的表示）（边码397及以下）。

在**案例 a** 和 **b** 中，V不希望M知道其内心保留，其目的是欺骗M。这种“恶意戏谑”符合第116条中的构成要件。

（二）后果

395 内心保留的法律效果取决于他人是否知道该保留。

1. 在对保留不知情的情况下，从不知情人的利益出发，表示是有效的（第116条第1句）。表意人须受其表示的约束，因此其内心保留无法律意义。

案例 a 中的终止通知表示是有效的。

396 2. 根据法律的评价，知道保留的表示受领人无须得到保护。因此，在此种情况下意思表示无效（第116条第2句）。

在**案例 b** 中，作为恶意戏谑的通知被M识破，因此根据第116条第2句它是无效的。

二、戏谑表示

（一）前提

397 非出于真意，且预期真意的缺乏不致被人误解而作出的意思表示为戏谑表示

(第 118 条)。

1. 与第 116 条相同，表意人并非出自真意而作出表示。

2. 与第 116 条不同，第 118 条的前提是，表意人认为他人会知道表示是缺乏真意的。在这里，表意人的动机（例如：玩笑、吹牛）不在考虑之列，因此戏谑表示这一称谓过于狭隘。重要的只是，表意人的行为不以欺骗为目的。就第 118 条的构成要件而言，他人是否知悉或者至少能够知悉缺乏真意并不重要。 398

在**案例 c** 和 **d** 中存在戏谑表示，因为 V 预期 M 会知道其表示缺乏真意（"善意戏谑"，与案例 a 和 b 中的"恶意戏谑"相反）。

(二) 后果

1. 所以戏谑表示均为*无效*(第 118 条，案例 c 和 d)。即使他人对表示信以为真也同样如此。如果他对于不知道缺乏真意并无过失，那么他值得保护，法律在其他方面考虑到了这一点（第 122 条)。 399

根据第 118 条的规定，**案例 c** 和 **d** 中的通知终止表示无效。

2. 无效的戏谑表示使信赖表示效力的他人享有*针对表意人的信赖利益损害赔偿请求权*(第 122 条第 1 款，详细内容见边码 444 及以下)。其前提是，戏谑表示导致了他人的信赖利益损失。 400

一方面，如果他人知道缺乏真意，那么*该损害赔偿请求权被排除*(第 122 条第 2 款)，因为这样他就不会信赖该效力。另一方面，如果他人*因为（轻微）过失*而不知道缺乏真意，那么损害赔偿请求权同样根据第 122 条第 2 款被排除，即使表意人基于重大过失预期对方会知道缺乏真意，根据法律的意志也同样发生上述结果。

在**案例 d** 中，M 对通知终止信以为真，由于信赖通知终止表示的效力，他在报纸上发布广告并支付费用。然而，他不可以要求赔偿，因为他是由于自己的过失而未能知道缺乏真意。若使用恰当的注意他本可以分辨出这是个玩笑（啤酒桌、吹牛、使眼色)。

3. *如果表意人认识到他人对自己的戏谑表示信以为真*，那么按照诚实信用原则他有义务毫不迟延地向该人澄清该错误，否则其不作为就构成欺骗。这样一来，即使其表示被视为有效，该结果也是合理的。其依据是第 116 条第 1 句中的价值判断。据此，对其必须公开的内容进行保留的人不得从其做法中获得利益。如果表意人主张缺乏真意，那么其行为是恶意的。 401

在**案例 d** 中，若 V 看到了 M 在报纸中发布的广告，则他应该可以推断出 M 对通知终止信以为真。若 V 未毫不迟延地向 M 澄清此事，则他以后不得主张其表示只是一个玩笑，是无效的；相反，他必须承认通知终止是有效的。

三、虚伪行为

(一) 前提

1. 若表意人所作出的需受领的意思表示系与受领人通谋而虚假作出的，则存在 402

虚伪表示（=*伪装表示*）（第117条第1款）。

（1）*必须是需受领的意思表示*（边码92），否则就缺少可能与表意人对假象进行通谋的受领人。

（2）虚伪表示、内心保留以及戏谑表示的区别在于：*表意人和受领人*就该行为之不应生效*进行通谋*。虚伪表示的动机可能包括很多不同的种类，但表意人对受领人进行欺骗这一目的可以被确定排除，因为与表示受领人进行通谋是必要条件。在大多数情况下，二者共同对第三人实施欺骗（案例e）。

若缺少作为前提条件的受领人的认可，则这就是一个失败的虚伪行为。这时适用第118条中的规定，该行为无效[①]（边码397及以下）。

403　2. 虚伪行为经常掩盖另一个当事人真正希望发生的（隐藏的）行为（第117条第2款）。在这种情况下，表意人和受领人进行通谋后并不希望发生所表示的内容，而希望发生另一种法律效果。

例如：双方所表达出来的是买卖合同的要约和承诺，但实际上他们想租赁或赠与。在**案例f**中，V和M所签订的合同中的400 000欧元的价款是他们所不希望的，实际上价款为500 000欧元，通过欺骗公证人、法院和税务局，他们可以节省公证费、法庭费以及土地转让税。

（二）后果

404　1. 虚伪表示无效（第117条第1款）。这个有利于表意人而不利于受领人的法律决定是合理的，因为表示系与其通谋后被虚假作出，因此他是不值得保护的。虚伪表示的无效对被欺骗的第三人同样有效。

根据第117条第1款，**案例e**中的通知终止是无效的。D可以向V和K请求损害赔偿（第823条第2款结合《刑法典》第263条、第826条）。

405　2. 相应的规定同样适用于隐藏在虚伪行为背后的隐藏行为（第117条第2款）。*如果隐藏行为符合所有有效条件*，那么它同样*有效*。如果它违反法律的禁止性规定（第134条），那么它就违反了善良风俗（第138条）。若缺少法定形式（第125条），则隐藏行为同样无效。

在**案例f**中，所表示的内容（以400 000欧元购买）并非当事人欲表示的内容，因此根据第117条第1款，该虚伪行为无效，欲表示的内容（以500 000欧元购买）未被作成证书，因此基于形式瑕疵它同样是无效的（第125条第1句，第311b条第1款第1句）。该结果与以下规定相矛盾：若双方已经一致地希望其他结果的发生，则错误的描述（falsa demonstratio）并不产生阻碍的效果（边码133）。据此，价格为500 000欧元的土地买卖合同必须生效，因为双方一致地希望以该价格达成交易。然而，须考虑的是，V和K并非出于疏忽，而是故意将错误的价格作成证书。如果错误表达规范（falsa-demonstratio-Regel）在此适用，它将有利于当事人故意规避形式规范。因此，被隐藏的法律行为仍因缺少特定形式而无效。然而，它

---

① BGH NJW 2001，1062；2000，3127.

可以通过合意以及K在土地登记簿中的登记得到补正，这样，欲表示且未作成证书的行为将产生效力（第311b条第1款第2句，边码310）。

（三）界定

虚伪行为须与信托行为、借名行为（Strohmanngeschäft）以及规避行为相区分。按照表意人和受领人的一致意思，虚伪行为中的表示是缺少真意的，而在上述行为中，意思表示的法律效果应当根据各方参与人的意思而发生。这些行为的特别之处在于，按照参与人的意愿，作为目标的经济后果与欲表示的法律效果之间存在故意的不一致。 406

信托行为的**例子**：债权人（信托人）将其对债务人的债权转让（通过债权让与，第398条，边码105）给债务*追收*处（Inkassobüro）（受托人）“信托”（所谓*追收*）。这样债务*追收*处就成为债权人。它向信托人负有收取债权并向其支付由此获得的款项的义务。

间接代理人的**例子**：H想购买一幅名画，但不想亲自作为买受人出现，而是隐藏在幕后。因此，他让K（间接代理人）以个人名义购得该画。K作为买受人与出卖人V签订了买卖合同并就该画进行转让。由此可见，只有K是出卖人V的合同相对方，他负有向V付款的义务，通过转让他成为画的所有权人。基于K和H之间形成自由的约定，K有义务将画的所有权转让给H，而H有义务向K支付因购买该画而产生的费用。

规避行为（边码328）的**例子**：雇员N与雇主G签订了一份劳动合同。其中规定，对G享有报酬请求权的并非N，而是N的妻子。这样约定的原因是，负债过多的N担心其报酬请求权会被其债权人设定质权。为了避免被设定质权，N的报酬请求权被排除，取而代之的是其妻子的请求权。这是劳动合同双方当事人真实希望的结果（所谓的工资虚报协议，参见《民事诉讼法》第850h条）。

意思与表示故意不一致

Ⅰ. 内心保留（第116条）

1. 前提

a）意思表示缺乏真意＝保留

b）秘密地＝欺骗意图

2. 法律效果

a）他人不知道保留：意思表示生效（第116条第1句）

b）他人知道保留：意思表示无效（第116条第2句）

Ⅱ. 戏谑表示＝缺乏真意（第118条）

1. 前提

a）意思表示缺乏真意＝保留

b）预期对方知道真意的缺乏＝无欺骗意图

2. 法律效果

a）意思表示无效（第118条）

b）若不知道或因过失不知道缺乏真意，他人的损害赔偿请求权（第122条第1、2款）

c）如果表意人认识到他人对戏谑表示信以为真，必要时将意思表示处理为有效（依据见第116条第1句）

Ⅲ. 虚伪行为（第117条）

1. 前提

a）意思表示缺乏真意＝保留

b）表示受领人的通谋

2. 法律效果

a）意思表示无效（第117条第1款）

b）必要时被无效的虚伪行为所隐藏的其他法律行为有效（第117条第2款）

第十八节 错误

参考文献：Becker，Anfängerklausur-Zivilrecht：Anfechtung und Gewährleistungsrechte - Einkaufstour im Internet，JuS 2011，329；A. Birk，§ 119 BGB als Regelung für Kommunikationsirrtümer，JZ 2002，446；Brox，Die Einschränkung der Irrtumsanfechtung，1960；Coester-Waltjen，Die Anfechtung von Willens-Erklärungen，Jura 2006，348；Cziupka，Die Irrtumsgründe des § 119 BGB，JuS 2009，887；Edenfeld，Übungsklausur-Bürgerliches Recht：Anfechtung，Stellvertretung und Abstraktionsprinzip，JuS 2005，42；Grigoleit，Abstraktion und Willenmangel，Die Anfechtbarkeit des Verfügungsgeschäfts，AcP 199（1999），379；Höpfner，Vertrauensschaden und Erfüllungsinteresse，AcP 212（2012），853；Jahr，Geltung des Gewollten und Geltung des Nicht-Gewollten - Zu Grundfragen des Rechts empfangsbedürftiger Willenserklärungen，JuS 1989，249；Kellermann，Problemfelder des Anfechtungsrechts，JA 2004，405；Kindl，Der Kalkulationsirrtum im Spannungsfeld von Auslegung，Irrtum und unzulässiger Rechtsausübung，WM 1999，2198；E. A. Kramer，Bundesgerichtshof und Kalkulationsirrtum，in：50 Jahre Bundesgerichtshof，FG aus der Wissenschaft；2000，Bd. I，57；Leenen，Die Anfechtung von Verträgen，Jura 1991，393；Löhnig，Irrtumsrecht nach-der Schuldrechtsmodernisierung，JA 2003，516；Mankowski，Beseitigungsrechte，2003；M. Müller，Beschränkung der Anfechtung auf »das Gewollte«，JuS 2005，18；Musielak，Die Anfechtung einer Willenserklärung wegen Irrtums，JuS 2014，491，583；Musielak，Der Irrtum über die Rechtsfolgen einer Willenserklärung，JZ

2014，64；Pawlowski，Die Kalkulationsirrtümer：Fehler zwischen Motiv und Erklärung，JZ 1997，741；Petersen，Der Irrtum im Bürgerlichen Recht，Jura 2006，660；Preiß，Die Berechtigung zur Anfechtung einer Willenserklärung in Mehrpersoneriverhältnissen，JA 2010，6；J. Prütting/Fischer，Vertragsnahe gesetzliche Schuldverhältnisse：§ 122 BGB，JURA 2016，511；Schlachter，Irrtum，Dissens und kaufrechtliche Gewährleistungsansprüche，JA 1991，105；Schneider，Wechselwirkungen zwischen Irrtum und Unmöglichkeit，2008；Schnorr，Die rechtliche Behandlung irrtümlich angenommener Formerfordernisse，JuS 2006，115；Singer. Geltungsgrund und Rechtsfolgen der fehlerhaften Willenserklärungen，JZ 1989，1030；ders.，Selbstbestimmung und Verkehrsschutz im Recht der WillensErklärungen，1995；ders.，Der Kalkulationsirrtum-ein Fall für Treu und Glauben?，JZ 1999，342；Strohmeier，Neue Überlegungen zur Abgrenzung der lrrtumstatbestände，2015；Waas，Der Kalkulationsirrtum zwischen Anfechtung und unzulässiger Rechtsausübung - BGHZ 139，177，JuS 2001，14；Wasmuth，Wider das Dogma vom Vorrang der Sachmzlngelhaftung gegenüber der Anfechtung wegen Eigenschaftsirrtums，FS Piper，1996，1083；Wiegand，Vertragliche Beschränkungen der Berufung auf Willensmängel，2000；Wilhelm，Irrtum über rechtliche Eigenschaften und Kauf，FG Flume，1998，301；

Willems，Ersatz von Vertrauensschäden und Begrenzung auf das Erfüllungsinteresse nach § 122 und § 179 II BGB，JuS 2015，586.

案例：

a）V 欲以 11 000 欧元的价格将一台机器出售给 K，他错写成了 10 000 欧元。K 已经从二人以前的信件往来中知悉实际上 V 打算出价 11 000 欧元，于是他接受了要约。V 可否基于自己的表示错误（第 119 条第 1 款第 2 种情况）撤销其意思表示？**（边码 408）**

b）若在**案例 a** 中 K 无从知晓 V 的真实意图，何如？**（边码 409、433、434）**

c）若在**案例 b** 中 V 将 11 000 欧元的价款错写成 12 000 欧元，K 接受了该要约，何如？**（边码 410）**

d）V 将手表和首饰的商品目录寄给顾客。K 挑选了目录中的第 55 号商品：一款手表，其价格在目录上被错印为 560 欧元，而实际价格应为 650 欧元。K 写信给 V：“我打算订 55 号手表。”V 随即将手表寄给了 K。可否撤销？谁？为什么？**（边码 413、414）**

e）V 将他的两户住宅中的一套公寓租给了 M。不久后 V 知悉，在该出租公寓中居住的 M 的儿子以前曾多次因盗窃被判刑。V 可以因此撤销合同吗？**（边码 419）**

f）在案例 b 中，V 已因笔误而在知悉错误后直接撤销了要约。他可以向 K 要求返还寄出的机器并必须退还价款吗？**（边码 439、440）**

g）M 在 V 处预订了一个月的度假寓所，租金为 1 000 欧元。他打算七月入住，却错写成了六月。当他发现自己的错误时，他撤销了要约。V要求M赔偿其邮费6欧元，损失800欧元，因为他由于M的预订拒绝了另一个打算出价800欧元寻租的房客。**（边码 446、447）**

一、撤销与解释的关系

（一）撤销

407 在特定条件下，法律（第119条及以下）赋予在作出意思表示时发生错误的表意人撤销权。也就是说，法律为表意人提供了及时“消灭”自己在错误基础上作出的意思表示的可能性（边码384及以下）。在意思与表示无意识的不一致的情况下，比如内容和表示错误（第119条第1款，边码377、389），表意人享有撤销权。该规定主要基于以下考量：表意人不会违背自己的意愿而坚持不符合自己效果意思的表示。撤销的前提是，当受领人基于他对于所表示内容的信赖而应予保护时，在意思与表示不一致的情况下，适用的不是欲表示的，而是所表示的内容（边码132）。受领人对所表示内容的信赖是否值得保护取决于他怎样理解该意思表示，以及他在尽到对他来说合理的谨慎时应如何理解该意思表示（边码133、134）。这个问题将通过意思表示的解释来说明。因此，在判断表意人是否享有撤销权之前，需先考虑意思表示的解释问题。

（二）解释

408 1. 解释意味着，首先须查明表意人欲通过表示所表达的真实意思（边码130）。当受领人知道或者通过尽到合理的注意能够知道表意人的真实意思时，则适用表意人的意思（边码133、134）。因为与意思不一致的表示未予适用，所以表意人没有理由通过撤销消灭该表示。他所处的情况应该与他无瑕疵地作出意思表示时的情况一致。

在**案例a**中，买卖合同以11 000欧元的价格成立。V的表示错误对此没有任何影响。V无权撤销。

409 2. 在解释表意人的表示时，若受领人在尽到合理的谨慎后仍无法知悉表意人的真实意思，则表示的客观含义要通过规范性解释来查明（边码135、136）。这种按照受领人观点（Empfängernorizont）进行解释的方法将导致以下后果：通过这种方法查明的意思与真实意思不相符。基于这种分歧才产生了表意人的撤销权。

因为K在**案例b**中不知悉也不可能知悉V的真实意愿（价格11 000欧元），所以在这里适用所表达的内容（10 000欧元）。V可以基于表示错误撤销其意思表示。

410 3. 对导致合同成立的两个意思表示进行规范性解释可能导致的结果是，两个意思表示均有多重含义（比如边码251中的货币案例）。由于不合意（边码249及以下），合同未成立，这样也就不存在撤销的问题。法律行为（合同）尚不存在，谈何撤销。

总体来说，解释优先于撤销。因此，撤销只能在意思表示已经被解释后方被考虑。

二、错误构成

（一）意思表达（Willensäußerung）上的错误

当表示与效果意思无意识的不相符时，即产生意思表达上的错误。在这方面，法律规定了表示错误（Erklärungsirrtum）、内容错误（第 119 条第 1 款）以及传达错误（第 120 条）。 411

1. 当表意人*“在作出意思表示时就意思表示的内容发生错误时”*，即为内容错误（第 119 条第 1 款第 1 种情况）。表意人表达了他想表达的内容，但是他搞错了其表达的法律含义，他赋予表达不同于其实际含义的另一种意义。

在**案例 d** 中，寄送目录这一行为只是要约邀请（边码 167）。K 的来信为要约。这意味着，K 打算以目录所标明的价格购买手表，即 560 欧元。V 邮寄手表的行为即为承诺，可解释为“按照目录上的价格出售该手表。”要约与承诺一致。按照目录上的标价（560 欧元），买卖手表的合同成立。V 在作出承诺表示时陷入了错误：他认为自己以 650 欧元的价格出售了手表，但实际上其表达并没有这种含义。V 在作出承诺的意思表示时并未出现笔误。他知道自己表达了什么，但是他不知道这种表达的效果。V 可以基于内容错误撤销其意思表示。

在 eBay 网上的买卖也会出现买方因关于价款的错误导致的内容错误。对此我们回顾一下这个在讲规范解释时提到过的案例（见边码 136a）：出卖人在 eBay 网上提供了一个要约，内容是 100 欧元“立刻购买”电动自行车。但是这一价格的说明后面又附有“全新智能电动车一口价 2 600 欧元，请阅读描述！”在描述最后写有：“请注意，因为我在拍卖的情况下不能写高于 100 欧元的价格（由于高额的费用），您若出价 100 欧元则被视为同意 2 600 欧元的价格。”联邦最高法院②通过对合同表示的规范解释得出了如下结论：一个关于 2 600 欧元售卖电动自行车的合同是成立的。但是，因为买方根据 100 欧元的一口价表述认为他通过点击这一“立刻购买”按钮缔结了一个该售价下的合同，所以他出现了内容错误，因此有权撤销他的承诺表示。③ 411a

2. 如果表意人在作出意思表示时“根本无意作出包含这一内容的意思表示”，则存在表示错误（即表示行为错误）（第 119 条第 1 款第 2 种情况）。表意人*没有表达出他想表达的内容*，他说错了、写错了、弄错了。 412

例如：V 打算以 700 欧元的价格卖给 K 一幅画，他错写成了 600 欧元。——当网络上待售的商品的最低价格被错误地标为 10 000 欧元（实为 1 000 欧元）时，同

---

② BGH ZIP 2017，928 Rn. 11ff. mAnm Dornis JZ 2017，637.

③ BGH ZIP 2017，928 Rn. 24f.

样存在“笔误”[4]。当网络上错误的标价（笔记本的价格由2 650欧元错标为245欧元）[5]是由数据传递软件的瑕疵所导致时，同样存在表示错误。因为无论这个错误是由表意人打错字还是软件瑕疵所致，都没有区别。——若表示在缺少表意人的表示意识的情况下被作出，则应像表示错误一样被处理[6]（边码85、137、428）。在用鼠标作出电子意思表示时，“错误点击”同样被视为表示错误。[7]

表示错误与内容错误的区别如下：在表示错误的情况下，表意人使用了一种他不想使用的表示符号（他说错了、写错了、弄错了）。而在内容错误的情况下，表意人使用了他想使用的表示符号，但他搞错了该符号的意义和含义。

在**案例d**中，如果V寄给K的不是商品目录（即要约邀请），而是一份写错了价款的合同要约（将650欧元错写为560欧元）并且K回信接受了该要约，那么买卖手表的合同以560欧元的价款成立。只是V在发出要约时陷入了表示错误。

内容错误和表示错误在第119条第1款中被同等对待，在这两种情况下表示与效果意思均不一致。

413　3. 传达错误也属于意思表达错误。

（1）表意人为了传达其表示使用了某人（传达人）或者某机构（邮局），*意思表示被“该人或者该机构不实传达。”*（第120条）

例如：V委托其传达人B告诉K，V打算将手表以650欧元的价格出售给他。注意力不集中的B转告K说，V打算将手表以560欧元的价格卖给他。——V打算通过电报向K发出要约，将手表以650欧元的价格卖给他，他按照自己的意思填写了委托表格。但K收到的电报上的报价却是560欧元。在以上两种情况下，V并不想发出包含该内容的要约（560欧元）。

414　（2）表示的不实传达*与表示错误*[8]*以同样的方式被处理*（第120条）。在这两种情况下，意思与表示是不一致的。在表示错误的情况下，表意人自己错误地表达了其意思（他写错了、说错了），而在第120条的情况下，他使用了一个传达人或机构作为表示工具，该工具的错误运行须归责于表意人。在这里适用被错误表达的内容，但表意人享有撤销权。

如果K接受了V的要约，那么该购表合同以560欧元成立。V可以根据第120条撤销其意思表示。

415　（3）第120条的前提条件如下：

a. 意思表示的传达须借助于某人或者某机构（*表示传达人*）。传达人并不传达自己的，而是表意人的意思表示。这不属于代理行为，代理人以被代理人的名义作出自己的意思表示，该行为的效力直接指向表意人（边码518、519）。

---

④ OLG Oldenburg NJW 2007, 268.

⑤ BGH NJW 2005, 976f.

⑥ BGHZ 91, 324 = NJW 1984, 2279; BGHZ 109, 171 (177) = NJW 1990, 454.

⑦ LG Berlin NJW-RR 2009, 132.

⑧ BGH NJW 2005, 976 (977): § 120 als Fall des Erklärungsirrtums, der lediglich eine gesonderte Regelung erhalten hat.

b. 传达人须*无意地不实传达*意思表示。因此，传达人疏忽的原因并不重要（比如说错了、搞错了、记错了等）。即使他传达了另一个完全不同的意思表示（比如应传达购买手表的要约却传达了求租房屋的要约），适用的也仍是被传达的内容[⑨]，因为表意人承担传达风险。他可以根据第 120 条撤销意思表示。

相反，若传达人*有意*传达不实表示，那么表意人无须为此负责，意思表示根本未到达受领人处，因此它也不需要被撤销。[⑩] 如果传达人根本未被所谓的表意人委托或者该委托在传达之前已被撤回，那么第 120 条不适用。[⑪] 如果受领人因信赖该意思表示而遭受损失，那么受领人可以向传达人（类推适用第 179 条，边码 600）或者表意人（类推适用第 122 条）[⑫] 请求赔偿。

在借助网络传达意思表示的情况下，当表意人的互联网供应商处存在错误根源时，即存在传达人的传达错误。

相反，若供应商或受领人的电子信箱管理员作为受领传达人行为，在出现传达错误时，则为到达问题。

（二）意思形成时的错误

当表意人错误地从一个对效果意思很重要的错误情况出发时，就存在意思形成时的错误（动机错误）。这样的错误基本上是不重要的。根据第 119 条第 2 款，“*交易上被视为重要的关于人或物的性质的错误*”可以被撤销。这种性质错误属于动机错误中的特例。[⑬] 意思与表示之间并未不一致，表意人在意思形成的过程中陷入错误。 416

例如： V 将一枚戒指以 90 欧元的价格出售给 K，他认为这枚戒指只是镀金的，但实际上这是一枚纯金戒指。如果 V 知道该事实，那么售价不会是 90 欧元，他会放弃出售或者至少要价 500 欧元。

1. 关于交易上认为重要的人或者物的性质的错误的构成要件（第 119 条第 2 款）

（1）人的性质： 417

a. 该人也可以是除双方当事人之外的第三人，但前提是该法律行为与他有关。

因为在**案例 e** 中，M 的家庭成员也可以使用出租公寓（家庭成员的共同使用是合同规定的承租人使用权的一部分）[⑭]，所以 V 对于 M 之子的性质的认识错误（第 119 条第 2 款）可能就很重要了。

b. 性质是一种在事实和法律上的显著特征，它是该人自身具备的且在一定期间内持续存在。

例如： 年龄、性别、宗教、政治立场、前科（**案例 e**）、职业技能、信贷信用。

---

⑨ HM；Soergel/Hefermehl § 120 Rn. 5 mwN.

⑩ HM；Erman/Arnold § 120 Rn. 5；HK-BGB/Dörner § 120 Rn. 4；aA Marburger AcP 173 (1973)，137.

⑪ BGH NJW 2008，2702 (2704f.).

⑫ MüKoBGB/Armbrüster § 120 Rn. 4.

⑬ HM；Wolf/Neuner BGB AT § 41 Rn. 51；NK-BGB/Feuerborn § 119 Rn. 63；vgl. Prot. I 114.

⑭ MüKoBGB/ Bieber § 540 Rn. 5f.

相反，对于求职者而言，怀孕并不能被视为其性质，因为这只是她暂时的状态。[15]

c. 重要的只是与法律行为的内容有直接关系的性质。

在招募泥瓦匠时，被考虑的求职者性质只与泥瓦工作有关，他属于哪个党派并不重要。相反出版商与政治版编辑之间的劳动合同是可以撤销的，如果他发现该编辑所属的党派与该报的倾向并不一致。买家的信贷信用在他通过信贷方式购物时非常重要，相反在他用现金购物时则毫不重要。

418 (2) 物的性质：

a. 物不只是有体物（第 90 条），而是任何一种标的（边码 781），它须为法律行为的客体。

b. 性质是指一切构成价值的因素。它不仅包括基于物的自然特性而产生的特点，而且包括物的事实和法律上的情况，它们基于物的特性和持久性而对其实用性和价值产生影响。[16]

一块土地的特征可能是它的位置、边界、土壤的特性、建屋可能性等。

物的价值或价格*并非*性质[17]，因为价值与价格本身并非价值构成因素，它们取决于市场行情。如果表意人因为对物的价值构成因素发生错误，从而对物的实际价值发生错误，那么他可以基于性质错误进行撤销。

V 错误认识了他以 90 欧元出售的戒指的价值，因为他误以为这枚戒指是镀金的，而实际上它是纯金的。V 可以根据第 119 条第 2 款撤销其要约。

419 (3) 交易重要性。

根据第 119 条第 2 款，只考虑“在交易中被视为重要的”性质。因此，那些仅被表意人视为重要的性质被排除在外，它们是完全主观的，非客观的。对此应当根据交易的典型经济目的对性质重要与否作出判断。

另一方面，若该性质属于意思表示的内容（交易重要性），则关于主观认为重要的性质错误可以导致撤销，而是否符合上述条件须通过解释予以查明。

例如：如果土地的出卖人知道买受人购买该地的目的是建造房屋，那么这块土地的建屋可能性就是第 119 条第 2 款中的交易中重要的性质。

420 2. 根据第 119 条第 2 款排除的撤销权：

(1) K 从 V 处购得一幅他认为是真品的画，但从价款来看该画不可能是真品。不久后，当 K 发现该画只是复制品时，他无权基于特征错误而撤销其意思表示。在这里，K 达成了一个有风险的交易，因为他以远远低于真品价格的价格购买该画，所以认为其（默示地）放弃了因对画的真伪的认识错误而享有的撤销权。

(2) 为了债务人 S 向债权人 G 的债务履行而与 G 签订担保合同的担保人 B（第 765 条第 1 款）不可以因对 S 的支付能力产生错误而享有撤销权，因为作为担保人他必须承担这样的风险。

---

[15] BAG NJW 1992，2173（2174）.

[16] BGHZ 34，32（41）= NJW 1961，772；BGHZ 88，240（245）= NJW 1984，230.

[17] BGHZ 16，57.

（3）当买家对所购买物品的交易中的重要性质发生错误时，也可以适用瑕疵担保条款（第 434 条及以下）。这时第 434 条及以下作为特别规定优先适用。这些条款应当最终性地规定了买家因瑕疵而享有的权利。它们的前提条件（例如实际履行优先）[18] 不应通过撤销而被取消。买家根据第 119 条第 2 款而享有的撤销权因此受阻。与此相同，如果享有撤销权的人根据第 536 条及以下、第 633 条及以下、第 651c 条及以下享有瑕疵担保权，那么根据第 119 条第 2 款的撤销权则被排除。

（4）对物的瑕疵发生错误的卖家同样不可以根据第 119 条第 2 款撤销，因为他可以以这种方式逃避瑕疵责任。

相反，当性质错误与瑕疵无关时他享有撤销权，因为在这种情况下不存在与第 434 条及以下之间的竞合。当可以确定买家将不主张瑕疵请求权时，撤销也是被允许的。[19]

（三）个别情况

1. 当在一份未阅读的文件上签字并发生错误时，仅在特别情况下存在撤销权。 421
须对以下情况予以区分：

（1）如果双方已就行为内容达成口头一致并且应当将合意书面记录下来，那么已签字的文件中的内容即为双方合意的结果：在此适用的是想要表示的，而不是所表示的内容，因为错误的标记不应对此造成负面影响（边码 133），因此不存在撤销问题。[20]

（2）如果有意识地（im Bewusstsein）作出意思表示的文件签署人不了解而且也无法设想出文件的内容，那么由于不存在错误，撤销被排除。因为签署人在作出表示时并无想法，其意思并未与表示不相符。他无须得到保护，因为通过他的行为可以得知，他允许未经阅读的表示对自己发生效力。

（3）如果签署人在签字时错误地认为其签署的是文件 A，而实际上是文件 B，那么此时意思与表示无意识的不相符。因此，根据通说，该人基于表示错误而享有撤销权。[21]

（4）同样，当签署人未经阅读在一份由他自己或者按照其口述而被错误起草的文件上签字时，他也享有撤销权。

2. 如果签署人在一份*空白文件*上签字，之后该文件以违反约定的方式被填写， 422
那么就存在表示错误，因为签署人打算作出其他表示。

例如：K 在 V 处购买价款为 5 000 欧元的家具。他在一张借款单上签字，根据约定，V 应在该单上填写价款 5 000 欧元，但却写成了 7 000 欧元。

---

[18] Brox/Walker SchuldR BT § 4 Rn. 50，70，81.

[19] BGH NJW 1988，2597：Das als Werk eines unbekannten Malers verkaufte Bild erweist sich als wertvolles Meisterwerk；dazu：Köhler/Fritzsche JuS 1990，17.

[20] BGH NJW 1995，190（191）；BAG 1971，639（640）；Erman! Arnold § 133 Rn. 18；HK-BGB/Dörner § 133 Rn. 9；aA Hübner BGB AT Rn. 803 mN.

[21] Vgl. Soerge/Hefermehl § 119 Rn. 13.

然而，有时撤销权应被排除。须对以下两种情况进行区分：

（1）如果表示受领人（V）以违背约定的方式填写文件并向签署人主张自己的权利，那么他不能援引（所填写）的文件的内容。因为他对该内容的信赖不受保护。此时适用其想表示的内容。

如果K和V之间签订了贷款合同，那么适用实际想表示的内容（5 000欧元）。

（2）没有填写该文件的第三人对所表达内容的信赖应当得到保护，只要他不知道也不应当知道该填写是违反约定的。

如果由K签字的、违反约定地被填写为7 000欧元的单据是向银行B贷款的贷款申请，且银行接受了该申请，那么贷款额为7 000欧元的合同成立。

尽管存在表示错误，表意人仍不能撤销该法律行为。他不值得保护，因为他在签名时应当考虑到，该单据可能以违反约定的方式被他人填写。此时的利益情况与授予授权书的情况相符。根据第172条第2款、第173条的规定，对于第三人来说，授权存续至授权书被返还或者被宣告无效为止。与这种法律价值相符，空白文件的签署人同样不可以向善意第三人主张，文件被违约填写。[22]

K不可以向银行撤销自己的意思表示。按照合同，他对银行的欠款为7 000欧元。

423 3. *法律后果错误*[23]意味着，表意人对自己作出的意思表示所引发的法律后果产生了错误。在这里，它可以是一个不重要的动机错误或者一个重要的内容错误。

（1）如果法律后果根据法律规定与意思表示相连接，且表意人对该后果发生了错误，那么就不存在意思和表示之间的不相符，而只存在一个不重要的动机错误。

V将一辆汽车出售给K。合同中并未规定V须对物的瑕疵承担责任，法律对此进行了规定（第434条及以下）。V错误地认为，他无须为物的瑕疵承担责任，因为他在合同中并未作出这样的允诺。这是一个动机错误，而非内容错误。

（2）相反，如果法律后果构成了*表示的内容*并且表意人对此发生错误，那么其表示与意思不相符，因为表示含有不同于意思所指向的内容的其他含义（内容错误）。

如果在购买汽车的合同中出卖人的权利瑕疵责任被排除，而V错误地认为物的瑕疵责任也被排除，那么此时他对其表示的含义发生了认识错误，他可以基于内容错误而享有撤销权。

424 4. 在*计算错误*的情况下，表意人对作为计算（比如计算价格、数量）基础的情况（计算因数）发生了错误。

粉刷工人M为房主E提供的关于特定粉刷工作的报价为4 000欧元，这是因为M以过于小的墙壁的平方米数或者过低的小时工资为出发点，或者他在总计各个款项时发生了不利于自己的错误。

424a （1）如果表意人并未向对方公示计算依据（所谓*隐藏的计算错误*），那么该计

---

[22] Vgl. BGHZ 40，65（68）= NJW 1963，1971.

[23] 对此，参见Musielak JZ 2014，64，他主张区分重要的内容错误和不重要的动机错误，该观点与通说相左。

算错误只是一个动机错误，因而不能被撤销。

如果M只向E提供了4 000欧元的总价款，那么他无权撤销。

(2) 如果相对方了解该计算（所谓公*开的计算错误*），那么按照帝国法院的观点，表意人犯了一个重要的内容错误，因为这样计算就成为了表示的内容。[24] 该观点几乎被普遍地拒绝。[25] 表意人并未表达与他想表达的内容不相符的其他内容。意思和表示其实是一致的。只是在想表达的内容和正确的计算结果之间存在差异。事实上，这只是一个不重要的动机错误。帝国法院的目的是保护表意人，但这完全可以通过其他方式实现。 424b

如果受领人所得知的账目中包含一个对该人而言明显的、在将各个款项相加时发生的计算错误，那么这只是一个错误标记，此时双方可以约定正确的总额，解释在这里也将起到作用。

如果该动机错误是一个性质错误，那么表意人可以依据第119条第2款进行撤销。

如果表意人的计算错误由意思表示的相对方所引起，那么根据缔约过失责任(culpa in contrahendo，第280条第1款、第241条第2款、第311条第2款)，他有义务将表意人从其表示的法律约束中解脱出来或者进行损害赔偿。

如果官方委托人虽然引起了投标人的计算错误，但是认识到其投标受到了计算错误的影响，则也是类似的情况。他可能根据第311条第2款、第241第2款中的前合同保护义务而负有在委托合同成立之前向投标人示明该错误的义务。这样的示明义务的前提是，官方委托人也不能从错误计算的价格中大致推断出一个与将要被履行的承揽给付或者服务给付相当的对待给付。[26] 在这一案例中，受托人有权根据第280条第1款以及第311条第2款、第241条第2款请求损害赔偿，该损害赔偿指恢复到像合同未曾被订立时的原状。

如果表意人和表示受领人均从同一错误动机出发（比如在股票买卖合同中双方在确定价格时均从错误的股票市场行情出发），那么此时即存在一个双方的动机错误，这种情况应根据行为基础障碍条款（第313条）来处理。

5. 许多学者均尝试将不适用第119条第2款的*动机错误*归类为内容错误，以便使错误人能够享有第119条第1款中的撤销权。他们的理由是：对某特定情况的设想（Vorstellung）属于效果意思。 425

这种观点与法律的价值相矛盾，因为根据法律规定，只有在以下情况中撤销权才是可能的：意思与表示不相符（第119条第1款）、动机错误的特例以及特征错误（第119条第2款）。将动机错误“标榜”为内容错误将模糊重大和非重大错误之间清晰的法律界限。如果每种动机都属于效果意思，那么通过这种方式，根据第119条第1款，动机错误作为一种内容错误可以使法律行为被撤销。

---

[24] Vgl. RGZ 64，268；162，201；offengelassen in BGH NJW 1981，1551.

[25] Vgl. BGH NJW 2002，2312f.；2001，2464（2465）；MDR 1999，216；Wolf/Neuner BGB AT §41 Rn. 71 ff. mwN.

[26] BGH NJW 2015，1513（1514）mAnm Riehm JuS 2015，644.

K在V处为自己即将举行婚礼的女儿购置了一套家具，那么对于与V签订了该买卖合同的K来说，婚礼即是其动机。即使K明确向V表示，这些家具是因他女儿的婚礼而购买的，该动机也无法成为合同的内容，这只是对购买动机的告知。如果婚礼被取消，那么K不能因为这个（单纯的）动机错误而撤销其购买要约。

正确的做法是对以下情况进行区分：

426 (1) 某特定情况可以表明（或由此识别出）交易相对方或者交易客体。如果表意人的本意所指的是有别于表示受领人从其意思表示中所能推知的另一个人或者另一个客体，那么就存在同一性错误（Identitätsirrtum），根据第119条第1款表意人享有撤销权。

例如：由于疏忽，K进入了一家马肉店并购买了“一公斤里脊”，在该场所该表示会被理解为“马里脊”。如果K实际上打算买牛里脊，那么这个意思就属于效果意思，因为它对辨别买卖标的很必要。因此，这属于内容错误。

427 (2) 如果表意人正确地识别出了人或者标的，但却对另一种促使其作出意思表示的情况产生了错误，那么这里涉及的就不是内容错误，而是动机错误。

K在马肉店选择了一块放在案板上的肉并将它购买下来。随着他用手指指向肉，这块肉已经被确定下来了。意思和表示一致。K对肉的性质发生了错误。他可以根据第119条第2款进行撤销。

X给手工工厂主M打电话，打算与其签订合同。他误认为M是自己的顾客，所以才将工作委托给他。在这里并不存在内容错误，X没有对交易中重要的性质发生错误。

428 6. 在缺少表示意思（边码85）的情况下，意思表示仍存在，因为表示受领人可以将表意人的行为理解为意思表示。与表示错误的情况相同，此时表意人享有撤销权。

429 7. 关于一些特殊情况见代理中的错误情形：边码535及以下、568及以下。

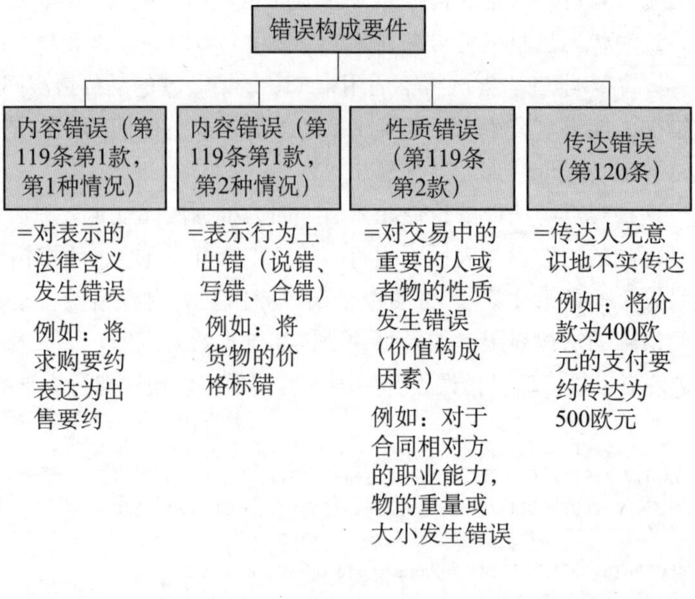

三、因错误而撤销的前提条件

由错误导致的撤销有以下前提： 430

（一）错误

必须存在第 119、120 条中所列举的错误（边码 413 及以下）。

（二）错误与意思表示之间的因果联系

错误须为意思表示的原因，这种因果关系在两个层面上发挥作用： 431

1. 须认为，表意人*"在知道事情的状况时"*是不会作出该意思表示的（第 119 条第 1 款）。如果表意人在未发生错误的情况下同样会作出该意思表示，那么错误在*主观上的重要性*就可以被否定。

例如： X 打算在其熟悉的旅馆预订 31 号房间作为度假住所，但他错写成了"35 号房间"，这样即存在表示错误。但他不可以通过撤销而使合同无效，只要 35 号房间与 31 号房间拥有一样的布置，一样的价格并且至少位于一样安静的位置，因为这对于对噪声敏感的 X 很重要。这时 X 在知道事情状况的情况下也会作出预订 35 号房间的意思表示。

2. 此外，须认为表意人"在合理地评价情况时"不会作出该意思表示（第 119 条第 1 款）。法律欲通过这个对意思的客观重要性的要求来限制撤销可能性，重要的是错误人作为一个理性的人在"不受固执、主观情绪以及愚蠢观念的影响"[27] 的情况下是否会作出该意思表示。 432

X 欲在旅馆预订 31 号房间，却错订为 13 号*，因为迷信他不打算入住。在这种情况下，虽然存在主观上重大的表示错误，但由于缺少客观上的重大错误，X 无权撤销，因为 13 号这个房间号码是不会对一个理性人的选择产生影响的。

（三）撤销表示

1. 撤销必须被表示出来。它是一个单方的、需受领的意思表示（第 143 条第 1 款）。它无须包含"撤销"这样的字眼，当表示受领人能够从表示中知悉表意人因某一意思瑕疵而打算将某特定法律行为自始清除时，即可。如果撤销权人否认、不认可或者通过其他方式对已承诺的义务表示异议，只要该意思能够被明确识别，即符合撤销表示的要求。[28] 433

例如： 在**案例 b** 中，V 给 K 写信："因为我在出售要约中写错了售价，所以我宣布合同无效。"

---

* 在西方，13 是一个不吉利的数字。——译者注

[27] BAG NJW 1991，2723（2726）；RGZ 62，206.

[28] BGH ZIP 2017，928 Rn. 29 mAnm Dornis JZ 2017，637.

就撤销表示的生效而言，在表示中对撤销原因予以说明是不必要的。[29] 诚然，撤销相对方对知悉该原因存在利益，因为只有这样他才能判断，他应该让该撤销生效还是实施反对措施。然而，基于此种利益，使得撤销表示的效力取决于对撤销原因的说明是不必要的。当撤销相对方不知道撤销原因时，他可以向撤销权人询问。如果该撤销权人不回答或者对撤销原因进行了错误的说明，那么他须承担由此给撤销相对人造成的不利益。如果撤销以某特定理由为依据，撤销人后来提出了另一种撤销原因，那么这被视为新的撤销表示，应当按照其被作出的时间来判断其适时性（第121条）。[30]

撤销表示因其形成效力（第142条第1款，对此参见边码438）原则上是不得附条件的。法律行为首先不具有所声称的内容，或者已经由于其他原因而无效，在这种情况下该撤销可以被解释为视情况而定的撤销，因为在这里，撤销仅被认为由解释结果决定，而非未来某个不确定事件的发生。[31]

434 2. 撤销须由撤销权人向撤销相对人作出（第143条第1款）。

（1）*撤销权人*是基于意思瑕疵作出意思表示的人。在第119条第1款中指错误人，在第120条中指表意人（而非传达人）。

如果无权代理人错误地作出了意思表示，且合同相对人根据第179条向其提出请求（见边码601及以下），那么他享有撤销权。[32]

（2）*撤销相对方*是作出撤销表示的对象。在合同中他是合同相对方（第143条第2款，在案例b中是K），在多方合同中是受撤销影响的所有参与人。[33] 在需受领的单方法律行为中（比如通知终止表示（Kündigungserklärung））撤销相对方是对其作出表示的人（第143条第3款第1句，例如通知终止表示的受领人）。就无须受领的单方法律行为而言，不存在表示相对方，表示须对因该法律行为直接获得法律上的利益的人（第143条第4款第1句）作出。

如果X本打算放弃自己对A书的所有权，但却错拿了B书并将其丢弃（比较第959条，边码634），那么它可以基于表示错误而撤销自己的无须受领的法律行为。根据第143条第4款第1句，撤销相对方为在此期间将该无主书占为己有的Y（第958条第1款，边码634）。相反，若B书并未被侵占，仍是无主物，则X无须撤销，它可以继续占有该书。

撤销向机关作出的意思表示一方面参见第143条第3款第2句，另一方面参见第143条第4款第2句。

（四）撤销的不迟延

435 撤销须毫不迟延的发生（第121条第1款第1句）。从表示受领人的利益出发，

---

[29] RGZ 65，86（88）；Palandt/Ellenberger § 143 Rn. 3，der aber darauf abstellt，dass der Anfechtungsgegner den zugrunde liegenden Sachverhalt erkennen kann.

[30] BGH NJW-RR 1993，948.

[31] BGH ZIP 2017，928 Rn. 31.

[32] So zu einer Anfechtung wegen arglistiger Täuschung BGH NJW 2002，1867.

[33] BGHZ 96，302 = NJW 1986，918；dazu Dörner NJW 1986，2916.

不确定的悬而未决状态应当被缩短。

1. “不迟延”的法定定义是，在撤销权人知道撤销原因后，须在*没有过错的迟延*的情况下进行撤销。期间开始于权利人得知可靠的撤销原因之时（比如在要约中发现了笔误）。但这并不意味着要“立即”进行撤销，而是应当在分析各种情况的基础上确定在个案中哪种期限对撤销权人而言是合理的（比如考虑时间、咨询律师的时间）。

2. 对不在场者作出的撤销在到达时生效（第 130 条第 1 款第 1 句，边码 149），然而，*就撤销的适时性而言，撤销表示不迟延地被寄出即可*（第 121 条第 1 款第 2 句）。撤销表示在寄出和到达之间的迟延责任不应由撤销人承担，只要他对于该迟延并无过错。

（五）排除原因的不存在

只有当没有理由将撤销排除时，一个基于错误产生的意思表示才能被有效地撤销。除第 121 条第 1 款中的撤销期间经过外，还存在以下排除原因： 436

1. 自*可撤销的意思表示作出起已经过 10 年的*，不得撤销（第 121 条第 2 款）。如果在此除斥期间内撤销意思表示未到达撤销相对方，那么不得撤销；如果撤销权人在该期间经过后方知道撤销原因，那么同样如此。

2. *如果可撤销的法律行为被撤销权人认可*，那么同样不得撤销（第 144 条第 1 款）。认可是撤销权人作出的无须受领的意思表示，通过认可他放弃其撤销权。认可建立在知道撤销原因的基础上，根据第 144 条第 2 款，它无须使用就法律行为而定的形式。 437

尽管 K 刚刚得知他在与 V 签订的作成公证证书的土地买卖合同中发生了内容错误，但他仍然向 V 请求关于土地所有权移转的合意（Auflassung），从该请求中可以推断出 K 对该可撤销的买卖合同的认可。与对无效法律行为的认可不同（第 141 条第 1 款，边码 371 及以下），对可撤销的法律行为的认可无须被判定为重新实施，因此对于形式亦无要求。即使符合期间规定的撤销表示根据第 121 条第 1 款仍是可能的，认可也可以排除该撤销。

相反，如果 K 基于内容错误进行了撤销，那么买卖合同归于无效。此时对该无效法律行为的认可只能根据第 141 条第 1 款，即通过重新实施方为可能。K 须与 V 就土地买卖重新签订一份公证合同（第 311b 条第 1 款第 1 句）。

问题是通过这样的确认是否不仅使撤销权被放弃，除撤销权以外还存在的损害赔偿请求权也被放弃，例如前合同义务不履行（第 280 条第 1 款、第 241 条第 2 款、第 311 条第 2 款）。联邦最高法院[34]认为，虽然损害赔偿请求权并未因确认而被排除，但是损害赔偿不能再被要求以恢复到合同并未被签订时的状况来实施。撤销相对人可以由于确认而相信，它仍存在于给付交换中。相反，虽然确认已经被作出，但是若获得之物的质量较差，仍然可以请求金钱形式的损害赔偿。

---

[34] BGH NZM 2016，582 Rn. 26f. mAnm Riehm JuS 2016，739.

437a 3. 最后，撤销也可以根据诚实信用原则（第 242 条）被排除：

（1）如果规范性解释产生的结果是，虽然所查明的意思与表意人的真实意思不一致，但是前者对于表意人更有利，那么表意人不得撤销，因为错误人没有理由因其错误表示而被置于更不利的处境。他没有理由通过撤销消灭自己的表示。[35]

在**案例 c** 中，买卖合同以 12 000 欧元的价格成立。V 因错误而处于更好的情况中。他不可以撤销。

437b （2）在如下情况中表意人同样不享有撤销权：虽然规范性解释导致了意思与表示的不一致，并且所表示的内容比欲表示的内容对表意人更为不利，但是相对方在发现错误后同意适用表意人欲表示的，而非所表示的内容。通过相对方的让步，表意人的处境与其未发生过错误时相同。因此，根据诚实信用原则，表意人必须遵守他想要表示的内容。如果他因在此期间出现的涨价而对其欲表达的内容有所后悔，打算把撤销作为“后悔权”使用，那么他绝不可以利用错误使得自己脱离其表示。因为如果他这样做，他就自相矛盾了。

例如： V 打算将一台机器以 11 000 欧元的价格出售给 K，但他却错写成了 10 000 欧元。当他打算基于该错误而撤销其意思表示时，K 表示其愿意以 11 000 欧元的价格购买该机器。V 不打算继续这笔买卖，因为他现在可以以 14 000 欧元的价格出售这台机器。V 的撤销不能实现，因为通过 K 的同意他现在所处的情况已经和错误没有发生时一样了。

四、基于错误进行撤销的后果

（一）法律行为的无效

438 1. 如果可撤销的法律行为被有效地撤销，那么它*被视为自始无效*（第 142 条第 1 款）。

（1）撤销并不会使无错误的法律行为代替有瑕疵的法律行为。更确切地说，有瑕疵的法律行为只是通过撤销*被取消了，而非被改正*。

如果意思瑕疵只涉及法律行为的一部分而且根据第 139 条（边码 353 及以下）余下部分可以被实施，那么撤销只使该部分无效。

（2）被撤销的法律行为并非在作出撤销表示时才无效（从即时起（ex nunc））。相反，撤销使法律行为*自始无效*（*溯及既往的＝从当时起*［*ex tunc*］）。就像该法律行为从未被实施过一样。

溯及既往的无效在已经被实施的持续性法律关系中（例如劳动关系或者社会关系）会导致清算困难，例如已经完成的工作已无法被退还。立法者未认识到这个问题。这个法律漏洞通过以下方式得到填补：在这些情况下，撤销只是从即时起（ex nunc）生效。[36]

---

[35] Vgl. RGZ 128，121.

[36] Einzelheiten：Brox，Die Einschränkung der Irrtumsanfechtung，1960，214ff.

2. 撤销不仅导致单方法律行为无效，而且使合同无效。可撤销的不是整个合同，而是基于错误作出的单个意思表示。[37] 因此，要约人可以撤销其要约，承诺人可以撤销其承诺。如果合同双方的一方有效地撤销了意思表示，那么合同就因缺少必要的意思表示而失效。 439

在**案例 f** 中，V 的要约因其撤销而自始无效。因此，V 和 K 之间的买卖合同缺少了 V 的意思表示。

3. 可撤销的意思表示既可以是*债法中的原因行为*，也可以是*物权行为性质的履行行为*。 440

（1）如果只有属于债法合同的意思表示是可撤销的且已被撤销，那么该合同失效，因此当事人之间不再负有义务。如果一方当事人已经履约，那么基于抽象原则（边码 117 及以下），履行行为的效力不受原因行为无效性的影响。已经履行的部分可以因缺少法律原因而根据不当得利（第 812 条）被要求返还。

在**案例 f** 中，由于买卖合同的无效 K 无须支付价款。尽管合同无效，但机器的转让（第 929 条第 1 句）仍然有效。因此，V 对 K 不享有第 985 条中的返还请求权，而仅享有第 812 条中的不当得利请求权，请求返还该机器。如果在此期间 K 将机器转卖给 D 并已完成转让，那么根据第 929 条第 1 句，D 从所有权人 K 处获得该机器的所有权，V 不可以向 D 请求返还机器。K 须根据第 812、818 条第 2 款对 V 进行价额赔偿。

（2）如果只有*履行行为*中出现重大意思瑕疵，那么只可以撤销履行行为——不包括原因行为。 441

例如：为了履行一份不可撤销的买卖合同，出卖人 V 错拿了一个非标的物并将其转让给 K。若 V 撤销所有权转移合意，则 K 将不再是所有权人。V 可以根据第 985 条要求 K 返还物品。基于有效的买卖合同，V 仍对 K 负有转让和交付所购买物品的义务。

（3）最后，若债法上的行为和履行行为均基于同一错误被作出，则二者均可被撤销。 441a

例如：若 V 的意思表示建立在恶意欺诈（第 123 条，边码 450）的基础上，则撤销表示将导致买卖合同和转让合同的无效。

4. 在撤销所导致的履行行为无效的情况下，若撤销相对人在撤销前已将标的继续处分给第三人，则会引起一些特殊问题。 442

（1）若第三人知道或者应当知道履行行为的可撤销性，则在进行撤销后他将会被这样对待：好像他已经知道或者应当已经知道法律行为的无效一样（第 142 条第 2 款）。

为了理解这个规定，我们须从以下案例出发：未成年人 V 在未经其父母同意的情况下将一个属于他的物（画、土地）出售并转让给 K。由于缺少有效的合意（第 929 条第 1 句、第 873、925 条），K 并未得到物的所有权。如果 K 将该物继续转让给 D，那么仅在 D 相信 K 的所有权的情况下，他才能成为物的所有权人。（无权利

[37] Ganz hM；anders Petersen，FS Leenen，2012，219（220）.

人的善意取得见边码28［不动产］以及边码639［动产］）。若D知道V向K的转让是无效的，则D无法善意取得该物。

相反，若V为成年人，他基于一个可以导致撤销的错误作出合意表示，则只要其不撤销其合意表示，K就获得物的所有权。同样，D随后从权利人（所有权人）处获得所有权。若V撤销了其合意表示，则合意自始无效，K也成为非所有权人，D只能通过从无权利人（K）处的善意取得获得物的所有权。然而，对该善意取得来说，被考量的却不能是D对K的所有权的善意，因为在转让时V尚未作出撤销表示，K仍是物的所有权人。在这里应适用第142条第2款：如果D已经知道或者应当知道转让的可撤销性，那么他应当考虑到撤销以及由此导致的转让的无效性。因此，D应当被这样对待：就像他已经知道或者应当知道行为的无效性一样。因此，如果D知道V对K的转让是可撤销的，那么他就是恶意的，这样他须在撤销发生后向所有权人V返还该物（第985条）。知道可撤销性与知道导致撤销的事实（错误、欺诈或者胁迫）是一样的。[38] 在获得不动产的情况下，要根据第892条第1款第2句（边码28，知道导致不利后果）来判断恶意，而在获得动产的情况下则根据第932条第2款（边码639，知道以及因重大过失不知道导致不利）作出判断。

443 （2）根据第142条第2款的规定，撤销无效的法律行为可能是必要的。这可能让人们感到惊讶，因为即使不从法律角度出发，人们也要发问：为什么一个已经无效的法律行为仍然应当通过撤销使其消灭。当今被承认的“法律中的双重效力”[39]学说以此方式获得了依据。

例如：未成年人V在未经父母同意的情况下将属于自己的物转让给了K，并且V的合意表示中含有一个能够导致撤销的错误。因为缺少有效的合意，K未获得物的所有权。K将物继续转让给D，此时需区别以下两种情况：

若D知道V为未成年人，则他知道V对K的转让的无效性，就知道K是无权利人，因此其善意取得不成立。V可以根据第985条向D请求返还该物。

若D不知道V为未成年人，却知道V的合意表示的可撤销性，则V只有在撤销合意的情况下才能向D请求返还该物，因为D在可撤销性方面是恶意的（第142条第2款）。

（二）损害赔偿义务

444 根据第119、120条，撤销将导致损害赔偿义务（第122条）。这同样适用于第118条中的（无效的）戏谑表示（边码397及以下）。

1. 义务人是作出瑕疵表示的人（第122条第1款）。其责任不以其过错为基础（诱因责任，Veranlassungshaftung）。

445 2. 对需受领的意思表示来说，*权利人*是表示受领人；而就其他意思表示而言，则是每个被涉及的第三人。

---

[38] BGH NJW-RR 1987，1456（1457）；LM Nr. 1 zu § 142.

[39] Dazu aus neuerer Zeit Würdinger JuS 2011，769.

被保护的是信赖并且可以信赖表示的有效性的人。因此，那些知道或者因为过失不知道（应当知道，第 122 条第 2 款）撤销原因（或者戏谑表示无效性）的人不值得保护，此时不存在损害赔偿义务。

3. 损害赔偿请求权的*范围*在两方面被限制： 446

（1）被赔偿的只是信赖损害（第 122 条第 1 款），而非履行损害。

a. 信赖损害（信赖或者消极利益）是请求权人因“信赖表示的有效性”（第 122 条第 1 款）而遭受的损失。他必须处于这样的情况中：就像他从未听说过这个行为一样。

在**案例 g** 中，V 的邮费属于信赖损害。因为考虑到与 M 的合同，V 拒绝了另一个求租要约（六月）。800 欧元的房租损失也属于信赖损失。

b. 不能得到清偿的是履行损害（＝履行或者积极利益）。它指的是因一方不履行而给另一方造成的损失。在赔偿履行损失时，遭受损失的人须处于这种情况：就像给付被履行了一样。（案例 g 中的 1 000 欧元）

（2）第二个损害赔偿请求的界限在第 122 条第 1 款中被规定：信赖损害最高以履行损害为限被赔偿。 447

在**案例 g** 中，如果 V 因信赖与 M 签订的租赁合同的有效性而拒绝了另一个欲出价 1 200 欧元的求租者的要约，那么这也属于其信赖损害。然而，该信赖损害超过了 V 的履行利益，因为在与 M 的租赁合同有效的情况下，V 只对 1 000 欧元享有支付请求权。因此，信赖损害只能以 1 000 欧元为限得到赔偿。

因此，信赖损害的赔偿以履行利益的数额为限，因为请求权人不能处于比表示有效时更有利的处境中。同样，如果被请求人须赔偿超过履行利益的信赖利损害那么法律赋予他的撤销权给他带来的损失将超过收益。

由错误导致的撤销（第 119、120 条）

Ⅰ. 前提

1. 撤销原因

a）错误（第 119 条第 1、2 款，第 120 条）

b）错误和意思表示之间的因果关系（＝错误在主观和客观上的重要性）

2. 撤销表示（第 143 条）

a）有效的意思表示（特别是第 130 条中的到达）

b）由撤销权人作出

c）向正确的撤销相对方作出（第 143 条第 2 至 4 款）

3. 撤销期限（第 121 条第 1 款：毫不迟延的）

4. 不存在对撤销的排除

a）作出可撤销的意思表示起 10 年（第 121 条第 2 款）

b）撤销权人对可撤销法律行为的认可（第 144 条）

c）根据诚实信用原则进行排除（第 242 条）

（1）所表示的内容比欲表示的内容对表意人更有利

(2) 受领人同意适用真正欲表达的内容

Ⅱ. 法律效果

1. 被撤销的法律行为自始无效（第142条第1款）

2. 撤销人的损害赔偿义务（第122条）

a) 前提

(1) 有效的撤销（第119、120、143条）

(2) 表示受领人信赖被撤销的意思表示的效力（第122条第2款，撤销原因的受害人知道或因过失而不知道的情况，其信赖不被保护）

b) 法律效果

以履行损失（积极利益）为限对信赖损失（消极利益）予以赔偿（第122条第1款）

五、错误的特殊情况

（一）订立遗嘱时的错误

448 在订立遗嘱时，发生错误的被继承人可以根据第2078条及以下进行撤销。该特别条款与作为一般性条款的第119条及以下之间的区别体现在以下方面[40]：

1. 除表示和内容错误（第2078条第1款）外，被继承人的动机错误也可以导致撤销（第2078条第2款）。在这里撤销原因的扩大是合理的，因为在遗嘱事项中不涉及交易安全，也不存在需得到保护的表示受领人（参见边码131）。

2. 错误须是被继承人处分的原因。此时考虑错误在主观上的重要性即可（知道事情的状况，第2078条第1款）。客观上的重要性并非必要，第119条第1款中的前提“在合理的评价情况时”也没有在第2078条第1款中被规定。法律在此只考虑被继承人的意思和特征。

3. 根据第2080条第1款，享有撤销权的是因遗嘱废止而直接受利益的人，而非可以随时撤回（Widerruf）遗嘱的被继承人（第2253条及以下）。

4. 撤销表示须向遗产法院作出（第2081条第1款），这样撤销权人就不必通过遗嘱确定受益人。

5. 撤销无须不迟延的进行，第2082条规定了一年的期限。

6. 撤销不会导致信赖损失赔偿请求权（第2078条第3款），因为遗嘱中指定的继承人对遗嘱有效性的信赖并不值得保护。

（二）结婚时的错误

449 同样，在户籍管理人员面前作出的愿意与伴侣缔结婚姻的表示（第1310条第1

[40] Einzelheiten：Brox/Wa/ker ErbR Rn. 230ff.

款第 1 句）也可能以某特定错误为基础（参见第 1314 条第 2 款第 3 项）。

例如：妻子在婚后得知，丈夫对自己恶意隐瞒了其在婚前已罹患绝症的事实。

在这些情况下，撤销表示能够溯及既往地使婚姻消灭。在结婚事项中陷入重大错误的一方可以提出废止婚姻的申请（第 1313 条及以下）。当法院同意该申请时，婚姻随着判决的法律效力（从即时起）被解除（第 1313 条第 2 句）。

第十九节　恶意欺诈和不法胁迫

参考文献：Arnold，Die arglistige Täuschung im BGB，JuS 2013，865；Coester-Waltjen，Die fehlerhafte Willenserklärung，Jura 1990，362；Heerstraβen，Arglistige Täuschung beim Kunstkauf - OLG Hamm，NJW-RR 1993，628，JuS 1995，197；Kellermann，Problemfelder des Anfechtungsrechts，JA 2004，405；Kolbe，Vorsatz und Arglist，JZ 2009，550；Löhnig，Vertragsaufhebung wegen fahrlässiger Täuschung，JA 2003，553；Mankowski，Arglistige Täuschung durch vorsätzlich falsche oder unvollStändige Antworten auf konkrete Fragen，JZ 2004，121；Martens，Wer ist »Dritter«? - Zur Abgrenzung der §§ 123 I und II 1 BGB，JuS 2005，887；ders.，Das Anfechtungsrecht bei einer Drohung durch Dritte，AcP 207（2007），371；Musielak，Die Anfechtung einer Willenserklärung wegen Irrtums，JuS 2014，583；Petersen，Täuschung und Drohung im Bürgerlichen Recht，Jura 2006，904；Raab，Übungsfall：Der getäuschte Nachmieter，ZJS 2011，502；Rösler，Arglist im Schuldvertragsrecht，AcP 207（2007），564；Süß，Geld oder Leben! Zum Verhältnis von Auslegung，Anfechtung und Mentalreservation，JURA 2011，735；Staudinger/Ewert，Tauschung durch den Verkäufer，JA 2010，241；Windel，Welche Willenserklärungen unterliegen der Einschränkung der Täuschungsanfechtung gem. § 123 Abs. 2 BGB?，AcP 199（1999），421.

案例：

a）若 V 违背事实情况，将其汽车作为“样品车”出售给 K，K 可以撤销该买卖合同吗？**（边码 450）**

b）若汽车只行驶了 60 000 千米，但里程表却因故障显示 7 000 千米，V 未就该事项向 K 进行说明，何如？**（边码 451）**

c）若 V 在与 K 协商购买事宜时未提及汽车曾经发生过重大事故一事，何如？**（边码 452a、454）**

d）在一次归责于 B 的交通事故后，受害人 A 递交给 B 一份待签字的声明，根据该声明的内容，签字者承认事故由自己导致并负有损害赔偿义务。B 在上面签了字，因为 A 胁迫说，如果 B 不签字就打他。B 可以撤销自己的表示吗？**（边码 468）**

e）在案例 d 中，若 A 胁迫 B 说，如果他不签字就将打电话叫警察处理此事，这样警察会拘留纵酒的 B 并没收其驾驶执照，最后 B 签了字，何如？**（边码 468、470）**

f）若 A 胁迫 B 说："如果你不帮助我骗取保险，我就对你提出刑事指控"，何如？**（边码 469）**

g）若 A 请求 B 赔偿由 B 给自己造成的损失，否则将就 B 以前的交通肇事逃逸提出指控，何如？**（边码 470）**

一、恶意欺诈（Arglistige Täuschung）

450 根据第 123 条第 1 款，如果动机错误由恶意欺诈产生，那么它也可以导致意思表示的撤销。因此，意思决定（Willensentschlieβung）自由应当得到保护。

由该保护目的可以得出，合同当事人因恶意欺诈而享有的撤销权不能通过合同被事先排除（边码 459a）。[41] 因为通过这样的排除，表意人将听任合同相对方的摆布并放弃受到第 123 条保护的自由的自决权。

（一）欺诈行为

451 须存在欺诈行为。与《刑法典》第 263 条中的欺诈（Betrug）一样，欺诈行为是一种以使他人产生错误想法或者加强或维护该想法为目的的行为。

1. 欺诈行为可以是*积极作为*。（明确或默示地）对重要情况作出的不符合事实的说明即属于此类。

例如：将已售出的汽车不正确的说成样品车（案例 a），回调待出售汽车的里程表，签订人寿保险合同时对关于疾病的问题作了虚假回答。

不符合事实的说明并非一定针对事实，也包括其他客观上可以被核实的情况，单纯的夸耀和可以被视为夸耀的主观价值判断则不构成欺诈。

451a 2. 在存在说明义务的情况下，单纯的*不作为*（沉默）同样可以构成欺诈行为。如果按照诚实信用原则以及在交易中占统治地位的观点对情况作出说明是必要的，那么就存在说明义务。这应当根据个案中的具体情况加以判断。在存在或建立特别的信赖关系（例如合伙关系）时，公开义务比它在交易行为（Umsatzgeschäft）中的范围更大。因此，在买卖行为中并非所有对消极情况的沉默都可以被视为欺诈，特别是买受人和出卖人之间的利益对立不应被完全忽视。无论如何以下情况应当被公开：明显对相对方有特殊意义且按照交易习惯他可以期待该告知。

例如：在汽车里程表出现故障的情况下（**案例 b**），出卖人有义务公开实际里程，因为这对二手车的买受人来说（尤其在价格方面）非常重要。（**案例 c**）若买受人询问该车是否为事故车，则对该状况的说明是必要的，因为这样出卖人就会得

---

[41] BGH NJW 2012，296（298）；2007，1058.

知，买受人很在意该状况。但是通常来说，即使买受人未提出相关询问，也应肯定对事故情况的公开义务。[42] 相反，如果没有特殊的线索表明该车出过事故，那么二手车的卖方也不需要再检查该车是否受过这样的损害了。[43] 没有这样的线索，卖方也没有义务去生产商那里询问可能的该车的维修历史。[44] 如果他没有考虑到要去进行这样的问询的话，他并不是以不作为的方式进行欺诈。

土地的出卖人必须就其所知悉的已列入日程的大规模的交通改造[45]或者土地被石油污染的事实[46]作出说明。楼房的出租人必须向商务房的承租人就某些房间因建筑原因无法作为办公室使用一事进行说明。[47] 要将其地下室作为卧室出租出去的出租人必须向承租人说明，他并没有取得将地下室用于这种用途所需的建筑法上的批准。[48] 若丈夫赠与了妻子某物，如果该赠与至少间接上满足了养育孩子的需求或改善了养育条件，此时若妻子怀疑这个孩子的父亲不是自己的丈夫，那么妻子必须向丈夫说明该怀疑。[49]

（二）因果关系

斯诈行为须为意思表示的原因（“受恶意欺诈而作出意思表示”，第 123 条第 1 款）。必要的是，欺诈导致了被欺诈人的错误，且他基于错误作出了意思表示。[50] 452

1. 欺诈行为须导致*被欺诈人的错误*。究竟是哪种错误并不重要。大多数情况下，欺诈使被欺诈人对交易中重要的人或物的性质（第 119 条第 2 款）发生错误。还有因欺诈产生的动机错误。

已售出的出租公寓的承租人的支付能力并非公寓的特征，但根据第 123 条第 1 款，在支付能力方面的欺诈可以导致撤销。

并非只有在欺诈导致了错误的观点时，才存在欺诈和错误之间的因果关系。在欺诈使该错误想法得以维持的情况下也同样如此。

如果 K 在购买该出租公寓时错误地认为承租人有支付能力，并且这种错误认识又被出租人 V 加强，那么该情况足以导致 K 的撤销。

若被欺诈人知道事实情况，则不存在该因果关系。相反，被欺诈人能否通过尽到在交易中必要的注意来避免错误则并不重要。

若出租公寓的买受人知道承租人无支付能力，则不存在错误，撤销也不存在。即使他能轻而易举地查清支付能力的问题，但却没有这样做，这也对其错误和撤销

[42] Vgl. BGH NJW 1982，1386；BGHZ 29，148（150）= NJW 1959，620；BGHZ 63，382（386）；Fallgruppen：Palandt/Ellenberger § 123 Rn. 7.

[43] BGH NJW 2006，2839 Rn. 15.

[44] BGH NJW 2014，211（212）.

[45] OLG Frankfurt NJW-RR 2002，523.

[46] BGH NJW 2002，1867；2001，64.

[47] BGH NJW 2009，1266（1267）.

[48] BGH NJW 2014，3296.

[49] BGH NJW 2012，2728.

[50] S. zB BGH NJW 2012，296（297）.

不产生影响。

452a 2. 被欺诈人的*错误须是其作出意思表示的原因*。重要的是，在无该错误的情况下被欺诈人根本不会或者不会在该时间或者只会以其他内容作出意思表示。欺诈行为所导致的错误对意思表示产生一定影响即可。

如果K知道这是一辆事故车（案例c），那么他就会放弃购买或者提出更低的价格。——若K购买公寓是为了继续出租盈利，则他对承租人支付能力产生的错误就构成其购买行为的原因。然而，如果他打算拆除该公寓，改建为商业楼，那么其对承租人支付能力的错误认识对意思表示的作出没有影响。

如果意思表示早在欺诈发生之前即被作出，那么就不存在错误与意思表示之间的因果关系。例如，在保险公司对缔结保险合同的要约作出承诺后，被保险人对其健康状况作出了错误表述，就是这种情况。[51]

（三）不法性

453 欺诈必须是不法的。与胁迫不同，法律并未就此作出规定。立法者的出发点是，恶意欺诈始终是非法的，但他们忽略了在例外情况下可以不存在违法性，此时不得因恶意欺诈进行撤销。

例如：雇主向求职者询问他已经在刑事犯登记簿上被删除的前科。根据《联邦中心登记簿法》第53条第1款，该求职者是无罪的。如果求职者拒绝回答这一问题或者实事求是地告知对方自己被消除的前科，那么通常他就不会被录用。为了得到录用的机会，他只能对这个（不被允许）的问题作出不符合事实的回答。若劳动合同已被缔结，则它不能被雇主以恶意欺诈为由有效撤销，因为该欺骗是合法的。

（四）恶意

454 就欺诈者的恶意而言，只有故意是必要的。故意涉及各构成要件：欺诈行为、错误的引发以及意思表示。因此，欺诈者须知道并且希望他人因受欺诈而作出意思表示，而如果没有欺诈表意人可能就不会作出或者不会以这样的方式作出意思表示。[52] 一定程度的故意即可。

在**案例c**中，如果V错误地认为K知道汽车为事故车这一事实，那么V就不存在故意。即使V因为重大过失而持有这一不合理的看法，K也不得根据第123条中进行撤销。

相反，如果欺诈者在无事实根据的基础上夸口作出了错误的说明（例如待售车是非事故车），那么就存在恶意行为。[53] 他在行为时存在一定的故意。若出卖人未亲自进行调查，则他可以这样描述该车：按照原物主的说明，该车不是事故车。

与《刑法典》第263条不同，《民法典》第123条第1款并不以被欺诈人遭受财

---

[51] BGH NJW 2011，1213.

[52] BGH NJW 2011，1213（1214）.

[53] Vgl. BGH NJW 2006，2839（2840）；BGHZ 63，382（388）；74，383（391f.）= NJW 1979，1886.

产损失为客观构成要件之一，因此也无须欺诈人有给被欺诈人带来财产损失的意愿。同样不必要的是欺诈人给自己或者他人谋求非法财产利益的故意。第 123 条的保护客体并非财产，而是决定自由。因此，欺诈人的动机无关紧要，即使他为被欺诈人的利益出发实施欺诈行为，也属于第 123 条第 1 款中的恶意。[54]

(五) 欺诈人

对于欺诈须被何人实施这一问题，法律作出了如下区分： 455

1. 在无须受领的意思表示的情况下（边码 93，例如悬赏广告、放弃财产），谁实施了恶意欺诈（参见第 123 条第 2 款）并不重要。

2. 就需受领的意思表示（边码 92；例如合同中的要约或承诺）而言，要对以下情况进行区分： 456

（1）若表示受领人实施欺诈（案例 a 至 c 中的 V），则被欺诈人在任何情况下均可撤销其意思表示（参见第 123 条第 2 款）。

（2）若表示受领人之外的人实施了欺诈，则原则上应当保护表示受领人对被欺诈人的意思表示的信赖。 457

在以下两种情况下受领人无保护必要：

a. 表意人可以向恶意的表示受领人撤销意思表示，如果受领人知道或者应当知道欺诈行为，那么他就是恶意的（第 123 条第 2 款第 1 句）。

完全未参与法律行为的第三人欺骗 K 说，待售的汽车是一台装有豪华装备的样品车。这时 K 只能在以下情况下才能根据第 123 条撤销其与 V 签订的买卖合同：V 在合同缔结时知道或者因过失不知道第三人对 K 进行的欺诈，并且该欺诈导致了 K 的意思表示。

b. 尽管欺诈由他人实施，但如果其行为可以归责于表示受领人，那么善意的表示受领人不值得保护。第 123 条未对此作出规定。但是它符合公平的利益衡量，如果该实施欺诈行为的他人作为表示受领人的辅助人进行行为，那么欺诈可归责于受领人。因此，表示受领人的代理人并非第 123 条第 2 款第 1 句中的第三人。同样，如果一个人作为撤销相对人的可信赖之人或者代表，发出撤销相对人知道并希望的欺诈性表示，这种欺诈应被作为表示受领人自己作出的欺诈来对待，而非第三人欺诈。[55]

若出卖人 V 所委托的居间人 M 在土地的建房可能性方面欺骗了买受人 K，则即使 V 不知道也不应当知道该欺诈行为，K 也可以撤销其意思表示。第 123 条第 2 款第 1 句在此不适用。

（3）在第三人实施欺诈的情况下，即使表示受领人是善意的并因此排除了第 123 条第 2 款第 1 句中的撤销权，表示人也可能享有撤销权。第 123 条第 2 款第 2 457a

---

[54] HM；Wolf/Neuner BGB AT § 41 Rn. 108；MüKoBGB/Armbrüster § 123 Rn. 17；vgl. auch BGHZ 109，327（333）= NJW 1990，975（zum Merkmal der Arglist iSd § 463 aF）；aA noch BGH LM Nr. 9 zu § 123.

[55] BGH NJW 2011，2874（2875）.

句在以下情况下赋予表示人撤销权：他人从表示中直接获得一项权利，并且该受益人知道或应当知道该欺诈行为。撤销表示应向受益人作出且只对其发生效力。该规定主要适用于有利于第三人的合同（第 328 条，例如人寿保险合同）。

在这里须区分如下情况：

458 a. 若表示受领人自己或者行为可归责于受领人的人实施了欺骗，则第 123 条第 2 款不适用。此时适用第 123 条第 1 款。

丈夫（M）在与保险公司（V）签订一份受益人为妻子（F）的人寿保险合同时实施了恶意欺诈行为（例如未如实回答关于所罹患疾病的问题），在这里表示受领人自己实施了欺骗行为（边码 456）。V 可以根据第 123 条进行撤销，F 是否知道 M 的欺骗行为并不重要。

b. 如果一个未参与法律行为的人实施了欺骗行为，并且表示受领人知道或者应当知道该行为，那么根据第 123 条第 2 款第 1 句，表意人可以向表示受领人进行撤销。

未参与法律行为的 D 欺骗了保险公司 V，如果 V 的合同相对方（即丈夫 M）知道或者应当知道该欺骗行为，那么 V 可以根据第 123 条第 2 款第 1 句向 M 撤销，即使作为受益人的妻子 F 是善意的。

c. 在第 123 条第 2 款第 2 句中通常有四方参加：表意人向表示受领人作出意思表示，“他人”由此直接获得了一项权利。该表示因一个未参与法律行为的人的恶意欺诈而被作出。根据第 123 条第 2 款第 2 句，如果受益的“他人”知道或者应当知道该欺诈行为，那么表意人可以向该人撤销其表示。

未参与合同的 D 对保险公司 V 实施了恶意欺诈。F 从 M 与 V 签订的人寿保险合同中直接获得了权利。如果 F 知道或应当知道该欺诈行为，那么 V 可以向 F 撤销表示（第 123 条第 2 款第 2 句）。

d. 若受益的“他人”向表示人实施了欺诈，那么后者可以根据第 123 条第 2 款第 2 句进行撤销。

若 F 自己对 V 实施了欺诈，那么 V 有权撤销，即使 M 不知道也不应当知道该欺诈行为。

（六）及时的撤销表示

459 撤销权人须及时进行撤销。

1. 撤销表示适用第 143 条（边码 433）。撤销权人是因恶意欺诈而作出意思表示的人。第 143 条第 2 至 4 款（边码 434）则对撤销相对方作出了规定。在第 123 条第 2 款第 2 句（边码 457，458）的情况下，撤销表示须向从合同中直接获得权利的人作出（第 143 条第 2 款）。

2. 撤销人自发现欺诈时起一年期间内享有撤销权（详细内容：第 124 条）。与第 121 条（边码 435）不同，在恶意欺诈的情况下该期间更长，因为被欺诈人应当处于更好的处境中而且欺诈人和有恶意的人不值得保护。另一方面，从法律交往的利益出发，交易也不应长时间处于悬而未决状态。

（七）撤销的排除

如果意思表示自作出起已经经过十年（第 124 条第 3 款，参见边码 436），那么撤销被排除。例如，如果一个保险公司在缔结人寿保险合同的十年以后才知道，被保险人在缔结合同时对自己的健康状况作出了错误的陈述，根据第 124 条第 3 款，其基于恶意欺诈的撤销为时已晚。[56] 此外，下列情况中的撤销被排除：撤销权人已认可可撤销的意思表示（第 144 条，边码 437），或者因为有目的地通过违法的方式获知撤销原因，根据诚实信用原则撤销权人不得主张其撤销权。[57] 相反，如果欺诈是由交易相对人自己或者不属于第 123 条第 2 款中第三人的其他人实行的，那么基于恶意欺诈的撤销无论如果都不能通过约定而被提前排除，这种撤销排除会与第 123 条保护自决自由的目的发生龃龉。[58] 459a

（八）撤销的法律效果

1. 被撤销的法律行为自始无效（第 142 条第 1 款，边码 438）。知道或应当知道法律行为可撤销的人被作为其知道或应当知道法律行为无效而对待（第 142 条第 2 款，边码 442）。 460

撤销权人可以通过撤销而完全从合同中脱离出来。即便于未受欺诈之情况，其亦将部分缔结合同，他也不必依托于部分撤销。因此，他不受假定的表示的限制，这种表示是在他知道真实事实情况时可能作出的表示。[59] 虽然可能存在这样一种案件：欺诈仅涉及合同可分的一部分，被欺诈人只想对这一部分进行撤销。联邦劳动法院允许在这类案件中进行部分撤销。[60] 但是对于撤销权人，这一权利并不负有相应的义务。

2. 与第 119、120 条中的撤销权人（边码 444）不同，因受到恶意欺诈而享有撤销权的人不负有损害赔偿义务。这是由第 122 条的语义和位置得出的（在第 123 条之前）。如果还要用损害赔偿请求权来“酬谢”欺诈者的话，这无疑是对公正的嘲讽。

（九）竞合

1. 如果恶意欺诈导致了对第 119 条第 2 款中的交易中重要性质的错误，那么该案情同时满足恶意欺诈和第 119 条中的错误的构成要件。这样撤销权人就有了选择权：他希望用哪种规定支持自己的撤销权。对于撤销权人来说，第 123 条更为有利，因为它提供了更长的撤销期间（第 124 条）并且未规定第 122 条中的损害赔偿义务。另一方面，在适用第 123 条的情况下，撤销权人在对方否认的情况下须证明 461

---

[56] BGH NJW 2016，394.

[57] Dazu BGH NJW 2012，301f.；2011，3149（3150）；2010，289.

[58] BGH NJW 2012，296（298）；2007，1058.

[59] BGH NJW 2010，289f.

[60] BAG NJW 1970，1941.

该人对自己实施了欺诈，若未成功作出证明，则撤销可能根据第 119 条第 2 款成立。

462 2. 在出售有瑕疵的物品的情况下同样可能同时满足恶意欺诈的要件。此时被欺诈人可以进行选择，他是希望根据第 123 条撤销还是主张第 437 条及以下规定的瑕疵权利。因为通常在恶意欺诈的情况下，除买卖合同外，履行行为也可以被撤销，所以对买受人来说撤销比仅带有更弱（债法上）效力的解除更有利。若买受人已经有效撤销，则瑕疵权利被排除，因为合同已因撤销而无效。

462a 3. 在已实施的长期债权关系中，撤销权和通知终止权有可能同时存在。通说认为，缔结租赁合同的意思表示既可以在交付租赁物之前，也可以在之后基于恶意欺诈被撤销。在通过交付租赁物实施租赁合同后，第 123 条中的撤销权不会被第 543 条[61]中的即时终止权取代。[62] 其原因是，撤销和通知终止具有不同的保护目的。撤销保护的是对法律行为的决定自由，而通知终止则提供了因当前的履行障碍而结束合同的可能性。有争议的是，在交付租赁物后，撤销应当根据第 142 条第 1 款溯及既往地（从当时起）结束租赁合同还是仅对未来产生效力（从即时起）。后者的支持者认为，如果不这样做的话，对已实施的长期债权关系进行必要的不当得利法上的清算会存在一定难度。然而，联邦最高法院认为[63]这不足以成为违背第 142 条第 1 款自始效力的理由。因此，撤销溯及既往地导致双方已履行的给付的法律原因消失。承租人根据第 818 条第 2 款所承担的、因使用租赁物而产生的价款赔偿[64]应当比照相似租赁物在当地的租金来计算。[65]

463 4. 最后，第 123 条可能与*损害赔偿请求权*竞合。

恶意欺诈经常能够满足诈骗罪的构成要件（《刑法典》第 263 条）。这样就出现了第 823 条第 2 款中的因*违反法律而产生的损害赔偿请求权*。即使诈骗罪不成立，损害赔偿请求权也可以因违反善良习俗的故意侵害（第 826 条）而存在。因侵权行为产生的损害赔偿请求权不依赖于被欺诈人是否进行了有效的撤销。因此，如果第 124 条中的撤销期限已经经过，那么撤销已不再可能，但他仍可以请求第 823 条第 2 款、第 826 条中的损害赔偿。

大多数情况下，第 123 条中的欺诈可以同时满足*缔约过失损害赔偿请求权*（第 280 条第 1 款、第 241 条第 2 款、第 311 条第 2 款）的前提条件。按照司法判例，如果被欺诈人遭受了财产损失，那么除了第 123 条中的撤销外，他还可以主张损害赔偿请求权，且法律效果同样指向已被废除的合同。[66] 但是该论点并不具有说服力，

---

[61] Dazu Brox/WalkerSchuldRBT § 13 Rn. 33f.

[62] Zur Konkurrenz von Anfechtung und Kündigung beim vollzogenen Mietvertrag BGH NJW 2009，1266（1268）mit Nachw. auch zu abweichenden Ansichten.

[63] BGH NJW 2009，1266（1268）.

[64] Brox/Walker SchuldR BT § 43 Rn. 5.

[65] BGH NJW 2009，1266（1269）.

[66] BGH NJW 2013，1591 mit insoweit krit. Anm. Walker/Storck LMK 2013，347218；BGH NJW-RR 2002，308（309）；NJW 1998，302（303）mwN.

因为这种解决方法会架空第 123 条中撤销对于恶意行为的限制以及第 124 条规定。[67] 所以，因有过错地违反义务而引起的财产损失不足以成为废除合同的原因。

假设在第 123 条之外，还允许人们主张指向取消已缔结的合同的缔约过失请求权（第 280 条第 1 款、第 241 条第 2 款、第 311 条第 2 款），那么即使在过失欺骗的情况下，被欺诈人也可以通过请求损害赔偿的方式达到与撤销相同的法律效果。就算第 124 条中规定的一年的撤销期限早已经过，这甚至仍然是可能的，因为第 280 条及以下的请求权原则上在三年以后时效才届满。除第 123 条外，缔约过失损害赔偿请求权（第 280 条第 1 款，第 241 条第 2 款，第 311 条第 2 款）只能在以下情况下得以主张：它不涉及因合同缔结而存在的损失。

基于恶意欺诈的撤销（第 123 条第 1 款，第 1 种情况）

Ⅰ. 前提

1. 撤销原因

a）欺诈＝引起或者维持错误

aa）通过积极行为（违背事实地对事实或者可证实的情况进行说明）

bb）通过不作为（只有当存在说明义务时）

b）在因欺诈引起的错误和意思表示之间存在因果关系

c）欺诈的不法性（只有存在合法理由时才可以缺少该前提）

d）恶意＝在欺诈行为，错误以及意思表示方面的故意

e）通过第三人实施的欺诈

aa）可以向表示受领人进行撤销，如果该人在欺诈方面是恶意的（第 123 条第 2 款第 1 句）

bb）可以向法律行为中的另一个权利人实施撤销，如果他在欺诈方面是恶意的（第 123 条第 2 款第 2 句）

2. 撤销表示（第 143 条）

3. 撤销期限（第 124 条第 1、2 款）

4. 撤销没有被排除（第 124 条第 3 款、第 144 条）

Ⅱ. 法律效果

意思表示从当时起无效（第 142 条第 1 款）

（无第 122 条中的损害赔偿！）

二、不法胁迫

不法胁迫（第 123 条第 1 款）的构成要件与其他被提到的要件的不同之处在于：表意人未发生错误。不法胁迫能够导致意思表示撤销的原因与恶意欺诈的情况 464

[67] Krit. gegenüber der Rspr. auch MüKoBGB/Armbrüster § 123 Rn. 91.

相同：应当保护意思决定自由。

（一）胁迫

465 胁迫是指，胁迫人预先告知被胁迫人，他企图（使被胁迫人）未来遭遇不利事件（Übel）。[68]

1. 不利无须特别严重。

例如：以刑事指控、诋毁性新闻、终止贷款以及痛打进行威胁。

不利的提出应使被胁迫人恐惧将来的不利的发生。因此，第123条第1款以*精神上的强制*（vis compulsiva）为前提。在身体受到不可抗拒的强制（vis absoluta）的情况下不存在可以被撤销的意思表示。

若B不打算在呈在他面前的合同上签字，A通过强力按着B的手使其签字，则根本不存在B所作出的可撤销的意思表示，因为缺少B的行为意思（边码84）。

另一方面，若胁迫不是被认真作出的，但被胁迫人以为它是认真的，则它对意思表示的影响力同样存在。[69]

例如：A以刑事指控胁迫B在文件上签字，其实他并不打算这样做。B为了避免他考虑到的刑事指控而签字。

465a 2. 被胁迫人须认为未来的不利取决于胁迫人的意愿。若胁迫人只是向被胁迫人指出某个不受胁迫人意愿影响的急迫情势，则不属胁迫。[70]

若出租人V通知承租人M，如果M不同意立即结束租赁关系，那么他将指控M盗窃，此时即存在胁迫。相反，若V向M指出，针对M的盗窃诉讼尚未判决，他须考虑到其可能被逮捕，此时则不存在胁迫。

（二）因果关系

466 胁迫须引起被胁迫人的恐惧及意思表示。因果关系无须从理性观察者的立场进行判断，具有决定性作用的是被胁迫人的精神状况。

因此，同样的胁迫在心理承受力强的A那里可能只换来一声苦笑，但却使敏感的B恐惧地颤抖并因此作出被要求的意思表示。

（三）不法性

467 被胁迫人须因受“不法胁迫”而作出意思表示（第123条第1款）。被胁迫的不利、所追求的结果或者被胁迫的不利与所追求的结果之间的关系违法。[71]

468 1. 以不法行为（=手段不法）进行胁迫从而促使他人作出意思表示始终是不法的。即使使用不法手段是为了达到合法的目的，也改变不了胁迫人行为不法的事实。

例如：用死亡、身体伤害（**案例b**）、财产损失进行胁迫；律师正好在开庭前威

---

[68] BGH NJW-RR 1996，1281（1282）；LM Nr. 23 zu § 123；BGHZ 2，287（295）= NJW 1951，643.

[69] Vgl. BGH NJW 1996，1281（1282）；1982，2301（2302）.

[70] BGH WM 1988，1156.

[71] BGH NJW 2005，2766f.

胁放弃代理。[72]

在**案例 e** 中，通知警察来事故地点是 A 的权利。因此，这种威胁行为不是非法的。——以起诉以及强制执行进行胁迫同样属于合法手段。

2. 如果所追求的法律结果是不法的（=*目的不法*），那么促使他人作出意思表 469
示也是不法的。只有在所使用的手段未遭到指摘的情况下，才适用这一项。

在**案例 f** 中，胁迫行为（刑事指控）是合法的，但所追求的结果却是不法的（帮助诈骗）。

另一方面，目的不会因胁迫人所追求的请求实际上不存在而违法。在有疑义时，只要胁迫人打算以正当的方式实施一项被认为是正当的请求权，那么无论如何目的都是合法的。[73]

3. 即使手段和目的皆为合法，使用该手段达到该目的也可能是非法的，只要该 470
手段与该目的的联系是非法的（=*手段目的关系非法*）。

在**案例 g** 中，A 可以根据第 823 条第 1 款向 B 请求损害赔偿。他同样有权就 B 之前的犯罪行为提出指控。然而，手段（指控以前的罪行）与所追求的目的（赔偿损失）之间的联系在法律上须被否定，因为损害赔偿请求权与之前的车祸没有关系。

在**案例 e** 中，手段与目的之间的关系不应被质疑。虽然 A 对 B 在该义务声明上签字不享有请求权，但是当胁迫人对他所追求的结果的达成有合法利益，而且按照所有有公平、正义思想的人的观点，胁迫是为了达成不应被否定的目的的适当手段时，在缺少请求权的情况下胁迫仍是合法的。[74]

（四）主观要件（故意）

由第 123 条第 1 款的表述（即表意人须被促使作出意思表示）可知，胁迫人须 471
有意*影响被胁迫人的意愿*。

相反，根据有说服力的观点，胁迫人对不法性的认识及其过错并不重要。因为第 123 条第 1 款的目的并非谴责胁迫人，而是保护被胁迫人的决定自由。[75]

（五）胁迫人

与基于恶意欺诈的撤销不同，就基于不法胁迫的撤销而言，胁迫由表示受领人 472
还是第三人实施并不重要。即使表示受领人为善意，意思表示也可被撤销。这可由第 123 条第 2 款的反面推知。

（六）及时的撤销表示

在此适用与恶意欺诈同样的内容（边码 459）。撤销期限自急迫情势停止时起算 473
（第 124 条第 2 款第 1 句）。

---

[72] BGH NJW 2013，1591（1592）mit insoweit zust. Anm. Walker/Storck LMK 2013，347218.

[73] BGH NJW 2005，2766f.

[74] BGHZ25，217（220）=NJW 1957，1796；BAGNZA 1999，417（419）.

[75] Anders：BGHZ 25，218（224）= NJW 1957，1796.

（七）撤销后果

474 在此同样适用在恶意欺诈情况下所阐述的内容（边码 460）。

（八）竞合

475 只要恐吓罪（《刑法典》第 240 条）或者勒索罪（《刑法典》第 253 条）的构成要件被满足，第 823 条第 2 款中的损害赔偿请求权也将成立，而在故意违反善良习俗的情况下则适用第 826 条（参见边码 463）。基于缔约过失的请求权（第 280 条第 1 款、第 241 条第 2 款、第 311 条第 2 款）：边码 463。

基于不法胁迫的撤销（第 123 条第 1 款，第 2 种情况）

Ⅰ. 前提

1. 撤销原因

a）胁迫（=引起未来的不利）（谁是胁迫人无关紧要）

b）胁迫和意思表示之间的因果关系

c）胁迫的不法性

aa）手段不法（例如人身伤害）

bb）目的不法（例如犯罪）

cc）手段目的关系不法（例如为了签订一份与对方当事人之前所犯罪行毫无关系的合同，以对该犯罪行为实施刑事起诉进行胁迫）

d）在促使被胁迫人作出意思表示方面的故意

2. 撤销表示（第 143 条）

3. 撤销期限（第 124 条第 1、2 款）

4. 撤销没有被排除（第 124 条第 3 款、第 144 条第 1 款）

Ⅱ. 法律效果

意思表示溯及既往地无效（第 142 条第 1 款）

（无第 122 条中的损害赔偿!）

第二十节　双方动机错误

参考文献： Brox，Die Einschränkung der Irrtumsanfechtung，1960；Köhler，Grundprobleme der Lehre von der Geschäftsgrundlage，JA 1979，498；Petersen，Der beiderseitige Irrtum zweischen Anfechtungsrecht und Geschäftsgrundlage，JURA 2011，430；Yushkova/Stolz，Der Merlau der Geschäftsgrundlage vor und nach der Schuldrechtsmodernisierung des Jahres 2001，JA 2003，70.

案例：

a) V 向 K 出售股票。双方均根据在报纸上被错误印刷的、低于股票当日行情的价格计价。V 可以脱离合同关系吗？**(边码 476、477)**

b) A 与 B 协定，A 在 B 的土地上建房一所。双方都不知道，该块土地是花岗岩地质的。A 还必须建造该房屋吗？以何种价格？**(边码 478)**

一、问题

原则上，在意思形成阶段发生的错误是无关紧要的（边码 382），如果表意人从一个错误的动机出发，那么这对意思表示的有效性没有任何影响，因为表示受领人基于对表示的内容和有效性的信任应当被保护。只有当动机错误为性质错误（第 119 条第 2 款）或者基于恶意欺诈（第 123 条第 1 款）产生时，表意人才有权撤销其意思表示。 476

在法律上，至今未被加以规定的情况是：合同双方当事人在缔结合同时均从某错误的动机出发。此时不存在对一方当事人的信赖进行保护的必要。若不存在双方的动机错误，则当事人根本不会或者无论如何不会以约定的条款为内容缔结合同。因为双方均从错误的动机出发，契约忠实的基础必定被破坏。如果尽管双方发生了共同的错误，但一方当事人仍希望相对方遵守在合同中约定的条款，那么该方当事人就违背了诚实信用原则。更合理的是，当合同基于双方的错误被解除或者按照以下方式被“修改”：如果当事人从正确的动机出发，他们会怎样制定合同。

在**案例 a** 中，合同双方基于错误的当日行情计算股票价格。K 不能要求 V 遵守合同中非常低的价款。要么合同被解除，要么价款按照以下方式被更正：双方当事人从正确的当日行情出发会怎样约定价款。

二、解决办法

为了解决上述问题，法学者提出了交易基础欠缺或丧失理论（Fehlen oder Wegfall der Geschäftsgrundlage）。该理论首先是在一战后为了使尚存的合同关系能够适应通货膨胀时代被深刻影响的经济关系而发展起来的。 477

例如：在一份于平常时代被签订的长期租房合同的情况下，不能被预见的货币贬值会导致所约定的房租金额与使用权转移的价值严重不成比例。

交易基础障碍理论考虑到了社会灾难的后果，例如战争或者通货膨胀。它应当同样适用于重大给付困难（übermäßige Leistungserschwerung）、目的不达（Zweckvereitelung）、权利义务关系失衡（Äquivalenzstörung）以及双方动机错误等情况。[76]

---

[76] Einzelheiten：Medicus/Petersen BürgerlR Rn. 152ff.

例如： 负演出义务的歌手因孩子生病而未能上台（＝给付困难），在拖车到来之前汽车能够启动了（目的不达），烈酒税的大幅提升使得合同中约定的价格都不够支付税款（＝权利义务关系失衡），在案例 a 中 V 和 K 对交易所行情发生了错误（＝双方动机错误）。

478 自2001年1月1日起，交易基础障碍被规定在第313条中。该条规定，如果成为合同基础的情况在合同成立后发生重大变更或者从开始就不存在，那么可以变更或终止合同。以下四种情况即属此类：目的障碍、权利义务关系失衡、经济上的不可能以及双方动机错误。

在**案例 b** 中，A 仍负有建造房屋的义务，但他可以因更高的花费而请求改订合同（更多报酬）（第313条第2款）。

第313条的具体情况属于债法的内容。[77]

[77] Brox/Walker SchuldR AT § 7 Rn. 13；§ 27.

第五章

附条件、附期限和需要同意的法律行为

第二十一节　附条件和附期限的法律行为

参考文献：Brox，Das Anwartschaftsrecht des Vorbehaltskäufers，JuS 1984，657；Egert，Die Rechtsbedingung im System des bürgerlichen Rechts，1974；Lorenz/Eichhorn，Grundwissen - Zivilrecht：Bedingung und Befristung，JuS 2017，393；Martens，Grundfälle zu Bedingung und Befristung，JuS 2010，481 und 578；Petersen，Bedingung und Befristung，JURA 2011，275；Schreiber，Die bedingte Übereignung，NJW 1966，2333.

案例：

a）监护人V将被监护人M的土地通过土地所有权转移合意以及在土地登记簿上登记转让给买家K（第925、873条）。在合意表示中有如下内容："合意在家事法院许可的条件下被达成。"不久后，V在了解第925条第2款之后认为，合意是不生效力的，因为它是附条件的。何如？**（边码480）**

b）K打算购买V以5 000欧元向他提供的汽车。因为他没有钱，所以二人在星期六下午签订了附以下条件的买卖合同：K在当天的博彩活动中至少赢得5 000欧元。在出号时K中了"六合彩"。法律状况？**（边码481、483、485、488）**

c）在案例b中，若V和K在星期天早上才签订买卖合同，但是二人对K中奖一事均不知情，何如？**（边码481）**

d）V打算将电视机以1 500欧元的价格出售给K，付款方式为K每月支付100

欧元。K可以立即得到这台电视机，若K不遵守分期付款协议，则V可以收回电视机。V和K怎样实现该目的？（参见第449条）**（边码483、485、488）**

e）在案例d中，K将处于所有权保留状态的电视机带到V的商店里检查。V将该电视机以1 600欧元的价格转让给D。K想知道，他可以向D要求损害赔偿还是要求返还电视机？**（边码497、499）**

一、概念、意义和许可

（一）概念

479 1. *附条件的*法律行为中包含一项条款，该条款使法律行为的效力取决于一件未来的、不确定的事件（参见第158条）。

法律在两重意义上使用“条件”这个概念：一是对法律行为中的相应条款，据此法律行为的效力取决于未来的不确定的事件（第158条：“法律行为……附条件而被实施”）。二是指事件本身（第158条第2款：“……条件成就……”）。

480 （1）法律仅规定了通过法律行为设立的条件，而非所谓的法定前提（Rechtsbedingung）。法定前提指法律规范所要求的法律行为生效的前提条件。

在**案例a**中，为了处分土地，V需要得到家事法院的许可（第1821条第1款第1项）。这是一个法定前提。原因在于，即使它未在合意表示中出现，根据法律规定家事法院的许可也是必要的。因为不存在通过法律行为设立的条件，所以第925条第2款没有被违反。如果家事法院同意该处分，那么通过合意和登记K将成为土地所有权人。

然而，并非所有按照惯用语被称为交易条件或合同条件的法律行为中的条款都是第158条及以下意义上的条件。许多此类规定并未使法律行为的效力取决于未来的、不确定的事件。

例如：供货条件、支付条件、一般交易条款（边码219及以下）。

481 （2）法律意义上的条件是指*未来的、不确定的事件*。

“*必要条件*”缺少*不确定性*。它使法律行为效力的产生取决于一个必然会出现的事件。与条件不同，期限即属未来的、确定的事件（边码482）。

例如：A向B承诺，如果B的父亲死亡，那么他将每月向B或者其继承人支付400欧元。B父亲的死亡是确定的，不确定的只是死亡的时间。

若“条件”取决于现在或者已经发生的事件（例如“在相匹配的前提下”购买一个汽车零件），则不属于未来的事件。通说认为，即使该（客观上确定的）事件对法律行为的参与人来说在主观上是不确定的，在这些情况下也不存在“条件”[①]。

然而，如果双方当事人并非以已发生的事件，而是以他们对已发生事件未来的知

① Palandt/Ellenberger Einf v. § 158 Rn. 6.

悉为基础，那么第158条及以下可以得到类推适用。这种情况中的利益状况与该事件仍在未来发生这一情况中的相符，因为在两种情况中，当事人均对情况不确定。

按照以上论述，不存在在结果上对**案例c**与**案例b**（存在客观的不确定，从而约定了真正的条件）进行区别对待的有说服力的理由。在**案例c**中，只要V和K还不知道K是否中奖，合同的效力就应当是悬而未决的。

2. *附期限*的法律行为包括这样一个条款：法律行为的效力取决于某特定期限的到来（参见第163条）。因此，期限是指某未来的、确定的事件。它可以是一个具体的日期，也可以是某特定人的死亡日。在这两种情况中，事件的发生都是确定的，只是在后一种情况中事件发生的时间尚不确定。相反，某人的某个特定的生日则被理解为条件，因为不确定的是，该人是否能够活到那一天。 482

如果A向B承诺，若B的父亲去世，则他每月向B——不包括B的继承人——支付400欧元。这时该义务不仅取决于B的父亲的去世，还取决于B在其父亲去世后是否仍然活着。这是不确定的，因此这是一个条件。如果A向B承诺，向B或者其继承人支付款项，那么该义务就仅取决于B的父亲的死亡，即确定的事件。

（二）意义

1. 在大多数情况下，将条件列入合同中是基于以下考量：在法律行为缔结时即考虑到未来可能发生的状况并*使法律行为适应未来的发展*。 483

例如：被继承人在遗嘱中规定，如果其妻子再婚，那么继承顺序就要向有利于其子女，不利于其妻子的方向变动。

在**案例b**中，K只想在他中奖的情况下才承担支付价款的义务。他本可以等到能够确定自己是否中奖再与V签订（不附条件的）买卖合同。但是他希望通过提前签订（附期限的）合同来阻止V将来的其他打算，在条件成就后（中奖）V有义务立即将汽车转让给K。

在**案例d**中，V与K签订了一份（不附期限的）买卖合同。此外，V将通过合意以及交付（第929条第1句）将电视机转让给K，但电视机的所有权直至K偿清最后一笔价款后方转移至K。因此，在所有权转移合意中所附条件即为完全支付价款（参见第449条，所有权保留情况下的买卖）。V直至最后一笔价款被支付前仍是电视机的所有权人，这样他得到了足够的保护，若K不支付价款，则V可以根据第985条向他要求返还电视机。相反，若最后一笔价款已被支付，则条件成就，所有权即刻转移至K处。

此外，将条件纳入法律行为还有助于向通过法律行为受益的人施加影响，使其按照条件的要求行为。

例如：A对B承诺，若B通过考试，则他会将自己的汽车赠送给B。——如果B继续实施犯罪行为，那么他必须将礼物返还。

2. 如果法律行为仅从某特定时刻起生效或者仅有效至某日期到来前，就属于将期限纳入法律行为的情况。 484

V和M于1月2日签订了一份机器租赁合同，自1月4日开始，终止于10月

31日。

（三）许可

485 1. 原则上，条件和期限是被许可的，它既适用于负担行为（案例b），又适用于处分行为（案例d）。

486 2. 在例外情况下，条件和期限是*不被许可*的：

（1）从公*共利益*出发，法律规定了一系列不许可的情况。不可附条件和期限的法律行为首先是一些亲属法上的合同（familienrechtliche Verträge），例如结婚（第1311条第2句）。但也包括某些财产法上的法律行为（vermögensrechtliche Geschäfte），例如关于土地所有权转移的合意（第925条第2款），若准许条件和期限被列入到此类法律行为中，则通过在土地登记簿上登记所追求的法律确定性将会被破坏。

因此，附期限的结婚和以所有权保留为条件的土地所有权转移合意都是不被允许的。

487 （2）考虑到表示受领人的利益，介入他人财产关系的单方法律行为不可附条件和期限。第388条第2句在抵销表示中对此作出了规定。为了保护表示受领人的利益，抵消应当创建明确的关系，他应当知道自己处于何种状况。该原因同样适用于其他形成权（边码629）的实施。因此，即使法律并未作出明确规定，撤销、解约以及解除表示也均不可附条件和期限。

因为在这些情况中对条件及期限的不许可是为了保护表示受领人，如果表示受领人放弃保护或者在例外的情况下不值得保护，那么附条件或期限的形成权表示就是被允许的。若双方约定了条件（期限）或者它们的成就仅由受领人的行为决定（所谓的任意条件），则属于此种情况。若条件（期限）仅取决于受领人的特定行为，则对他来说不存在法律状况的不明朗。②

例如：V以以下条件解除机器租赁合同：M不愿以每月50欧元的价格支付租金（所谓变更终止）。

二、种类

（一）延缓条件和解除条件

488 1. *延缓*条件（停止条件）使法律行为的生效取决于未来的、不确定的事件的发生（第158条第1款）。在事件发生前，法律行为处于悬而未决的状态，直至事件发生时法律行为才产生法律效力。

例如：附以K中奖为条件的买卖合同（**案例b**），在所有权保留的买卖中附条件的转让（**案例d**）。

489 2. *解除*条件使法律行为的效力存续取决于未来的、不确定的事件的不发生（第

---

② Vgl. BGHZ 97，264（267）= NJW 1986，2245.

158 条第 2 款)。法律行为的法律效力即刻发生，但是在事件发生时停止。

例如：A 将汽车转让给 B。如果 A 偿清 B 所提供的借款，那么所有权应当自动回到 A 处。在这里，转让是附有偿还借款这一解除条件的。

对于 1. 和 2.：确定某一条件是延缓条件还是解除条件对于法律行为的法律效果来说意义重大。在个别情况中可能会存在这样的疑问：当事人希望它是延缓条件还是解除条件。须通过解释查明，按照双方的约定条件应具有哪种效果。若未来的不确定事件使合同开始生效，则为延缓条件；若效力在缔结合同时即已存在并在事件发生时终止，则为解除条件。

如果双方在包含所有权保留条款的买卖合同中约定，标的物的所有权应当在支付最后一笔价款时转移至买受人处，那么所有权转移合意是附支付尾款这一延缓条件的。相反，如果所有权即刻转移至买受人处，但当买受人迟延付款达一星期以上时，所有权自动回到出卖人处，那么合意附解除条件。

如果无法通过解释确定双方希望的是延缓条件还是解除条件，那么在一些情况中法律会继续用解释规则给予帮助。

在第 449 条的所有权保留买卖中，有疑义时应当认为，所有权转移附完全支付价款这一延缓条件而发生。在试验买卖（第 454 条）中，在有疑义时买卖合同附买受人认可标的物这一延缓条件而被缔结（第 454 条第 1 款第 2 句)。

（二）始期和终期

1. *始期*使法律行为的生效取决于未来确定的事件的发生。在效力方面与延缓条 490
件相似。因此，关于延缓条件的规范在此也得到相应适用（第 163 条)。

2. *终期*使法律行为效力的结束取决于未来的、确定的事件的发生。关于解除条件的条款在这里将得到相应适用（第 163 条)。

对于 1. 和 2.：被确定的日期是始期还是终期，须通过解释来查明。若下文谈到延缓条件与解除条件，则通常也相应适用于始期和终期。

三、条件成就以及不成就的法律效果

（一）条件成就

1. 若未来的、不确定的事件出现，则法律状态将发生变化： 491

在延缓条件的情况下，法律行为产生法律效力；在解除条件情况下，法律效力终止。在这两种情况下当事人均无须再作出意思表达。

2. 法律状态自条件成就时起发生改变（从即时起)，法律未规定效力可溯及既 492
往至缔结法律行为的时刻。这在第 158 条的条文中得到了规定（第 158 条第 1 款："在条件成就时"，第 158 条第 2 款："此时")，此外还可以从第 159 条中推知。根据第 159 条的规定，当事人可以约定，与条件成就相关联的效果应该可以溯及既往。然而，该约定并不具有物权上的，而只有债法上的效果。基于该约定，假如该结果发生于先前的时刻，当事人须相互给予他们可能会拥有的一切。

例如：如果 V 将奶牛出售给 K 并以支付全部价款为延缓条件进行转让，那么 K 在支付尾款的时刻方成为奶牛的主人，而非（溯及既往地）自附条件的转让的时刻起。若该奶牛在附条件的转让至支付尾款期间诞下小牛，则根据第 953 条该小牛属于奶牛的所有权人 V。如果从当事人的约定中可推知，条件成就应溯及既往至合同成立之时，那么这对物权上的法律状态毫无影响。V 是小牛的所有权人。但是按照约定，他在债法上负有如下义务：假设条件在法律行为缔结时已被满足，他须向 K 提供在此种情况下 K 会得到的东西（第 159 条）。V 须将属于他的小牛转让给 K。

若 A 将奶牛附解除条件转让给 B，则在条件成就之前 B 为奶牛的所有权人。若奶牛在解除条件成就之前生下小牛，则它属于奶牛的所有权人 B（第 953 条）。条件成就对此无任何影响。但是若约定该条件具有溯及既往的效力，则 B 须将小牛转让给 A（第 159 条）。

493 3. 可以*等同于条件成就*的情况是，因条件成就会遭受不利的当事人违背诚实信用原则阻止条件成就（第 162 条第 1 款）。该条款规定了一种假定：以违反诚信的方式阻止条件成就视为条件已成就。这是诚实信用原则的特例（第 242 条）。

例如：V 将买卖标的物以支付全数价款为延缓条件转让给 K，但是他不接受尾款。根据第 162 条第 1 款，该条件视为已成就，K 成为物的所有权人。

如果一方故意阻止条件成就，但根据约定，条件的成就应取决于该方当事人的自由意愿，那么不存在对诚实信用的违反。

例如：在试验买卖中（第 454 条），出卖人不认可买卖标的。

（二）条件不成就

494 1. 若*事件不再可能发生*，则条件不会成就。

例如：在期限已过而款项却未被支付的情况下，在该期限内支付一定金额这一条件不成就。若 A 先于 B 死亡，则 A 比 B 长寿这一条件不成就。

若*延缓*条件不成就，则法律行为不可能生效；若*解除*条件不成就，则法律行为持续有效。

495 2. *可以等同于条件不成就*的情况是：因条件成就而获得利益的当事人违背诚实信用原则促成条件成就（第 162 条第 2 款）。即使条件成就，它也会根据第 162 条第 2 款被作为不成就处理。这同样是诚实信用原则（第 242 条）的特例。第 162 条第 1 款涉及违反诚信进行阻止，而第 162 条第 2 款则涉及违反诚信促成条件成就。

四、对于附条件的权利人的保护

（一）在与行为相对方关系中的保护

496 若条件未成就，但仍可能成就，则参与人须考虑条件成就的可能性。因此，他们须这样行为：在条件成就时他们所追求的结果也将被达成，尤其是他们不能从事违背该结果的行为。

1. *附延缓条件的法律行为*在条件成就时方生效（第 158 条第 1 款），但在这之前附延缓条件的权利人已经被第 160 条第 1 款所保护。根据该规定，如果行为相对方在条件成否未定期间因其过错破坏或侵害取决于条件的权利，那么权利人可以请求损害赔偿。权利人所遭受的损害只有在条件成就时才出现，因为法律行为在这时才生效，因此，第 160 条第 1 款中的损害赔偿请求权取决于条件已成就（“在条件成就的情况下”）。 497

如果 A 对 B 所负的转让标的物的义务附延缓条件并且 A 在条件成就前因其过错损坏或者毁损了标的物，那么若条件成就并因此产生了 B 对 A 的请求权，则 B 可以向 A 请求赔偿他因此而遭受的损失。

在**案例 e** 中，V 在将电视机转让给 D 时仍是电视机的所有权人。但根据第 160 条，如果随着尾款的支付，V 向 K 转让电视机所附的条件已成就，那么他就对 K 负有损害赔偿义务。

2. 在*附解除条件的法律行为*中法律效果已存在，但是权利人须考虑到，条件成就，法律效果随即结束。因此，如果他由于自己的过错破坏或侵害了“因原先的法律状态恢复而受益的人”的权利，那么根据第 160 条第 2 款，他负有损害赔偿义务。同样，该损害赔偿请求权在条件成就时方存在。 498

若 A 向 B 转让某物系附解除条件，则 B 是该物的所有权人。若 B 因其过错损坏了该物或者将它转让给他人，则他破坏或侵害了 A 的权利。如果条件成就，那么 A 可以向 B 请求损害赔偿，因为所有权重新回到了 A 处。

（二）在与第三人关系中的保护

1. 若某人附延缓条件处分某物，则附条件的权利人可以通过对处分人的损害赔偿请求权（第 160 条第 1 款）得到保护。此外，第 161 条第 1 款规定，如果处分人在进行了有利于附条件的权利人的处分后，在条件成就之前再一次进行了有利于第三人的处分，那么附条件的权利人在条件成就时同样获得该权利。法律通过以下手段达到这一目的：对条件成就前一直是权利人的处分人的处分权加以有利于附条件权利人的限制。根据第 161 条第 1 款第 1 句的规定，在条件成就的情况下，处分人在条件成否未定期间所为的新处分在会破坏或侵害取决于条件的效力的限度内不发生效力。该规定通过赋予附条件的权利人所谓的期待权（Anwartschaftsrecht，边码 613）来保护其不受中间处分的损害。 499

在**案例 e** 中，K 获得了附延缓条件的电视机的所有权。因为 V 在支付尾款之前一直是电视机的所有权人，所以他可以根据第 929 条第 1 句将它转让给 D，D 因而成为新的所有权人。若条件不成就，则不会出现任何问题。但若条件成就，则 V 所进行的有利于 D 的处分就会根据第 161 条第 1 款而不生效力（例外：第 161 条第 3 款）。此时 K 作为所有权人可以根据第 985 条要求占有人 D 返还该物。

如果通过二次处分获得权利的第三人对附条件处分一事不知情，那么上述对附条件权利人的保护就不适用。此时，对第三人的保护优先于对附条件权利人的保护。这主要基于以下考虑：根据第919、932条，即使出卖人并非所有权人，某人也可以获得被转让给他的物的所有权。从无权利人处善意取得的前提是，买受人在出卖人的所有权方面是善意的，并且所有人并未丧失对该物的所有权*（请阅读边码534）。如果善意第三人可以从无权利人处获得所有权，那么他也应该能够从处分权因已发生的附延缓条件的转让而受限的所有权人处获得所有权（第160条第1款）。因此，根据第116条第3款，准用对从无权利人处取得权利的人有利的规定（第932条及以下，第892、893条）。

在**案例e**中，D在V的处分权方面是善意的，他不知道V所进行的附条件的处分，该不知道也并非基于重大过失（参见第932条），因此他获得了电视机的所有权，即使后来条件（支付尾款）成就，他也不会丧失该权利。因此，K不能根据第985条要求D返还电视机。

500 2. 适用于附延缓条件处分的规定同样适用于*附解除条件的处分*（第161条第2、3款）。

若A将某物附解除条件转让给B，则B成为物的所有权人；若条件成就（第161条第2款），则B将物转让给D的行为不生效力。有利于D的善意规定同样可以适用于此（第161条第3款）。

第二十二节　需要同意的法律行为

参考文献：Finkenauer，Rückwirkung der Genehmigung，Verfügungsmacht und Gutglaubensschutz，AcP 203（2003），282；K. Schmidt，Beseitigung der schwebenden Unwirksamkeit durch Verweigerung einer Genehmigung，AcP 189（1989），1.

案例：

a）妻子F和丈夫M奉行法定财产制。妻子打算将他们的全部财产——地产——以80 000欧元的价格出售给K。她想知道，M的同意（按照第1365条第1款是必要的）应当向她还是向K作出，M的同意表示是否需要根据第311条b第1款第1句的要求被作成公证证书，M的同意须在缔结土地买卖合同时存在还是也可以被事后作出。**（边码503a、504）**

b）在案例a中，F和K于2月1日订立了买卖合同。3月1日M同意了该合同。如果被证实，M（F）自2月15日起罹患精神疾病，合同是否有效？**（边码503a、505）**

---

* Abhandengekommensein，丧失指非自愿地失去直接占有，例如被盗、遗失等。——译者注

c) V 盗窃了属于 E 的手表并将它转让给 K。K 怎样才能成为手表的所有权人？**(边码 505、506、507)**

一、意义和概念

(一) 意义

通常来说，法律行为在成立时生效。但在某些情况下，法律使法律行为的效力取决于第三方的同意。被考量的主要是以下两个原因： 501

1. 行为人需要得到保护，因此对法律行为的效力来说，监督人员的同意是必要的（*以监督权为依据的同意*）。

未成年人所缔结的买卖合同的效力取决于其法定代理人的同意（第 108 条，边码 282）。如果照管法院为了保护被照管人规定了照管保留，那么处于法定照管中的被照管人的意思表示需要得到照管人的允许（第 1903 条，边码 287）。

2. 第三方应当得到保护，因为法律行为涉及他的权利范围，所以他的同意对法律行为的生效来说是必要的（*以权利参与为依据的同意*）。

前位继承人 V 将一块属于遗产的土地转让给 K。由此产生的遗产减少的结果不利于后位继承人 N。因此，当后位继承开始时，处分不生效力（第 2113 条第 1 款）。然而，若 N 同意该处分，则他无保护需要。③

(二) 概念

需要同意的法律行为是依法效力需由第三人同意的法律行为。（参见第 182 条第 1 款）。 502

1. 需要同意须*由法律规定*(法定前提，边码 480)。

如果法律行为的当事人约定，法律行为的效力应取决于他人的同意，那么这就是一个条件（第 158 条及以下，边码 479）。

2. 须为*私人的*同意，而非官方的允许。

然而，只要不存在特殊规定——比如第 1828 条及以下中的家事法院的追认，第 182 条及以下中的规定就相应适用于官方追认的情况。

3. 同意须由未亲自实施需要同意的法律行为的*第三人*作出（参见第 182 条第 1 款）。

4. 需要同意的法律行为经同意*生效*。

二、同意

(一) 种类

1. 允许是在时间上先于需要同意的法律行为作出的同意（*事前同意*，第 183 条 503

③ Brox/Walker ErbR Rn. 362.

第1句）。

2. 追认是在时间上晚于需要同意的法律行为作出的同意（*事后同意*，第184条第1款）。

（二）一般规定

503a 1. 同意是需受领的意思表示，因此在此适用关于意思表示的规定。

如果同意人因精神疾病（**案例b**中的M）而不能作出有效的意思表示或者同意表示根据第119条及以下被有效撤销，那么就不存在有效的同意。

2. 同意"*既可以向一方表示，也可以向另一方表示*。（第182条第1款）"

在**案例a**中，M可以向F或者K作出同意表示。——相反，在特殊情况下（第108条第2款，边码283，第177条第2款，边码599）同意只能向另一方作出。

3. 同意表示无须使用就法律行为而定的形式（第182条第2款）。这是因为同意并非需要同意的法律行为的组成部分；如果所规定的形式具有警示功能（边码299），那么该法律规定是值得怀疑的。

尽管存在第311条b第1款第1句的规定，但在**案例a**中M所作出的无形式的同意仍是有效的。因此，对同意询问点头赞同即可。

4. 被权利人允许实施的法律行为即刻生效。缺少这一允许，法律行为就处于效力待定的未生效状态。它可以通过事后追认而生效。

（三）允许的特殊性

504 1. 在特定的需要同意的*单方法律行为*方面（例如第111条，边码284，第180条，边码596），同意只能在事前（即作为允许）被有效作出。从表示受领人的利益出发，追认应当被排除，因为他不应当处于不清楚表示是否有效的状况中。相反，在合同中追认是可能的，因为合同相对方无须得到保护，他不必参与效力取决于他人追认的合同。

在**案例a**中，M既可以在合同前，也可以在合同后作出同意。

如果需要同意的*单方法律行为在无书面允许*的情况下被作出，那么表示受领人可以毫不迟延地拒绝该法律行为并使之不生效力（第182条第3款结合第111条第2、3句，见边码284）。

2. 直至需要同意的法律行为被实施为止，原则上允许可以由允许人自由撤回（第183条第1句）。撤回是需受领的意思表示，可以向一方或者另一方作出（第183条第2句）。若需要同意的法律行为在撤回允许后被实施，则它是不生效力的。它只有在获得允许时才发生效力。

它与追认之间存在一个区别。因为追认是在实施需要同意的法律行为之后作出的，法律行为随即生效，因此它不能被撤回。

允许在下列例外情况下同样不能被撤回：法律排除了撤回（例如第876条第3句），允许被不可撤回地作出或者不可撤回由作为基础的法律关系所决定（第183条第1句）。

(四) 追认的特殊性

1. 除另有规定外，追认的效力*追溯至法律行为实施之时*(第 184 条第 1 款)。法律欲通过溯及既往的效力达到以下目的：需要同意的法律行为就像从未缺少过同意一样被对待。 505

因此在**案例 b** 中，F 在缔结买卖合同后，作出追认之前所出现的精神疾病是无关紧要的。重要的只是在缔结买卖合同时 F 精神正常。

若存在其他规定（通过法律或者在需要同意的行为中），则不适用溯及既往的效力（第 184 条第 1 款结尾处），溯及既往的效力受当事人意思的支配。

根据正确的观点，如果涉及期限经过或者时效开始，那么溯及既往的效力不存在[④]，否则期限会被不合理的缩短，而这是法律所不希望的。时效的起算也不能溯及既往。

2. 溯及既往的效力不能导致追认人在追认之前就法律行为标的物所为的处分不生效力（第 184 条第 2 款）。

例如：在**案例 c** 中，若 E 对转让作出追认，则 K 成为手表的所有权人。如果 E 在追认之前根据第 931 条将手表转让给 X，若追认是溯及既往的，那么他就可能通过追认对 K 的转让而使有利于 X 的处分失效。

第 184 条第 2 款保护的是追认人在效力待定阶段所为处分的受益人。该处分不应因对之前不生效力处分的追认而失效。相应适用的还有在效力待定阶段对追认人实施的强制执行措施中的债权人的保护（第 184 条第 2 款）。

三、对无权利人所为处分的同意

在无权利人处分某物（案例 c）的情况下，可能出现从无权利人处的善意取得（参见边码 28、639）。 506

在**案例 c** 中，根据第 935 条第 1 款，这样的取得是不存在的，因为手表是从 E 处偷来的（边码 639）。

(一) 允许和追认

如果权利人同意处分，那么无权利人的处分就是有效的。这样权利人就无须得到保护。因为他同意了该处分，所以就应当像他亲自实施了该处分一样被对待。同意既可以在处分前（＝允许，第 185 条第 1 款），也可以在处分后（＝追认，第 185 条第 2 款第 1 句第 1 种情况）被作出。

第 185 条仅涉及无权利人以自己的名义实施行为的情况。因此，在案例 c 中，V 是买卖和转让合同的当事人。相反，若 V 作为 E 的代理人出现，则他以 E 的名义缔结买卖和转让合同，在这里，转让的有效性取决于 V 的转让是否得到 E 的授

---

④ Palandt/ Ellenberger § 184 Rn. 2.

权（参见第177条第1款，边码594及以下）。

（二）补正

507 根据第185条第2款，在未经权利人同意的情况下，无权利人的处分在以下两种情况下有效：

1. 处分人取得了该标的。这样处分人自己成为了权利人。

例如：在**案例c**中，V对K的手表所为的处分首先是不生效力的，即使K是善意的也同样如此（参见第935条）。因此，E仍是所有权人并且根据第985条对K享有返还请求权。若现在E根据第931条通过返还请求权的让与将手表转让给V，或者V作为单独继承人继承了该手表并根据第1922条获得了手表的所有权，则V对K所为的起初不生效力的转让事后将变为有效（第185条第2款第1句）。

2. 权利人继承了处分人的遗产并对遗产债务负无限责任。在这种情况下，权利人和处分人是同一个人。

例如：在**案例c**中，E继承了V。救济只有在E为遗产债务承担无限责任时才出现。如果继承人对遗产债务的责任仅限定在遗产的范围内，那么就存在这样一种可能性：通过遗产管理或者遗产破产程序，继承人的个人财产与被继承人的遗产被区分开，这样权利和处分就不会在一个人身上同时出现。⑤

对于1. 和2.：在这两种情况下补正仅从即时起（ex nunc）产生效力。如果对标的作出两项以上相互抵触的处分，那么只有最初的处分是有效的（第185条第2款第2句）。

例如：若V将属于E的手表首先转让给K1，之后转让给K2，最后他从E处取得手表的所有权，则此时只有有利于K1的处分是可以被救济的。K1将成为手表的所有权人。

---

⑤ Einzelheiten：Brox/Walker ErbR Rn. 648，679ff.

第六章 代 理

第二十三节 含义、利益情况和界定

参考文献：Beuthien，Zur Theorie der Stellvertretung im Bürgerlichen Recht，FS Medicus，1999，1；Beuthien，Gibt es eine organschaftliche Stellvertretung?，NJW 1999，1142；Beuthien，Gilt im Stellvertretungsrecht ein Abstraktionsprinzip?，in：50 Jahre Bundesgerichtshof，FG aus der Wissenschaft，2000，Bd. I，81；Förster，Stellvertretung- Grundstruktur und neuere Entwicklungen，JURA 2010，351；G. Hager，Die Prinzipien der mittelbaren Stellvertretung，AcP 18C（1980），239；Joussen，Abgabe und Zugang von WillensErklärungen unter Einschaltung einer Hilfsperson，Jura 2003，577；Klinck，Stellvertretung im Besitzerwerb，AcP 205（2005），487；Lorenz，Grundwissen- Zivilrecht：Stellvertretung，Jus 2010，382；Pawlowski，Die gewillkürte Stellvertretung，JZ 1996，125；Petersen，Bestand und Umfang der Vertretungsmacht，Jura 2003，310；Petersen，Unmittelbare und mittelbare Stellvertretung，Jura 2003，744；Petersen，Das Offenkundigkeitsprinzip bei der Stellvertretung，JURA 2010，187.

一、含义

一般来说，作出意思表示的人是为自己而行为的，所实施的法律行为的后果也 508
应由他自己承担。

B与D以100欧元为价款签订了买卖手表的合同，这样他自己就要承担合同的法律效果，合同规定了其权利和义务。

然而，经常存在这样一种需求：某人为他人实施法律行为。事实原因（缺席、缺少专业知识，但最主要的还是现代经济生活复杂的多样性）和法律原因（例如没有能力作出有效的意思表示）都可以使借助于辅助人缔结的法律行为成为必要。

例如：大型商场的老板不可能亲自采购所有需要的货品，因此他聘请了一名职员作为采购员。他也不可能亲自招待顾客，因此他雇用了100名售货员。

无行为能力人继承了一套出租公寓，在法律上他无法亲自将房屋出租，因为他不能作出有效的意思表示。其法定代理人（第1626、1629条中的父母、第1793条中的监护人、第1901、1902条中的照管人）为他行为。

第164条及以下规定了这样一种可能性：某人可以为他人实施法律行为。虽然该人（作为代理人）实施行为，但行为后果仍由他人（被代理人）承担，就好像他自己实施了法律行为一样。

B授权H以其名义出售一块手表。若H以B的名义以100欧元的价格与D签订了手表买卖合同，则H在为B实施行为。B才是买卖合同的当事人，他有义务将手表的所有权转让给D，并有权请求D支付价款。

为他人从事法律行为不仅体现在代理人作出意思表示（＝积极代理，第164条第1款第1句），而且体现在代理人受领第三人的意思表示（＝消极代理，受领代理，第164条第3款）。

H以B的名义向D作出了以100欧元出售手表的合同要约（＝积极代理）。H以B的名义受领了D的承诺表示（＝消极代理）。——H以B的名义通知D终止与其签订的租赁合同。他以B的名义受领了D的撤销表示。

二、利益情况

509 若某法律行为是通过代理人缔结的，则存在三方关系人：代理人是行为人（H），以被代理人的名义作出意思表示。法律效果应由被代理人承担，他是H的意思表示关系人（B）。在代理人H和被代理人B对面的是作为第三人（D）的表示受领人。

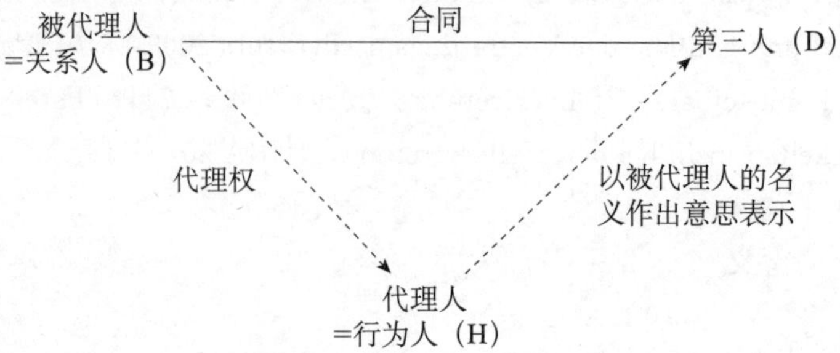

（一）第三人的利益

510 与行为人打交道的第三人必须清楚，谁是其行为的相对方。若第三人不知道行为人是为他人行为，则第三人会认为行为人是其相对方。若他事后才惊讶地得知，他的（合同）相对方不是——他所认为的——被他视为可以信赖的、有支付能力的行为人，而是另一个不能被信赖且无资产的人，则这不利于第三人的利益。因此，为了保护第三人，以下事项须对其公开：行为人为他人行为以及该他人是谁。第164条第1款考虑到了这个显名需求，该条款要求代理人在代理中“以被代理人的名义”作出其意思表示（边码524及以下）。如果该前提不存在，那么行为人自己就是第三人的相对方（行为人自己的法律行为）。

若H在D的书店中挑选了一本书并表示，他为B购买该书，D可以在B名下记账，这样D就会知道，H为B作出购买的意思表示，B才是自己的合同相对方。相反，若D不知道另一个人B是合同相对方，则H自己成为书的买受人。

（二）被代理人的利益

在代理人实施法律行为的情况下，被保护的不应只是第三人，还有被代理人。511
如果任何人都可以以他的名义缔结法律行为，且由他承担法律效果，那么这将不利于被代理人的利益。被代理人须被保护免受以下危险：随便一个他可能不认识或者他认为不值得信赖的人实施了约束他（被代理人）的行为。如果他自己或者法律授予代理人实施对被代理人产生效力的法律行为的权利，那么被代理人就得到了充分的保护。因此，为了被代理人的利益，第164条第1款第1句要求代理人在“代理权限内”行为（边码531）。若行为人无代理权，则以被代理人的名义实施的法律行为的后果与被代理人无关。

若B授权H买书（第167条，边码540及以下），D接受了以B的名义实施行为的H的要约，则B和D之间关于书的买卖合同成立。根据合同，B享受权利并承担义务。——相反，若H未经B的授权，则他无代理权，B不必支付价款。

（三）在缺少代理权的情况下第三人的利益

如果代理人以被代理人的名义签订了合同，却无代理权，那么不只被代理人，512
第三人也同样需要保护。他信赖代理人的表示。因为该人以被代理人的名义行为，所以第三人认为，被代理人是其合同相对人。事实却并非如此，合同因代理人代理权的欠缺而并不约束被代理人。另一方面，代理人也并非第三人的合同相对方，因为他明确地以被代理人的名义行为。第179条规定，值得保护的第三人可以向无代理权的代理人请求履行或损害赔偿（边码601及以下）。若第三人知道或者应当知道代理权的欠缺，则他不值得保护（第179条第3款第1句，边码605）。

若B并未赋予H代理权，后来也并未认可买卖合同（第177条第1款，边码594及以下），则根据第179条，H向D（第三人）承担责任。

三、界定

代理须与行为中的“代理”、缔约中介、间接代理、传达人以及冒名行为相 513

区分。

（一）行为（Tathandlung）中的“代理”

因为代理是以他人名义实施法律行为，所以只有在作出或者受领意思表示时才考虑代理。因此，在纯粹行为中不存在代理（事实行为，边码94）。

屋顶技工M与房屋主人签订了修葺屋顶的合同，他让徒弟G实施该工作，G不是以M的代理人的身份行为的，因为他未实施法律行为。若G用梯子碰坏了落地灯并且由于疏忽使一片瓦落下砸伤了行人，则产生以下问题：M是否须赔偿G所造成的损失以及G是M的履行辅助人（第278条）还是事务辅助人（第831条）。

在处分行为（边码104及以下）中——例如第929条第1句中的动产所有权转让——代理在合意的范围内是可能的。然而，处分还经常以其他的构成要件为前提（边码106）。除了合意，转让还要求交付，即给予（Geben）与接受（Nehmen）。这是纯粹的事实行为，此时排除代理的适用。

然而，被代理人能够通过代理人的行为取得所有权。代理人代理被代理人作出合意。如果代理人是被代理人的占有辅助人（第855条）或者在被代理人和代理人之间约定了占有媒介关系（第868条），那么在交付的情况下，代理人可以为被代理人取得对物的占有。——相反，如果占有的取得是通过第854条第2款中的合意（法律行为）进行的，那么在取得占有的情况下代理同样是可能的。

像催告、设定期限、通知（边码95）这样的准法律行为并非意思表示，但它们与意思表示很接近，因为通常它们是为了引起某法律效果而被有意识地作出。因此，在这里可以准用关于代理的规定。

（二）缔约中介

514 如果某人只促成了法律行为的缔结，那么他不是代理人，因为中间人虽然参与了法律行为的成立，但却并未作出意思表示。

例如：房屋居间人为求租者介绍一间房屋，但并不为他签租房合同（参见第652条及以下，《商法典》第93条及以下关于商事居间人的规定。①

为其他商家提供中介的商事代理（《商法典》第84条及以下）② 并非第164及以下各条意义上的代理人。相反，只要他以其他商家的名义缔结合同，他就是代理人。

（三）间接代理

515 因为只有在以他人名义行为时才存在代理，所以以自己名义行为的情况被排除。若某人以自己的名义实施法律行为，并以此方式“代理”其“委托人”的利

---

① Brox/ Henssler HandelsR Rn. 226 ff.

② Brax/Henssler HandelsR Rn. 200ff.

益，则他是间接（隐名，非直接或者沉默）代理人。

H可以通过以下方式实现B追求的目的——在H的帮助下得到一本书：H对D表示，他想购买挑选出来的这本书。若D承诺了H的要约，则D和H之间的买卖合同成立。因此，H自己——并非B——享受合同权利并承担合同义务。书被转让给H，他须付款。基于H和B之间存在的合同关系（例如委托，第662条及以下），H有义务将书转让给B（第667条），而B须偿还H买书的费用（第670条）。

事实上，间接代理并非代理。因为行为人以自己的名义出现，行为的法律效果也由他承担，而且行为人为之行为的他人也并不进入与第三人的法律关系中。这里就存在与第164条及以下意义上的代理的区别。与在《民法典》中未被加以规定的间接代理相反，我们将第164条及以下中的代理称为直接（显名）代理。

间接代理人是行纪人。[③]《商法典》第383条规定，行纪人是“从事以下职业的人：由他人（委托人）承担风险，以自己的名义购买或者出售货物或有价证券”。如果委托人不愿意为人所知，那么间接代理人就要出面。例如：B打算不露声色地购买一家股份有限公司的多数股权，他请求自己的主要银行H，以H自己的名义购买股份，这样B的名字就不会出现在交易所行情上。

（四）传达人：边码518及以下

（五）冒名行为（Handeln unter fremdem Namen）：边码528、529

第二十四节 代理的构成要件和效果

参考文献： Barteis，Die Bestimmung der Vertragssubjekte und der Offenhelts-grundsatz des Stellvertre tungsrechts，JURA 2015，438；Baum，Die Wissens-zurechnung，1999；Beuthien，Zur Theorie der Stellvertretung im Bürgerlichen Recht，FS Medicus，1999，1；ders.，Zur Wissenszurechnung nach § 166 BGB，NJW 1999，3585；Gehrlein，Wirksame Vertretung trotz Unkenntnis über Person des Vertretenen，VersR 1995，268；Giesen/Hegermann，Die Stellvertretung，Jura 1991，357；G. Hager，Die Prinzipien der mittelbaren Stellvertretung，AcP 180（1980），239；Heyers，Handeln unter fremdem Namen im elektronischen Geschäftsverkehr，JR 2014，227；Joussen，Abgabe und Zugang von WillensErklärungen unter Einschaltung einer Hilfsperson，Jura 2003，577；Mock，GrundFälle zum Stellvertretungsrecht，JuS 2008，309，391，486；K. Müller，Das Geschäft für den，den es angeht，JZ 1982，777；Petersen，Bestand und Umfang der Vertretungsmacht，Jura 2003，310；ders.，Die

③ Brox/Henssler HandelsR Rn. 366ff.

Wissenszurechnung，Jura 2008，914；Petersen，Das Offenkundigkeitsprlnzlp bei der Stellvertretung，JURA 2010，187；M. Schultz，Zur Vertretung im Wissen，NJW 1990，477；Schwab，Wissenszurechnung in arbeitsteiligen Organisationen，JuS 2017，481；Sonnentag，Vertragliche Haftung bei Handeln unter fremdem Namen im Internet，WM 2012，1614；Thum，Anfängerklausur- Zivilrecht：Stellvertretungsrecht- Dergeschäftsunfähige Professor，JuS 2014，418；R. Weber，Das Handeln unter fremdem Namen，JA 1996，426.

案例：

a）公务繁忙的 B 请求 H 代替他到户籍登记处与 F 女士结婚，在回程的路上去公证人处为 B 订立一份遗嘱以及在酒店老板 D 处订一桌 20 人的婚宴。可能吗？**（边码 516）**

b）在 B 的百货公司中，售货员 H 对顾客 D 说：“现在我提供给您的是我们这儿最好的收音机。”D 接受了该要约。谁是他的合同相对方？**（边码 524、532）**

c）被 B 授予代理权的 H 为 B 购买一幅画。他对出卖人 D 说，他作为无权代理人以 3 000 欧元的价格购买该画。D 接受了要约。B 必须支付价款吗？**（边码 532）**

d）被 B 授予代理权的 H 为 B 购买一幅画。他对出卖人 D 表示愿以 980 欧元的价格购买该画。其实他想以 890 欧元的价格购买，他说错了。B 应当支付多少价款？他可以撤销吗？**（边码 537）**

e）在案例 d 中，在转让画时 H 不知道也不应当知道，该画不属于 D，它是 D 从所有人 E 处借来的。但是被代理人 B 知道该事。B 能否获得该画的所有权？**（边码 538、539）**

一、代理的构成要件

（一）许可

516 根据第 164 条及以下的一般规定，原则上在任何意思表示中均允许代理。但须审查的是，代理是否根据特殊规定而被例外地排除。高度私人的法律行为即属于此种情况，特别是在亲属法和继承法中。

对结婚来说必要的是，打算结婚的人亲自且同时出现在户籍官员处表示他们愿意与对方结婚（第 1311 条）。被继承人只能亲自订立遗嘱（第 2064 条）。因此在案例 a 中，代理仅在缔结婚宴合同方面是被允许的。

（二）代理人的意思表示

517 1. 因为代理人亲自实施法律行为，所以如果他是无行为能力人，那么由他作出的或者向他作出的意思表示不生效力（参见第 105 条及以下，第 131 条第 1 款，第

165 条)。然而，也没有必要要求代理人是完全行为能力人，*限制行为能力*人即可(第 165 条)，因为如果代理人在代理权限的范围内作出或者受领意思表示，那么代理人作出意思表示的后果不由自己，而由被代理人承担。如果被限制行为能力的代理人并无代理权，那么他将通过第 179 条第 3 款第 2 句（边码 605）得到充分保护。

另一方面，从被代理人的利益角度也不要求代理人必须是（完全）行为能力人，如果被代理人向限制行为能力人授权（第 167 条，边码 540 及以下)，那么即使代理人实施了不利的交易，被代理人也必须独自承担责任。在由父母、监护人或者照管人进行法定代理（边码 531）的情况下，由限制行为能力人进行的代理是被排除的或者几乎是不实际的（参见第 1673 条第 2 款、第 1781 条第 1 项、第 1897 条第 1 款和第 1902 条)。

2. 代理要求代理人*自己*实施法律行为。这与传达不同。传达人自己并不缔结法律行为，而只是转达他人的表示。 518

(1) 在作出意思表示方面，代理人和传达人的区别很明显：代理人作出自己的意思表示。传达人只是转达他人的意思表示，即使不借助传达人，表意人也可以将其表示写在信件中寄给受领人。

辅助人是代理人还是传达人取决于他应怎样按照本人的指示出现或者实际上他怎样在第三人面前出现。通常来说，辅助人会按照本人的意愿行为。

B 请求 H 在 D 的书店为自己购买一本侦探小说并将在 B 的名下记账，这样 H 应当是 B 的代理人，他有权在 D 处挑选一本侦探小说并以 B 的名义作出购买要约。如果 H 对 D 说，他以 B 的名义购买该书，那么他就是作为代理人出现的。

相反，若 B 请求 H 通知 D，其打算买那本售价为 9.80 欧元的侦探小说《铁路巡道工身后的黑手》，这时 H 就只是 B 的传达人，他没有自己的决定自由，只能转达 B 的要约。如果 H 在 D 面前也是这样做的，那么他就作为传达人出现。

如果辅助人以非真实身份出现，那么重要的只是对第三人来说可知的身份。④ 因为意思表示须从表示受领人的利益出发按照受领人视角被加以考虑（法律行为的解释：边码 124 及以下)。在对意思表示进行解释时，也应当考虑表示之外的情况：例如中间人相对于本人的社会职务或者资历等。

B 的高级职员缔结了一份长期供应合同就属于代理的标志。相反，如果出现的是 B 的门卫，那么就是传达人。

然而，辅助人是否按照本人的意思出现通常并不重要。重要的只是本人打算达成的目的有没有通过辅助人的行为达成。

B 打算在 D 处购买《黑手》一书并派 H 作为其传达人到达 D 处。如果 H 在 D 面前以 B 的代理人的身份自居，例如他在长时间的挑选后选择了 B 想买的书并且告诉 D，他以 B 的名义购买该书，那么这并不会产生不利影响。若 D 接受了该要约，则 D 和 B 之间的买卖合同成立，因为 B 同意该法律行为。若 H——按照 B 的指示——作为传达人传达 B 的意思表示，同样的结果也会被达成。B 看重的只是结

④ HM；BGHZ 12，327 (334) = NJW 1954，797；Staudinger/Schilken，2014，Vorbern. zu § § 164ff. Rn. 74.

果，而非实现目的（D和B之间就该书缔结的买卖合同）的过程。

519 (2) 重要的是代理和传达在以下情况中的区别：

a. 如果法律行为需要形式（边码 299 及以下），那么在代理的情况下代理人的意思表示和在传达的情况下本人的表示均须符合该形式。

若H作为B的代理人与D签订了土地买卖合同，除了D的表示，H的意思表示须被作成公证证书（第 311b 条第 1 款第 1 句）。如果H是传达人，那么他须向D递交B所作出的已作成公证证书的表示。除登记之外，转让土地所有权所必需的出让人和受让人之间的合意必须在双方当事人同时在场的情况下在公证人面前进行（第 925 条第 1 款）。因为第 925 条未要求亲自到场，所以各方均可被代理。但传达被排除，因为传达人在公证人面前并不作出自己的意思表示，只是转达本人的意思，但是本人在进行合意时没有与合同相对方同时到场。

520 b. 在行为能力方面也有区别。因为传达人只是转达他人的意思表示，他不需要具有行为能力，所以一个无行为能力人（例如一个五岁的孩子）也可以是传达人。代理人须至少是限制行为能力人（边码 165）。

521 c. 在传达和作出意思表示的情况下，错误也被不同对待：

若传达人无意识地错误转达了他人的意思表示，则本人被约束，但他可以根据第 120 条撤销他作出的被错误传达的意思表示。传达人的故意误传对本人无约束力（边码 415）。

相反，代理人作出自己的意思表示。因此表示的撤销取决于他，而非被代理人是否陷入能够导致撤销的错误中（第 166 条第 1 款，边码 538）。

522 d. 基于上述原因，对一定情况的知道或者应当知道在传达的情况下取决于本人，而在代理的情况下原则上取决于代理人（详见第 166 条第 1 款，边码 538）。

523 e. 在受领意思表示时，受领人的辅助人可以是（受领）传达人（详见边码 148、149）或者（受领）代理人（第 164 条第 3 款）。这在以下两个方面具有意义：

意思表示须从受领人的角度被加以解释（边码 136），在这两种情况中分别关系到另一个人。向受领传达人作出的意思表示要从本人的立场出发进行解释，因为受领传达人只是本人的“活邮箱”。相反，向受领代理人作出的意思表示要从代理人的立场出发进行解释。

在意思表示的到达方面也存在区别（边码 151、152）：到达受领代理人意味着同时到达被代理人本身（第 164 条第 3 款）。相反，若受领人安排了一个只有“活信箱”功能的传达人，则只有当通常情况下能够预期受领传达人将意思表示转达给受领人时，意思表示才到达受领人处。

（三）显名性

524 1. 代理人须“以被代理人的名义”行为（第 164 条第 1 款第 1 句）。第三人应受到保护，他应当知道谁是其行为相对方。该保护目的不仅可以通过意思表示“明示地以被代理人的名义作出”（例如：“我以B的名义购买”），而且可以通过“情况表明它以被代理人的名义作出”（第 164 条第 1 款第 2 句）来实现。因此，对第三人来说，表意人为他人行为必须是可知悉的。对此，表示受领人须解释意思表示。[5]如果他知道或者通过尽到合理的注意能够知道表意人为他人行为，那么他就没有被保护的必要（参见边码 133、134）。否则，他必须信赖所表示的内容。

在**案例 b** 中，D 从 H 的表示“我为您提供……”不应该推断出 H 打算为自己缔结交易。相反，顾客能够从该情况中得知，H 打算为商场的所有人 B 行为。因此，B 是其合同相对方。即使出卖人根本不和买受人联系，并将全部合同协商交由经纪人处理，直至协商足够成熟可供缔约，买受人通常也会知道，无论如何该经纪人（在提供关于合同协商的咨询时也是如此）都是在以出卖人的名义进行行为。[6]

即使行为人以他人的名义出现，但第三人却不知道谁是被代理人，此时显名性也存在。

例如：在买画时，H 表示其为他人签订该合同。该人为收藏家，不愿意透露姓名，因为他担心出卖人会因此抬高价格。H 对一开始不说出被代理人的姓名也可能存在利益，因为他手上有两个有购买意愿的买家。

因此，行为人表达出其为他人行为即可。合同相对方无须保护，因为如果他不知道谁是自己的缔约者，那么他无须参与该交易。

2. 若代理人打算以他人名义行为，却未对此作出表达，而且第三人对此也不知 525
情，那么这就是一个欠缺显名性的“代理人自己的交易”。

如果代理人想表达其以他人的名义行为，但因口误说成了以自己的名义行为，那么他就陷入了第 119 条第 1 款中的表示错误中。然而，他不能撤销并随即消灭该意思表示，因为第 164 条第 2 款排除了这样的撤销。根据该晦涩难懂的条款（“无须考虑表意人欠缺以自己名义为法律行为之意思”）若代理人未明确向第三人表示其以他人名义行为的意思，那么他不能主张该意思瑕疵。

3. 显名原则的一个*例外*是（效力）及于行为人自身的行为（das Geschäft für 526
den, den es angeht）。在这里，行为人未向第三人说明，他为自己还是为他人行为。显名原则未得到遵守。然而，在那些在日常生活中被即刻完成的行为中，第三人根本没有兴趣知道谁是其合同相对方。因此，一部分人认为，如果行为人只打算为他人缔结合同，那么在这些法律行为中合同相对方并非行为人自己，而是另有其人（被代理人）。[7] 反对观点拒绝以这种方式违反债权行为中的显名原则[8]，不能将合同相对方之外的他人强加给第三人。

例如：H 在 D 的食品店或商场购买商品，他马上付账并带走它们。因为买卖合 527
同立刻被履行，所以 D 对其合同相对方是 H 还是他的“幕后指使人”不感兴趣。在这里，上述两种观点会导致不同的结果。然而，一份双方已履行的合同几乎不会产生问题。合同相对方是谁会对以下问题产生影响：在标的物出现瑕疵时谁享有第

---

⑤ Vgl. BGHZ 36, 30 (33) = NJW 1961, 2251.

⑥ BGH NJW 2015, 1510 Rn. 12 mAnm Walker! Khachatryan LMK 2015, 369018.

⑦ Bitter/Röder BGB AT § 10 Rn. 39；HK-BGB/Dörner § 164 Rn. 7；MüKoBGB/Schubert § 164 Rn. 127f.；Palandt/Ellenberger § 164 Rn. 8.

⑧ Baur/Stürner SachenR § 51 Rn. 43；Prütting SachenR Rn. 385.

437 条及以下中的瑕疵请求权。

相反，可能有意义的是，在交付标的物时谁成为所有权人，H 还是 B？这是物权法问题，所有人首先是 H，然后才是 B（所谓通过 H 的过手取得），还是 B 直接从 D 处取得所有权（所谓 B 的直接取得）。在这里，违反显名原则被上述反对观点（与在债权行为中不同）所承认，其后果是：在（效力）及于行为人自身的行为中，没有被明示的行为人的幕后人在物权行为（转让买卖物）中直接享有权利并承担义务。

528 4. 在冒名行为的情况下，不存在以他人名义实施的行为。在这里，行为人将他人的姓名作为自己的来使用。问题是，在此是否适用关于代理的规定。因为显名原则从保护表示受领人出发，所以重要的是他怎样理解行为人的表示。[9] 须区分以下情况：

529 (1) 如果冒名人打算为自己缔结交易且表示受领人也这样理解，而且对于后者来说行为人的名字并不重要，那么双方达成交易（行为人自己的法律行为）。

例如： H 用他人姓名在旅店租了一间房，一般来说旅店老板会和站在他面前的人签合同。这样旅店老板和 H（并非与被 H 冒用姓名的人）之间的租房合同成立。

联邦最高法院[10]认为以下情形也属于这样的情况：侵占汽车的人以汽车所有权人的名义出卖该车，并以其名义出具（伪造的）汽车证件。虽然对于取得人来说，真正具有意义的是出让人的姓名与在汽车证件上登记的所有人的名字一致，而不是叫这个名字的人。如果出让人借助伪造的车辆证件假装自己是车辆的所有权人，而取得人是想与他而不是与真正叫这个名字的人缔结合同。那么与行为人缔结的一个有效的买卖合同就成立了。买受人是否取得了该被侵占的汽车的所有权，取决于第 932 条中规定的善意取得的要件是否会被满足。对此还有其他的解决方式，如将合同认定为是与真正的所有权人而非与行为人缔结的。那么显然买卖合同和所有权转让都会因行为人缺少代理权而不生效力，只要真正的所有权人没有根据第 177 条追认。

530 (2) 若与真正的姓名所有人缔结交易对表示受领人很重要，则不存在行为人自己的行为。

例如： 无支付能力的 H 冒用 B 的名字在 D 处赊购，D 以为站在他面前的就是有信用的 B。如果某人使用他人的 e-Bay 账号卖东西，这也属于冒名行为。因为对于出价的人来说，这看起来就是与 e-Bay 账户的主人达成了一项交易。[11]

在这些情况下，表示受领人在行为人的身份方面受到欺骗，他打算同真正的姓名所有人缔约，因此他必须受到保护，这样就不存在行为人自己的行为。对于（真正的）姓名所有人来说，存在一个“他人实施的法律行为”(Fremdgeschäft)。但该人在法律行为中无须承担责任。只有在他一开始就同意行为人的行为并授予了代理权，或者对以其名义所为的交易进行了类似于第 177 条（边码 594）中规定的追认时，他才不值得保护。同样，如果表示受领人相信行为人就是叫这个名字的人，从

---

⑨ Vgl. OLG DüsseldorfNJW 1989, 906.

⑩ BGH NJW 2013, 1946 mAnm Schmitt-Kästner ZJS2013, 436, Anm. Schwab JuS 2014, 265, Anm. Thale LMK 2013, 352160, Anm. Vogel JA 2014, 149 sowie JURA 2014, 419.

⑪ BGH NJW 2011, 2421 (2422).

权利表象的角度来看，这种信任是值得保护的。[12] 这样他也可以从该行为中获得权利并被请求。相反，若这些前提并不存在，则表示受领人至少可以与行为人缔约。

上述利益情况与法律所规定的无权代理人以他人名义行为的情况相符。因此，关于代理的规定（第 164 条及以下，第 177、179 条，边码 516 及以下，边码 594 及以下）可以适用于此类冒名行为。[13] 表示受领人也可以基于第 179 条的前提条件选择向行为人请求履行或者损害赔偿（边码 600 及以下）。

(四) 代理权

531 1. 代理人须“在代理权限内”行为（第 164 条第 1 款第 1 句）。该要求旨在保护被代理人（边码 511）。

代理权可以基于：

(1) 被代理人相应的法律行为。通过法律行为授予的代理权在第 166 条第 2 款中被称为意定代理权（详见边码 540 及以下）。

(2) 法律规定。法律首先在以下情况中授予代理权：某人不能独立实施法律行为。

例如：父母对子女（第 1629 条第 1 款），监护人对被监护人（第 1793 条），照管人对被照管人（第 1902 条）的代理权。

社团的董事会有“法定代表人的地位”（第 26 条第 2 款，边码 745）。虽然在严格意义上它并非代理人，而是社团的机关，但此时仍适用关于代理的规定。

532 2. 此外必要的是，代理人同样使用了代理权，通常也确实如此。如果尽管被授予代理权，他仍以无权代理人的身份出现，那么他未使用其代理权，因此法律行为不发生有利和不利于被代理人的效力。更确切地说，根据第 177 条（边码 594 及以下）法律行为的效力取决于被代理人的追认。[14]

在**案例 c** 中，H 打算使合同的效力取决于 B 的追认，因为他不确定 B 是否喜欢这幅画。因此 H 是作为无权代理人出现的。买卖合同的效力取决于 B 的追认。

有效代理的构成要件

Ⅰ. 代理的许可

（在高度私人的法律行为中不存在代理，第 1311、2064 条）

Ⅱ. 代理人自己的有效意思表示（与传达人的界限）

Ⅲ. 代理的显名性（=意思表示以被代理人的名义作出）

—明示的或者默示地（第 164 条第 1 款第 2 句）

---

⑫ BGH NJW 2011，2421（2422）；zust. Borges NJW 2011，2400. Ob für eine solche Rechtsscheinshaftung des wahren Namensträgers wirklich die vom BGH herangezogenen Grundsätze der Duldungsoder Anscheinsvollmacht (Rn. 562ff.) passen，ist allerdings zweifelhaft；denn dabei geht es um das Vertrauen in die Vertretungsmacht eines als Vertreter Handelnden，woran es beim Handeln unter fremdem Namen fehlt（s. die zT krit. Anm. von Faust JuS2011，1027，Herresthal JZ 2011，1171 und Stöber EWiR 2011，551 sowie den Beitrag von Sonnentag WM 2012，1614）.

⑬ BGHZ 45，193（195）= NjW 1966，1069；bestätigt von BGH NJW 2011，2421（2422）；BGH NJW 2013，1946 mAnm Schmitt-Kästner ZJS 2013，436，Anm. Schwab JuS 2014，265，Anm. Thole LMK 2013，352160.

⑭ OGH NJW 1949，141；Erman/Maier-Reimer § 164 Rn. 19，§ 177Rn. 6.

（以自己名义作出的错误行为由代理人自己承担且不可撤销，第164条第2款）

—在为未提到姓名的第三人作出法律行为时同样存在公开性

—有争议的是，在（效力）及于行为人自身的行为（即刻完成的行为，在这里另一方并不关心谁是合同相对方）中公开原则是否被违反

—在冒名作出的意思表示中无显名性（若与姓名所有人缔结交易对第三人很重要，那么对真正的姓名所有人来说存在一个无代理权的“他人实施的行为”）

Ⅳ. 代理权

1. 以法律行为授予代理权＝意定代理权（第166条第2款，边码540及以下）

2. 法定代理权（例如第1629、1793、1902条）

3. 如果必要的话，还有容忍和表象代理权（边码562及以下）

二、代理的效力

（一）有利和不利于被代理人的效力

533 1. 若至少为限制行为能力的代理人以被代理人的名义在被授予的代理权限范围内以被准许的方式实施法律行为，则法律行为直接产生有利和不利于被代理人的效力（第164条第1款第1句）。法律效果仅涉及被代理人而非代理人。法律状况应符合以下情况：好像被代理人亲自实施了法律行为一样。

因此在**案例 b** 中，只有B（并不包括售货员H）是与D缔结的买卖合同的相对方。B有义务转让和交付收音机，他是价款请求权的债权人。

以下情况并非这一规定的例外：行为人以被代理人名义，同时也以自己的名义实施法律行为。此时，法律行为的效力归属于被代理人（因为以其名义行为）和行为人（因为以自己名义行为）。

大学生H为友人B和自己在D处租得一间学生房，二人皆为房客。

若被代理人为未成年人且父母在法定代理权范围内使其负担债务，则该责任仅限于在其成年时所拥有的财产。该责任限制在第1629a条中得到了规定，通过1998年8月25日的《未成年人责任限制法》被引入《民法典》。[15]

534 2. 下列情况中的法律行为不会对被代理人产生有利或不利的法律效果：

（1）若代理人为无行为能力人（例如由于第104条第2项，边码265）或者不被许可之代理（例如由代理人设立遗嘱），则代理人的行为无效。

（2）若代理人未以他人名义行为，则原则上这是代理人自己的行为，因此被代理人不受影响。

（3）若代理人缺少实施法律行为所必需的代理权，则法律效果不归属于被代理人，无代理权的代理人根据第179条（边码600及以下）向第三人承担责任。

---

⑮ Einzelheiten：Palandt/Götz § 1629 a Rn. Hf.；HK-BGB/ Kemper § 1629a Rn. 1；Muscheler WM 1998, 2271.

（二）有利和不利于代理人的效力

尽管代理行为的效力仅归属于被代理人，但在例外情况下，代理人在实施行为时仍可能基于缔约过失（第 280 条第 1 款、第 241 条第 2 款、第 311 条第 3 款）而承担损害赔偿责任。该责任分为以下两种情况[16]： 534a

1. 代理人请求他人对自己有特别信赖，且因此对合同磋商或合同缔结产生重大影响（参见第 311 条第 3 款）。

例如：如果在买二手车时买受人因车商的专业知识而信赖其说明和建议，那么作为前手的代理人的车商要就错误说明向买受人承担责任。[17]

2. 代理人对缔结合同有*直接的个人经济利益*。他必须像处理自己的事务一样行为，不只存在单纯的佣金利益。[18]

例如：虽然形式上代理人以他人名义行为，但是按照与被代理人的约定他可以亲自履行给付并享有法律行为所产生的利益。[19]

（三）代理人意思表示中的错误所导致的后果

在作出意思表示时，代理人可能会产生错误。在法律效果方面，须对以下情况进行区分： 535

1. 代理人打算在代理权限内行为，但因口误超越了其代理权。

被 B 授予代理权的 H 为 B 购买一幅售价最高为 1 200 欧元的画，由于错误他购买了一幅售价为 2 100 欧元的画。因此，他超越了其代理权，他未获得购买售价为 2 100 欧元的画的代理权。

因为代理人在行为时无代理权，所以法律行为的后果也不归属于被代理人（边码 594）。

2. 代理人打算以被代理人的名义行为，但是在向受领人作出意思表示时却未说明他为他人行为。 536

H 打算在买画时向出卖人 D 说明，他为 B 行为，但基于错误他并未对此作出表示。

由于缺少显名性，法律行为并不发生有利和不利于被代理人的效力。这是代理人自己的行为，他不可以基于错误而撤销其意思表示（第 164 条第 2 款，边码 525）。

3. 若以被代理人的名义且在代理权范围内行为的代理人在作出意思表示时出现了错误，则他可以根据第 119 条及以下进行撤销。 537

在**案例 d** 中，H 的表示错误属于第 119 条第 1 款中的情况。

被代理人受代理人错误表达的约束。若被代理人亲自作出意思表示，则他可以在第 119 条及以下的构成要件下进行撤销并使之无效。第 166 条第 1 款在撤销的构

---

[16] StRspr；vgl. nur BGH NJW-RR 2006，993；1991，1312 mwN.

[17] BGH NJW 1997，1233f.

[18] BGH NJW-RR 2006，993（994）.

[19] Ähnlicher Fall bei BGHZ 14，313（318）＝NJW 1954，1925：Ehemann hat Vertrag als Vertreter der Ehefrau abgeschlossen，sollte bei der Vertragserfüllung mitwirken，und hat dann den Vertragszweck vereitelt.

成要件方面只考虑代理人，因为该人为被代理人作出意思表示。因为代理人作出的有瑕疵的意思表示的后果归属于被代理人，所以有权进行撤销的是被代理人，而非代理人。

在**案例 d** 中，H 在代理权限范围内行为。B 须支付约定的价款 980 欧元。然而，因为 H 在作出意思表示时发生了表示错误，所以 B 有权撤销。H 只能作为 B 的代理人撤销其表示。其构成要件是，他被 B 授予代理权，通常情况下人们可能认为，H 在所有与买画有关的行为方面均被授予代理权，因此他也可以以 B 的名义撤销。

上述关于代理人错误的内容同样适用于不法胁迫的情况。

若代理人为被代理人在第 312b 条的前提下签订了某合同，则被代理人订立于营业场所外的合同中享有撤回权（第 312g 条，参见边码 201 及以下）。

(四) 知悉或应当知悉特定情况的后果

538 在某些法律行为中，重要的是知悉或应当知悉特定情况。若代理人为被代理人行为，则就知悉或应当知悉而言原则上取决于代理人，例外情况下才取决于被代理人。

1. 第 166 条第 1 款就代理人实施行为而言，原则上取决于代理人。因此，代理人的知悉被归属于被代理人（知悉归属）。

在**案例 e** 中，B 只能根据从无权利人（D）处善意取得的规定获得画的所有权（参阅边码 639）。根据第 932 条第 2 款，若取得人知道或者因重大过失不知道物不属于让与人，则非善意。根据第 166 条第 1 款，在代理的情况下，考虑的是代理人的善意，因此 B 的知悉不能对抗所有权的善意取得。

在第 166 条第 1 款字面意思之外，以下人员的知悉或应当知悉也取决于本人：参与合同磋商并对法律行为的内容产生重大影响的人，即使其并未参与合同缔结（所谓的知悉代理人）。[20]

相反，第 166 条并不（也不类推）适用于以下情况：一方合同当事人亲自缔结合同，而且并不知道其磋商代理人与对方达成的缔结第 117 条的意义上的虚伪行为的协议。这里涉及的并非知悉的归属，而是实施虚伪行为的效果意思：合同当事人必须有该效果意思且它不能根据第 166 条被归属于被代理人。[21]

例如：V 与 K 的磋商代理人就出售一块售价为 100 000 欧元的土地达成合意。然而，按照磋商代理人的建议，被公证的价款仅为 50 000 欧元。亲自与 V 签订合同的 K 对所约定的更高价款并不知情。这个合同并不是第 117 条中的虚伪行为。此时缺少 K 对以下事项必不可少的同意（边码 402）：被作成证书的价格为 50 000 欧元的表示只是被虚伪作出的。类推适用第 166 条中知道的归属并不能弥补 K 所缺少的实施虚伪行为的意思。根据第 118 条，失败的虚伪行为是无效的（见边码 402，

---

⑳ Vgl. RGZ 131，343（357）；BGHZ 117，104（106）＝ NJW 1992，1099；Petersen JURA 2008，914（915f.）；Waltermann AcP 192（1992），181 und NJW 1993，889.

㉑ BGH NJW 2001，1062；2000，3127.

397 及以下)。

2. 若被授予意定代理权的代理人*按照被代理人*(＝授权人)*的特定指示*行为，则第 166 条第 1 款不适用。在这里，就被代理人知悉或应当知悉的情况而言，他不可以援用代理人对这些情况的不知或不应知悉(第 166 条第 2 款)。 539

在**案例 e** 中，若 H 按照 B 的指示从 D 处得到画，那么 B 对该画不属于 D 这一事实的知悉会阻碍 B 获得所有权。倘若在该情况中起决定作用的是代理人的知道或应当知道，那么一个明确知道物不属于让与人的人就可以通过授权善意代理人为他获得该物从而根据第 929、932 条获得所有权。因为这一结果是不公正的，所以在代理人按照被代理人的特定指示进行行为的情况下，第 166 条第 2 款考虑授权人的知悉或应当知悉。

代理的效力

Ⅰ. 有利或不利于被代理人的效力(第 164 条第 1 款)

Ⅱ. 代理人的后果

1. 原则：不产生有利或不利于代理人的效力(依据见第 164 条第 1 款)

2. 例外

a) 无权代理人的履行或损害赔偿责任(第 179 条)

b) 代理人基于违反先契约义务的损害赔偿责任(第 311 条第 3 款、第 241 条第 2 款、第 280 条第 1 款)

aa) 代理人特别地请求对自己的信赖(参见第 311 条第 3 款)

bb) 代理人对合同有直接的个人经济利益

Ⅲ. 代理人的意思表示中出现错误的后果

1. 错误地超越了代理权：代理人的责任见第 179 条

2. 错误地以自己的名义行为：代理人自己的行为，无撤销可能性(第 164 条第 2 款)

3. 代理人的错误：被代理人有撤销可能性(第 166 条第 1 款)

Ⅳ. 知悉或应当知悉特定情况的后果

1. 原则上起决定作用的是代理人(第 166 条第 1 款)

2. 在代理人按照指示行为的情况下被代理人起决定作用(第 166 条第 2 款)

第二十五节　意定代理权

参考文献：Gernhuber, Die verdrängende Vollmacht, JZ 1995, 381; Häuhlein, § 174 S. 1 BGB-eine (Haftungs-) Falle nicht nur für Rechtsanwälte, NJW 2002. 1398; Himmen, Der stellvertretungsrechtliche Abstraktionsgrundsatz, JURA 2016,

1345；Joussen，Die Generalvollmacht im Handels-und Gesellschaftsrecht，WM 1994，273；Kleinhenz，Der Widerruf der Vollmacht gegenüber dem beschränkt Geschäftsfähigen，Jura 2007，810；Kneisel，Rechtsscheinhaftung im BGB und HGB-mehr Schein als Sein，JA 2010，337；Knoche，Die Vollmacht und ihr Verhältnis zu den Rechtsbeziehungen zwischen Vollmachtgeber und Vertreter，JA 1991，281；Lieder，Trennung und Abstraktion im Recht der Stellvertretung，Jus 2014，393；S. Lorenz，Verkehrsschutz bei Vollmacht und Prozessvollmacht-BGH，NJW 2004，59，JuS 2004，468；S. Lorenz，Grundwissen- Zivilrecht：Die Vollmacht，JuS 2010，771；Oechsler，Die Bedeutung des § 172 Abs. 1 BGB beim Handeln unter fremdem Namen im Internet，AcP 208（2008），565；Paulus，Stellvertretung und untemehmensbezogenes Geschäft，Jus 2017，301，399；B. Peters，Formbedürftigkeit der Vollmachten für die Aufnahme von Verbraucherkrediten，WM 2000，554；Petersen，Bestand und Umfang der Vertretungsmacht，Jura 2003，310；Petersen，Die Vollmacht über den Tod hinaus，JURA 2010，757；Preis/Lukes，Die Zurückweisung nach § 174 BGB，JA 2015，900；Rösler，Formbedürftigkeit der Vollmacht，NJW 1999，1150；Stöhr，Rechtsscheinhaftung nach § 172 BGB，JuS 2009，106；Zagouras，Eltern haften für ihre Kinder? -R-Gespräche zwischen Anscheinsvollmacht，Widerruf und Wucher，NJW 2006，2368.

S. auch die Nachweise bei→Rn. 562 und 571.

案例：

a）商场所有人B聘任职员H为其经理人（Prokurist）（参见《商法典》第48条第1款）。二人约定，H只能缔结10 000欧元以下的交易并且不许出售商业用地。但H在D1处以15 000欧元的价格为商场购买了一组柜台并以100 000欧元的价格将一块商业用地出售给D2。B享有哪些权利？**（边码549、550、551）**

b）B写信告知画商D，过几天他会派H过去为自己购买一幅画。但他与17岁的H约定，H不可以购买价格超过1 000欧元的画。H在D处以1 100欧元的价格为B购买了一幅画。B享有哪些权利？**（边码549、550、551）**

c）对若干人享有价款请求权且对H负有50 000欧元债务的B授予H收回债权的代理权，从而使他对H所负的债务能够被收回的金额抵销。在收回10 000欧元后，B撤回代理权。可以吗？**（边码553）**

d）在B处作为门卫和电话接线员工作的H长时间以来已经习惯了不与被授权的职员A联系，而亲自接受顾客的订单。长期顾客D向B要求履行其与H所签订的合同。对H的行为已有耳闻却因疏忽而未对此进行干涉的B指出，他并未对H作出授权。**（边码563、563a、565、567）**

e）在案例d中，B并不知道H的行为，因为他很少关心他的生意。**（边码563、563a、566）**

f) B在其商场中雇用H并授权他采购男士外衣。当B知道H缺少纺织品领域的必要专业知识时，他根据第119条第2款撤销了委托并且通过集体通函将该情况告知其供货商。H认为撤销是不合理的并与供货商D签订了标的为100件西装的买卖合同。B必须支付西装的价款吗？**(边码569)**

g) 在案例f中，若H在撤销委托之前就与D签订了合同，何如？**(边码572、573、574)**

意定代理权是通过法律行为授予的代理权（第166条第2款）。 540

一、意定代理权的授予

意定代理权通过需受领的无形式要求的意思表示被授予（第167条）。

（一）有受领需要

需受领的意思表示的受领人可能是代理人或者代理应对之发生的第三人（第167条第1款）。对此须区分以下情况： 541

1. 在内部意定代理权的情况下，授权人向代理人就自己对他授权一事进行说明（第167条第1款第1种情况）

B对H说，他有权为其在D处购买一幅画。

2. 在外部意定代理权的情况下，授权人向第三人就自己对某特定人进行授权一事作出说明（第167条第1款第2种情况） 542

B对D说，H有权在D处为他（B）购买一幅画。不属于这种情况的是：B在已经对H作出授权后通知D，他对H作出了授权。因为在对H作出表示时（内部）意定代理权已经被授予。

通说认为，向不特定的多数人就授权作出的*公开表示*同样属于外部意定代理权。[22] 这个罕见的情况与单纯的公告（öffentliche Bekanntmachung），即某人被授予意定代理权，是不同的，后者适用第171条的规定（边码559）。

（二）形式

1. 原则上，表示无须形式要求即可生效。即使意定代理权所涉及的法律行为需要某种形式，就委托而言该形式也并非必要（第167条第2款）。 543

尽管土地买卖合同须根据第311b条第1款第1句被作成公证书，H从B处获得的就出售土地一事的口头委托仍可以无须任何形式地被作出。然而，当在土地局申请变更所有权时，进行合意的代理权必须像所有其他登记所必需的表示一样，通过公开证书或者公开认证证书（öffentlich beglaubigte Urkunden）得到证明（《土地登记簿法》第29条）。

---

[22] Vgl. MüKoBGB/Schubert § 167 Rn. 63；Staudinger/Schüken，2014，§ 167 Rn. 12.

因为授权无须形式，所以它既可以明示地，又可以通过默示的行为沉默地作出。但《商法典》第 48 条第 1 款中规定，须通过明确表示授予经理权（Prokura）。[23]

比如一个出卖人放弃联系所有的买受人，而让中介进行在缔约时机成熟之前的全部缔约磋商，那么买受人就可以从这种情况推断出，该中介被以默示的方式授予了外部意定代理权（对因缔约磋商而进行的咨询也如是）。[24]

544 2. 在例外情况下，法律（例如对遗产拒绝的授权，第 1945 条第 3 款）要求授权满足特别形式。此外，由（被授权的）法律行为适用的形式规定的目的可能会得出：授权同样需要按照该形式作出。

第 311b 条第 1 款具有警示功能（边码 299）。在土地所有权人授予他人一项不可撤回的内容为出售土地的意定代理权时，该目的须被注意。[25] 因为这样所有权人就在经济上最终与土地买卖联系起来。同样，在有形式要求的保证的情况下，作出保证表示的代理权需要（书面）形式，因为只有这样才能达到第 766 条中的形式条款的目的，即使保证人清楚责任的内容和范围。[26] 第 167 条第 2 款应当被作限制解释：若被追求的法律行为为了警示表意人而需要特定形式，则意定代理权也需要形式。[27]

545 3. 作出授权书不是必要的[28]，却是可取的。如果被授权人在从事单方法律行为时未出示授权书（例如终止表示），并且第三人因此毫不迟延地拒绝了该法律行为，那么即使代理权已被授予（第 174 条第 1 句），该行为也是不生效力的。出示授权书为第三人创造了明朗的法律状况（参见边码 285）。如果从表示中无歧义地推知，第三人不仅质疑代理权的缺失，而且对不出示授权书表示抗议，那么第 174 条第 1 句意义上的拒绝也可以是因为第三人根据第 180 条第 2 句对可疑的代理权的缺失的质疑。[29] 根据 174 条第 1 句法律行为的不生效力不能通过追认被事后补正。

然而，如果授权人已将授权一事告知第三人，那么他无须得到保护（第 174 条第 2 句），因此在这种情况下，尽管未出示授权书第三人也不得拒绝该行为。即使相应的意定代理权与从事该法律行为的人的职位有关联（例如由人事主管通知终止某劳动关系），也同样如此。[30]

若二人共同被授予代理权（共同代理），在拒绝单方法律行为时满足以下条件即可：第三人不知道其中一人的代理权并且该人未出示授权书。

由“被授权人”和“授权书”的语义以及第 174 条在《民法典》中的位置可以得知，该条款中的拒绝权仅针对通过法律行为被授权的代理人存在。第 174 条不适用于法定代理人和机构代理人。[31]

---

[23] Dazu Brox/Henssler HandelsR Rn. 197.

[24] BGH NJW 2015，1510 Rn. 11 mAnm Walker！Khachatryan LMK 2015，369018.

[25] BGH NJW 1952，1211；1979，2306.

[26] BGH WM 1996，764.

[27] Staudinger/Schilken，2014，§ 167 Rn. 20.

[28] Vgl. auch BGH NJW 2003，963.

[29] BGH NJW 2013，297（298）mAnm Schwab JuS 2013，839.

[30] BAG NJW 2014，3595 mAnm Lingemann/Siemer und Anm. Riehm JuS 2015，933；NZA 2007，377（380f.）.

[31] BAG NZA 2007，377（379）.

二、意定代理权的种类

（一）个别、类和一般意定代理权

根据意定代理权的范围可以将其分为个别意定代理权（为特定行为）、类意定代理权（为某类行为）以及一般意定代理权（为所有允许代理的行为）。意定代理权的范围要按照一般解释规则（边码 125 及以下）来确定。[32] 在一些情况下，法律规定了意定代理权的范围。作为个别意定代理权的《商法典》第 48 条中的经理权[33]的范围涉及商事经营过程中所实施的各类行为（《商法典》第 49 条第 1 款；关于处分土地的限制第 49 条第 2 款）。 546

（二）单独和共同意定代理权

若被授权人独自被授予代理权，则为单独意定代理权。相反，若只能由多个代理人（例如两个）共同代理授权人，则为共同意定代理权。《商法典》第 48 条第 2 款对“经理权”作出了明确规定（“共同经理权”）。要通过对授权表示进行解释来确定授权人所授予的是单独意定代理权还是共同意定代理权。 547

若 B 向三个人授权，则并不能直接认为这是共同意定代理权。有可能这三人中的每个人都被授予单独代理 B 的权利。同样可能的是，第一个人享有单独意定代理权，而其他二人只能共同代理 B。

（三）本代理（Hauptvollmacht）和复代理（Untervollmacht）

1. 意定代理权也可以包括被授权人选任复代理人的权限。若本人对由被授权人亲自履行并无明显利益，则该权限存在。[34] 由本人亲自授予的本代理权须与由本被授权人（Hauptbevollmächtigte）授予的复代理权相区分。 548

2. 司法判例[35]尤其对以下两种方式的复代理权进行区分： 548a

（1）代理人以本人的名义授予复代理人直接代理本人的代理权。若复代理人以本人的名义出现，则法律行为的后果归属于本人。其前提条件是两个（有效的）授权。此时须首先审查本代理人在进行从属授权时是否在其被授予的代理权限范围内行为，复代理人是否超越其被授予的复代理权，有可能会出现的情况是复代理权的范围小于本代理权。

若上述两种意定代理权中的一种不存在，则本人不受约束。此时复代理人为无权代理人，他根据第 179 条承担责任（边码 600 及以下）。根据该规定，若本代理

---

[32] BGH NJW 2010，979（980）（zur Auslegung einer transmortalen Kontovollmacht：der Bevollmächtigte ist zwar zu Überweisungen und Abhebungen berechtigt，aber nicht zur Umschreibung des Kontos auf sich selbst）.

[33] Dazu Brox/Henssler HandelsR Rn. 194ff.

[34] BGH WM 1959，377.

[35] BGHZ 32，250（253）= NJW 1960，1565；BGHZ 68，391（393）= NJW 1977，1535.

权不存在，则本代理人同样承担责任。

（2）代理人以自己的名义授予复代理人代理自己（即本代理人）的权利。[36] 若复代理人作为本人的代理人（即代理人的代理人）以本代理人的名义出现，则法律行为的效力"通过（本）代理人"间接作用于本人。[37] 前提条件是两种意定代理权均有效。

这种看似矫揉造作的构思的原因在于，作为复代理人出现的人的责任应当以复代理权存在为限，他不必因本代理权的瑕疵而承担第179条中的责任。但是我们认为，即使本代理权不存在，复代理人仍需根据第179条承担责任。第179条不关注意定代理权缺失的原因，而只是通过将责任标准限制为消极利益来对代理人对代理权缺失的不知情的情况进行规制（第179条第2款，边码604）。也就是说，复代理人并非仅要求相对方信赖复代理权的存在，因为对行为相对方来说，他的行为明显对本人产生法律效果。

第179条第2款中所要求的善意复代理人对基础法律关系中的本代理人享有追索请求权。若本代理人无支付能力，则复代理人一无所得。然而，该结果比以下观点更为合理：将复代理人从第179条的责任中免除，如果这样的话行为相对方将遭受破产的风险。

（四）容忍代理权和表象代理权

548b 边码562及以下

（五）生前死后（Transmortal）意定代理权和死后意定代理权

548c 被授予的代理权可以有如下内容：代理不仅适用于授权人的有生之年，在其死亡后也依然有效（生前死后意定代理权）。根据法律，以下情形也属于这种情况：意定代理是授权人和被授权人之间的委托关系的基础。根据第672条第1句，在有疑问的情况下，委托不因委托人的死亡而消灭，在委托关系继续存续时，意定代理也不根据第168条第1句消灭（边码552）。从这一点上，其可以与死后意定代理权进行区分。死后意定代理权在授权人活着的时候还不生效，只有在他死亡后才生效。死后意定代理权使被授权人在授权人死亡后进行紧迫的法律行为，即使继承人根本还未确定或者尚未取得遗产继承证书。

对于生前死后意定代理权和死后意定代理权，被授权人在授权人死亡之后代理的都是其继承人。继承人可以撤回其意定代理授权。

三、意定代理权和基础关系（Grundverhältnis）

（一）外部及内部关系（Außen-und Innenverhältnis）

549 一般来说，意定代理权的授予以授权人和被授权人之间的合同关系为基础（基础关系）。

---

[36] Ablehnend Palandt/Ellenberger § 167 Rn. 12.

[37] BGHZ 32, 250 (254) = NJW 1960, 1565.

1. 意定代理权涉及授权人与第三人之间的外部关系。它仅使被授权人享有权利而非承担义务。作为单方法律行为，它不需要被授权人的承诺表示。

在**案例 a** 中，经理人 H 有为 B 在商事经营过程中进行法律活动的权利（《商法典》第 49 条第 1 款）。因此，在购买柜台的事项上 H 对 B 的代理是有效的，B 须向 D1 支付价款并可以要求交付柜台。然而，H 无权出售土地，因为他并未被授予此种代理权（参见《商法典》第 49 条第 2 款），因此 B 和 D2 之间的买卖合同不成立。——在**案例 b** 中，B 已经通过写信给 D 授予了 H 购买画的意定代理权（=外部意定代理权）。因此，通过 H 与 D 之间合同的缔结，B 成为画的买受人，尽管 H 为未成年人（第 165 条）。B 可以向 D 要求转让该画且必须支付价款。

2. *授权人与被授权人的合同关系为该二人的内部关系。它使被授权人对授权人负有为他行为的义务*。合同缔结需要授权人和被授权人一致的意思表示。 550

在**案例 a** 中，B 与 H 之间存在劳动合同。按照约定，尽管 H 作为《商法典》第 49 条第 1 款中的经理人得到广泛授权，但他仍对 B 负有不缔结超过 10 000 欧元的法律行为的义务。当 H 以 15 000 欧元购得柜台时其违反了该义务。因此，B 可以要求 H 赔偿购买柜台对其造成的损害。B 的损失在于，尽管他不需要这个柜台，他也必须向 D1 支付其价款并接受。——在**案例 b** 中，B 和 H 打算签订一个委托合同。因为 H 有义务处理被托付给他的事务（参见第 662 条），所以该合同为 H 带来的并非单纯法律上的利益（参见第 107 条），该合同因未成年人 H 缺少其法定代理人的同意而不生效力。B 对 H 不享有合同上的损害赔偿请求权。

（二）抽象原则

授权须与作为其基础的基础关系严格区分，须被抽象出来。抽象的目的是使授权不依赖于基础关系中的法律行为。在这里，授权与基础关系之间的关系可与抽象行为与原因行为的关系作比较（边码 120）。从第三人的利益出发，对外部关系来说，授权及其范围是重要的。若被授权人以被代理人的名义且在授权下行为，则法律行为产生有利和不利于本人的后果（**案例 a**：购买柜台，而非土地买卖，**案例 b**）。如果在内部关系中被授权人负有仅在一定范围内行使意定代理权的义务，那么同样如此（**案例 a**：10 000 欧元以内的行为）。若在内部关系中的合同关系中存在一个导致合同无效的瑕疵，则意定代理权仍有效存在（**案例 b**）。即使没有任何约定作为基础，一种所谓的“孤立的”的意定代理权在法律上也是可能的。 551

在**案例 a** 中，H 可以为 B 购买该柜台，但由于其与 B 之间的约定他不被允许这样做。在案例 b 中，尽管缺少委托，H 仍有权代理 B 买画。

尽管存在意定代理权与基础关系之间的法律上的分离，二者之间仍然存在一定关联。因此，第 168 条第 1 句规定，基础关系的结束将导致意定代理权的消灭。

四、意定代理权的消灭

（一）消灭原因

在《民法典》中，个别消灭原因被明确规定，其他原因存在于意定代理权的内 552

容中。

1. 通常可以这样认为：随着*基础关系*（例如委托、劳动合同）*的结束*，意定代理权也应结束（参见第168条第1、2句）。然而，授权人可以作出不同规定。

若委托在半年后结束，则只要授权人未为意定代理权规定更短或更长的时间，意定代理权就随之结束。如果意定代理权超越合同的结束继续存在，那么这就是一个被允许的孤立的意定代理权。

第672条第1句、第675条规定，有疑义时，合同不因委托人死亡或者丧失民事行为能力而消灭。因此在这些情况下，有疑义时意定代理权同样存在（在死亡的情况下：所谓的生前死后代理，在授权人死后继续的意定代理权），被授权人在授权人死亡后继续代理其继承人。而通常被授权人的死亡将导致合同（参见第673条第1句）、进而意定代理权（第168条第1句）的消灭，一般情况下不能认为，授权人希望由他有可能并不相识的被授权人的继承人进行代理。若被授权人丧失行为能力（第105条第1款），则从现在起他不得为他人缔结法律行为（参见第165条）。

在第674、729条的情况下，尽管合同关系结束，但为了受委托人的利益合同关系被拟制为仍存续。根据第169条的规定，只要第三人是善意的，即他在实施法律行为时不知道也不应当知道意定代理权的消灭，从第三人的利益出发已消灭的意定代理权就被视为仍存续。

553 2. 即使基础关系存续，也可以通过撤回消灭意定代理权（第168条第2、3句）。

（1）在允许撤回的情况下，须区分以下两种情况：

a. *通常*，意定代理权是可以被自由撤回的（参见第168条第2句）。如果尽管授权人对被授权人的信赖在授权期间内已经消失，但基于基础关系的存续仍必须允许被授权人实施对其产生有利或不利的法律效果的行为，那么这是无法忍受的。

即使雇主不能解除与雇员之间的劳动关系，他仍然有权无须任何理由地撤回授予雇员的意定代理权。

b. 在*例外情况*下，不得撤回意定代理权。*不可撤回性*可能在基础关系中被规定（第168条第2句），以下事实可以证实这一点：在例外的情况下，意定代理权不只为授权人的利益，也为被授权人的利益而被授予。

在**案例c**中，意定代理权是为了H的利益而被授予的。由该利益状况可推断，直至B的债务被偿清，该意定代理权才可撤回。

如果授权人的经济自由以以下方式受限：第138条的构成要件得到满足（例如不可撤回的普通意定代理权），那么意定代理权就不能以不可撤回的形式被授予。此外，在有重要理由（例如严重违约）的情况下，授权人有权撤回被有效授予的不可撤回的意定代理权。[38]

若以不可撤回的形式被授予的意定代理权不以基础约定为基础，则该（所谓孤立的）意定代理权可以被自由撤回，因为在基础关系不存在的情况下，并没有合理

[38] Vgl. BGH WM 1969，1009；1985，646.

的理由使授权人受单方面作出的排除撤回权的表示的约束。[39]

（2）如果撤销是被允许的，那么它可以通过向代理人或者第三人作出单方法律行为来实现（第 168 条第 3 句）。授权人可以自行决定向谁撤销，这不取决于他所授予的是内部还是外部意定代理权（边码 541 及下）。 554

3. 若意定代理权系附期限（第 163 条）或者附解除条件（第 158 条第 2 款）被授予，则它将在期限届满或者条件成就时消灭。该规定同样适用于以下情况：意定代理权仅与某特定行为有关且该行为已被实施或者其实施已不可能。 555

（二）消灭的后果

1. 若意定代理权消灭，则被授权人丧失代理权。如果他继续以授权人的名义行为，那么该法律行为原则上不会产生有利和不利于授权人的效果。更确切地说，行为人作为无权代理人向第三人承担责任（第 179 条，边码 600 及以下）。 556

2. 法律在第 170 至 173 条规定了该原则的有利于第三人的例外，其前提条件是：该人在实施法律行为时既不知道也不应当知道代理权的消灭（第 173 条）。[40] 尽管意定代理权已经消灭，但从善意第三人的利益出发，在上述情况下它仍被视为继续存在。该规定保护第三人对曾经被有效授予的意定代理权的存续的善意信赖。授权以何种原因无效并不重要。[41] 557

第 171、172 条的规定只适用于法律行为中的意定代理权，而非诉讼中的意定代理权。[42]《民事诉讼法》对后者作出了全面的特别规定。

法律规定了以下情况：

（1）意定代理权通过*向第三人作出表示而被授予*（=外部意定代理权）。如果代理权因向代理人作出撤回表示而消灭，那么从第三人的利益出发，代理权仍然有效，直至他被授权人告知意定代理权的消灭时为止（第 170、173 条）。如果被代理人向第三人作出内容为撤回意定代理权的表示或者告知他意定代理权的消灭，那么他可以阻止这一结果。 558

（2）授权可以通过对第三人进行特别通知或者通过公告作出。尽管意定代理权已经消灭，但善意第三人仍基于对意定代理权存在的信赖而受到保护（第 171 条第 1 款、第 173 条）。授权人可以通过以下方式来消除由通知或公告产生的权利表象：他以与发出通知同样的方式撤回该通知（第 171 条第 2 款），这样第三人就不再值得保护。 559

（3）授权人将授权书交付给被授权人，被授权人向第三人出示之（原件或者作成公证证书的文本）。[43] 若意定代理权已经消灭且证书中并不存在意定代理权无效的 560

---

[39] BGH DNotZ 1989，84；1991，374.

[40] An diesem subjektiven Merkmal fehlt es im Falle eines nachvollziehbaren Rechtsirrtums（vgl. BGH NJW 2005，2983 [2985]；NJW-RR 2004，632 [635]）.

[41] BGH NJW 2005，2983（2984）；2005，820（821）.

[42] BGH ZIP 2005，1357（1358 mwN）.

[43] BGH NJW-RR 2004，632（635）；ZIP 2003，984（985）；2002，1191（1193）.

依据，则第三人须因对授权证书的信赖而受到保护（第 172 条第 1 款、第 173 条）。授权人可以通过以下方式阻止该信赖的形成：在意定代理权消灭后要求被授权人返还授权证书（参见第 172 条第 2 款）。后者负有返还义务（第 175 条），即使被授权人向授权人请求，他也不享有对授权证书的留置权（第 273、175 条），通过排除该留置权可以避免对证书的滥用。若授权证书已无法被返还，则授权人可以宣布其无效（详细内容见第 176 条）。

即使意定代理权一开始就（例如因为第 134 条中的违反法律禁止规定，边码 326）无效，在存在授权证书的情况下，对代理权存在的信赖也仍然根据第 171、172 条受到保护。[44]

561 (4) 若*经理权*消灭，则消灭须在商业登记簿中登记（《商法典》第 53 条第 2 款）。若未进行该登记，则善意第三人须被保护（《商法典》第 15 条第 1 款）。[45]

意定代理权

Ⅰ. 授予（第 167 条）

1. 内部意定代理权（第 167 条第 1 款第 1 种情况，告知的情况中还有第 171 条）

2. 外部意定代理权（第 167 条第 1 款第 2 种情况）

3. 非要式，即使法律行为本身为要式（第 167 条第 2 款）

例外：内容为缔结要式法律行为的不可撤回的意定代理权

Ⅱ. 种类

1. 个别、类、一般意定代理权

2. 单独或共同意定代理权

3. 本代理和复代理

4. 容忍代理权和表象代理权

5. 生前死后代理权和死后代理权

Ⅲ. 意定代理权的基础关系

通常是委托或者劳动合同

Ⅳ. 消灭

1. 原因

a) 通常是基础关系的终止（第 168 条第 1 句）

b) 意定代理权的撤回（第 168 条第 2、3 句）

c) 在附期限的意定代理权的情况下期限届满

d) 在附解除条件的意定代理权的情况下条件成就

e) 在个别意定代理权的情况下法律行为已缔结或者成为不能

f) 代理人死亡（第 673 条第 1 句、第 168 条第 1 句）或者无行为能力（第 165

---

[44] BGH NJW 2005，2983（2984）；NJW-RR 2004，632（635）；NJW 2003，2091（2092）；ZIP 2003，984（985）.

[45] Brox/Henssler HandelsR Rn. 70ff.

条、第 105 条第 1 款）

2. 后果

a）原则：无权代理

b）例外：按照权利表象原则已消灭的意定代理权继续存在（边码 170 至 173）

五、容忍和表象代理权

参考文献：Merkt，Die dogmatische Einordnung der Duldungsvollmacht zwischen Rechtsgeschäft und Rechtsscheintatbestand，AcP 204（2004），638；Musielak，Referendarexamensklausur-Bürgerliches Recht：Problemeder Rechtsscheinshaftung，JuS 2004，1081；Rott，Duldungsvollmacht bei Verstoß gegen das. Rechtsberatungsgesetz?，NJW 2004，2794；Schreiber，Rechtsschein Im Vertretungsrecht，JURA 1997，104.

（一）利益状况

上述法定情况旨在保护第三人对曾经被有效授予、但现在已经消灭的意定代理权的善意信赖，尽管意定代理权已经不再存续，但第三人仍可以信赖权利存续这一表象。此外，还存在这种情况：意定代理权从一开始就不存在，但第三人基于在他面前所呈现出来的表象可以认为代理权已被授予。若尽管被代理人未对代理人授权，但在他那方面给第三人造成代理人拥有代理权这一表象，则第三人比被代理人更值得保护。因此，应当从第三人的利益出发这样对待被代理人：就好像他已对代理人授权。基于该理由，司法界创设了容忍代理权和表象代理权（Duldungs - und Anscheinsvollmacht）* 。特别是从第 170 条及以下可以推断出如下一般性法律思想：造成意定代理权权利表象的人须承担由代理人缔结的法律行为对其产生的效力。 562

需区分：被代理人因为自己引发的代理权的权利表象而受由代理人缔结的合同的约束，这应与企业雇员在与企业相关的交易中的情况下的权利表象责任相区分。在这些交易中，有疑义时，参与人的意愿是：合同对方应当是企业主而非为企业行为的行为人，法律交易的行为属于企业主的业务范围。[46] 这一解释原则的目的是：使企业的权利人负有履行合同给付的义务，该权利人有足够的物资与可能性来履行合同给付。如果一个参与缔结合同的企业雇员引起了某种权利表象（比如通过签署合同的方式），使其看起来是企业的共有人，那么他必须遵守该权利表象，并被这样对待：好像他缔结了合同一样。除企业应为此负责之外，他个人也应为履行合同负责。[47] 562a

---

* 表象代理权不同于表见代理权。

基于权利外观而产生的代理权，统称为表见代理权（Rechtsscheinvollmacht），见诸《德国民法典》第 170—173 条，德国司法判例将其又细分为容忍代理权与表象代理权。——译者注

[46] BGH NJW 2012，3368（3369）；Paulus JuS 2017，399ff.

[47] BGH NJW 2008，1214f.

（二）前提

563 1. 不存在意定代理权（案例 d、e），且对意定代理权的信赖不会根据第 171 至 173 条而得到保护。若上述条款得到适用，则无须考虑一般性权利表象观点。

563a 2. 按照诚实信用原则，在顾及交易习惯的情况下，第三人可以从外观推知授权行为（授权行为的权利外观）。[48]

在**案例 d、e** 中，H 接到了 D 打给 B 公司的电话，他接受了 D 的订货。D 由之前的经验可以得知，H 长期以来为 B 接受合同要约。无论如何他对 B 向 H 授权的推断都是合理的。

564 3. 被代理人须以可归责的方式造成授权行为的权利外观。在这里，须区分容忍及表象代理权。[49]

565 （1）容忍代理权要求被代理人知道他人为自己行为并容忍之。[50]

在**案例 d** 中，B 知道 H 的行为。尽管他有能力进行干预，但由于疏忽他没有这样做。

如果意定代理权（例如因形式瑕疵）未被有效授予，且第三人对意定代理权存在的信赖与其他情况相关，而且根据容忍代理权的原则该信赖值得保护，那么被代理人仍须对有意识地引起的权利假象承担责任。[51]

我们并不总能轻易地界定容忍代理权与被沉默地（stillschweigend）授予的意定代理权，该界定虽然具有实际意义，但意义不大，因为在这两种情况下代理人“在享有代理权的情况下”进行行为，所以法律行为的后果归于被代理人。有部分学者认为容忍代理权可以被视为默示地（konkludent）被授予的意定代理权。[52]

566 （2）表象代理权要求被代理人不知道为其行为者的行为，但是他可以通过注意义务知悉并阻止该行为。[53]

a. 表象代理的*法律效果*同样是代理人“在享有代理权的情况下”实施行为（通说）。[54]

在**案例 e** 中，B 对 H 的行为毫不知情。但假如他关心企业或者委托一个值得信赖的员工，那么 H 的行为就会“露馅”，进而被禁止。B 应受 H 与 D 所缔结的合同的约束。

然而，表象代理权不可以损害对无（完全）行为能力人的保护，意定代理权的权利外观不可归责于这些人。

---

[48] BGH NJW 2007，987（989）.

[49] Vgl. Erman/Maier-Reimer § 167 Rn. 10ff.

[50] BGH NJW 2014，3150（3151）；2011，2421（2422）；2007，987（988）；2003，2091（2092）；ZIP 2002，1191（1193）；LM Nr. 4，10，13 zu § 167.

[51] So mit Recht BGH NJW 1997，312.

[52] Flume BGB AT § 49，3.

[53] Vgl. BGH NJW 2011，2421（2422）；2007，987（989）；BGH LM Nr. 3，4，15，17 zu § 167.

[54] BGH NJW 1998，1854（1855）；BGHZ 86，273（275）= NJW 1983，1308；MüKoBGB/Schubert § 167 Rn. 133；Palandt/Ellenberger § 172 Rn. 17.

b. 通说所代表的表象代理权的法律效果被文献中的少数观点所拒绝。一个有过错的行为（由于违反注意义务而不知道代理行为）并不能等同于意思表示，它只能引起损害赔偿责任。[55] 代理人进行行为时并无代理权，因此被代理人在被缔结的法律行为中既不享有权利也不承担义务。被代理人因有过错地违反先合同义务而根据缔约过失原则 [56]（第 280 条第 1 款、第 241 条第 2 款、第 311 条第 2 款）承担损害赔偿责任。合同相对方基于信赖代理权的存在而遭受了该损失。

然而，第 170 至 173 条（边码 557 及以下）反对这一观点。这些条款传达了这样一种法律上的评价：在一定条件下，对意定代理权权利表象的信赖应当与被真正授予的意定代理权的效果相同。

4. 第三人须*信赖*被创设的权利外观。就此而言必要的是，他知道引起权利外观 567
的事实。信赖须为缔结法律行为的原因。在例外的情况下，信赖是不值得保护的：第三人应当知道意定代理权的缺失。

若在案例 d 中 D 不知道 H 长期以来无异议地接受订货，则他不可以信赖意定代理权的存在。

容忍和表象代理权

Ⅰ. 前提

1. 无法定或合同上的代理权

2. 授权行为的权利表象

3. 可归责于被代理人的权利表象

a）在容忍代理权方面：被代理人知道代理人的行为并容忍之

b）在表象代理权方面：被代理人不知道代理人的行为，但本应当知道并阻止之

4. 第三人对于授权行为的权利表象的信赖

Ⅱ. 法律效果

1. 在容忍代理权方面：代理人在享有代理权的情况下行为（第 171 条第 1、2 款中的法律思想）

2. 在表象代理权方面：代理人在享有代理权的情况下行为（通说）（其他观点：代理人在无代理权的情况下行为，被代理人只基于缔约过失赔偿信赖损失）

六、授予意定代理权时的意思瑕疵

若授权人在授予代理权时发生了第 119 条及以下的可导致撤销的错误，则首先 568
必须进行区分的是：被授权人是否已使用代理权。

---

[55] Flume BGB AT § 49，4.

[56] Brox/Walker SchuldR AT § 5 Rn. 1 ff.

（一）使用意定代理权之前的法律状况

569 在使用意定代理权之前，对撤销来说重要的是意定代理权可否被撤回：

1. 授权人可以随时撤回可撤回的授权且无须说明原因（第168条第2句），因此在这里无须进行撤销。

在**案例f**中，H并未使用意定代理权。表示可以被理解为意定代理权的撤回，因为从中可以得知，B打算“取消”H的代理权。因此，H后来就是作为B的无权代理人相对于D行为。善意保护可以通过集体通函被排除。

570 2. 一项不可撤回的意定代理权只能基于重大原因被撤回。此外，还存在撤销的可能性。若存在第119条及以下的撤销原因，则授权人可以撤销授权并使其无效。第三人的利益无须被考虑，因为被授权人尚未使用代理权。意思瑕疵也经常被视为导致撤回不可撤回的意定代理权的重大原因（边码554）。

若在有效撤销后代理人仍以被代理人的名义行为，则会产生保护善意第三人的问题。因此，对授权人来说（例如以集体通函），破坏存在意定代理权这一权利表象是可取的。

（二）使用意定代理权之后的法律状况

参考文献：Barth，Die Schwierigkeit der gutachtlichen Problemdarstellung am Beispiel der Anfechtung einer betätigten Innenvollmacht，JA2016，12；Brox，Die Anfechtung bei der Stellvertretung，JA 1980，449；Eujen/Frank，Anfechtung der Bevollmächtigung nach Abschluß des Vertretergeschäfts?，JZ 1973，232；Petersen，Die Anfechtung der ausgeübten Innenvollmacht，AcP 201（2001），375；Schwarze，Die Anfechtung der ausgeübten（Innen-）Vollmacht，JZ 204，588.

571 在使用意定代理权之后，授权人不能通过——只从即时起发生效力的——撤回，达到使被授权人所缔结的法律行为对其（授权人）不产生法律效果的目的，因为代理人是在有代理权的情况下进行行为的。在这里，对授权人有帮助的是撤销，因为它能够使授权行为自始无效（第142条第1款，边码438、439）。

572 1. 因为溯及既往，所以代理人就像无代理权进行行为一样，由代理人所缔结的行为不产生有利或不利于被代理人的后果。第三人应当可以根据第179条第2款（边码604）向代理人要求损害赔偿，且后者可以根据第122条（边码444及以下）要求授权人赔偿其损害。

在**案例g**中，因H缺少职业技能而根据第119条第2款进行撤销导致了代理权的无效。B在与D缔结的合同中既不享有权利也不承担义务。H必须赔偿D的信赖损害，例如电话费和邮费（第179条第2款）。H可以向B要求赔偿该损害（第122条第1款）。

573 2. 乍看上去这一结果是符合各方利益的。然而，当第三人向代理人或者代理人向被代理人主张的损害赔偿请求权——例如基于缺乏支付能力——无法实现时，就会产生一些顾虑。在第一种情况下，损失存在于第三人处，而在第二种情况下则存在于代理人处。若发生错误的被代理人最后承担他所造成的损害，并且遭受损害的第三人可以直接向被代理人请求损害赔偿，这将更为合理。该结果可以通过对撤销目的的关注而得以实现：被代理人并不希望授权行为对未来不发生效力，撤回意定代理权即可达到该目的。而授权人欲通过撤销意定代理权达到的目的是，基于代理权被缔结的行为对其不发生作用。因此，从实际情况出发，合理的解决方法是：无论被授予的是内部还是外部意定代理权，第三人始终被视为撤销相对人。这样一来，基于信赖意定代理权而缔结行为的第三人须可以根据第 122 条向产生意思瑕疵并作出撤销的授权人请求损害赔偿。[57]

据此，在**案例 g** 中，D 可以根据第 122 条向 B 要求赔偿信赖损害。

在该解决方案中，如果仅保障第三人针对被代理人的第 122 条中的损害赔偿请求权[58]，而非针对代理人的第 179 条第 2 款（边码 604）中的这种权利[59]，就可以实现合理的结果。否则未发生意思瑕疵的代理人还是会为此负责，第三人也就有两个为其负责的债务人了。如果第三人仅对被代理人有损害赔偿请求权，他虽然必须承担第三人支付不能的风险，但是如果他是直接和被代理人订立的合同，这里也不会有其他的可能。人们总要承担合同对方支付不能的风险。

3. 我们认为，还有一个理由可能论证出一个恰当的结论。据此，在使用意定代 574
理权之后，对授权行为的撤销基本上被排除。尽管授权人产生了第 119 条及以下的重大意思瑕疵，但仍必须承认与第三人缔结的行为对其生效。在这里，首先适用权利表象思想：在表见代理的情况下，尽管被代理人不知道代理人的行为，但被代理人仍必须被这样对待：就好像他授予了代理人代理权。而且他不享有撤销权。这样就很难理解，为什么实际上授予代理权的被代理人就是不可以通过撤销溯及既往地消灭代理权。在这两种情况下善意第三人得到同样的保护，在授予代理权的情况下被代理人没有在表象代理的情况下那样值得保护。

因此在**案例 g** 中，使意定代理权溯及既往地消灭的授权撤销被排除。

然而，排除对已实施的意定代理权的撤销，这一观点仅考虑到了第三人和代理 574a
人的利益，却并未全面考虑被代理人的合理利益。没有理由使第三人得到比他在被代理人亲自缔结合同的情况下所可能得到的保护更多的保护。只要授权时可导致撤销的意思瑕疵“影响”了由代理人缔结的交易内容，就像在被代理人亲自缔结的合同里出现的情况一样，被代理人就必须被赋予脱离代理行为的可能性。

例如：被代理人打算授予代理人最低以 3 500 欧元出售汽车的代理权，但在授权时（因为口误）错说成了 2 500 欧元，代理人以被代理人的名义与第三人以 2 500 欧元的价格签订了买卖合同。假如被代理人未进行授权而是亲自作出合同的意思表示且发生了口误，那么他可以基于表示错误进行撤销。因此问题是，在第一种情况下被代理人可否基于在授予代理权时发生的错误进行撤销。

---

[57] So im Ergebnis Flume BGB AT § 52，5c.

[58] So Bitter/Röder BGB AT § 10 Rn. 126f.

[59] So jetzt auch Wolf/Neuner BGB AT § 50 Rn. 26.

574b 此时要考虑的是第 166 条第 2 款中的法律思想。虽然按照文义该条款只考虑对事实情况的知道或者应当知道，但按照通说它也适用于被代理人的意思瑕疵。[60] 这可以通过以下内容得到证实：除胁迫外，可导致撤销的意思瑕疵均以对事实情况的错误认识为基础。因此，按照第 166 条第 2 款的法律思想，所有与代理行为有关且对代理人缔结的合同产生影响的被代理人的意思瑕疵均被视为对代理行为影响巨大的瑕疵。如果被代理人的意思瑕疵影响了代理行为的内容，那么这样的影响就存在。若授权人在授权时发生了一个可导致撤销的错误，则必须审查撤销权在以下条件下是否存在：如果被代理人亲自向第三人作出存在意思瑕疵的委托代理授权的意思表示。若这些前提条件得到满足，则被代理人可以撤销代理行为。[61]

在上一个例子中，授权人可以撤销代理行为。若授权人在授权时对买卖物的重要特征发生了错误从而影响了代理表示，则相应规定同样适用。

相反在**案例 g** 中，代理人的意思表示不得撤销。因为对代理人的特征发生错误仅涉及被代理人和代理人之间的内部关系，它对代理行为无任何影响。在这里，能够对效果意思的形成产生重大影响的只有合同当事人和行为对象。选择代理人是一种典型的授权风险，在被代理人亲自实施行为的情况下相应错误不会出现。因此，以下情况是不合理的：让合同相对方来承担这些授权风险，特别是授权扩大了被代理人的营业范围并因此纯粹为其带来了利益。

七、特殊情况：养老预防性意定代理

参考文献： Bühler，Vollmachtserteilung zur Vermeidung einer Betreuerbestellung-Möglichkeiten und Grenzen der Vorsorgevollmacht-，FamRZ 2001，1585；Horn/Schabel，Auskunfts und Rückforderungsansprüche nach möglichem Vollmachtsmissbrauch，NJW 2012，3473；G. Müller，Altersvorsorgevollmacht-Gestaltung ihres Inkrafttretens，DNotZ 1997，100.

（一）概念和意义

575 每个人都必须考虑到，他可能由于事故、疾病或者年龄原因而陷入无法完全或者部分处理自己事务的状况中。针对这种情况，他可以事先授予自己信任的人以他的名义为他实施行为的权利。该意定代理权可以避免由照管法院指定的照管人进行照管，因为根据第 1896 条第 2 款第 2 句，如果被授权人能够像照管人一样恰当地处理某成年人的事务，那么照管并非必要。因此，个人的自决权及（私人）救济优先于国家救济。

此类意定代理权被称为“养老预防性意定代理”。然而，这个概念过于狭窄，因为它所指的并非只有针对老人的预防性意定代理，还包括所有授权人无法亲自处

---

[60] MüKoBGB/Schubert § 166 Rn. 96.

[61] Einzelheiten：Brox JA 1980，451f.

理自己事务的情况。

（二）前提条件

1. 授权人在作出授权表示时必须有行为能力，否则授权无效。相反，若授权人在代理权生效时不再具有行为能力，则无损以上论述（第 130 条第 2 款，边码 148）。 576

2. 就授予意定代理权而言，特殊形式（例如书面、公证证书）并非必要，但非常可取，因为被授权人可以借此在为授权人行为时向第三人证明自己的代理权。

3. 授权表示需受领（边码 541、542）。不过，它在照管情况出现后被找到并交到代理人手中即可。当然存在着以下风险：授权证书未被发现。

4. 因为授权人须考虑到，代理人因提前死亡、个人健康原因或者其他可理解或不可理解的原因而无法或者不打算为授权人行为，所以他被建议在这些情况下向另一名辅助代理人授权。

（三）内容和生效

1. 须规定意定代理权的范围。通常，授权人的意思的内容是，让被授权人为他从事所有他因故（缺少行为能力）无法实施的行为。 577

2. 因为授权人通常情况下不打算在他能够亲自实施民事行为时授权代理人为其行为，所以他会使授权行为的效力取决于他民事行为能力的丧失或者照管需要的出现，即一种未来的不确定的事件。这是被允许的。原则上，单方法律行为不得附任何条件（边码 487），但若条件并未给表示受领方带来对新的法律状况的不可承受的不确定，则附加条件是被允许的。[62] 这里即是如此。存在如下两种情况：一，被授权人知道授权人失去行为能力。二，如果他不知道或者怀疑授权人为无行为能力人，那么他可以提醒行为相对方授权取决于条件的成就——授权人无行为能力。此时是授权人和被授权人的共同行为，因此无论如何该行为均有效。

第二十六节　对代理权的限制

参考文献：Jänicke/Braun，Vertretungsausschluss bei rechtlich nachteiligen Verfügungen zugunsten Minderjähriger，NJW 2013，2474；Kannowski，Insichgeschäft und vollmachtloser Vertreter-zum Verhältnis von § 177 Abs. 1 und § 181 BGB，Festschrift f. Leipold，2009，1083；Kern，Wesen und Anwendungsbereich des § 181 BGB，JA 1990，281；Lieder，Missbrauch der Vertretungsmacht und Kollusion，JuS 2014，681；M. Lipp，Das Verbot des Selbstkontrahierens im

[62] BGHZ 97，264（267）= NJW 1986，2245；hM.

Minderjährigenrecht，JURA 2015，477；Lobinger，Insichgeschäftund Erfüllung einer Verbindlichkeit，AcP 213（2013），366；Petersen，Bestand und Umfang der Vertretungsmacht，Jura 2003，310；ders.，Insichgeschäfte，Jura 2007，418；Rawert/Endres，Der falsus procurator und § 181 BGB，ZIP 2007，943；Reinicke/Tiedtke，Das Erlöschen der Befreiung von dem Verbot der Vornahme von Insichgeschäften，WM 1988，441；Schmitt-Ott，Befreiung von § 181 BGB durch einen nicht befreiten Vertreter，ZIP 2007，943；Vedder，Neues zum Missbrauch der Vertretungsmacht-Vorsatzerfordernis，Anfechtbarkeit，negatives Interesse，JZ 2008，1077；H. P. Westermann，Miβbrauch der Vertretungsmacht，JA 1981，521.

案例：

a）D 向他的朋友 H 抱怨，他因无法将一批过时的衣服脱手而遭受巨大损失。H 作为 B 的经理人以 B 的名义从 D 处以“合适的”价格购买了这些服装，因为就像 H 告诉 D 的一样，B 比 D 富有得多，他能够经受这种损失。B 必须接受收货并付款吗？**（边码 580）**

b）尽管 B 在聘用 H 时已与其达成合意，后者只负责出售，但 H 仍作为 B 的经理人在 D 处购买了货物，D 也清楚知道此事。B 对此承担义务吗？**（边码 581）**

c）B 的经理人 H 以其名义与自己签订了一份合同，内容是他的月薪提高 1 000 欧元。此外，他还以 B 的名义从 D 处购买了商品，在该交易中他也以 D 的名义出现。B 并不同意此事。**（边码 584、585、588、591）**

d）在土地买卖合同中，买受人和出卖人授权公证处主任 H 为他们作出土地所有权转移合意表示。允许吗？**（边码 590）**

e）一对父母想赠与其六岁的孩子一条铁路。可能吗？**（边码 592）**

578 在特殊情况下，意定代理权和法定代理权均会受到限制。若有权代理人滥用代理权，则他将丧失该权利。此外，若在行为中他一方面以被代理人的名义，另一方面以自己的名义或者以第三人的名义出现，则此时代理人原则上无代理权。

一、代理权滥用

（一）利益状况

579 抽象原则旨在从第三人的利益出发使代理权不依赖于代理人和被代理人之间的内部关系（边码 551）。如果代理人在代理权的框架内行为，即使其与被代理人之间的内部关系不允许他这样做，其法律行为也同样产生有利或不利于被代理人的后果，代理人可以，但不被允许这样做。即使代理人违反义务、故意逾越在内部关系中设定的约束、滥用代理权，从而给被代理人造成损失，行为的法律效果也由被代理人承担。该规定是从保护第三人利益的角度出发的。但在例外情况下，如果该人知道或者应当知道代理人滥用代理权的情况，那么他并不值得保护。

（二）分类

司法判例将该情况分为两类。 580

1. 为了给被代理人造成损失，代理人在法律行为中与第三人合力通谋（串通）。根据第 138 条第 1 款，该法律行为无效，它不涉及被代理人。[63]

在**案例 a** 中，买卖合同根据第 138 条第 1 款无效，B 无须接受这批服装并付款。此外，根据第 826、840 条，H 和 D 必须就 B 遭受的损失进行赔偿。——相应地，在监护人以被监护人的名义故意与第三人通谋，给被监护人造成损失的情况下，上述规定同样适用。

2. 代理人在行使代理权时无视在内部关系中的界限，并且第三人为恶意。 581

（1）如果第三人知道代理人在行使代理权时实施了违反义务的行为，那么他就不是善意的，因而不存在使代理权从内部行为抽象出来的理由。因此，对于知道内部关系界限的第三人来说，代理权受内部关系限制。在该第三人面前，代理人在行为时并无代理权，因此该行为对被代理人不发生效力。但是他可以进行追认（第 177 条，边码 594、595）。

在**案例 b** 中，在知情的 D 面前，H 仅被授予出售方面的代理权。因此，B 没有购买义务。

（2）有争议的是，只有第三人的知悉才能导致对代理权的限制，还是应当知悉 582
也会导致同样的效果。[64] 如果第三人基于过失的不知道（对于内部关系中的代理权限制）会对自己产生不利影响，那么为了避免损失他必须去了解代理人和被代理人之间的内部关系。然而，这并不符合法律的意图——将代理权与内部关系分离开，第三人应当信赖代理权及其范围，他不必对他人之间的内部关系进行审查。只有当第三人知道内部代理的限制时，他才不值得保护。诚然，积极的知悉作为一种内心事实很难被证明。因此，内部关系中的限制对第三人来说是明显的即可。如果他应当知道代理权的限制，那么为了避免举证困难，他应当这样被对待：就好像他知道了该限制一样。[65]

（3）有人认为，只有当代理人故意无视这些限制时，内部关系对代理权的限制 583
才起作用。[66] 然而，我们认为这种观点不能被赞同。此时所涉及的并非代理人在行使代理权时是否以及如何恶意地行为，而只是被代理人和第三人之间的利益冲突。如果代理人只是因为过失或者根本无任何过错地未遵守在内部关系中被设置的限制并且第三人知道对方超越了内部关系中的界限，那么第三人与在以下情况中一样不值得保护：代理人故意忽视权利界限。因此，对于代理权的限制来说，满足以下条件即可：代理人超越了内部关系中的代理权并且代理人未遵守该限制对第三人来说

[63] Vgl. MüKoBGB/ Schubert § 164 Rn. 212 mN；aM Vedder JZ 2008，1077（1081）.

[64] Vgl. Soergel/Leptien § 177 Rn. 18 mN.

[65] BGH DB 2002，1439（1440）；BGHZ 94，132（138）= NJW 1985，2409；vgl. auch BGH NJW 1990，387.

[66] Nachw. bei Staudinger/Schilken，2014，§ 167 Rn. 94f.；Vedder JZ 2008，1077（1078f.）.

是明显的。[67]

二、自己代理（Insichgeschäft）

（一）概念

584 自己代理指某人代理他人与自己实施的法律行为。第181条规定了两种形式：

1. 在自我缔约（Selbstkontrahieren）中，代理人以被代理人的名义并以自己的名义与自己实施法律行为（**案例c**：提高薪酬）。

“自我缔约”这个概念过于狭窄，因为在这里所涉及的并非只有“契约”，即合同，还包括像终止表示（H以B的名义向H作出）这样的单方法律行为。

585 2. 在双方代理的情况下，代理人以被代理人的名义并作为第三人的代理人与自己实施法律行为（**案例c**：购买商品）。

例如：H被B授予出售土地的代理权，被D授予购买土地的代理权，他以B的名义作为出卖人并以D的名义作为买受人签订了土地买卖合同。

（二）第181条利益状况与意义

586 在自我缔约中，代理人除了维护自己的利益也要维护被代理人的利益。在双方代理中，他代理着两个不同的人的对立的利益。这总是导致利益冲突（Interessen-kollisionen）。第181条的意义即在于：避免被代理人受到明显的损害。

587 之前这一条款的意义被给予了不同的解释。第181条曾被看作是*形式的秩序规定*（formale Ordnungsvorschrift），通过这一条款来避免这种情况：由于法律行为双方身份具有同一性，交易之缔结对外不足以表现出来。[68] 这种观点在之后就被舍弃了。[69] 如果对于立法者来说法律行为的可识别性居于优先地位，那么他必定早就规定了如果法律行为的告知通过某种形式（比如通过证书）实现了的话，第181条将不被适用。与之相反，第181条规定了另一种例外（此外，见边码590及以下）。因此，如今人们一致认为：这条规范应当是用来避免利益冲突的危险的。[70] 应当防止代理人利用不利于被代理人的利益冲突。应当保护被代理人利益不受损害。

（三）第181条法律规定

588 1. 原则：根据第181条，自己代理原则上是被禁止的。

（1）客观存在的代理权是受限的，它不包括自己代理。

在**案例c**中，经理人H虽然有权利以B的名义缔结劳动合同或者约定合同变

---

[67] Vgl. auch BGH NJW 1988，3012.

[68] Vgl. noch BGHZ 21，229（230）= NJW 1956，1433；BGHZ SO，11.

[69] Vgl. BGHZ 56，97 = NJW 1971，1355；BGHZ 59，236（240）= NJW 1972，2262；BGHZ 94，232（235f.）= NJW 1985，2407；BGHZ 112，339（341）= NJW 1991，691.

[70] Vgl. schon Prot. I 175.

动，但他并没有与自己达成协议的权利。对购买商品来说也同样如此。因为 H 以 B 且以 D 的名义进行行为，在此类自己代理中他丧失了代理权。

（2）从第 181 条的语义"不能实施"可以得出，自己代理是无效的，并且不能事后补正。然而，人们一般仅将该行为视为*效力待定的不生效力*会更加合理。因为第 181 条限制了代理权限，代理人在自己代理中属于无权代理，所以被代理人在合同中仍应有追认的机会（参见第 177 条，边码 594、595）。 589

在**案例 c** 中，如果 B 同意提高薪酬，他可以进行追认，那么合同有效。就买卖合同的生效而言，双方被代理人（B 和 D）的追认是必要的。

2. 例外：根据第 181 条，在例外情况下自己代理*有效*。法律规定了两种情况。 590

（1）代理人被准许进行*自己代理*。许可的基础可以是法律规定或者法律行为。法律行为的准许也可以是默示的。在准许的情况中，被代理人是不值得被保护的。通过法律行为的准许他表示同意自己代理。在法定准许中，法律为其利益提供了足够的保护。

例如：在一份公证证书中有如下内容：H 被授予的意定代理权可以排除第 181 条的限制。——在**案例 d** 中，并不存在如此明确的表示。但是因为买受人和出卖人在土地所有权转移合意方面对 H 进行了授权，所以此项自己代理中的意定代理权是由双方当事人授予的。一个关于法定准许的例子存在于职业培训法第 10 条第 3 款中：如果父母作为其孩子的法定代理人和自己签订一个职业培训合同，他们就不用受第 181 条的禁止。

（2）法律行为专为*履行债务*存在。这里也不存在被代理人受损害的危险，因为他的负担反正都是他要承担的义务。被代理人不值得被保护。 591

例如：B 从其经理人 H 处购得一物。H 通过以下方式履行 B 的付款义务：他从 B 的出纳处取走所欠金额。

（3）如果虽然存在身份一致性但*利益冲突被排除*，根据第 181 条的意义与目的，这一规定就不适用。缺少利益冲突，不利于被代理人的危险也就不存在。如果代理人的行为为被代理人带来了纯法律上的利益，即属于此种情况。在解释第 181 条时应注意第 107 条的理念。未成年人借此受到保护，以免受其意思表示不利后果的损害。但这种保护在意思表示为该未成年人带来*纯法律上的利益*（lediglich rechtlicher Vorteil）时是不必要的。第 181 条中的利益状况与此类似：因为代理人的判断力会因为他亲自参与到法律行为中而受到妨碍，所以被代理人的利益应被保护，以免其遭受代理人的意思表示对其造成的损害。若代理人的行为给被代理人带来了纯法律上的利益，则无须这种对被代理人的保护。因此，在考虑到第 107 条理念的情况下，第 181 条应当被限制性地加以解释：如果交易给被代理人带来了纯法律上的利益，那么不应当禁止自己代理。 592

因此在**案例 e** 中，自我缔约是被允许的。[71] 根据早前的相反观点，按照其文义，第 181 条被严格理解为法定形式条款，**案例 e** 中的父母不能通过以下方式将铁路玩

---

[71] BGHZ 59，236（240）＝NJW 1972，2262；BGHZ 94，232（235f.）＝NJW 1985，2407；BGH NJW 1989，2542.

具赠与孩子：他们以自己的名义作为赠与人并以孩子的名义作为受赠人与自己签订赠与合同并转让该玩具（!）。

但如果赠与合同的履行会给取得人带来个人负担（persönliche Belastung）（例如在转让房屋所有权的情况下，边码 276），那么物权行为性质的履行会产生不利的后果，自我缔约不被允许。[72]

593 (4) 如果这一条款通过以下方式被规避：虽然形式上避免了合同双方的身份一致，但利益冲突仍然存在，此时不属于自己代理法定禁止的例外。这里也要审查代理权的滥用问题。

例如：打算以B的名义与自己缔结法律行为的H聘任了X作为自己的复代理人以B的名义行为。这样身份一致被避免，但利益冲突却未得到改变。实际上，此时第181条被一种法律“策略”规避了，该规定仍须适用。如果一方面H作为B的代理人出现，另一方面H被由其授权的X代理，那么该规定仍适用。

拥有意定代理权的H以B的名义与他的（H的）债权人签订了一份保证合同（第765条及以下）。此时存在对代理权的滥用，因此B不能作为保证人被请求。

自己代理（第181条）＝合同双方当事人身份同一性

Ⅰ. 种类

1. 自我契约

2. 双方代理

Ⅱ. 第181条利益状况与意义：避免利益冲突法律效果

Ⅲ. 第181条中的法律规定

1. 原则：“不能进行……”

a）限制代理权

b）交易是效力待定的不生效力

2. 例外：法律行为有效

a）允许

b）义务履行

c）被代理人纯获法律上的利益时，虽存在身份一致性但无利益冲突

d）规避第181条时无例外（无身份一致，有利益冲突）

第二十七节　无代理权的代理

参考文献：Fehrenbach, Die Haftung bei Vertretung einer nicht existierenden

[72] BGHZ 78, 28 (31ff.) = NJW 1981, 109; Jauernig JuS 1982, 576.

Person，NJW 2009，2173；；Häublein，Entbehrlichkeit von Vertretungsmacht für das Zustandekommen von Verträgen bei Beteiligung eines Vertreters，Jura 2007，728；Petersen，Vertretung ohne Vertretungsmacht，JURA 2010，904；Prölss，Haftung bei der Vertretung ohne Vertretungsmacht，JuS 1986，169；Prütting/Schirrmacher，Vertragsnahe gesetzliche Schuldverhältnisse：§ 179 BGB，JURA 2016，1156；Reinicke/Tiedtke，Die Haftung des Vertreters ohne Vertretungsmacht bei Widerruf des Rechtsgeschäfts，DB 1988，1203；Schimikowski，Eigenhaftung des Stellvertreters und des Verhandlungsgehilfen，JA 1986，345；K. Schmidt，Falsus-procurator-Haftung und Anscheinsvollmacht，FS Gernhuber，1993，435；Thum，Anfängerklausur- Zivilrecht：Stellvertretungsrecht- Der geschäftsunfähige Professor，JuS 2014，418；van Venrooy，Zur Dogmatik von § 179 Abs. 3 S. 2 BGB，AcP 181（1981），220；Willems，Ersatz von Vertrauensschäden und Begrenzung auf das Erfüllungsinteresse nach § 122 und § 179 II BGB，JuS 2015，586.

案例：

a）无权代理人 H 以 B 的名义在 D 处购买了一台电视机，他与 B 说明此事后，B 同意了该交易。不久后，B 发现其能够在其他商家以更低的价格购买同款电视机。因此，他向 D 拒绝收货并付款，理由是 H 无代理权。何如？**（边码 595）**

b）在案例 a 中，如果 D 写信要求 B 对该购买行为的追认，B 未回信，何如？**（边码 599）**

c）无代理权的 H 以出租人 B 的名义通知承租人 D 终止机器租赁合同。B 就此事向 H 作出了追认。然而，D 打算继续使用机器。**（边码 596）**

d）如果在案例 c 中承租人 D 知道 H 未被授权，且对其作出解除合同对他来说很合适的表示，因为他不再需要这台机器，何如？**（边码 597）**

e）无代理权的 H 以 B 的名义在 D 处以 10 000 欧元的价格购买了一台机器，B 拒绝追认。D 想知道，他现在可否向 H 请求 10 000 欧元的价款。如果不可以，那么他可否主张售价与机器价值（9 000 欧元）之间的差价 1 000 欧元。如果这个也不可能，那么他希望能够得到数额为 50 欧元的电话费赔偿**（边码 602、603、604）**。

一、被代理人与第三人之间的法律关系

无权代理人（falsus procurator）的法律行为不产生有利或不利于被代理人的后果。 594

（一）被代理人的追认权

如果被代理人认为由无权代理人缔结的交易对自己有利，那么他可能对于将该行为的效果归于自己存在利益。法律在合同中赋予了他这种可能性（第 177 条第 1

款），而在单方法律行为中原则上对此予以排除（第180条）。

595 1. 就符合第108条及以下情况（边码282及以下）的合同而言，适用第177条及以下。据此，被代理人享有对合同进行追认的权利（第177条第1款）。追认可以向代理人或者第三人作出（第182条第1款，边码503）。其效力追溯至法律行为实施之时（第184条第1款，边码505）。因此，像代理人从一开始就享有代理权一样，被代理人在合同中享有权利并承担义务。追认之前合同的效力处于悬而未决的状态，其效力未定，乃效力待定的不生效力。若被代理人拒绝追认，则合同最终不生效力。

在**案例a**中，效力未定的买卖合同因B向H作出追认而生效。B必须接收该机器并向D付款（第433条第2款）。

追认只能补正代理权的缺失，而无法补正合同的其他瑕疵。

比如说如果无代理权的H以B的名义将一块土地以书面合同的方式出售给D，那么该合同基于形式瑕疵无效（第311b条第1款第1句）。B的追认并不能改变这一点。

596 2. 就与第111条中的情况（边码285）部分相符的*单方法律行为*（边码99）而言，适用第180条。

（1）因为根据第180条第1句，无权代理人所实施的单方法律行为原则上是不被允许的，所以原则上被代理人不得对此进行追认。因此，从第三人的利益出发，悬而未决的状态和随即出现的对第三人而言不明朗的法律状况应当被避免，因为与合同的情况不同，此时第三人最多只是作为表示受领人而被动参加到交易中的。

在**案例c**中，尽管B进行了追认，但通知终止仍然无效。

597 （2）然而在例外情况下，*有受领需要的单方法律行为*（边码92）也可以由被代理人*追认*（第180条第2和3句）。在这里，法律承认了悬而未决的状态，因为第三人不那么值得保护。

法律规定了三种情况：

（1）第三人赞同代理人无代理权而实施行为（第180条第2句）。

因为在**案例d**中，D已经表示其同意无权代理人H的行为，所以B可以对通知终止表示作出追认。B向H作出追认后通知终止表示生效。

（2）第三人未就代理人所提出的代理权提出异议（第180条第2句）。

“异议”与第111条第2句以及第174条第1句中的“拒绝”含义相同。根据第174条（边码545），“异议”具有如“拒绝”一样的效力。如果代理人无代理权，“异议”就会导致该单方行为不生效力。不允许事后的补正。[73] 第180条第2款中的“异议”可以同时包含第174条中的“拒绝”，这仅在以下情况中有意义：代理权限确实存在，但是无法出示授权证书。[74]“异议”必须通过“进行法律行为”完成。若（例如）通知终止表示以书面形式作出，则受领人毫不迟延地（参见第121条）对

---

[73] BGH NJW 2013，297（298）.

[74] BGH NJW 2013，297（298）.

所提出的代理权提出异议即可。

(3) 单方法律行为经无权代理人赞同而向其实施（第 180 条第 3 句）。

例如：基于错误，买受人 D 打算撤销与 B 签订的买卖合同。他向无代理权的代理人 H（＝受领代理人）作出了撤销表示，H 对此表示赞同。撤销表示的效力取决于 B 是否对此进行追认。

(二) 第三人的形成权

在被代理人有追认权（第 177 条第 1 款，第 180 条第 2、3 句）的所有情况中，均存在一种悬而未决的状态，第三人不知道被代理人会进行追认从而使交易有效，还是会拒绝追认而使交易最终不生效力。为了给第三人创设明朗的状况，法律赋予他以下权利： 598

1. 第三人可以行使*撤回权*(第 178 条)，从而使法律行为不生效力。前提条件是合同尚未被追认（第 178 条第 1 句）。若被代理人已经进行了追认，则交易有效，之后的撤回对此不产生任何影响。此外，若第三人在签订合同时已经知道代理权存在瑕疵，则他不得撤回（第 178 条第 1 句），这时第三人不再需要保护，因为他在知道瑕疵的情况下签订了合同。

撤回既可以向被代理人也可以向代理人作出（第 178 条第 2 句）。

2. 第三人可以*催告*被代理人*作出追认的意思表示*(第 177 条第 2 款)。虽然通过这种方式他仍然不能确定法律行为的效力，但法律规定了这种催告的法律效果：被代理人只能向第三人（不能向代理人）作出其意思表示（第 177 条第 2 款第 1 句)。追认必须从催告到达之日起两周内作出，不表示追认的，视为拒绝追认（第 177 条第 2 款第 2 句)。从第三人的利益出发，悬而未决的状态被这种假定终止，交易最终不生效力，之后的追认已无法改变这种状态。 599

因为第三人应当知道交易的效力处于何种状况，所以如果被代理人已经被催告，那么他已经向代理人作出的追认或者拒绝追认便不再重要，更确切地说，催告使之前向代理人作出的追认表示或者追认的拒绝归于不生效力。因此，随着催告，又产生了一种悬而未决的状态（参见第 108 条第 2 款，边码 283)。

在**案例 b** 中，B 向 H 作出的追认表示（第 177 条第 1 款，第 182 条第 1 款）经催告不生效力（第 177 条第 2 款第 1 句)。B 在两个星期期限中的沉默被视为拒绝追认（第 177 条第 2 款第 2 句)。据此，B 和 D 之间不存在有效的买卖合同。

若被代理人向第三人进行追认或拒绝追认，则第 177 条第 2 款中对第三人的保护不适用，因为第三人的法律状况在这种情况下较为明朗。即使追认或者拒绝追认是向代理人作出，但第三人对此知情，那么根据法律的意义适用同样的规定。最后，可能会存在以下情况：合同一方根据诚实信用原则不得援引对方代理人无代理权（例如在一项法律行为中，长期以来是以双方都满意的方式进行的），那么他就不得为对方规定第 117 条第 2 款中的追认的期限。[75] 他更应该认可该法律行为的效 599a

[75] BGH NJW 2012，3424 (3425).

力，无论追认是否被作出。

二、代理人和第三人之间的法律关系

600 若无权代理人所缔结的法律行为最终不生效力，并且第三人信赖法律行为的有效性，则该人须受到保护。另一方面，代理人原则上不值得保护，因为他通过以被代理人的名义实施行为给第三人造成了以下印象：他与被代理人缔结了法律行为。因此，为了平衡第三人须对代理人享有权利。第 179 条考虑到了这一点。

第 179 条中的法定责任不能通过一般交易条款被扩大（第 309 条第 11 项 b）。

（一）第 179 条第 1 款中的请求权

601 第 179 条第 1 款规定了不能证明其代理权的代理人的*担保责任*（Garantiehaftung）。不因过错而产生的风险被强加给他：他至少以沉默的方式作出的以下表示是正确的：他拥有缔结法律行为所必要的代理权。[76]

1. 第 179 条第 1 款中请求权的前提条件是，无代理权的代理人以他人名义行为。

如果根据权利假象原则法律行为须归责于被代理人，那么即使在代理权缺失的情况下也不存在第 179 条第 1 款中的请求权。第三人不能选择与被代理人还是代理人缔结该交易。他所处的地位不应优于与拥有“正常”代理权的代理人缔约的第三人。[77]

此外，被代理人实施的法律行为须可被追认，这不仅包括合同（第 177 条第 1 款），而且例外地包括需受领的单方法律行为（第 180 条第 2 句，边码 597）。最后，被代理人须拒绝追认。

一般交易条款中的以下规定不生效力（第 309 条第 11 项 a）：代理人一直（即使他享有代理权）应向使用人承担共同担保责任。

602 2. 作为法律效果，第 179 条第 1 款规定了第三人的选择权（参见第 262 条及以下）。他可以向代理人要求*履行或者损害赔偿*。选择权行使通过第三人向代理人作出意思表示而得以实现（第 263 条第 1 款）。

（1）若第三人选择履行，则根据法律规定在他与代理人之间产生债务关系。就好像代理人享有代理权时，与被代理人之间缔结的债务关系成立一样。

在**案例 e** 中，履行意味着 D 不仅可以向 H 请求接收机器并支付 10 000 欧元的价款（第 433 条第 2 款），而且 D 须将机器交付并转让给 H（第 433 条第 1 款第 1 句）。

603 （2）若第三人选择损害赔偿，则代理人有义务用金钱赔偿第三人由以下方式遭受的损失：交易无效且不产生有利或不利于被代理人的后果（*履行损失＝积极利益*）。在双务合同中（例如买卖），损失为给付与对待给付之间的差额。

---

[76] BGH NJW-RR 2005，268；NJW 2000，1407.

[77] Erman/Maier-Reimer § 179 Rn. 4；BGHZ 86，273 ＝ NJW 1983，1308.

在**案例 e** 中，D 可以请求的给付价值是 10 000 欧元。其中须被减去的是 D 无须承担的机器的价值 9 000 欧元。这样 D 的损失是 1 000 欧元。

（二）第 179 条第 2 款中的请求权

如果第 179 条第 1 款中的前提存在且代理人在缔结交易时不知道代理权的缺失，那么根据第 179 条第 2 款，代理人将处于更优的法律地位。这样他仅有义务赔偿*信赖损害，且以履行损害为限*（第 179 条第 2 款）。在法律效果方面的规定与第 122 条第 1 款中的规定相符（详细内容：边码 446、447）。 604

在**案例 e** 中，D 因信赖与 B 之间买卖合同的效力而花费的电话费属于其信赖利益。若 H 不知道代理权的瑕疵，则 D 只能就该费用向 H 请求赔偿。否则，D 可以根据第 179 条第 1 款选择请求履行或者损害赔偿。

（三）第 179 条中请求权的排除

如果第三人对交易有效性的信赖不值得保护，那么第三人对代理人不享有第 179 条中的请求权。 605

1. 若第三人在缔结合同时知道代理人不享有代理权，则他知道其在缔结合同时所从事的是何种行为，因此他并未信赖合同的有效性。上述内容同样适用于以下情况：第三人应当知道代理权的瑕疵，因为明显的情况给了他怀疑代理权的理由[78]，这样他就不值得保护（第 179 条第 3 款第 1 句）。

即使代理人以不存在的权利人（例如一个不存在的法人）的名义行为且合同相对方知道代理权的缺失，代理人的责任根据第 179 条第 3 款第 1 句也会被排除。此外，合同相对方对不存在被代理人一事的知悉并不必要。[79] 第 179 条第 1、3 款不保护另一方对明显在无代理权的情况下所缔结的合同的（在被代理人存在的情况下存在的）可追认性的信赖。

2. 若代理人为*限制行为能力人*，则对他的保护优先于对第三人的保护（第 179 条第 3 款第 2 句），但若该限制行为能力人系在其法定代理人的同意下行为，则上述规定不适用（第 179 条第 3 款第 2 句），这样与在其他情况下一样，他需承担其意思表示的不利后果（参见第 107 条）。

3. 若第三人使用了*第 178 条中的撤回权*，则他必须为以下情况承担责任：被代理人不能通过追认使合同生效。

4. 若无权代理人缔结的合同属于第 312b 条中的情况且被代理人拒绝追认，则代理人可以行使*订立于经营场所外的合同*情况下的撤回权并以此排除第 179 条中第三人的请求权。[80]

5. 若无权代理人被恶意欺诈，则他享有第 123 条中的撤销权。撤销可以使其免

---

[78] BGH NJW-RR 2005，268.

[79] BGH NJW 2009，215 mAnm Walker/Findeisen LMK 2009，275409.

[80] BGH WM 1991，860（861）.

除第179条第1款中的责任。[81] 在基于错误发生的撤销的情况下，适用相同的规定（边码434）。然而，代理人须按照第122条承担赔偿责任（边码444）。

（四）第179条中证明责任的分配

606 由第179条中的表达可以推知证明责任的分配：

1. 若第三人起诉代理人要求履行或损害赔偿，则他必须说明并在对代理人提出异议时证明，该人系以他人名义与他缔结合同且被代理人拒绝追认。

2. 代理人可以否定起诉，若代理人说明了以下条件之一且在对第三人提出异议时证明：

（1）他享有代理权（第179条第1款："如果他未证明其代理权"）。

（2）他不知道代理权的瑕疵（第179条第2款）。这样就不存在履行或者损害赔偿请求权，但仍存在信赖利益请求权（第179条第2款）。

（3）第三人知道或应当知道代理权的瑕疵（第179条第3款第1句："代理人不承担责任……"）。

（4）代理人为限制行为能力人（第179条第3款："代理人同样不承担责任……"）。当然，若第三人说明并证明，该人是在其法定代理人同意的情况下实施行为的，则他仍然可以赢得诉讼（第179条第3款第2句："除非……"）。

（五）第179条的类推适用

607 第179条类推适用于以下情况，因为在这方面法律存在漏洞且利益关系符合第179条的规定：

1. 在*冒名行为*的情况下（例如：H假冒B的名义给D打电话提出了一个合同要约，D作出承诺，参见边码530），如果姓名所有人未引起且之后也未赞同交易，那么该交易不能归属于他。另一方面，表示受领人须被赋予以下可能性：与行为人缔结法律行为。他向行为人采取的措施可以类推适用第179条。[82]

2. 如果代理人已经表示他在为某人行为，但未说出其姓名，之后他不顾他人的请求仍未说出被代理人的姓名，那么在这种情况下，表示受领人不可以向被代理人主张权利。他只能与代理人缔结法律行为。因此，第179条得到相应适用。[83]

3. 若代理人以一个*不存在的人的名义*作出意思表示，则表示受领人只能类推适用第179条向代理人进行主张。[84] 当然，代理人的责任同样可以根据第179条第3款第1句被排除（边码605）。

上述内容同样适用于仍在成立中的人合商事合伙（Personenhandelsgesell-

---

[81] BGH NJW 2002，1867（1868）.

[82] Vgl. BGHZ 45，193（195）＝NJW 1966，1069.

[83] Vgl. BGHZ 45，193（195）＝NJW 1966，1069.

[84] BGH NJW 2009，215 mAnm Walker/Findeisen LMK 2009，275409；BGHZ 105，283（287）＝NJW 1989，894；BAG NZA 2007，679.

schaft)。[85]

对于尚未形成的法人则适用特殊规定（例如《股份法》第 41 条，《有限责任公司法》第 11 条第 2 款）。

然而，如果某人以一个不存在的公司（所谓虚设公司）的名义与第三人交易，且该公司真正的企业主打算成为真正的合同相对方并已授予代理人代理权[86]，那么第 179 条不适用。因为在该情况下真正的企业主是第三人的合同相对方。

4. 在无传达权限的传达人行为的情况下，本人不受约束，表示受领人须被保护。这里的利益状况与无权代理相符，因此第 179 条得到类推适用。[87]

无权代理

Ⅰ. 被代理人与第三人之间的法律关系（第 177、178、180 条）

1. 被代理人对如不追认就对其无约束力（依据见第 164 条第 1 款）的合同加以追认的权利（第 177 条第 1 款）

（在无代理权的单方法律行为中，追认只有在满足第 180 条第 2、3 句中的严格条件时方可能）

2. 第三人通过提前撤回阻止权利的追认（第 178 条）

3. 第三人的催告权：要求被代理人在两个星期的期限内作出追认表示（第 177 条第 2 款）

Ⅱ. 代理人和第三人之间的法律关系（第 179 条）

1. 第三人向代理人选择性的请求履行或者损害赔偿（第 179 条第 1 款）

2. 在善意代理人的情况下，第三人仅享有损害赔偿请求权

（信赖利益以履行利益为限，第 179 条第 2 款）

3. 第 179 条中请求权的排除

a）第三人知道代理权的缺失（第 179 条第 3 款第 1 句）

b）代理人为限制行为能力人（第 179 条第 3 款第 2 句），例外见第 179 条第 3 款第 2 句最后

c）第三人根据第 178 条撤回

d）无权代理人根据第 312g 条撤回合同

---

[85] BGHZ 63，48.

[86] BGH WM 1996，592.

[87] Erman/Maier-Reimer § 177 Rn. 8；§ 179 Rn. 24；Staudinger/Schilken，2004，§ 177 Rn. 22；§ 179 Rn. 25.

第三部分　权利

第一章
权利的内容及其行使

第二十八节　私法关系以及权利

参考文献：Aicher，Das Eigentum als subjektives Recht，1975；Bucher，Das subjektive Recht als Normsetzungsbefugnis，1965；Chelidonis，Legalität und Legitimation- Gedanken zum Verhältnis von subjektivem Recht und Rechtsmissbrauch，JURA 2010；Kasper，Das subjektive Recht-Begriffsbildung und Bedeutungsmehrheit，1967Schapp，Das subjektive Recht im Prozeβ der Rechtsgewinnung，1977；J. Schmidt，Aktionsberechtigung und Vermögensberechtigung，1969；Wüstenbecker，Die subjektiven Privatrechte，JA 1984，227.

一、私法关系

（一）概念

客观意义上的私法包含所有私法规范，它规定了人与人之间以及人与物之间的 608
关系。这种法律关系被称为私法关系。

出租人和承租人之间的租赁关系，雇主和雇员之间的劳动关系是人与人之间的法律关系。——所有权赋予某人对某物全面的控制权（参见《基本法》第 14 条，《民法典》第 903 条），质权为权利人设定了以质物受偿的权利（参见第 1204 条），在这里涉及的分别是人与物之间的法律关系。从这种法律关系出发，也可能存在人与人之间的关系。若某人将他人之物占为己有（占有），则所有人可以向他请求返还该物（第 985 条）。若另一人以未经允许踏入他人土地的方式侵害所有权，则所有权人可以请求他除去并停止侵害（第 1004 条）。

（二）元素

609 私法关系一方面包括权利，另一方面包括与之相对应的义务。

在租赁关系中，承租人有请求出租人转让租赁物使用之权利，这与出租人的转让使用义务相对应（第535条第1款第2句）。

610 1. *私权利*（＝主观意义上的私权利）指被客观意义上的私法授予个人的权力（详细内容见边码617及以下）。

公法中同样存在权利。它们指向像国家这样的主权机构（例如基本权利，《基本法》第1至19条）。

611 （1）私权利是私法关系中最重要的元素。它通常包括一系列权利，但有时仅包含一项权利。

例如：在买卖合同中（法律关系），存在买受人向出卖人请求交付和转让买卖物的所有权（第433条第1款第1句），了解信息以及在买卖物出现瑕疵的情况下要求降价（第437条第2项）的权利。——若A将500欧元无息"借"给B，还款日期为7月1日，则在该借贷（法律关系）中仅存在一项权利，即7月1日A有请求B支付500欧元的权利（第488条第1款第2句结尾处）。

612 （2）*取得预期*（Erwerbsaussicht）并不能等同于权利。它只是一种在将来取得权利的机会。能否在某个时刻取得该权利是不确定的。这种预期不被法秩序所保护。

例如：若父亲（V）将儿子（S）确定为继承人，则V死亡时其财产应转移给S（第1922条）。因此，S享有主观权利（继承权），即对遗产拥有法上之力（Rechtsmacht）。——相反，在V死亡之前，S不享有继承权，而只拥有将来——在V死亡时——成为继承人的机会。因为还无法确定S能够继承V。除了不知道S能否比V活的时间更长之外，还存在以下可能性：V在之后的遗嘱中确定新的继承人（参见第2258条第1款）。[①]

613 （3）期待（Anwartschaft）同样是一种取得主观权利的预期。与单纯的"取得权利的预期或者机会"不同，期待只有在取得权利的部分前提条件已满足的情况下才存在。若让与人不再能够阻止权利取得，并且因此意味着取得人的地位已经具有财产价值，则期待被当作主观权利的前阶段，人们称之为期待权（Anwartschaftsrecht）。因此，该期待的所有人可以将它出售并转让给买受人，它也可以被扣押（pfändbar）。

一个主要的例子是所有权保留情况下的购买（参见第449条）。为了解释这一内容，首先须说明以下情况：若K在V处以1 500欧元的价格用现金购买了一台电视机，则V有义务根据第433条第1款第1句向K交付并转让该电视机的所有权。V以以下方式履行其义务：他将电视机交付给K并且两人就电视机所有权应由V转移至K达成合意（第929条第1句）。如果上述内容发生，那么K成为电视机的所有权人。

---

① Brox/Walker ErbR Rn. 139.

把案例改一下：K打算从V处取得电视机并分期付款。因此，V与K在买卖合同中约定：K向V每月须支付100欧元价款。缔约后，V将电视机的所有权转让给K，他因此对电视机不再享有权利。比如V不能阻止K的债权人将K所有的这台电视机查封或拍卖。若K未履行分期付款义务，则这对K来说很棘手。V“脱离”了其所有权，因此他也许不能实现价款请求权。相反，若V在缔约后立即将电视机交付给K且双方约定，机器的所有权在价款被全部清偿时才转移至K处（所有权保留），则V可以得到充分保护。在全部价款被支付之前，V一直是机器的所有权人。尾款一经支付，所有权就立即转移至K处。在这一时刻之前，K不享有机器的所有权，而仅享有向完全权利（所有权）发展并随着尾款支付转化为完全权利的期待权。

2. 除权利外，法律规范还规定了法律义务。它使相关人员负有特定的作为或者 614
不作为义务。

例如：买受人支付价款的义务（第433条第2款），每个人负有不妨害(Störungen）他人所有权的义务（参见第1004条）。

(1）通常来说，法律义务是与主观权利相对应的。它作为权利的对立面使权利 615
得到重视并且不受侵害。

买受人的价款支付义务与出卖人的价款请求权相对应。不妨害他人所有权的义务旨在保护所有权人的权利。

然而，法律也规定了不与权利相对应的法律义务。在这些情况中，虽然个人利益或公众利益通过相关人员的义务得到保护，但因法律规范受益的人却不能请求义务人亲自履行义务，他不享有权利。实际上的受益只不过是客观法的反射效果。

例如：父亲（V）在遗嘱中将儿子（S）确定为继承人，但同时为他设定了向家乡的穷人捐赠10 000欧元的义务（负担（Auflage），第1940条）。[2] 在这里，V使S“负有给付义务，而不将请求给付权给予他人”（第1940条）。某个穷人或者穷人们不能向S请求支付10 000欧元。因为否则就会存在以下危险：S未履行负担，第2194条赋予特定人请求S履行负担的权利。[3]

公法中的例子：若在道路交通中禁止超车以交通标志的形式被公示（德国交通标志第276、277号，《道路交通条例》附录2)，则每个人都负有不超车的义务（参见《道路交通条例》第5条第3款第2项）。此项禁令旨在保护行车人员免受超车造成的危险。然而，单个行车人员不享有不被超车的权利。若某人无视超车禁止进行超车并且过错地造成了交通事故，则损失方享有要求他赔偿损失的权利（参见第823条第2款）。

(2）法律义务须与*不真正义务*(Obliegenheit）相区分。不真正义务是一种*强度* 616
更弱的行为要求。它们同样是为了他人的利益被强加给负担人（Belasten)。然而，他不负担相应的行为义务。若他没有遵守（该行为要求），则他会承担一种不利后

② Brox/Walker ErbR Rn. 459ff.

③ Vgl. Brox/Walker ErbR Rn. 462.

果（例如丧失有利的法律地位），以致于他会为自身利益实施相应行为。

例如：买受人负有支付价款的义务。除此之外他在《商法典》第377条中的商事买卖（Handelskauf）中负担不真正义务，即他应毫不迟延地将买卖物被查明的瑕疵通知给卖方，否则他就丧失了《民法典》第437条中的瑕疵担保权利。买受人须履行付款义务，出卖人可以在法院的协助下强制其付款。相反，瑕疵责问（Mängelrüge）的提出由买受人自行决定，若他未及时提出，则其丧失瑕疵担保权利。

二、私权利

（一）概念和内容

617 权利指法律规范所授予人的、满足其利益的意思力（Willensmacht）。具体来说：

1. 权利须存在于*客观意义上的法律*中。若“权能（Befugnis）”并非来源于法律，而来源于习惯或者道德（边码2、3），则不存在权利。

农民B在聚餐时通过握手向其邻居N承诺，以20 000欧元的价格将其牧场的土地所有权转让给他。如果B遵守诺言并且N可以因此请求B履行诺言，那么这符合习惯或者道德规范。但N不享有权利，因为买卖合同因缺少公证证书并未有效成立（参见第125条第1句，第311b条第1款）。

618 2. 权利须归属于*某人*（＝自然人，法人，边码702、731）。《民法典》试图避免无权利主体的权利。

例如：若某人死亡，则他不再能够成为权利人。在其死亡时，其继承人已经接替他的地位（第1922条）。继承人因此成为主观权利的承受者。因此，该人（自动地）成为死者汽车的所有权人以及被继承人对买受人K享有的价款请求权的持有人等。——母体中的胎儿不能成为权利人（第1条，但参见边码706）。

619 3. 权利是一种*意思力*。它赋予权利人决定权，为其提供意思决定的空间。因此，权利保障了个人自由。

因此，所有权人可以随意处置其物（第903条）。他享有将自己所拥有的画挂在房间里、放在地下室里蒙受灰尘甚至完全将它毁掉的自由。拥有价款请求权的出卖人（第433条第2款）可以允许买受人延期付款或者在法院的协助下向买受人行使该权利。

620 4. 权利的目的在于*满足人的利益*。各权利所保护的是何种利益要根据权利的内容来确定。

人的利益可能涉及权利人自己的经济（例如出卖人的利益）或者人身（例如婚姻家庭法中夫妻的利益）利益。但也包括他人的利益（例如在父母照顾下孩子的利益）。

满足人的利益这一目的不仅涉及权利人的利益，而且涉及他人的利益。个人自由范围扩大的程度即为他人自由范围缩小的程度。这种思考说明，个人的法上之力（Rechtsmacht）不能不受约束。更确切地说，从权利的目的（利益保护）出发，权利的范围和界限必须被确定。《民法典》的立法者在部分领域已经对此作出规定。

因此，如果行使一项权利不能服务于人的理性利益，而只能给人施加损害，那么这是不被允许的（第 226 条，禁止权利滥用，边码 684、685）。——将所有权人的权利范围极大扩大的第 903 条在另一方面也对该权利进行了限制（“在不与法律或者第三人的权利相抵触的限度内”）。第 905 条同样限制了所有权人的权利。

现在人们已经认识到，《民法典》中的自由主张不足以对权利进行理性的限制。因此，人们更加强调权利人对个人或者公众的义务约束思想（例如《基本法》第 14 条：“财产应负义务，财产的使用也应为社会福利服务”）。相反，必须被拒绝的是纳粹时期所进行的尝试，即通过过分强调义务思想来侵蚀甚至消除权利。为了维护个人对财产的自我决定，从而保障其自由领域，权利仍具有至关重要的意义。

（二）种类

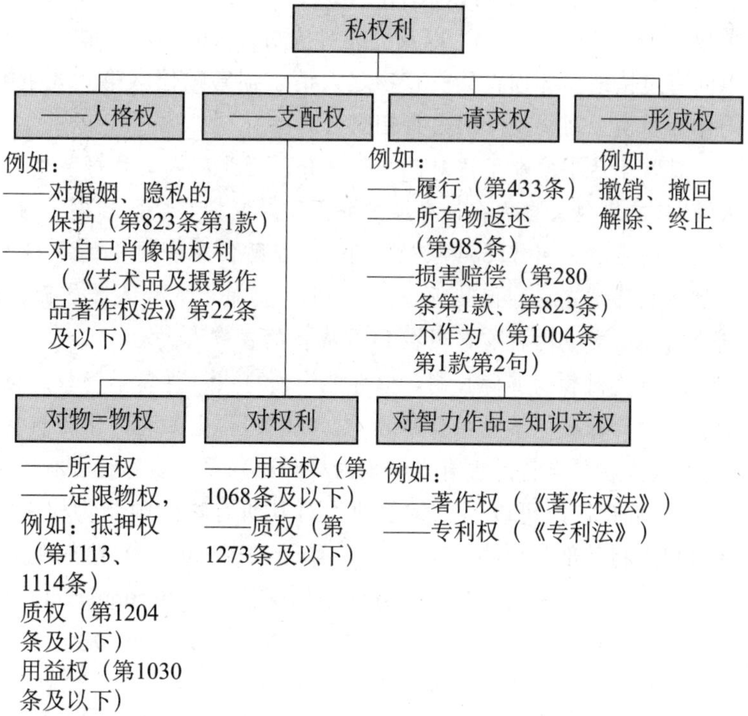

可以从不同的角度对私权利进行分类。最重要的分类是根据权利内容和义务范围进行的。但需注意，并非所有权利都能够被明确分到特定组别，还存在模棱两可以及重合的情况。 621

1. 长久以来，在最重要的分类中人们一直按照被赋予个人的法上之力的内容将支配权、请求权和形成权进行区分。现在又加入了人格权。

（1）人格权是个人作为“人”应当享有的权利。法律仅明确将人格的个别方面作为权利予以认可。第 823 条第 1 款规定了生命、身体、健康和自由，任何人违法且有过错地侵害了其中一项法益，都必须负损害赔偿义务。第 12 条对姓名权予以 622

保护（边码 716 及以下）。人们对自己肖像享有的权利在《艺术品及摄影作品著作权法》第 22 条及以下得到了规定。据此，原则上他人禁止在未经肖像权人同意的情况下传播或公开其肖像。当代史领域的肖像除外（《艺术品及摄影作品著作权法》第 23 条第 1 款第 1 项）。[④] 此外，如今在《基本法》的影响下（《基本法》第 1 和 2 条），个人在重视和发展其人格方面的一般人格权得到承认（边码 721 及以下）。

623 (2) *支配权*赋予权利人对*特定标的*绝对和直接的支配力。

之前存在的对人的支配权如今已被废除（例如债权人对债务人的支配、负债人监狱（!）、农奴制度）。在法定的父母与子女之间的法律关系中，同样不存在父母对子女的支配权，更确切地说这是父母照顾（参见第 1626 条第 1 款）。

624 a. *对物*（第 90 条，边码 776）的*支配权*是物权，它被规定在《民法典》第三编（物权编）中。所有权是一项完全权利，可以全面对物支配。所有权人可以在法律规定的框架内随意处置其所有物并排除他人的一切干涉（《基本法》第 14 条及《民法典》第 903 条）。他可以请求占有人返还该物（第 985 条及以下）。他享有防御请求权（Abwehranspruch）以及可能对抗妨害人的不作为请求权（第 1004 条），他可以向有过错地损坏损害其所有物之人请求损害赔偿（第 823 条第 1 款）。所有权须与作为事实上对物支配的占有相区分。

日常生活中的惯用语对此未作区分。因此，人们称房屋所有权人为“房屋占有人”。只有当他亲自住在该房屋中并因而对它拥有实际控制力时，他才是《民法典》意义上的占有人（第 854 条及以下），否则住在房屋里的承租人是房屋的占有人。尽管戒指已被盗窃，但其所有权人（E）仍是所有权人。然而，E 在 D 将戒指占为己有时丧失对它的占有，现在 D 是戒指的占有人。

占有是对物的实际控制，它并非像所有权一样属于物权。但在某种程度上，它同样受法律保护（参见：如第 861、862 条）。比如说，作为租赁物占有人的承租人（所有权人在其自己是占有人时也同样如此）须可以防止占有被侵夺或被妨害。

625 b. 所有权人可以通过赋予他人对其所有物的限制物权来限制自己的支配权。所有权人将其部分权能（Befugnis）给予（gewähren）给权利人。按照这些权能的内容，人们对其进行区分：一方面是担保权（Sicherungsrechts）与变价权（Verwertungsrechte），另一方面是用益物权（Nutzungsrechte）。

担保和变价权包括土地抵押权（第 1113 条及以下）和动产质权（第 1204 条及以下）等。若 E 向其银行 B 贷款 30 000 欧元并在其土地上设定了抵押权或在其贵重首饰上设置了质权，则 B 的这些权利旨在担保其对 E 的债权。若 E 未偿还贷款，则 B 可以实现其抵押权或质权。他可以通过拍卖 E 的土地或首饰得到偿还。尽管 B 享有限制物权，但 E 仍是土地或首饰的所有权人。他可以将它们转让给他人，B 的权利不会因此受到侵害，其权利对新所有权人同样有效。

用益物权指对动产和土地的用益权（第 1030 条及以下）、地役权（第 1018 条及以下）以及对土地的限制性人役权（第 1090 条及以下）。用益权是广泛的用益物权（=

---

④ Dazu BGH NJW 2007, 1977 und 1981 (Caroline und Ernst-August von Hannover).

收取被设定负担的物的全部用益的权利），而人役权是在“个别关系中”使用被设定负担的土地的权利（第1018、1090条第1款）。因此比如说，在被设定负担的土地上存在有利于当时相邻土地所有权人的利益的通道权（＝地役权），为了能够有权利将输油管道穿越所有权人的土地，某石油公司取得了对他人土地的限制人役权。

c. 除物权外，《民法典》还规定了*对权利的支配权*，即权利上的用益权（第 626
1068条及以下）和权利质权（第1273条及以下）。这两种权利既可以设置在像抵押权和土地债务之类的限制物权上，也可以设置在债权上（边码628）。

因此，出卖人（V）可以将其针对买受人（K）享有的价款请求权质押给银行（B）。基于该质权，B取得了对V的买卖价款请求权的法上之力：B可以亲自向K收取该债权。（第1282条第1款）。

d. *对智力成果的支配权*是知识产权。例如，文学作品（schriftstellerische 627
Werke）*、音乐或者发明等也有经济价值。这些智力成果的创造者被赋予使用它们以及禁止他人使用的权利。

相关法律规定见《著作权法》《专利法》《设计法》《实用新型法》以及《商标法》。

（3）*请求权*（边码640及以下）赋予权利人请求特定人作为或不作为的权利 628
（第194条第1款）。该人应当以特定方式行为，而且他对权利人负有义务。

例如：在以一幅售价为7 00欧元的画为标的的买卖合同中，出卖人（V）有义务将该画交付给买受人（K）并使买受人取得该画的所有权（第433条第1款第1句）。因此K对V具有交付以及转让所有权的请求权。买卖合同并未赋予K对该画的支配权。只有当K根据第929条第1句通过（对画的所有权从V转移至K的）合意以及交付（该画）成为该画的所有权人时，他才对画享有支配权。在所有权转移之前，K对V只享有请求权（交付和转让该画的所有权），请求权并非上述意义上的支配权。

*债权*属于请求权。人们将其称为债法上的请求权，法律将债权权利人称为债权人并将义务人称为债务人（参见第241条）。比如说，买受人根据第433条第1款第1句请求出卖交付和转让所有权的权利即为债权。

然而，在债法之外同样存在请求权。比如它可能基于侵害支配权而产生。因此，物的所有权人可以请求占有人返还该物（第985条），他对占有人享有返还请求权。

（4）形成权赋予权利人力量，单方地——无须他人参与的——对某一既存法律 629
状况施加影响。通常，它通过发出意思表示得以实现（边码82及以下）。若权利人行使其权利，则新的权利可能被创设，已存在的法律关系可能被变更或终止。

例如：父亲的遗产以两个儿子（S1和S2）每人各得一半的方式被继承。若S1以100 000欧元的价格将其遗产份额出售给K，则S2享有先买权（第2034条）。若S2向S1表示，他行使其先买权，则通过S2的单方面表示创设新的法律关系：以S1与K之间的买卖合同条款为内容的S1与S2之间的买卖合同成立。[5]

---

* 《著作权法》第1条第1款使用的是“文字作品”（Schriftwerke）。文字作品与文学作品不同，前者在内涵上广于后者。——译者注

⑤ Einzelheiten：Brox/Walker ErbR Rn. 478ff.

V将其两匹坐骑Max和Moritz中的一匹出售给K，并让K自己进行选择。若K选择了Moritz，那么对这匹马被视为自始单独负担债务（参见第262条、第263条第2款）。通过单方面行使选择权，法律关系被限定在名为Moritz的马上。

房屋承租人（M）向出租人表示：租赁关系于6月30日终止（参见第573c条第1款）。通过M所作出的该单方面意思表示——通知终止——租赁关系将无须V的同意在上述时间终止。

630 在法律关系参与人或公众的重要利益存在遭受损失的风险的特殊情况下，法律不赋予参与人通过其意思表示独自行使形成权的权限。相反，他须通过诉之声明（Antrag）或诉讼行使其权利，形成权通过支持诉之声明的裁定（形成裁定）、支持诉讼的判决（形成判决）得以实现。因此，权利人并不享有形成权，而只享有“形成诉权”。

例如：婚姻不能通过一方对其配偶作出的单方面表示（例如：终止表示，基于恶意欺诈的撤销）而解除。该目的只能通过相应的诉之声明或者诉讼（例如离婚，废止婚姻）被达成。只有通过有法律效力的形成判决（离婚判决，废止婚姻判决）[⑥]婚姻才能被终止（参见第1564、1313条）。

631 2. *根据义务人的不同*，人们将权利分为绝对和相对权利。

(1) *绝对权利*指可以*对抗任何人*的权利（例如所有权）。除权利人之外的任何人均须被排除在对法益的支配之外（排他权）。每一个人都负有允许权利人享有以及不侵害这种法益的义务。

若某人违反了该义务，则权利人可以向他请求除去妨害并且当存在重复的危险时要求对方不作为（参见第12、1004、1065、1227条）。若某人有过错地（故意或过失，第276条）侵害了绝对权利，则权利人可以向他主张第823条第1款中的损害赔偿请求权，因为无论如何绝对权利都属于第823条第1款中的其他权利。

632 (2) *相对权*指*针对某个特定人*的权利，只有该人向权利人负有特定的作为或不作为的义务（参见第194条第1款、第241条）。

与使任何人都负有义务且能够被任何人侵害的绝对权相反，在相对权的情况下（例如债权），只有个人（例如债务人）负有义务，也只有他能够侵害相对权。

例如：将一幅价值为700欧元的画出售给K1的V负有向K1交付并转让该画的所有权的义务（第433条第1款第1句）。如果他将该画烧毁或者将它以800欧元的价格出售给K2，并向其转让了该画的占有和所有权，那么他就侵害了K1的权利。在这两种情况中，V不能履行K1的债权，K1可以基于可归咎于V的对其相对权的侵害向V请求损害赔偿（第275条第4款，第280条第1、3款，第283条）。然而，K1与K2之间并不存在法律关系。因为K2已经通过转让获得了该画的所有权，所以K1不能根据第823条第1款基于违反其他权利向K2请求赔偿，因为K1仅享有针对V的相对权，第823条第1款意义上的其他权利只能是绝对权。只有在满足第826条中的严格构成要件的情况下（违反善良风俗的故意致害），K1才能向K2请求损害赔偿。

⑥ Zur Entscheidung durch Beschluss s. §§ 111 Nr. 1, 116 I, 121 Nr. 1, 2 FamFG.

第二十九节　主观权利的取得

案例：

a）E打算处理掉其已经用坏的书箱，因此他将该书箱放在人行道上。他不在乎拿走它的人是谁——旧物爱好者、垃圾装运车或者其他人。K认为，他还可以使用这个箱子，于是他将它搬到自己的亭子中。E可以向K要求返还该书箱吗？（边码634）

b）如果E打算不久后将书箱赠与他人，于是将其放在花园中，K将其搬走，何如？（边码634）

c）在案例b中，若K将箱子改装成了手推车，何如？（边码634）

d）K在E的花园里看到了箱子，于是请求E以10欧元的价格将箱子转让给他。E表示，只有当他付款时才能将箱子转让给他。三天后，K带来了10欧元的钞票，E将箱子交给他。E和K各享有什么权利？（边码635）

权利取得是权利与特定人之间的联系。权利既可以一开始就在取得人处产生，633
又可以从他人转移至取得人。后者可以是对前权利人的个别权利或者整个法律地位的继受。一般来说，权利从权利人处取得，但是在例外情况下也从无权利人处取得。

一、原始取得和继受取得

（一）原始取得

如果取得人取得的权利不是从他人处继受的，而是在取得时新产生的，那么就 634
属于原始取得。

在**案例a**中，K通过先占取得箱子的所有权（第958条第1款）。他的所有权并非从E处继受取得，E之前已经放弃了其所有权（第959条）。在案例b中，K未成为所有权人，因为E将箱子放在花园中，他并未丧失其所有权，他未放弃占有也不打算放弃其所有权（参见第959条）。因为箱子仍是E的财产，所以它并非第958条第1款意义上的无主物，K通过将其占为己有并不能根据第985条取得对它的所有权。因此，所有权人E可以向占有人K请求返还箱子（第985条）。

案例c适用第950条。K通过“加工”，将箱子制成一件新动产——手推车，加工的价值并不显著小于被用坏的书箱的价值。因此根据第950条，K通过加工成为所有权人，E因而丧失其所有权。K并非从E处继受其所有权，而是在不依赖E的所有权的情况下取得了原始的所有权。因为E对手推车不享有所有权，所以他不能根据第985条请求返还。但他可以根据第951条第1款向K请求价额赔偿或者根据第823条第1款请求损害赔偿（第951条第2款第1句）。

（二）继受取得

635 继受（=传来）取得指从前权利人处继受取得权利。

在案例d中，E通过所有权转移合意和交付将箱子所有权转让给K（第929条第1句）。K以同样方式将其对钞票的所有权转让给E。

V以700欧元的价格将一幅画出售给K，他因而取得以下债权：请求K支付700欧元价款（第433条第2款）。V可以向第三人（X）让与其债权（让与X）。这可以通过V与X之间的债权让与合同得以实现：债权应从V转移至X（第398条）。合同订立时X代替V成为债权人（第398条第2句）。债权从V转移至X，现在X可以向K请求支付700欧元的价款。

某人死亡时其权利（例如：汽车所有权，对K的价款请求权）转移至继承人处（第1922条第1款，边码709及以下）。后者通过继承取得、继受了被继承人的权利。

二、特定和概括继受取得

636 特定和概括继受取得均属于继受取得。

（一）特定继受取得

特定继受取得（=特别继受取得，单个继受取得）指对特定权利的取得。与概括继受取得相比，它是惯例并且一般以前权利人和继受者之间的合同为基础。尽管某人负有将一项财产转让给他人的义务，但从法律的明确性出发，该义务的履行同样必须通过对不同权利的单个转让来实现（所谓特定原则）。

例如：V将其百货商店出售给K，为了履行买卖合同，他必须将所有单个权利转让给K。因此，商店所在土地的所有权通过物权合意和K在土地登记簿上的登记转移至K（第929、837条）。单个商品的所有权则通过物权合意和交付（第929条）转让给K。V对顾客享有的各个债权被让与K（第398条）。

（二）概括继受取得

637 概括继受取得（=一般继受取得）指取得权利的总和。作为特例，它只在法律允许的情况下才可发生且以法律规定为基础。

例如：根据第1922条第1款，被继承人死亡时其“财产作为整体”被转移给继承人。若被继承人是百货商店的所有人，则各种财产“自动地”且“一次性地”转移给继承人，即使该人并不知道被继承人的死亡。因此，无须物权合意和登记继承人即可成为土地的所有权人，无须转让即成为商品所有权人，无须让与即成为债权人。

若新人婚前在婚姻合同中约定了夫妻共同财产制，则原则上一方的财产成为双方共同财产，无须“通过法律行为转让”各个标的（第 1416 条第 1、2 款）。现在妻子可以把“他的”帽子称为“我们的”帽子。虽然在土地登记簿上妻子是土地的单独所有权人，但该土地在结婚时属于双方共有。

这两个例子都表明，在概括继受取得的情况下，土地权可无须在土地登记簿上登记而被转让，土地登记簿上的登记因权利取得而与真实的法律状况不符。相反，在土地的特别继受取得中，物权合意和登记（第 873 条）是必要的。

三、从权利人或无权利人处的取得

（一）从权利人处取得

从权利人处取得意味着某人从权利转移前的权利人处取得权利。即使在今天，罗马法的以下原则基本上也同样适用：没有人能够转让比他自己所拥有的更多的权利。从权利人处取得是惯例。 638

小偷（D）将属于 E 的戒指出售给 K，且佯称戒指是自己的，尽管双方进行了第 929 条第 1 句中的物权合意和交付，但 K 仍然不能取得戒指的所有权。即便他认为 D 是所有权人也同样如此（参见第 935 条第 1 款），因为 D 不是所有权人，所以不能转让所有权。E 作为所有权人可以根据第 985 条向占有人 K 请求返还该戒指。因为 K 失去了戒指和价款，所以他可以根据第 275 条第 4 款、第 326 条第 4 款、第 346 条及以下向 D 请求返还价款或根据第 275 条第 4 款、第 280 条第 1、3 款、第 283 条要求损害赔偿。

如果 V 将其对 K 的价款请求权让与给 X 并佯称价款为 900 欧元（实际为 700 欧元），那么 X 取得针对 K 的数额为 700 欧元的价款请求权，因为 V 转让给 X 的债权范围不得比他所拥有的债权范围更大。

如果继承人在被继承人的遗产中发现了一块昂贵的手表，那么只有在被继承人死亡时该表属于被继承人的情况下，继承人才是它的所有权人。若被继承人只占有该手表，而不是所有权人，则继承人不能通过继承成为所有权人。

（二）从无权利人处取得

从无权利人处取得指某人在例外情况下取得一项权利且处分人并非权利人，而是第三人。此时适用德国法中的信赖保护原则（边码 28），若某人善意地认为无权处分人为权利人且他可以这样认为，则他将受到保护。 639

例如： E 将其戒指借给朋友 F。F 急需用钱，因此他以 1 000 欧元的价格将戒指出售给 K 并按照第 929 条第 1 句进行了转让。K 认为 F 为所有权人。K 不能根据第 929 条第 1 句成为戒指的所有权人，因为这个规定的前提是 F 为所有权人。因此，E 仍是戒指的所有权人，他可以根据第 985 条向 K 请求返还戒指，因此 K“空手而归”。

然而，此时 E 没有他在戒指被盗的情况中那样值得保护。在被盗的情况下，戒指脱离 E 的占有不取决于 E 的意愿；而在出借的情况下，E 自愿交出对戒指的占有，将它借给朋友 F。E 可以选择将戒指借给谁，却不能选择小偷。因此与盗窃相比，在借用的情况下，买家 K 的利益应当优先于 E 的利益受到保护。小偷 D 和朋友 F 均占有该戒指，从占有可以推断出所有权（参见第 1006 条第 1 款第 1 句）。

上述两种情况中的权利外观说明，占有人就是所有权人。在借用情况下，E 通过自愿将戒指交给他人亲自造成了这种外观，而他作为失主对此外观不负责任。因为 E 造成了权利外观（论据见第 935 条第 1 款），所以尽管 K 从非所有权人 F 处取得权利，他仍可以根据第 929 条第 1 句、第 932 条第 1 款第 1 句成为戒指的所有权人。

只有当 K 不应当信赖由 E 造成的权利外观时，K 才不值得保护。比如说，K 知道戒指不属于 F 或者由于重大过失（例如他忽视了刻在戒指上的 E 的名字）而不知道 F 并非所有权人（第 932 条第 1 款第 1 句、第 2 款）。

因此，第 929 条第 1 句、第 932 条第 1 款第 1 句中规定的从无权利人处的善意取得的前提是：

1. 第 929 条第 1 句中的物权合意和交付。

2. 物不属于占有人（否则取得人将根据第 929 条第 1 句从权利人处取得）。

3. 取得人对让与人所有权的善意（=不知道或不因重大过失不知道，第 932 条第 2 款）。

4. 物不可以从所有权人处被盗、遗失或者以其他方式丧失（第 935 条第 1 款第 1 句）。

对土地的善意取得见边码 28。

第三十节 请求权

参考文献：Medicus，Anspruch und Einrede als Rückgrat einer zivilistischen Lehrmethode，AcP 174（1974），313；Petersen，Die Anspruchsgrundlagen des Allgemeinen Teils，Jura 2002，743；Schapp，Das Zivilrecht als Anspruchssystem，JuS 1992，537；Schapp，Einführung in das Bürgerliche Recht：Die Anspruchsnormen und ihre Anwendung，JA 2002，939.

案例：

a）E 拥有一座雕像，并将其摆放于花园中。A 经常在马路上朝这边看这座雕像，B 在散步时经常向它扔石头，C 故意打断了雕像的一部分，D 偷走了雕像并将它摆放在自己的家中。E 享有哪些权利？（边码 640、641、646、653、654、655）

b）X 为 Y 提供了 10 000 欧元的贷款并约定 Y 于 12 月底偿还。9 月时 X 需要这笔钱，他可以怎样做？（边码 642）

c）M与F已订婚。因为M不打算与F继续交往，所以F请求结婚或者支付800欧元的损害赔偿，因为她基于对结婚的预期以该价格购买了一件婚纱。应该如何判断？（边码644、650）

d）在案例c中，若M主张，只有当F返还他赠送的订婚戒指时，他才支付损害赔偿，何如？（边码650）

一、概念、意义

（一）概念

640 民法意义上的请求权（=实体法中的请求权）是某人*请求他人作为或者不作为的权利（第194条第1款）*。

1. 请求权始终存在于*两人之间*，即请求权人与请求义务人。权利人可以请求义务人为特定行为，义务人负有向权利人为该行为的义务。

在**案例a**中，可以考虑E对A、B、C和D的请求权。

641 2. 因为请求权仅针对特定人，所以它是相对权（边码632）。因此，它与有绝对效力的人格权（边码631、632）和支配权（边码631、623及以下）存在区别。然而，若它们受到侵害，则会产生请求权（参见第12、823、985、1004条）。

在**案例a**中，E的所有权是对雕像广泛的支配权，他可以随意处置它并排除他人的一切干涉（参见第903条）。然而，所有权并未赋予E对他人的请求权。只有当所有权以违反法律的方式被侵害时，才产生请求权。因此，E不可以根据第1004条第1款第2句请求A停止注视雕像，尽管E可能认为自己受到了打扰，但E的所有权并未因A的注视而受到损害。相反，B向雕像扔石头则不属于此类情况。这干涉了E的法律地位，因为目前为止B经常在散步时向雕像扔石头，所以未来更多的侵害须被担忧。E可以根据第1004条第1款第2句请求B停止“袭击”。他可以根据第985条请求D返还雕像，因为D是占有人，E是所有权人。E可以根据第823条第1款请求C赔偿损失，因为C以违反法律的方式故意侵害E的所有权并给E造成损失。

642 3. 请求权的到期与否并不影响请求权的存在。尽管权利人不能立即，而是在将来的某一时刻才能请求义务人为特定行为，但请求权已经存在。

在**案例b**中，X不可以请求Y在9月偿还贷款。然而，X现在已经拥有年底时的还款请求权，即针对未来给付的请求权。X可以在9月将请求权出售给他的银行（参见第453条第1款结合第433条第1款第1句），这样他在9月就可以得到钱款。

643 4. 与实体法请求权相区别的是民事诉讼法意义上的请求权（=诉讼请求权）。诉讼请求权并非主观权利，而是一个诉讼法概念。它是民事诉讼中起诉人的要求（Begehren）：诉讼标的（Streitgegenstand）。

例如：K对数额为20 000欧元的价款请求权提起诉讼。实际上，双方之间根本不存在买卖合同，即根本不存在实体法上的请求权。因为支付 20 000 欧元价款的诉讼请求权在法院仍被主张，所以法院必须进行审判。

（二）意义

644 只有当某人享有实体法上的请求权时，他才能请求他人作为或不作为。若没有请求权，则在法律上不能请求。如果仍提起诉讼，那么起诉是徒劳的。

在婚约中不存在结婚请求权，因此在案例 c 中，婚姻缔结的诉* 会被驳回（第 1297 条第 1 款）。然而根据第 1297 条，F 享有数额为 800 欧元的损害赔偿请求权，因为她基于对婚姻的预期支出了适当的花费。因此，付款诉求须得到支持。

二、种类和法律规定

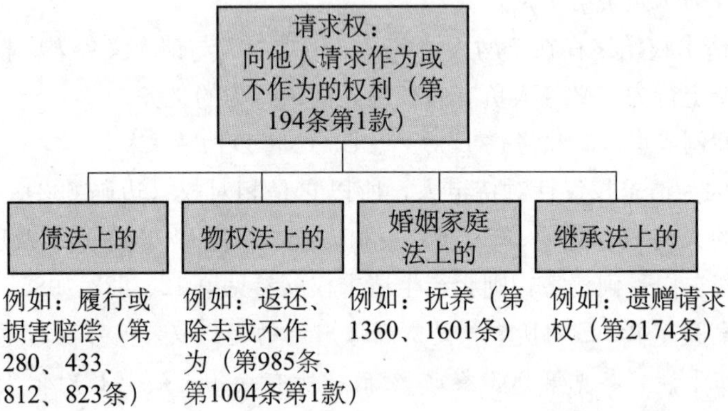

（一）种类

645 根据请求权产生的原因，可以将其区分为债法上的、物权法上的、亲属法上的以及继承法上的请求权。

1. *债法上的请求权*基于广义上的债务关系产生。这是双方之间法律关系，其中可能存在许多请求权和义务。基于债务关系，债权人有权向债务人请求给付，给付也可能是一种不作为（第 241 条）。因此，法律将债法上的各种请求权称为债权，将请求权人称为债权人，将义务人称为债务人。除债法上的请求权或者债权之外，经常被使用的概念还有狭义上的债务关系。

买受人和出卖人之间的买卖合同是广义上的债务关系。它包括出卖人的价款请求权和买受人的交货请求权（＝狭义上的债务关系）。

646 2. *物上请求权*能够实现物权（边码 624、625）。因此，它们是非独立的。这表明了物上请求权对物权的依赖性。

在**案例 a** 中，若 E 将雕像出售给 K 并且进行了转让，但约定他仍可以作为借用

* 此处是诉之驳回（Klagabweisung），除此之外还存在程序驳回（又称“诉讼驳回”，Prozessabweisung），须与之区别。——译者注

者将雕像在其花园中摆放一周，那么K是雕像的所有权人，E是占有人。K享有第985条针对D的返还请求权以及第1004条第1款第2句中针对B的不作为请求权，而E不享有上述权利，因为这些请求权旨在实现所有权。K不能将这些请求权让与E且自己仍是所有权人。

物上请求权因物权受到侵害而产生，例如侵夺或扣留某物或者对所有权进行其他侵害。可以主张返还（第985条）、除去妨害或不作为（第1004条第1款）等。然而，并非每种基于侵害物权产生的请求权都是物上的请求权。

在**案例a**中，E在雕像被C打坏后将它转让给K，尽管K在此期间成为所有权人，但E仍享有第823条第1款中的（债法上的）损害赔偿请求权。

3. *亲属法与继承法上的请求权*产生于亲属或者继承法律关系。 647

例如：配偶双方向对方（第1360条及以下）享有的扶养请求权以及孩子对父母（第1601条及以下）享有的抚养请求权，受遗赠人对继承人享有的支付遗嘱中确定应给予他的5 000欧元的请求权（第1939、2174条）。

（二）法律规定

1.《民法典》仅包含个别明确适用于所有请求权的法律规定。 648

关于消灭时效的规定适用于所有请求权（边码668）。

2. 债法上的请求权在债法部分（《民法典》第二编）被详细规定。 649

债法总论（债法第1至7章）规定了以下情况中应适用的规定：债务人违反债务关系中的义务（第280条及以下）或者给付在合同缔结前已因火灾等成为不可能（第275条第1、4款及以下）。

3.《民法典》未对其他请求权作出如此详细的规定。然而，因为这些请求权中同样会出现在债法总论中被规定的问题中，所以原则上债法总论中的规定可以适用于所有请求权，前提是它与各请求权的特点不相互矛盾。 650

在**案例c**中，基于婚约，F享有数额为800欧元的损害赔偿请求权。

在**案例d**中，根据第1301条，M对F享有亲属法上的返还已赠戒指的请求权。亲属法并未规定M可否在返还戒指之前拒绝损害赔偿给付。留置权（Zurückbehaltungsrecht）被规定于债法总论中。根据第273条，若债务人的义务与他对债权人的已到期的请求权以同一法律关系为基础，则他可以拒绝履行所负担的给付，直至其所应得的给付被履行为止。第273条的应用与第1298和1301条中请求权的亲属法特点不矛盾。两种请求权所指向的行为同样可以是债法请求权的标的。M有权在归还戒指前根据第273条拒绝支付800欧元，因为两种请求权以同一法律关系为基础，即被解除的婚约。因此，M被判处在F归还戒指的同时支付800欧元（第274条第1款）。

相反，若父母在度假期间有偿将1岁的孩子交给女邻居N照顾，则他们可以根据第1632条第1款向N请求返还孩子，N不得因照顾费用主张第273条中的留置权。留置权在这里不适用，因为第1632条第1款中亲属法上的请求权与人权有特别关联。

三、请求权基础

651 请求权基础是请求权的法律基础（参见边码838及以下）。无请求权基础就不存在请求权。

（一）种类

请求权基于请求权规范和法律行为产生。

1. *请求权规范*是创设请求权的法律规范，它包括构成要件和法律效果。构成要件是请求权成立的前提条件。法律效果规定了请求权人基于该法律规定可以向义务人请求的行为。

第823条第1款即属于请求权规范。法律效果规范规定了损害赔偿可以基于该规定被请求（“……负有向该他人赔偿因此而发生的损害的义务”）。构成要件列举了该损害赔偿请求权产生的前提（“故意或者过失违法地侵害他人的生命、身体、健康、自由、所有权或其他权利的人”）。

《民法典》各编均包含请求权规范。法律通过不同表达方式向读者指明请求权规范。

有时候，请求权一词被直接使用（例如第1004条第2款）。法律经常规定，某人可以向他人请求某事（例如第985条）。以下表达非常罕见：“某人可以向他人提起诉讼”（第12条第2句，第1004条第1款第2句）。法律经常通过以下方式指明请求权规范：它并不规定权利，而规定某人向他人的义务（例如第433条第2款，第1601条）。

习惯法中也可能存在请求权规范。

直至债法改革，因积极侵害债权而引起的损害赔偿请求权皆属于此种情况（参见边码67）。

652 2. *法律行为*（边码96及以下），特别是合同可以是请求权的法律基础。根据私法自治原则（边码25），原则上每个人都可以通过合同承担给付义务并赋予他人对此的请求权。立法者在债务关系法第8章中规定了一系列最经常被缔结的法律行为。从《民法典》所包含的请求权规范中可以推断出这些法律行为中的请求权，但其基础是法律行为中的约定。

如果E将其雕塑以800欧元的价格出售给K，那么他对K享有数额为800欧元的价款请求权。法律基础是E与K之间的合同，据此，K负有向E支付价款的义务。立法者在第433条第2款这一请求权规范中对该请求权进行了规定。然而，即使不存在第433条第2款，E也享有该价款请求权。

这清楚表明了应当如何处理法律未进行规定的合同类型中的请求权。若E以收取门票的形式（每人2.5欧元）同意他人参观雕塑，并与Z就此达成合意，则Z享有向E请求参观的权利。请求权基础可以是第241条第1款，据此债务关系的债权人有权向债务人要求给付。债务关系可以通过法律行为被创设（参见第311条第1

款)。然而，第 241 条第 1 款并未规定被请求的是何种给付，而只规定了被约定的给付可以被请求。因此，请求权基础是参观合同结合第 241 条这一框架条款。

(二) 适用

每项请求权都必须以某个请求权基础为依据。若某个请求权被请求，则必须找到支持该请求权的请求权基础。 653

1. 首先，要在可能的请求权基础中进行*选择*。

只有请求权基础法律效果“抽象地”满足实际请求时，才考虑对该请求权基础进行进一步的法律审查，因此所有其他的请求权基础均被排除。

在**案例 a** 中，若 E 向 C 请求损害赔偿，则他必须找到规定损害赔偿给付的请求权基础。因此第 985 条被排除，因为它指向“返还物”，同样不适用的是第 812 条，因为它规定了“返还”义务。这两个规定都不涉及损害赔偿请求权。相反，第 823 条作为请求权基础应当被考虑，因为该条款规定了“赔偿发生的损失”的义务。

然而，一些请求权基础虽然在法律效果方面符合实际请求，但是其前提条件却未被满足。

因此在**案例 a** 中，E 对 C 的请求权不适用第 833 条，因为雕像并非被动物损坏。

2. 审查的重点在于将案情*涵摄*于请求权基础中。这样对解决案例来说，多余的问题就无须被讨论。 654

在**案例 a** 中，C 可能违法地、故意地侵害 E 对雕像的所有权，并因此给 E 造成损害。C 通过击打损害了 E 对雕像的所有权。这是违反法律的，因为不存在能够证明 C 的行为正当性的理由。C 故意地侵害所有权，因为他蓄意地击打雕像。若 E 为修复雕像花费了 200 欧元，那么 C 就造成了 E 200 欧元的损失。因此根据第 823 条第 1 款，E 可以向 C 请求支付 200 欧元的赔偿。

(三) 请求权基础的竞合

若请求权以*多个请求权基础*为依据，则存在请求权基础竞合的情况。所有这些请求权基础均必须在查找中被审查。 655

在**案例 a** 中，若 E 向 D 提起返还雕像的诉讼，则该请求可以被许多请求权基础支持。E 作为所有权人对占有人 D 享有第 985 条中的所有权返还请求权。同样，支持其请求的还有第 823 条第 1 款，因为根据第 249 条第 1 款，损害赔偿义务意味着恢复假如未发生引起赔偿义务的情况会存在的状态。D 通过盗窃以违法方式故意侵害 E 的所有权，因此他必须将雕像归还且恢复到原来的状态。另外，还可以考虑与《刑法典》第 242 条相结合的《民法典》第 823 条第 2 款中的请求权，D 因实施了《刑法典》第 242 条中的盗窃行为而违反了第 823 条第 1 款意义上的旨在保护所有权的法律。其他的请求权基础还有第 812 条第 1 款第 1 句第 2 种情况，因为 D 以其他方式使 E 蒙受损害而自己取得对雕像的占有。此外，第 861 条第 1 款中的请求权也可以被主张，因为 D 通过法律所禁止的私力（违背 E 的意思，第 858 条第 1 款）

侵夺了E对雕像的占有。同样可以适用的还有第1007条第1款，因为E曾经占有雕像并且D在取得占有时并非善意，更确切地说他知道自己无占有权。

若D为自己辩护，表示E并非所有权人并且五年以来一直知道自己盗窃一事，则一些请求权基础将不再适用。对第985条来说，缺少E为所有权人这一条件，与《刑法典》第242条相结合的第823条第1款和第823条第2款中的请求权基础根据第195条、第199条第1款第2项、第214条第1款（边码666及以下）因消灭时效抗辩被阻碍，第861条基于第864条中的除斥期间（边码667）被排除。然而，该抗辩并不会排除所有请求权，因为K的请求权仍然可以根据第812条第1款第1句第2种情况以及第1007条第1款被创设。

第三十一节 抗辩权

参考文献： Finkenauer，Die Verjährung bei Kulturgütern，- zur geplanten » lex Gurlitt «，JZ 2014，479；Gröschler，Zur Wirkungsweise und zur Frage der Geltendmachung von Einrede und Einwendung im materiellen Recht，AcP 201（2001），48；Petersen，Einwendungen und Einreden，Jura 2008，422；H. Roth，Die Einrede des Bürgerlichen Rechts，1988；Thomale，Die Einrede als materielles Gestaltungsrecht，AcP 212（2012），920；Ulrici/Purrmann，Einwendungen und Einreden，Jus 2011，104.

案例：

a）商人K通过起诉请求初级法院判处B支付280欧元货款。他表示曾经以280欧元的价格将一块地毯出售给B。B请求驳回起诉，因为他从未在K处购买过地毯。怎样进行裁判？（边码656）

b）若B表示，他在缔结合同时已经醉得不省人事，何如？（边码657、662、665）

c）若B主张，他早已支付价款，何如？（边码658、665）

d）若B指出，买卖合同早在六年前已被缔结，这么长时间过去了，他不再打算支付价款，何如？（边码659、660、662、663、664、665）

一、诉讼法意义上的抗辩

656 在民事诉讼中，起诉人应向法院陈述能够在法律上支持其要求（Begehren）的事实（诉的成立事实）。

案例a中的价款之诉的前提是，K提出他曾经与B就买卖一块价格为280欧元的地毯缔结买卖合同（参见第 433 条第 2 款）。

被告有很多进行抗辩的可能性。例如他可以否定作为起诉基础的事实的存在（=否定诉）。

在**案例 a** 中，B 否认买卖合同的存在。若 B 表示，K 并非与他，而是与他的兄弟缔结了地毯买卖合同，则这同样属于否定诉讼。

在否定诉的情况下，原告必须对被告否定的作为诉的成立事实予以证明，否则他将败诉。

在**案例 a** 中，如果 K 举证成功，即 K 证明其曾与 B 就一块价格为 280 欧元的地毯签订买卖合同（例如通过证人证言或者出示由 B 签字的文件），那么 B 将被判处支付价款，否则诉将被驳回。

被告还可以主张诉讼意义上的其他抗辩。例如他可以提出满足对立规范（Gegennorm）的事实，从而阻碍原告请求权的实现。对立规范能够阻止、消灭或妨碍原告的权利。人们也将抗辩相应地分为权利阻却、权利消灭以及权利阻碍的抗辩。

（一）权利阻却之抗辩

被告陈述了阻止原告请求权发生的一个或多个事实。 657

在**案例 b** 中，B 并非否定买卖合同的缔结，而是提出了一个对抗买卖合同效力的事实（酩酊大醉），根据第 105 条第 2 款，在无意识的情况下作出的意思表示无效。

若原告否定阻止权利发生的事实，则被告需对其进行证明，因为它是例外要件（Ausnahmetatbestand）。

若能够证明 B 在缔结合同时酩酊大醉，则 B 能够赢得官司，K 的起诉被驳回。反之，若不能成功进行证明，则起诉将被支持。

（二）权利消灭之抗辩

被告陈述了一个或多个能够消灭已发生的原告请求权的事实。 658

在**案例 c** 中，B 并未否定缔结合同这一事实，他也不反对价款请求权的产生。相反，他提出一个使价款请求权归于消灭的事实（支付）。若 B 在此期间已进行支付，则根据第 362 条第 1 款，价款请求权通过履行消灭。

若原告否认消灭权利的事实，则被告须对此进行证明。

履行可以通过收据（参见第 368 条）以最简单的方式被证明。若 B 能够成功对此作出证明，则胜诉，反之败诉。

（三）权利阻碍之抗辩

被告不对原告的请求权提出异议，他既不否认诉状，也不反对请求权的产生和继续存在。相反，他主张给付拒绝权（Leistungsverweigerungsrecht）。这是被告享有的旨在妨碍原告请求权的反对权（Gegenrecht）。 659

在**案例 d** 中，B 主张消灭时效抗辩（边码 666 及以下）。它赋予 B 拒绝给付的权利（第214条第1款）。根据第195条，商人K的价款请求权在三年后消灭。

因为被告在阻碍权利之抗辩的情况下主张了反对权，所以他必须在原告否认时证明阻碍权利的事实。

在**案例d**中，若K表示合同在去年方被签订，则他否定了消灭时效的前提。B必须证明合同至少在三年以前已经被签订。若他成功进行证明，则诉讼被驳回，否则他将被判处支付价款。

二、私法意义上的抗辩

（一）概念

660 1.《民法典》意义上的抗辩权与诉讼法意义上的权利阻碍之抗辩相同（边码659）。这是*一人享有的、能够阻碍他人实施权利的权利*。如果抗辩权人主张其反对权，那么该抗辩将对抗请求权并导致妨碍请求权的后果。抗辩赋予请求权义务人拒绝履行请求权的权利。因此，它属于给付拒绝权（参见第273条第1款、第320条第1款等）。

在**案例d**中，存在K对B的价款请求权。如果合同已经于六年前被缔结，那么B享有消灭时效抗辩。他可以拒绝给付，因此诉讼须被驳回。

661 2.《民法典》意义上的抗辩权（Einrede）*须与无须主张的抗辩*（*Einwendung*）*相区分*。后者并未被统一使用。有时它只是否定权利之（＝阻却权利和消灭权利）抗辩（边码657、658）的上位概念，有时它还包括私法意义上的抗辩权（例如第404条）。只要下文未进行特别说明，这一概念就仅在狭义上被使用。

（二）抗辩权的行使

662 1. *抗辩权*必须被主张。在诉讼中，只有当抗辩权的前提条件（＝抗辩权的构成要件）存在且权利人对抗辩权进行主张时，法院才对抗辩权予以考虑。

法律认为对抗辩权予以主张是必要的，因为应当由抗辩权人（请求权的债务人）自己对是否愿意履行请求权作出决定。因此债务人也可以有效地放弃抗辩权（消灭时效，边码666）。[7] 基于该意思力（Willensmacht），抗辩权属于主观权利（边码617及以下）。

在**案例d**中，如果K表示自合同缔结至今已经过六年，但在诉讼中B并未主张消灭时效抗辩，那么法院虽然能够从第195条、第199条第1款中的消灭时效抗辩要件中得知，价款请求权的消灭时效已经完成，但它仍必须判处B支付价款，因为该人未主张消灭时效抗辩。相反，若B在诉讼中主张消灭时效抗辩并由此产生了阻碍抗辩的效果，则诉讼必须被驳回。

2. 与此相对应，只要无须主张的*抗辩*（Einwendung）的事实前提被一方提出，

---

⑦ BGH NJW 2013，525.

法院就必须对此进行考虑，被告无须对此进行主张。

在**案例 b** 中，若 K 表示，B 在缔结合同时已酩酊大醉，则根据第 105 条第 2 款，具有阻止权利效果的无须主张的抗辩（Einwendung）的前提条件存在。诉讼须被驳回，B 是否对此抗辩进行主张并不重要。

（三）被提出之抗辩权的效力

1. 主张抗辩权的目的在于*阻碍请求权*。请求权并未消灭，只是其行使受到妨碍。 663

在**案例 d** 中，K 享有第 433 条第 2 款中的价款请求权。若 B 未主张消灭时效抗辩，而表示地毯尚未被供货，他在供货时才能支付价款，则他主张了不履行合同之抗辩（第 320 条第 1 款）。它赋予基于双务合同承担义务的人拒绝履行其所应履行的给付的权利，直至对待给付被履行为止。K 的价款请求权仍存在，但在 K 供货之前其实施受到阻碍。法院的判决同样会指出这一点，因为根据第 322 条第 1 款，B 被判处在 K 转让地毯的同时支付价款。假如抗辩将导致权利消灭，那么以上判决将是不可能的。

2. 已提出的抗辩权*对请求权的阻碍程度不同*： 664

（1）*延缓性（延期性）抗辩权*（aufschiebende（dilatorische）Einrede）只能暂时妨碍请求权的行使。

例如：买受人主张不履行合同的抗辩（第 320 条第 1 款），因此出卖人的价款请求权只是暂时在买卖物被供应之前被阻止。

（2）*排除性（永久性）抗辩权*（ausschließende（peremptorische）Einrede）能够永久地阻止请求权的行使。

例如：若买受人主张出卖人的价款请求权已经过消灭时效（案例 d），则价款请求权的行使被永久排除。

3. 在效力方面，抗辩权与*无须主张的抗辩*（边码 661）之间存在区别。抗辩并 665
不影响请求权的存续，而只妨碍其行使。相反，无须主张的抗辩能够阻止请求权的产生或者消灭已经产生的请求权，使其不（再）存在。

无论请求权被无须主张的抗辩所否定（案例 b 和 c）还是被永久性抗辩永久阻碍（案例 d），在实际效果方面，二者之间并不存在差别。无论如何诉讼都将被驳回。

三、消灭时效抗辩

参考文献：Althammer，Verjährungshemmung durch unzulässige Klage eines Rechtsnachfolgers，NJW 2011，2172；Bitter/Alles，Die Rechtsprechung zum · Aufschub des Verjährungsbeginns bei unklarer Rechtslage，NJW 2011，2081；Blasche，Aktuelle Probleme des Verjährungsrechts，JURA 2009，481；Derieder/Kähler，Die Kombination von Hemmung und Neubeginn der Verjährung，NJW 2014，1617；Eichel，Verjährung in Dauerschuldverhältnissen，NJW 2015，3265；Faber/Werner，Hemmung der Verjährung durch werkvertragliche Nacherfüllung，NJW 2008，1910；Frank，Gedanken zur Verjährung des Eigentumsherausgabeanspruchs，FS Stürner，2013，

123；Grützner/Schmidl，Verjährungsbeginn bei Garantieansprüchen，NJW 2007，3610；Heinrich，Die “kurze Verjährung” nach der Schuldrechtsreform，ZGS 2003，459；Jaeger，Verjährung des Schmerzensgeldanspruchs，ZGS 2003，329；Jänig，Das Einschlafen von Verhandlungen im Regelungszusammenhang des § 203 BGB，ZGS 2009，350；Lakkis，Die Verjährungsvereinbarung nach neuem Recht，AcP 203（2003），763；Lüneborg，. Die Verjährung von Ersatz-，Hilfs- und Nebenansprüchen，NJW 2012，2145；Mankowski/Höpker，Die Hemmung der Verjährung bei Verhandlungen gem. § 203 BGB，MDR 2004，721；Mansel，Verjährung，in：Dauner-Lieb/Heidel/Lepa/Ring（Hrsg.），Das neue Schuldrecht in der anwaltlichen Praxis，2002，23；ders.，Die Neuregelung des Verjährungsrechts，NJW 2002，89；Mansel/Budzikiewia，Einführung in das neue Verjährungsrecht，Jura 2003，1；Meller-Hannich，Die Einrede der Verjährung，JZ 2005，656；Nassall，Die kenntnisunabhängige Verjährung in der Rechtsprechung des BGH，NJW 2014，3651；Petersen，Die Verjährung der Ansprüche，JURA 2011，657；Pfeifer，Der Übergang von der Unterbrechung zur Hemmung der Verjährung，ZGS 2002，275；Symosek，Verjährungshemmung，aber richtig，NJW 2016，1142；Wernecke，Die Einrede der Verjährung-Schnittpunkt zwischen materiellem Recht und Zivilprozessrecht，JA 2004，331；Windorfer，Der Verjährungsverzicht，NJW 2015，3329；Witt，Schuldrechtsmodernisierung 2001/2002-Das neue Verjährungsrecht，JuS 2002，105.

666 消灭时效法在债法现代化的框架内被彻底变更。改革的原因在于消灭时效期间的多样性（不同长度以及起算时间），它随着时间的推移逐渐形成并且仍旧根据如今随意出现的标准，例如职业标准进行调整（参见旧法第 196 条）。

此外，不同的消灭时效期间之间（买卖瑕疵法：6 个月，侵权法：从知道损害起 3 年，积极侵害债权：30 年）还存在许多价值矛盾。这促使实践产生了根本不会得到应用的法律制度（例如：所谓的“继续扩大的瑕疵”）[8]，特别是导致了买卖瑕疵法的复杂化。

瑕疵法和消灭时效法之间的相互影响最终也表明了并行处理这两个法律领域的必要性。

（一）概念

667 消灭时效（Verjährung）通过时间的经过使请求权失去效力。它赋予请求权相对的义务人以抗辩权，该义务人有权永久地拒绝给付（第 214 条第 1 款，所谓永久抗辩权，参见边码 664）。

消灭时效与除斥期间（Ausschluss- oder Präklusionsfrist）不同。对消灭时效来说，尽管期间经过请求权仍存在，而在除斥期间的情况下，权利随着期间的届满

---

⑧ Brox/Walker SchuldR BT § 4 Rn. 142 und § 45 Rn. 6.

而消灭。除斥期间主要对形成权进行限制（边码 629）。因此，比如说基于恶意欺诈产生的撤销权只能在 1 年的期间内行使（参见第 124 条第 1 款，边码 459）。

（二）目的

消灭时效制度旨在维持法的安定和法的秩序。若经过消灭时效的请求权被主张，则债务人应当受到保护。由于时间的经过，他经常不能或难以对抗债权人的请求。[9] 若消灭时效在较短时间内完成，这是为了迅速解决交易利益之需要。 668

（三）对象

只有请求权（针对作为或不作为）才能成为消灭时效的对象（第 194 条第 1 款）。 669

1. 除请求权之外的其他权利不受消灭时效限制。然而，只要法律未作出其他规定，因侵害绝对权而产生的请求权（边码 646）就要受消灭时效的限制。

例如： 所有权人根据第 985 条对小偷享有的返还请求权经 30 年完成时效（第 197 条第 1 款第 2 项，第 200 条第 1 句）。若接下来该物在小偷处被第三人盗窃，则所有权人对第三人享有新的返还请求权。这是可能的，因为受时效约束的并非所有权本身，而是基于侵害所有权而产生的请求权。

若债权人已经争得关于债权的执行名义（Vollstreckungstitel），现在要求确认该债权是由于故意实施的侵权行为而产生的，这一确认请求权（Feststellungsanspruch）不受消灭时效的限制。它针对的不是作为或不作为，而是要让请求权相对人必须承认有关该债权的合法判决的效力。[10] 基于此种确认，债权人具有合法的利益，因为相较于其他种类的金钱债权，基于故意实施的侵权行为的损害赔偿请求权在强制执行中可以更好地被执行（参见《民事诉讼法》第 850f 条第 2 款）。

2. 在例外情况下，一些请求权不受消灭时效的限制。它们在法律中被特别列出。不受消灭时效约束的原因是不同的，它们产生于特别规定。

例如： 第 194 条第 2 款，第 758、898、902 条第 1 款第 1 句，第 924 条。

（四）消灭时效的持续期间

1. 如今，普通时效期间只有 3 年（第 195 条）。若更短或者更长的期间既未由法律规定也未通过约定被确定，则适用该期间。 670

2. 此外，第 196、197 条以及买卖、租赁和承揽合同中的规定为各个被列举出来的请求权规定了*特别时效期间*： 671

（1）根据第 197 条，请求权适用*30 年*的时效期间：基于故意侵害生命、身体、健康、自由或者性的自主决定权（第 1 项）的损害赔偿请求权，基于所有权或他物权（如质权，第 2 项）而发生的返还请求权将具有既判力确定之请求权（第 3 项）以及在第 4 至 6 项中列出的请求权。2013 年才被新增补进来的第 1 项考虑到这样一

---

[9] Mot. 1291.

[10] BGH ZIP 2011，37（38）.

种情况：尤其是在虐待儿童事件中的受害者通常在他们成年之后才由于羞耻或愤怒主张他们的请求权。在第 3 项背后蕴藏着这样一种理念：由《基本法》第 14 条甚至在宪法上被保障的所有权不应在 3 年后就失效。

然而，若涉及定期重复的给付，则适用的就不是 30 年，而是普通时效期间（第 197 条第 2 款），这样能够避免将各个请求权相加，从而减轻债务人的负担。[11]

（2）第 196 条也规定了一个特别时效期间：土地所有权的转让请求权以及要求设定、转让或废止土地上权利的请求权，或变更此种权利的请求权以及对待给付请求权，经过 10 年而完成消灭时效。

（3）第 438、634a 和 548 条第 1、2 款在买卖法和承揽合同法中的瑕疵请求权以及出租人和承租人之间的特定的赔偿权方面规定了特有的时效期间。其中一些重要的期间短于普通时效期间（第 438 条第 1 款第 3 项，第 634a 条第 1 款第 1 项：2 年，第 548 条：6 个月）。

672 3. *请求权的权利人或义务人的变更*对时效期间的经过*不产生影响*。权利继受取得人必须承认已经过的期间对其同样有效。该规定同样适用于以下情况：如果就某物而言存在物权请求权（例如第 985 条），且该物因权利继受取得而被第三人占有（第 198 条）。

例如：出卖人的价款请求权应于 2005 年 12 月 31 日完成时效，若他将该权利让与第三人，则让与后请求权同样于 2005 年 12 月 31 日完成时效，因为尽管存在让与，请求权仍未发生任何改变。

若小偷 D 在 30 年前从所有权人 E 处盗窃了一枚戒指并在 31 年后将其借给朋友 F，则 E 对占有人 F 享有新的第 985 条中的返还请求权（参见边码 669）。然而，因为 F 基于 D 的意思成为戒指的占有人（所谓的继受取得，边码 635），所以 D 的占有属于权利继受取得。就 D 而言，30 年后 E 的返还请求权已罹于消灭时效，根据第 198 条，这同样有利于 F。F 可以成功主张对 E 的返还请求权的消灭时效抗辩。若 F 通过在 D 处盗窃将戒指占为己有（所谓原始取得，边码 634），则不属于权利继受取得。在这种情况下，有利于 F 的第 198 条不适用（参见边码 669）。

（五）消灭时效期间的起算

673 1. *普通时效期间*自存在下列情形之年的年末起算：请求权在该年以内发生，债权人在该年以内知道或在无重大过失的情况下本应知道使请求权成立的情况和债务人本人的（所谓年末时效，第 199 条第 1 款）。

一旦可以通过诉讼主张请求权，该请求权则产生。对此，损害的大小在损害赔偿请求权中还不需要确定；满足以下条件就够了：因为确定了损害赔偿义务，受损人可以起诉。[12] 如果债权人是行政机关或者一个公法团体，对损害以及谁是债务人的知晓就成了问题。可以作为衡量标准的是：这种行政机关里负责的办事员是否知

---

[11] MüKoBGB/Grothe § 197 Rn. 4.

[12] BGH NJW 2011, 1799.

道应当决定追及民事损害赔偿请求权。[13] 若因为请求权成立或债权人知道对时效开始重要的情况，时效期间已经开始，那么更换债权人时，时效期间还是继续计算，即使新债权人在请求权转移之后才知道这一情况。因此，请求权带着已经被启动并继续计算的时效转移到新债权人那里。[14]

在不作为请求权的情况下，以违反行为代替请求权的发生（第 199 条第 5 款）。

因此，普通时效遵守的不只是客观标准，更确切地说是一种混合的主观—客观标准。主观元素（知道）使时效期间的急剧缩短相对化。

从法律安全的角度出发，必须存在一种作为调整措施的绝对的最高期限，它不取决于对债务人来说无从考察的债权人知情情况。因此，损害赔偿请求权和由于继承开始的请求权部分地经过 10 年完成时效（第 199 条第 3 款第 1 项），部分地经过 30 年（第 199 条第 2 款、第 3 款第 2 项、第 3a 款），其他请求权最晚经过 10 年而完成时效（第 199 条第 4 款）。

2. 若无*其他*规定，除普通时效期间之外的时效期间均自请求权发生时起算（第 674
200 条）。对买卖、租赁以及承揽合同法中的特别时效期间来说，第 438 条第 2 款、第 548 条第 1 款第 2 句、第 2 款、第 634a 条第 2 款中包含它们特有的时效期间起算规定。

（六）消灭时效的停止、暂不完成和重新起算

1. 消灭时效的*停止*（Hemmung）意味着时效停止的那段时间不算入时效期间 675
（第 209 条）。首先被考虑的是第 204 条第 1 款中所列举的所有权利追及（Rechtsverfolgung）措施。

例如：起诉，送达支付令，在破产程序中申报请求权。在所有情况中，债权人都必须主动行使其请求权，以使消灭时效停止。只有这样，债权人才算将他行使权利的意思表达得很清楚，以至于债务人受到了警告并不得不准备好在原来的消灭时效期间经过后完成履行。因此，债务人提出一个消极的确认之诉或债权人的针对此的答辩不足以产生消灭时效停止的效果。[15] 另一方面，即使起诉时还未满足请求权的所有前提，债权人的有效起诉行为也可以导致消灭时效的停止。[16]

在债务人和债权人之间，关于请求权或使请求权成立的磋商正在进行的，消灭时效停止（第 203 条）。只要每个赔偿均未被立即且明确拒绝，权利人和义务人之间就损害赔偿情况的意见交换就属于磋商。[17] 如果磋商逐渐停止，那么时效的停止就将终止。[18] 判断“停止”的时间点的一个重要参考依据是：虽然考虑到所有符合诚实信用的情况，还可能期待另一方进行下一步磋商，但是另一方却没有作出任何表示。[19] 其他停止事由被规定在第 205 到 208 条中。

---

⑬ BGH NJW 2011，1799（1800）.

⑭ BGH NJW 2014，2492.

⑮ BGH NJW 2012，3633（3634）.

⑯ BGH NJW 2014，920f.

⑰ BGH NJW 2012，3633（3635）；2007，587.

⑱ BGH NJW 2009，1806.

⑲ BGH NJW 2017，949 Rn. 16，25 mAnm M. Stürner.

如果债务人阻碍债权人实施使消灭时效停止的措施，根据诚实信用原则，他就被禁止援引消灭时效完成的抗辩（边码 691a）。

676 2. *暂不完成*(Ablaufhemmung) 将导致以下后果：与各自适用的消灭时效期间无关，消灭时效从法律规定的某个时刻起在未经过特定事件之前不完成。若请求权的债权人或债务人无诉讼能力或者无法定代理人，则时效不在该人成为完全行为能力人或代理瑕疵被消除后 6 个月以内完成（第 210 条，此外第 211 条）。

暂不完成同样适用于同意保留情况下的被照管人（第 1903 条，边码 295）。

677 3. 消灭时效的重新起算（Neubeginn）由第 212 条加以规定。据此，只有当债务人通过分期付款、支付利息、提供担保或以其他方式向权利人承认请求权时，时效才重新开始计算（详细内容见第 212 条）。

重新开始是在 2001 年 1 月 1 日的债法改革框架内被新引入的概念，它取代了之前使用的中断的概念。总的来看出现了一种制度变更：在债法改革之前，当时的中断是惯例，停止是例外，而现在对重新开始来说，停止被视为惯例。

677a 4. 消灭时效的停止、暂不完成和重新开始进行也适用于由于同一原因而选择性地与请求权并存或代替该项请求权的其他请求权（第 213 条）。

例如：根据第 179 条第 1 款可以选择向无代理权的代理人主张履行或损害赔偿(边码 602)。如果债权人诉请履行，那么鉴于这一履行请求时效就停止计算了（第 204 条第 1 款第 1 项）。如果程序进行过程中证实代理人履行不能，债权人就可以转为主张损害赔偿。该请求权的时效根据第 213 条同样也因原来诉请履行而停止计算了。

买方或者承揽的定作人由于瑕疵而要求解除（第 437 条第 2 项或第 637 条第 3 项），但他后来基于减少买卖价款而诉请返还款项（第 437 条第 2 项、第 441 条第 4 款第 1 句、第 634 条第 3 项或者第 638 条第 4 款第 1 句）。由此，这一由减价衍生出的请求权的时效首先停止了计算（第 204 条第 1 项）。在诉讼中法院会向债权人释明，根据第 346 条及以下，他已经通过解除表示将买卖合同或承揽合同转变成了返还债务关系，因此补正履行请求权与减价请求权都被排除。[20] 因此，买方或定作人变更了他的诉讼请求，变成基于成功解除合同而诉请返还价款（第 346 条第 1 款结合第 437 条第 2 项或第 634 条第 3 项）。原诉的消灭时效停止根据第 213 条也适用于这一价款返还请求权。[21] 第 213 条中的效力扩张也包括第 437 条中列举的买卖物瑕疵情况下的买方请求权，但仅就其基于同一瑕疵的情况。[22]

*第 213 条中规定的效力扩张*的意义在于保护债权人，避免他在追及利益时其他本可以任选或代替已追及的请求权主张的请求权时效完成。[23] 在时效停止的情况下，债权人不得因提起诉讼而被强迫从一开始就通过请求救济的途径主张所有可以想到

---

⑳ Dazu Brox/Walker SchuldR BT § 4 Rn. 60, § 25 Rn. 26.

㉑ BGH NJW 2015, 2106 mAnm Stamm.

㉒ BGH NJW 2016, 2493 Rn. 20 mAnm Riehm JuS 2016, 1120.

㉓ BGH NJW 2015, 2106 (2107); MüKoBGB/Grothe § 213 Rn. 1.

的请求权。[24]

（七）消灭时效抗辩的效力

1. 尽管消灭时效已完成，但请求权仍存在。然而，义务人有权永久拒绝给付（第214条第1款）。被正当提出的消灭时效抗辩权将导致请求权被永久拒绝。 678

因此，若被告在支付价款之诉中提出了正当的消灭时效抗辩权，则诉被驳回，因为请求权被永久阻碍。

2. 完成时效的请求权只是被阻碍，但仍继续存在，因此它仍可以被履行。为满足已完成时效的请求权而为的给付不能被请求返还，即使给付是在不知道时效已完成的情况下被作出也同样如此（第214条第2款第1句，另参见第813条第1款第2句）。 679

若K在价款请求权的消灭时效完成后向V支付200欧元，则K不得以以下理由要求返还该金额：他本不应支付该价款。

但第214条第2款仅适用于自愿的履行。与此相反，若一个消灭时效已完成的债权通过强制执行的方式被执行，或者债务人仅是出于避免强制执行一个消灭时效已完成的债权的目的而进行支付，不当得利请求权并不会被排除。[25]

3. 已完成时效的请求权并未消失，因此担保物权（抵押权，质权）同样存在（第216条）。 680

而在利息和其他定期给付的请求权方面则存在例外：第216条第3款。

4. 若在完成时效前债权可以互相抵销，则已完成时效的债权仍可以被抵销（第215条）。根据第215条，即使瑕疵担保请求权根据第438条或第634a条已经完成时效，买方或承揽合同中的定作人也可以因买卖物或承揽行为具有瑕疵而主张拒绝给付的权利。前提仅为：履行拒绝的权利在时效完成之前本来已经可以被主张。[26]第215条的意义在于，有权抵销或拒绝给付请求权的债务人应当看起来足够安全，并且不会被时效规定迫使过早地主张其抵销或拒绝履行的权利。[27] 681

5. 若主请求权已完成时效，则拒绝给付权同样适用于其从给付，如利息，即使它的时效尚未完成（第217条）。该规定保护了债权人，使其不必对已完成时效的主请求权作出表态。 682

然而，若在主请求权完成消灭时效前从请求权已被起诉，则第217条不适用。[28]

时效（第194条及以下）

Ⅰ. 时效的效力：给付拒绝权（第214条第1款）

债务人的抗辩

---

[24] BT-Drs. 14/6040，121.

[25] BGH NJW 2013，3243 mAnm Walker/Storck LMK 2013，353033.

[26] BGH NJW 2016，52 zum Leistungsverweigerungsrecht wegen eines Werkmangels nach Verjährung der Mängelansprüche.

[27] MüKoBGB/Grothe § 215 Rn，1.

[28] BGH NJW 1995，252.

Ⅱ. 时效的持续期间

1. 普通时效期间：3年（第195条）

2. 特别时效期间

a）例如所有权返还请求权，婚姻家庭法以及继承法上的请求权，被有既判力地判决确认的请求权：30年（第197条）

b）土地上的权利：10年（第196条）

c）买卖法中的瑕疵请求权（第438条）和承揽合同（第634a条）以及租赁法中的特定的赔偿请求权（第548条）

Ⅲ. 时效期间的开始

1. 普通时效期间：第199条第1款，最高期限：第199条第2至4款

2. 特别时效期间

a）第196、197条中的期间：第200、201条

b）在买卖，租赁以及承揽合同法中的期间：第438条第2、3款，第548条第1款第2句、第2款，第634a条第2、3款

Ⅳ. 时效的停止、暂不完成和重新开始（第203条及以下）

1. 停止

a）意义：停止的时间不被计入时效期间（第209条）

b）停止原因：第203至208条（此外还有和解磋商，起诉以及允许缓付）

2. 暂不完成：将时效推迟固定期间，直至特定事件发生（第210、211条）

3. 重新开始：承认之后或者申请执行行为（第212条）

第三十二节　法上之力的界限及保护

参考文献：J. Braun，Subjektive Rechtfertigungselemente im Zivilrecht?，NJW 1998，941；Duchstein，Die Selbsthilfe，JuS 2015，105；Petersen，Die Grenzen zulässiger Rechtsausübung，Jura 2008，759；Schreiber，Die Rechtfertigungsgründe des BGB，Jura 1997，29；Teichmann，Venire contra factum proprium-Ein Teilaspekt rechtsmiβbräuchlichen Handelns JA 1985，497.

案例：

a）V禁止与其结仇的儿子S踏上其土地为母亲扫墓。何如？（边码684、686）

b）F将汽车停到一个有管理员的收费停车场中，但之后他拒绝向收费员K支付停车费，因为他根本没打算让他人看管汽车。（边码690）

c）承租人M每晚在喝得烂醉后吵闹着回家。在与出租人V就此问题进行谈话后，M的表现有所好转。一年后，V根据M之前的行为即时通知M终止租赁合

同。何如？（边码 691）

d）强盗 R 抢夺了路人 S 的手提包。R 夺路而逃时 S 用手杖打向他的腰部并打折了其一根肋骨。R 请求损害赔偿。（边码 694、695、696、860）

e）A 家的狗袭击了 S 家的狗。S 从路人 P 处拿来雨伞并用伞打伤了 A 家的狗。与此同时，伞也被损坏了。A 和 P 的请求权如何？（边码 698、699）

f）G 在 W 的饭店消费了 75 欧元。当 G 打算不付账直接离开时，W 暴力摘下 G 的手表。何如？（边码 700、700a、700b、701）

一、法上之力的界限

主观权利的行使通过权利人符合权利内容的行为而完成。他人的利益可能因此受到侵害。赋予权利决定了利益冲突时倾向于权利人的利益，因此，这在原则上是被允许的。 683

即使债务人没有钱且必须进行借贷，享有价款请求权的债权人也可以请求债务人支付价款。

然而，权利行使并非不受限制地被允许（参见边码 620），它同样可能不被允许。

（一）权利滥用之禁止

权利的行使不得专以加损害于他人为目的（第 226 条）。 684

1. 构成要件是，从客观方面看，除了加损害于他人，权利的行使再无其他目的。若权利人在行使权利时打算给他人造成损害，但同时他也追求自己的利益，则不属于此种情况。损害不以财产损害为限。

在**案例 a** 中，所有权人 V 有权决定谁可以踏上自己的土地（参见第 903 条）。然而，他对 S 的禁止除导致 S 的精神利益受到损害——为母亲扫墓——之外，再无其他目的。根据第 226 条，该禁止是不被允许的。[29] 其他例子：土地所有权人允许公众使用其土地的一部分作为通道，而在无正当事由的情况下排除了邻居的使用权。[30]

2. 该条款包含了唯一被具体规定的行使权利的界限，由于其适用范围较小，因而其意义并不大。该规定源于《民法典》立法者对自由的基本态度，他们认为，如果每个人都能全面且不受限制地实现自己的利益，那么公平的利益均衡将会轻而易举地实现。这种观点已经被摒弃，而且私法学界发展出了得到习惯法认可的、对悖于善良风俗和违背诚信的权利行使的限制。 685

（二）悖俗行使权利之禁止

悖俗的权利行使不被允许。 686

---

[29] Vgl. RGZ 72，251.

[30] OLG Düsseldorf NJW-RR 2001，162.

1. 该限制的*法律基础*是第 826 条。按照语义，第 826 条规定了损害赔偿请求权。但司法和学界却从中推导出了对违反善良风俗的权利行使之禁止。

2. *构成要件*是，行使权利须悖俗。若行使权利损害了“一切有公平、正义思想之人的体面感”（Anstandgefühl aller billig und gerecht Denkenden），则其是谓悖俗[31]（边码 329 及以下）。它属于一般条款，因而需要价值填补。此时要考虑各个案例的具体情况。

在**案例 a** 中，V 的行为同时违背了善良风俗。第 226 条中的权利滥用总是满足悖俗的权利行使的构成要件，但并非每种悖俗的权利行使都属于权利滥用。

（三）违反诚信行使权利之禁止

687 违反诚实信用的权利行使是不被允许的。

1. 其*法律基础*是第 242 条。据此，债务人有义务考虑交易习惯，依照诚实信用作出给付。按照文义，第 242 条仅规定了债务人须怎样作出给付。然而，司法和学界由此发展出了一般性的法律思想：行使权利同样受诚实信用之考虑的限制。

688 2. “诚实信用”是一*般条款*（边码 33），是一个需要价值填补的概念。根据诚实信用原则行使权利意味着，权利人在行使权利时必须考虑另一方参与人的合法利益，他必须诚实可靠地（redlich）行使权利。然而，从一般性条款中并不能清楚推知，在具体情况中权利在何种情况下以违反诚实信用原则的方式被行使。权利行使是否符合诚实信用原则要根据参与法律关系的利益的广泛价值来决定。第 242 条授权法官在个案中进行利益评价。

衡量利益的*法律标准*产生于在法律中被明确规定的利益评价、基本法的价值决定以及对交易习惯的遵守。交易习惯（边码 2）使法律关系参与者的社会习惯成为判断权利行使正当性的标准。

相反，单纯的*一般性公平衡量*不足以导致对权利的限制，这并非第 242 条中的充分的利益评价。如果按照上述标准进行判断，那么被立法者赋予的主观权利将会失去效力。这样法官就违反了宪法中的司法受法律和权利限制这一原则（《基本法》第 20 条第 3 款、第 97 条第 1 款，边码 53）。

如果富商 V 向穷人 K 就所出售的汽车请求支付价款，那么 V 的请求权不得因以下原因被拒绝：V 不急需这笔钱，而 K 却非常需要它。

689 3. 在司法和学说中形成了一些*判例群*，可以以此为基础对反复出现的同类利益进行评价。这样法律上的判决应当是可以预见的。这种做法以法的安定性为出发点。然而，归入特定判例群可能只是利益评价的第一个依据，而在个案中可能还要考虑其他价值。

下列判例群具有重要意义：

690 （1）若权利人*与其之前的行为相矛盾*，则权利行使不被允许（禁止反言，venire contra factum proprium）。

---

[31] Mot. II 727.

在**案例 b** 中，F 主张其不打算请人看管汽车，这是不被允许的，因为这与他之前的行为相矛盾。通过他将车停到停车场的行为至少可以推断出其同意缔结看管合同（第 311 条第 1 款）。因此，他负有缴纳停车费的义务。

(2) 上述自相矛盾的行为的特殊情况是：权利失效。 691

如果权利人长时间未主张权利（时间要素），且现在的主张基于特殊情况对相对人而言是不合理的（状况要素），那么该权利失效。[32] 自相矛盾性在于，权利人长时间以来一直没有，但却在之后出乎意料地行使权利。若相对方可以并实际上信赖权利的不行使，则对他来说存在不合理的特殊情况。[33]

在**案例 c** 中，V 可以基于 M 夜间对私人住宅的侵犯根据第 543 条即时通知 M 终止合同。然而，一年后终止权失效，因为 V 迄今未行使其权利，且由于与 V 的谈话 M 可以信赖被通知而终止不会发生。

(3) 不被允许的权利行使的一个特点是*恶意地提出异议*(Arglisteinwand)。如 691a
果债权人请求债务人向自己履行他随后又要基于其他原因返还的给付，债权人的行为就是恶意的。行使形成权或抗辩权也可以具有恶意。

根据诚实信用，债务人应当被禁止主张消灭时效完成。若他故意阻止债权人提起本可以使消灭时效停止（Hemmung der Verjährung）的诉讼（第 204 条第 1 款第 1 项，边码 675），这一规则无论如何都适用。[34] 但是根据司法判例，如果债务人通过他的行为（也包括不是故意的情况）客观上达到了使诉讼不能及时被提起的效果，就已经符合条件了。[35]

4. 第 242 条的意义在于，超越第 226 条的狭窄界限以及禁止违反善良习俗的权 692
利行使的前提，使对所有参与法律关系的利益的客观评价成为可能。

二、对权利的保护

若权利在法律交往中未被尊重，则权利人必须得到保护。原则上，这通过国家 693
对权利的保护得以实现，若权利人打算行使其权利，则他必须向法院起诉。只有在少量法律规定的情况下，权利人才能依靠私力实现权利。《民法典》将自力救济区分为对攻击和危险的防卫（第 227、228、904 条）以及借助私力的权利行使（第 229 条及以下）。此外，还存在其他法律中的正当事由（尤其是《刑法典》中）以及未在法律中规定的合理同意（如在手术中）。

若某人在正当防卫、紧急避险、被允许的自助行为或者未在《民法典》中被规定的正当事由的前提条件下行为，则该行为是合法的。这不仅适用于私法，而且适用于所有法律领域。

若 X 因正当防卫将 Y 打伤，则 Y 不享有第 823 条中的损害赔偿请求权，X 也不因其给他人造成身体损害而承担刑事责任，因为 X 的行为是合法的。

---

[32] BGH NJW 2001，824；NJW-RR 1992，1240.

[33] BGH NJW 2001，1649.

[34] BGH NJW 2008，2776 Rn. 31.

[35] BGH DB 2014，479（480）.

（一）正当防卫

694 正当防卫是指为使自己或他人免于遭受现时的不法侵害而有必要进行的防卫。为正当防卫所采取的行为并非不法（第227条，《刑法典》第32条）。

1. *正当防卫*以一个现时的、对某个法律所保护的利益的不法侵害（例如所有权、健康、自由、婚姻）为基础。

（1）*侵害*指每种可能伤害法律所保护的利益的人的行为。

在**案例d**中，R攻击了S。在案例e中，A的狗所进行的袭击并非侵害，因为这里不存在人类行为，否则狗只是A的侵害工具。

（2）若侵害未能被充分的理由证明是合理的，则它是*违法的*。

比如说，若法院执行人G通过合法行使职务将债务人S的汽车扣押并开走，则不存在G对S的非法侵害。

（3）*现时*侵害指已经开始且尚未结束的侵害。

若对法益的侵害直接发生在眼前，则侵害已经开始（例如挥拳打来）。[36] 在案例d中，当S追捕R时，R的侵害是现时的。直至R撤到安全的地方，侵害方结束。若S在几小时后又遇见R，则后者的侵害不再具有现时性。

695 2. *正当防卫行为*是被侵害人或者第三人所实施的具有防卫意识的、客观上必要且不属于滥用权利的防卫。

（1）*防卫意识*指行为人为自己或第三人进行防卫的意识。

若Y在斗殴中攻击X，但X认为Y是因急于帮他脱险才佯装这样做，则此时如果X将Y打倒在地，那么X无防卫意识。

（2）防卫对防止侵害来说须为*必要*。必要与否要根据客观标准，而非从被侵害人的角度被加以判断。为防止侵害所必需的防卫是必要的。因此，必要性应当按照侵害的种类和程度来确定。[37]

相反，在确定防卫正当性时，无须对发生冲突的法益进行权衡。原则上，被侵害人可以为了保护较低价值的法益而损害一个具有较高价值的法益。此时适用以下原则：被侵害人的权利无须让步于侵害人的不正当行为。

在**案例d**中，为了阻止R逃跑，用手杖击打进行防卫是必要的。如果S不能通过程度更轻的防卫要求返还手提包，那么即使手提包并无价值，他也可以通过伤害R的身体进行防卫。

（3）与权利行使相同，必要的防卫*不得滥用*权利。

在**案例d**中，如果S因无法追上R且无其他的防卫可能性，于是开枪将R击毙，那么在手提包对S并无价值的情况下，该防卫属于滥用权利的防卫。无价值的所有权不能通过侵害“生命”这个法益而被防卫。因此，如果权衡法益的结果是，被防卫的法益与通过防卫行为被损害的法益明显不相称，那么防卫就属于滥用

---

[36] BGH NJW 2008，571（572）（Schlägerei bei einem Straßenfest）.

[37] BGH NJW 2008，571（572）.

权利。

此外，若侵害由无过错的行为人作出且被侵害人可以轻而易举地避开该侵害，则防卫也属于滥用权利。比如，若明显醉酒的X攻击Y，则Y应避开侵害，而非进行防卫。因为Y的避开在不放弃自己利益的情况下即可实现，所以通过伤害X而进行的防卫属权利滥用。

（4）在正当防卫中，无论被侵害人自己还是*第三人*均可为被侵害人行为。后者被称为紧急援助（Nothilfe）。

3. *法律效果*是：正当防卫行为是合法的（第227条第1款）。 696

在**案例d**中，R不能因身体被侵害而主张第823条中的损害赔偿请求权，因为S在正当防卫中使R受伤，该行为是合法的。R不能对S的击打实施防卫，因为正当防卫以不法侵害为基础。

若正当防卫的前提不存在，则该行为是违法的。特别是若行为人错误地认为存在正当防卫情况（误想防卫）或者超出了必要的防卫界限（防卫过当），则更属于此种情况。

在**案例d**中，若S又打掉了已被打倒在地的R的几颗牙齿，则S的这个行为是非法的，这属于防卫过当。S负有第823条中的损害赔偿义务，因为他也实施了有过错的行为。[38]

（二）紧急避险

697 《民法典》对防御性的紧急避险（第228条）和侵害性的紧急避险（第904条）作出了规定。二者的相同点是它们被允许为了防止危险而侵害他人的所有权。它们以法益权衡思想为基础，在出现危险的情况下较低价值的法益须让步于较高价值的法益。而两者的区别在于，行为人在防御性紧急避险中对由物自身引起的急迫危险进行防御，而在侵害性紧急避险中则对无关的物进行干涉。

698 1. 在*防御性紧急避险*中，为使自己或他人免于遭受他人之物所引起的急迫危险而毁损或破坏他人之物的人，若毁损或破坏为避开危险所必要，且损害并非与危险不相当，则行为并不违法（第228条第1句）。法律的出发点是：原则上，对避险人的法益的评价要高于引起急迫危险的物的所有权。

（1）*他人的物*使行为人或第三人*面临危险*。被该物所危害的究竟为何种法益并不重要。

在**案例e**中，S的狗被A的狗威胁。尽管根据第90a条第1句动物并非物，但原则上适用于物的法律规定同样适用于动物（第90a条第3句，边码795）。

（2）对物采取的措施*必须为防止危险所必要*。因此，不得存在其他合适的、给引起危险的物的所有权人造成更小损害的防止可能性。

在**案例e**中，S只能通过伤害（＝致害）来阻止A的狗。

（3）对物所造成的*损害不得与危险不相当*。虽然防卫行为造成的损害可能比不

[38] Zur Haftung bei Putativnotwehr vgl. BGH NJW 1981，745；1987，2509.

采取该行为产生的损害更大，但它不得大得不成比例。此时同样应当考虑行为人的精神利益。

因此在**案例 e** 中，S 可以阻止他人的狗的进攻并对其施加损害，即使实施侵害的狗是一条非常昂贵的纯种狗而 S 自己的狗只是一条（经济上）廉价的“杂种狗”。

（4）法律效果：对引起危险的物进行破坏或毁损是合法的。然而，若行为人招致了危险，则他须承担损害赔偿义务（第 228 条第 2 句）。

因此在**案例 e** 中，A 不享有第 823 条中规定的对 S 的损害赔偿请求权，因为 S 的行为是合法的。然而，若 S 激怒了 A 的狗从而导致了袭击，则尽管对狗的伤害是合法的，S 仍应根据第 228 条第 2 句承担损害赔偿责任。

699 2. 在*侵害性紧急避险*中，若某人干涉他人之物为避开现时危险所必要，且将要发生的损害与因该干涉而对所有权人产生的损害相比过于巨大，则该人的行为合法（第 904 条第 1 句）。该规定的基本思想是，在特定紧急情况中可以要求每个所有权人限制自己的支配权。

（1）必须存在一种对法益来说*现时的危险*。被威胁的法益主体是谁以及法益种类并不重要。

（2）对他人之物进行干涉须为*避开危险*所必要。必要性这一特征与防御性紧急避险中的必要性相似。

在**案例 e** 中，S 拿走 P 的伞是必要的，否则他就无法进行防卫。

（3）*即将发生的损害必须不成比例地大于*因干涉他人所有权而给所有权人造成的损害。因此，与防御性紧急避险（边码 698）相比，在这里该比例须被不同地加以考察。对此作出更高的要求的原因在于，在侵害性紧急避险中，危险并非来自被用于紧急避险的事物。

在**案例 e** 中，S 即将遭受的损害不成比例地大于 P 的雨伞的损害。

（4）*法律效果*：遭受危险的人可以干涉他人的未实施妨害的所有权，但根据第 904 条第 2 句他应负损害赔偿义务。

在**案例 e** 中，虽然根据第 904 条第 1 句 S 对伞的损害是合法的，但他向 P 负有损害赔偿义务（第 904 条第 2 句）。

（三）自助行为

700 自助行为指临时借助私力行使或保障私法上的请求权。

1. 第 229 条中自助行为的*前提条件*是：

（1）必须存在私法上可行使的请求权。

若请求权被消灭时效抗辩所阻碍，则它不能在诉讼中被成功主张，因此它也不可以通过自助行为被行使。

原则上，请求权必须属于实施自助行为的人。与正当防卫和紧急避险不同，不存在有利于第三人的自助行为。当然，请求权人可以委托第三人临时行使请求权。

（2）须未及时获得官方救助。

在**案例 f** 中，若 W 能够在警察的帮助下保障其请求权，则他不能进行自助行为。

(3) 若不立即干涉就会发生以下危险：请求权的实现将落空或者困难得多。

在**案例 f** 中，若 W 现在不干涉，则他将永远不会得到这笔钱。

2. 第 229 条规定了自助行为手段： 700a

(1) 取走、毁损或破坏物。

因此在**案例 f** 中，W 取走 G 的手表是一种自助行为手段。

(2) 扣留有逃跑嫌疑的义务人。

(3) 除去义务人对他有容忍义务的行为的抵抗。

3. 自助行为受第 230 条中下列界限的约束： 700b

(1) 自助行为不得超过为避开危险所必要的限度（第 230 条第 1 款）。

因此在**案例 f** 中，若 W 可以取走 G 的手表作为保障，则他不得扣留 G。因为与扣留相比，取走某物是更轻微的自助手段。

(2) 因为自助行为只能暂时保障请求权，所以在个别情况下还需要法院在事后进行确认（参见第 230 条第 2 至 4 款）。

4. *法律效果*：根据第 229、230 条的前提条件，实施自助行为的人所实施的行为是合法的。因此，对抗自助行为的正当防卫是不可能的。 701

因此在**案例 f** 中，G 不得就被取走手表进行防卫。

然而，若不存在合法自助行为的前提条件，则即使实施自助行为的人无过错地认为存在自助行为的前提条件，他也负有第 231 条中的损害赔偿义务。

《民法典》中的正当事由

Ⅰ. 正当防卫（第 227 条）

1. 正当防卫状况

a) 侵害（人的行为）

b) 侵害的不法性

c) 侵害的现时性

2. 正当防卫行为（也可以通过第三人＝紧急援助）

a) 防卫意愿

b) 必要性（客观标准）

c) 未被滥用⇒例如不存在第 823、123 条（第 227 条第 1 款）意义上的违法性

Ⅱ. 防御性的紧急避险（第 228 条）

1. 由他人的物所引起的急迫危险

2. 对产生危险的物所采取的措施的必要性

3. 损失不与危险不成比例

⇒——不存在第 823 条意义上的违法性（第 228 条第 1 句）

——必要时根据第 228 条第 2 句承担损害赔偿责任

Ⅲ. 侵害性的紧急避险（第 904 条）

1. 对法益来说现时的危险

2. 对未产生危险的物所采取的措施的必要性

3. 即将发生的损害不成比例地大于所产生的损害

⇒——不存在第823条意义上的违法性

——必要时根据第904条第2句承担损害赔偿责任

Ⅳ. 自助行为（第229条）

1. 可行使的私法上的请求权

2. 未及时获得官方帮助

3. 存在以下危险：请求权的实现落空或者变得困难得多

4. 自助为防止危险所必要（第230条）

⇒——不存在第229条所提到的自助行为的违法性

——必要时根据第231条承担损害赔偿责任

第二章
权利主体

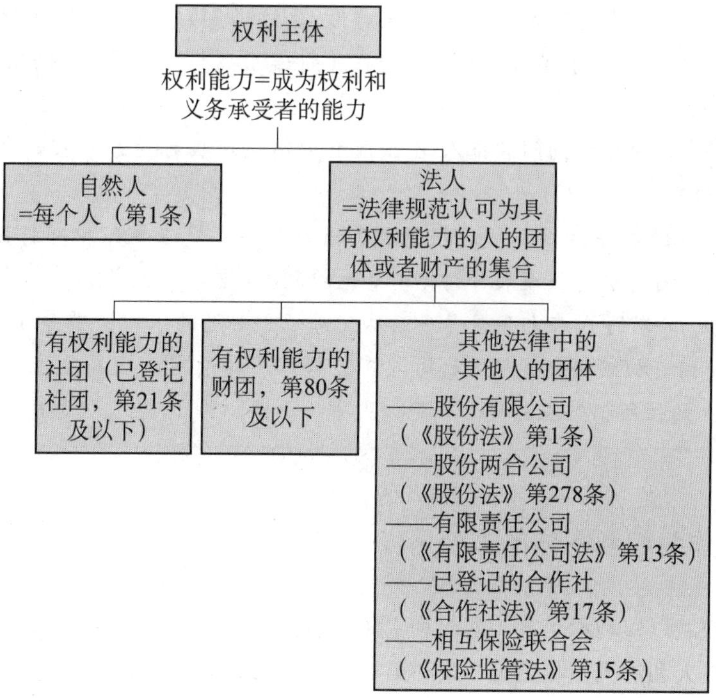

第三十三节　自然人

参考文献： Hähnchen，Der werdende Mensch - Die Stellung des Nasciturus im Recht，Jura 2008，161；Lehmann，Der Begriff der Rechtsfähigkeit，AcP 207 (2007)，225；S. Lorenz，Grundwissen-Zivilrecht：Rechts- und Geschäftsfähigkeit，JuS 2010，11；Pawlowski，Rechtsfähigkeit im Alter?，JZ 2004，13.

案例：

a）寡妇 E 在遗嘱中将她的狗 Fiffi 确定为唯一继承人。她去世后会被谁继承？（边码 703）

b）M 未立遗嘱，去世时留下其妻子 F 和父母。F 在 M 死亡两个月后诞下孩子 K，但他在出生几分钟后夭折。谁能得到 M 的财产？（边码 706、707）若 K 在出生时已经死亡，谁会得到 M 的遗产？（边码 706、707）

c）无子女的夫妇 M 和 F 各自在遗嘱中将对方确定为继承人，在一次交通事故中他们当场死亡。F 比 M 多存活了 5 分钟。M 的父母和 F 的父母因继承产生了纠纷。（边码 709、714）若无法确定 M 和 F 谁先死亡，则谁是继承人？（边码 709）

d）Karl Krause（K1）在 D 地区经营了一家名为“Zum Treppchen”的饭店。另一个叫 Karl Krause（K2）的人也在同一地区开了一家饭店并同样将其命名为“Zum Treppchen”，K2 在报纸启事中指责其同名者无权叫做“Karl Krause”并除去了后者门牌上的姓名。K1 可以怎样做？（边码 717、718、719、720）

e）报纸报道了谋杀案的诉讼进程并列出了被判刑者（V）的名字。V 的权利？（边码 722）

若在诉讼中被询问的证人 Z 在报纸中错误地被称为杀人犯，则 Z 享有哪些权利？（边码 722、723）

f）若在判决经过八年后报纸打算进行报道：V 在监狱中即将被释放，借此机会人们应当再次对该案展开讨论。V 的权利？（边码 722、723）

g）17 岁的 A 在与父母争吵后从父母位于科隆的家中搬出并在美因茨定居。当他向美因茨初级法院提起诉讼时，其父母作为其法定代理人主张该法院无管辖权，因为 A 的住所仍然在科隆（参见《民事诉讼法》第 13 条）。（边码 724、726）

一、作为权利主体的人*

702 权利以权利承受者，即权利主体为前提。《民法典》将权利主体称为人，它包括自然人和法人（参见第 1 条和第 21 条之前的标题）。自然人可以是任何人。《民法典》认为这是不言而喻的，这可以通过第 1 条得到间接证明。承认每个人的人格符合所有文明国家的现代法制；人受到宪法中的基本权利条款的特殊保护（例如保护人的尊严，自由发展人格，《基本法》第 1、2 条）。

因为每个人都被赋予了不可或缺的人的尊严，所以假如一项法律规定将某类特殊人群排除在外（例如纳粹时代的犹太人），那么它是违反宪法的。将人作为物进行买卖（奴隶）或者放弃财产能力（Vermögensfähigkeit）（例如修道士的贫穷誓言）是无效的。

* 德文为 Mensch，虽译作“人”，但仅指自然人，不包括法人。Personen 可以作为自然人与法人上位概念的“人”。——译者注

二、权利能力

（一）概念和意义

1. 权利能力是作为*权利和义务承受者*的*能力*。 703

2. 任何人都具有该能力。特定的年龄或特定的理解力并不必要，婴儿和精神病人也享有权利能力。

相反，“聪明的”动物并非权利主体。因此在案例 a 中，E 的遗产并不能被转移给那只作为“继承人”的狗，它不属于人（参见第 1922 条第 1 款）。因此，E 对继承人的指定是无效的，E（的遗产）将依法由其亲属继承。①

包括婴儿和精神病人在内的任何人都可以是权利的承受者，这是毫无疑问的，因为权利能力可以无须人的参与直接通过法律规定获得。

例如：超速司机 A 将车开上了人行道并撞伤了 50 岁的路人 F、60 岁的坐在轮椅上的 R 和躺在婴儿车里的 S。此时，F、R 和 S——不考虑他们的年龄——可以根据法律（第 823 条第 1 款）请求 A 赔偿他们所遭受的损害（例如医疗费）。

精神病人 G，是其已过世父亲 V 的唯一继承人，现在成为曾属于 V 的土地的所有权人。若 V 已将其汽车出售给 K 且 K 直至 V 死亡仍未支付价款，则 V 死亡时 G 获得对 K 的价款支付请求权（第 433 条第 2 款，第 1922 条第 1 款）。

然而，人们不亲自参与通常不能取得权利。一个意思表示、一份合同（例如买卖合同，在所有权转移方面的合意）通常是必要的。然而，婴儿和精神病人也可能以这种方式成为权利主体。虽然他因缺少行为能力而无法作出必要的意思表示，但他人，即其法定代理人（父母、监护人、照管人）可以为他行为。

例如：受伤婴儿的父母以其名义与医生签订医疗合同，这样该婴儿获得了向医生请求治疗的请求权；被精神病人继承的房子的屋顶需要维修，因此其照管人以该病人的名义与修葺工人签订了一份承揽合同（第 631 条），这样精神病人就获得了向该工人请求给付的请求权。

在婴儿和精神病人处同样可能产生义务。

例如：被继承人死亡时，其权利和义务同时转移至继承人处（第 1922 条第 1 款、第 1967 条）。因为被继承人 V 将其汽车出售给 K 且仍未交付，所以作为继承人的精神病人负有将汽车交付并把其所有权转让给 K 的义务（第 433 条第 1 款第 1 句）。

精神病人的照管人以他的名义与修葺工人缔结承揽合同，因此精神病人负有向该工人支付报酬的义务（第 631 条第 1 款）；婴儿负有向医疗合同中的相对方医生支付治疗报酬的义务。

3. 权利能力须与（广义的）*行为能力*（Handlungsfähigkeit）相区分。后者指人所拥有的实施有法律意义的行为的能力。它包括（狭义的）行为能力（Geschäfts- 704

① Vgl. Brox/Walker ErbR Rn. 7.

fähigkeit)，即实施法律行为的能力（参见第 104 条及以下，边码 259 及以下)，以及侵权能力（Deliktsfähigkeit)，即实施能够导致损害赔偿义务的侵权行为*（第 823 条及以下）的能力（参见第 827 条及以下，边码 262)。与权利能力不同，并非每个人都具有（广义的）行为能力，因此婴儿和精神病人既无（狭义）行为能力也无侵权能力。

（二）开始

705 人的权利能力始于*出生完成*之时（第 1 条）。

1. 胎儿不享有权利能力，在出生过程中死亡的胎儿**同样无权利能力，出生完成的含义是胎儿完全脱离母体，但不以剪断脐带为限。若胎儿出生时已经死亡，则其不能取得权利能力。他至少必须存活片刻，这可以通过生命机能得到证明（例如呼吸、心跳、脑电波)。

在民法中，出生的完成对权利能力至关重要，而刑法上堕胎（胎儿，《刑法典》第 218 条）与杀人（人，《刑法典》第 211 条及以下各条）的区别以出生为基础。因此,《民法典》第 1 条不适用于刑法。

706 2. 虽然胎儿无权利能力，但并非不受民法保护。这首先体现在继承法和因出生前遭受损害而享有损害赔偿请求权两个方面。

（1）根据第 1923 条第 1 款，只有在继承开始时（在被继承人死亡之时，第 1922 条第 1 款）尚生存的人才能成为继承人。因此，继承人在继承开始时须具备权利能力。据此，若胎儿在其父亲死亡之前出生，则他是其父亲的法定继承人（第 1924 条第 1 款)。然而，如果他在父亲去世不久后出生，那么他不能继承。对这两种情况的区别对待让人难以理解，因此第 1923 条第 2 款规定，已被孕育但尚未出生的人（胎儿，nasciturus）视为在继承开始前已出生。因此，第 1923 条第 2 款在时间上将权利能力提前，其前提是尚未出生的孩子活着来到世界上，即获得权利能力。这样在继承法方面他被这样对待：好像他在继承开始时已出生（案例 b)。

（2）胎儿在出生前遭到他人侵权行为（例如：交通事故或母亲感染梅毒）的损害，如果他活着出生，那么他因出生前的致害（例如第 823 条第 1 款中的情况）而享有损害赔偿请求权。出生后他获得权利能力；因此，即使致害行为发生在他获得权利能力之前，他也可以成为损害赔偿请求权的承受者。②

707 3. 在法律上，以下问题具有重大意义：孩子出生时已死亡还是活着出生——尽管可能只活了几分钟的时间。与活着出生不同，在出生时已死亡的孩子从未具有权利能力，他也不会成为继承人。

在**案例 b** 中，M（的遗产）依法被 F 和活着出生的 K 继承（参见第 1931 条，第 1924 条第 1 款，第 1923 条第 2 款)。K 在出生不久后死亡，其母亲 F 是其唯一继

---

* 德文为 unerlaubte Handlung，通常译作侵权行为，有时与 Delikt 是同义词。——译者注

** 德文为 Kind，既有作为独立“自然人”的孩子之意，亦有不作为独立“自然人”的胎儿之意。这里取后者之意，可与 Säugling 同义。——译者注

② Vgl. BGHZ 8，243＝NJW 1953，417；BGHZ 58，48＝NJW 1972，1126；BGHZ 106，153（155f.）＝NJW 1989，1538.

承人（第 1925 条第 1 款）。这时 M 的财产最后全部属于 F。

若孩子出生时已死亡，则他不能作为 M 的继承人。这时 M（的遗产）被妻子及其父母继承（参见第 1925 条第 1、2 款，第 1931 条）。

4. 主张他人出生的人必须对此进行证明。可以通过由户籍官员所办理的*身份登记簿*（《民事身份登记法》（PStG）第 3 条及以下，在此为出生登记簿，《民事身份登记法》第 21 条）[③] 进行证明。由户籍官员开具的出生证明与在出生登记簿上的登记具有同样的证明力（《民事身份登记法》第 54 条第 2 款、第 55 条第 1 款）。 708

（三）终止

1. 死亡时，人的权利能力终止（参见第 1922 条第 1 款）。某人是否且何时死亡必须借助医学知识得到回答（脑死亡：不能发现脑电波）。因为死亡时人不再能够作为权利和义务的承载者，所以此时其财产* 转移至一个或数个继承人处（第 1922 条第 1 款）。 709

在**案例 c** 中，因为 F 比 M 多活了五分钟，所以根据遗嘱 M（的遗产）被 F 继承。F 之后死亡，她被其父母继承（第 1925 条第 1 款）。转移至 F 父母处的 F 的财产也包括 F 刚刚继承的 M 的财产，因为她比 M 存活的时间更长。因此，这对夫妻的财产最终属于妻子的父母。

相反，若不能确定夫妻中谁活的时间更长，则推定两人同时死亡（《失踪法》第 11 条）。[④] 因此，夫妻中的一方不能继承另一方，因为谁都没有比对方活的时间更长。因此，M 和 F 由各自父母继承。

这个例子说明，对继承顺序来说，最重要的是死亡发生的时间。

2. *死亡*可以通过死亡登记簿得到*证明*。死亡必须通知户籍官员并由其在死亡登记簿（《民事身份登记法》第 31 条）上进行登记（参见《民事身份登记法》第 28 条及以下）。 710

对死亡进行证明在很多方面意义重大：例如支付人寿保险总额、遗孀养老金及孤儿补助金、丧偶者的再婚和遗产。

3. 若某人失踪，则不能证明其已死亡。在失踪情况下，可能出现失踪法上的*死亡宣告*。 711

（1）对某人进行死亡宣告的前提是，该人已经失踪（《失踪法》第 2 条）。根据《失踪法》第 1 条第 1 款，失踪指某人在长时间内下落不明，没有关于他在此期限仍然生存或死亡的消息，并且依现有情况对其是否继续生存产生了重大怀疑。

一般来说，从按照现有情况可以认定的失踪者仍生存之年年底起算，十年经过后，方可进行死亡宣告，若失踪者在死亡宣告时将满 80 周岁，则该期间可以缩短至 5 年（参见《失踪法》第 3 条第 1 款）。相反，若某人未满 25 周岁，则按照《失踪法》第 3 条第 1 款不能宣告其死亡（参见《失踪法》第 3 条第 2 款）。

---

* 德文为 Vermögen，这是一个内涵不确定的概念，有时指财产权利的集合，有时还包括物，在此处甚至包括义务。不过，《德国民法典》第 1922 条第 1 款使用了更为技术化表达的“遗产”（Erbschaft）概念。——译者注

③ Schönfelder，Deutsche Gesetze，Nr. 113.

④ Schönfelder，Deutsche Gesetze，Ergänzungsband Nr. 45.

特例，尤其是缩短的期限适用于与特殊生存危险有关的失踪：战争失踪（《失踪法》第4条）、海上失踪（《失踪法》第5条）、飞行失踪（《失踪法》第6条）、危险失踪（《失踪法》第7条，例如环境灾难、原始森林探险）。

712 (2) *死亡宣告程序*属于自愿管辖事项，被规定在《失踪法》第13至38条中。

初级法院依申请发出公告（《失踪法》第16条、第19条第1款），它必须在日报或者联邦司法部公报中被公示（参见《失踪法》第20条第1款）。公告要求失踪者必须在某一特定时间之前进行报到，否则他可能被宣告死亡，它同时要求所有其他能够了解失踪者情况的人向法院就此进行报告（《失踪法》第19条第2款）。死亡宣告通过初级法院决议*作出，在裁定中需确定死亡时间，原则上该时间为根据调查结果被认为最有可能死亡的时间（《失踪法》第9条第2款，特殊情况：《失踪法》第9条第3款）。

713 (3) 死亡宣告*产生了一种推定*：失踪者已于裁定确定的时间死亡（《失踪法》第9条第1款）。此时也会产生因自然死亡而引发的法律效果。

例如：继承顺序，父母照顾或者监护的结束，被宣告死亡者的配偶可以结婚。

由于死亡宣告只是对死亡的推定，所以该推定可以通过以下证据被推翻：被宣告死亡的人还活着。这样依被宣告死亡者或者检察官的死亡宣告的申请将被撤销（参见《失踪法》第30条及以下）。此时不会产生通过死亡宣告而引起的法律效果。

例如：被错误宣告死亡之人（的遗产）不能被继承（参见第2031、2370条）。其配偶不得再婚，若配偶已经再婚，则适用第1319、1320条中的规定。

714 4. 若某人确定死亡，但不知道死亡时间，则因缺乏失踪这一要素而不能适用死亡宣告。此时适用确定死亡时间的程序（《失踪法》第39条及以下）。

确定某人何时丧失权利能力对以下问题特别重要：他是否比被继承人活得时间更长（参见案例c）。

确定死亡时间程序与死亡宣告程序相符。初级法院通过裁定确定最有可能作为死亡时间的时间并作出（可被推翻的）推定：死亡就是在这一时间发生的（《失踪法》第44条）。

三、对人格的保护

参考文献：Beater, Persönlichkeitsschutz Minderjähriger und mediale Berichterstattung, JZ 2013, 111; Beuthien, Persönlichkeitsgüterschutz vor und nach dem Tode, 2002; Ehmann, Das Allgemeine Persönlichkeitsrecht, JURA 2011, 437; J. Hager, Der Schutz der Ehre im Zivilrecht, AcP 196 (1996), 168; Hauck, Der Schutz von Minderjährigen bei Eingriffen in höchspersönliche Rechte und

---

* 德文为Beschluss，其在不同领域有不同的含义：一是指作为法律行为的“决议行为”；二是指作为公法行为的议会决议（Parlamentsbeschluss）、立法决议（Gesetzesbeschluss）或财政预算决定（Haushaltsbeshcluss）等；三是指作为法院的裁判形式的“裁定”。——译者注

Rechtsgüter，NJW 2012，2398；Schlachter，Der Schutz der Persönlichkeit nach bürgerlichem Recht，JA 1990，33.

《民法典》保护的只是人格的个别方面，例如姓名（第 12 条）。为了使人获得全面的保护，司法和学界还发展出了一般人格权。 715

（一）姓名权

1. 姓名是一个人区别于他人的外在特征。姓名权以排他性占有为特征，并为不可转让之权利。[⑤] 姓名权随着姓名权人死亡而消失。[⑥] 716

2. 第 12 条保护自然人的真实姓名。除此之外，如果法人和无权利能力的社团名称以及花名（笔名）、企业名称、饭店名称（案例 d：Treppchen）等已经被公开使用，那么该条款也同样适用于这些主体。[⑦]* 在此前提下，仅是某人的姓氏也同样受保护。[⑧] 717

此外，特别法还提供了特殊保护：《商法典》第 37 条（商号＝商人的名称），《商标法》第 14 条及以下、第 126 条及以下（商标，商业名称**，产地来源标志）。

3. 姓名权以不同方式得到保护： 718

（1）若他人否定权利人使用该姓名的权利或者他人未经授权（＝违法）使用同一姓名的行为侵害权利人的利益，则权利人可以根据第 12 条第 1 句请求他人*除去侵害*。

在**案例 d** 中，K2 在报纸广告中否定 K1 对该名字的使用并除去其门牌上的姓名。因此，K1 可以要求 K2 在报纸广告中进行更正并在门牌上重新贴上其姓名。相反，若 K2 也叫 Karl Krause，则不存在除去侵害之请求权，因为他有权使用该姓名。K1 可以要求，K2 不得将其饭店命名为“Zum Treppchen”，因为 K2 无权使用该名称且 K1 对除名有合理利益。

另一个例子：在侵害姓名权的情况中，根据第 12 条第 1 句可以产生删除域名的请求权。如果对姓名权的侵害是显而易见的，并且对德国互联网信息中心（DENIC）来说是容易判定的，姓名权人就享有该请求权，该请求权针对的是负责登记域名的德国互联网信息中心。[⑨]

（2）此外，若有继续遭受侵害之虞，则权利人在未来享有*不作为请求权*（第 12 条第 2 句）。预防性的不作为之诉以存在重复危险为前提。 719

若在**案例 d** 中存在以下依据：K2 在未来同样会否定 K1 叫做 Karl Krause 以及

---

* 德文为 Name，与自然人的姓名（Name）同是一词。鉴于我国习惯上将自然人的姓名与非自然人的组织的名称分列，故此处将 Name 译作“名称”。——译者注

** 德文为 geschäftliche Bezeichnungen，其内涵规定于《德国商标法》（MarkenG）第 5 条：（1）企业标志及作品标题可作为商业名称保护。（2）企业标志是指在商业交易中作为姓名、商号或营业、企业特别标识而使用的标志。在参与商业交易的群体范围内被视为企业标志的商业标识及将企业与其他企业区别开来的其他标志，等同于企业的特别标志。（3）作品标题是指印刷作品、电影作品、录音作品、舞台作品或其他具有同比性的作品的名称或特别标志。——译者注

⑤ Vgl. BGH NJW 1959，525.

⑥ BGH NJW 2007，684.

⑦ BVerfG NJW 2007，671 - Schutz des Decknamens.

⑧ BGH NJW 1983，1184-Uwe.

⑨ BGH NJW 2012，2279ff.

将饭店命名为“Zum Treppchen”的权利，则 K1 的不作为之诉将取得成效。其他例子：真实姓氏（“Maxen”）的姓名权人可以在特定前提条件下要求第三人停止以电子邮件或网址（“maxen. de”）的形式使用该姓氏，如果第三人并非拥有该姓氏且只是将其作为技术地址的化名使用。[10] 若姓名使用人因无权利之人在其之前对该姓名进行了注册而不能将其姓名作为网址使用，则其无须容忍。[11]

720 （3）如果权利人的姓名权被他人有过错地（故意或过失）施以侵害，那么他可以*请求损害赔偿*。损害赔偿请求权的请求权基础是第 823 条第 1 款，因为姓名权被视为该规定中的其他权利。

在**案例 d** 中，K1 可以要求 K2 赔偿以下收入损失：客人看到报纸中的启事后不再光顾 K1 的饭店，但这以 K2 在发出启事时有过错为限。

（二）一般人格权

721 1. 一般人格权指个人所享有的尊重并发展其人格的权利。

立法者并未对一般人格权进行规定，而仅限于对个别人格权的保护。

例如：姓名权（第 12 条）、肖像权（《艺术品及摄影作品著作权法》第 22 条及以下）、生命、身体、健康、自由（第 823 条第 1 款）。

然而，特别规定并未充分保护个人的人格。特别是科技的进步（录音机、录像机、特殊照相机、针孔摄像机、谷歌眼镜）已使法律规定中的漏洞显而易见。

因此，迫切需要对个人加以保护，使其免受以下侵害：侵犯私人领域（例如通过秘密录音），披露私人事务（例如通过公开其日记）或者侵犯名誉（例如在报纸杂志中发表侮辱性言语）。

该法律漏洞可以由《基本法》（第 1 条和第 2 条）中的以下价值决定进行弥补：人的尊严和人格的自由发展必须受到保护（参见边码 68、622）。

一般人格权是一般条款，包括人格的若干值得保护的方面。该权利通过类推适用个别人格权规范（例如第 12 条，第 823 条第 1 款“其他权利”）得到保护。然而，若个别权利（例如姓名权）在法律中被明确规定，则无须对一般人格权这个非常广泛且难以界定的概念进行研究和类推适用，而应仅适用具体的法律规定（例如第 12 条）。

722 2. 除侵害行为外，因侵害人格权而产生的请求权还需满足以下前提条件：侵犯是违法的。为了确定违法性，必须在个别情况中进行财产及利益权衡。在受害人方面，需考虑以下问题：人格的哪个方面遭到了侵害，侵害有多严重，将导致什么后果以及受害人的何种举动导致了该侵犯。在致害人方面，需注意的是：他实施侵害的动机，言论自由权，出版自由以及艺术自由（参见《基本法》第 5 条）。须权衡彼此相冲突的财产和利益。若权衡结果不利于侵害人，则侵犯是违法的。

例如：在受害人方面，与其他领域相比，私人领域应得到更多保护。若某人在报纸中发表文章对其政治对手进行挑衅性的攻击，则他必须容忍其对手以同样的方

---

[10] BGH NJW 2003，2978；BVerfG NJW 2007，671.

[11] BGH NJW 2007，684 - Klaus Kinski.

式进行回应。因为“只能用粗暴对待粗暴”。

在**案例 e** 中，在报道谋杀诉讼时，须对以下二者进行权衡：对人格的侵犯强度和公众的知情权。在日常生活中，对重大犯罪进行即时报道的情况下后者优先，因此侵犯 V 的人格并不违法。相反，若报纸将证人 Z 称为案犯，则存在违法性。同样违法的是在八年后进行报道，因为这会对 V 造成新的、额外的侵害，特别是对其重新适应社会（重返社会）产生危害。[12]

最后，缺少受害人对侵害人格权违法性的有效同意（Einwilligung）。这在媒体报道中的作用尤为显著。如果要保护未成年人的人格，同意的有效性一般基于第 104 条及以下来确定。但即使父母同意新闻报道侵害其孩子的人格权，有识别能力的（einsichtsfähig）未成年人无论如何也应当被赋予“否决权”[13]。

3. 若存在对人格权的违法侵害，则受害人可以请求侵害人除去侵害。有重复侵害危险的，可以请求不作为（类推适用第 12、862、1004 条）。 723

在**案例 e** 中，Z 可以请求报纸进行更正。V 可以阻止电视台在犯罪行为发生八年之后计划报道该案，必要情况下他可以申请假处分（einstweilige Verfügung）。*

若致害人对违法侵害他人人格权的行为有过错，则受害人享有第 823 条第 1 款中的损害赔偿请求权（“其他权利”）。[14]

若**案例 e** 中的错误报道基于过失发生，则 Z 可以请求赔偿他因此遭受的损害。

4. 同样，人死亡之后的所谓死后人格保护（postmortale Persönlichkeitsschutz）在一定范围内也应得到承认。[15] 因此，若逝者的缅怀受到诋毁，有权代表逝者之人（通常是近亲属）则享有不作为请求权。若死后人格保护中包含财产价值的成分（例如肖像的商业使用），那么，在无权使用的情况下死者的继承人也可以享有损害赔偿请求权。按照司法判例，死后人格保护中财产价值的成分的保护期限与肖像权（《艺术品及摄影作品著作权法》第 22 条第 3 句）相同，均在人死亡十年之后终止。[16] 723a

四、住所

（一）意义

人的住所首先在债法和程序法上具有意义。对履行给付来说，若无其他规定， 724

---

* 假处分与假扣押（Arrest）都是诉讼保全措施。后者是指为了保全基于金钱债权或基于可以转换为金钱债权的强制执行程序，以保护债权人免受执行前景恶化的影响（《德国民事诉讼法》第 916 条以下）；前者则是为了保全其他请求权（例如非财产价值类型的请求权），可以分为保全假处分（Sicherungsverfügung）（《德国民事诉讼法》第 935 条）和保持假处分（Regelsverfügung）（《德国民事诉讼法》第 940 条）。——译者注

[12] Vgl：BVerfGE 35，202 = NJW 1973，1226-Lebach；zur Abwägung zwischen dem Grundrecht auf Memungsäußerung und dem allgemeinen Persönlichkeitsrecht vgl. auch BVerfG NJW 2000，2413 IM-Liste；BGH NJW 2004，596-satirische Fotomontage；OLG Hamburg NJW-RR 1991，990 mN.

[13] Zur Problematik und zum Meinungsstand Beater JZ 2013，111；Hauck NJW 2012，2398.

[14] Einzelheiten：Palandt/Sprau § 823 Rn. 83 ff.

[15] Vgl. BVerfG NJW 2001，594；2000，1021；s. auch Brox/Walker SchuldR BT §45 Rn. 26 und Brox/ Walker ErbR Rn. 16.

[16] BGH NJW 2007，684（685）.

则债务人的住所为履行地（第269条第1款）。有疑义时，债务人必须在债权人的住所将金钱送交债权人（第270条第1款）。原则上，被告的住所对法院的地域管辖权意义重大（《民事诉讼法》第12、13条，案例g）。

（二）概念

725 法律意义上的住所（Wohnsitz）指一个人的*生活利益在空间上的重心的所在地*。

住所不必与居所*相一致。因此，如果一个与父母同住的大学生在大学所在地租了一个房间，那么他在大学所在地并无住所。户口登记本身不能设定住所。生活关系没有空间上的重心的人，例如长时间在房车上到处奔波的人，根本就没有住所。

（三）种类

726 法律对任意住所和法定住所进行区分。

1. 任意住所是某人久住的地点（第7条第1款）。

对设定该住所来说，以下两方面是必要的：一是在某地久住的意思，二是住在该地的事实。住所之废止适用相应规定（第7条第3款）。废止意思必须被转化为行为（例如通过运走家具）。

根据第7条，设立和废止住所并非法律行为，而是法律上行为（事实行为）。因为行为人无须具有法律行为中的效果意思（参见边码85）。比如就设定住所而言，某人有意久住即可。即使他不希望该法律效果（设定住所）发生，它也会根据法律规定发生。

尽管这只是事实行为并且通常来说事实行为不以行为人的行为能力为基础，但对设定或废止住所来说完全行为能力仍是必要的，因为根据第8条第1款，无行为能力人或者限制行为能力人非经法定代理人同意不得设立或废止住所。只有已结婚或者曾结婚的未成年人才可以独立设立或废止住所（第8条第2款）。

在**案例g**中，未成年人A在未经其父母同意的情况下既不能废止其在科隆的住所，也不能在美因茨设立住所。因此，科隆初级法院享有管辖权（被告住所，《民事诉讼法》第12、13条）。

一个人可以有多个任意住所（第7条第2款）。前提是，他在多个地点久住，也就是说在不同地点有多处住房并交替居住（例如夏天住在农村，冬天住在城市）。

727 2. 法定住所是依法被视为某人住所的地点，无须该人在此久住。

（1）职业军人或超期服役军人（非有服兵役义务的人）的住所为驻地（参见第9条）。他同时还可以拥有一处任意住所。

（2）若父母均有照顾未成年子女的权利，则未成年子女与父母有相同住所。若父母一方或第三人享有照顾权，则子女与该人住所相同（参见第11条）。

若父母双方均有照顾权，已离婚且各有不同住所，则子女取得双重住所。[17]

---

* 德文为Aufenthaltsort，也通常译作“居住地”。居所也具有重要的法律意义，参见《德国民事诉讼法》第16条、第20条、第39条、第57条、第158条、第382条、第755条、第802e条、第889条；《德国民法典》第312条、第772条、第772条、第775条、第1748条。——译者注

⑰ BGHZ 48，228（237）= NJW 1967，2253；BGH NJW 1995，1224.

第三十四节　法人

参考文献： Berndt，Stiftung und Unternehmen，8. Aufl.，2009；Burhoff，Vereinsrecht，9. Aufl. 2014；Krumm，Die Stiftung bürgerlichen Rechts，JA 2010，849；Reichert/Dauernheim/Schimke，Handbuch des Vereins- und Verbandsrechts，13. Aufl. 2016；Sauter/Schweye/Waldner，Der eingetragene Verein，20. Aufl. 2016；Stöber/Otto，Handbuch zum Vereinsrecht，11. Aufl，2016；Unger，Neue Haftungsbeschränkungen für ehrenamtlich tätige Vereins- und Stiftungsvortände，NJW 2009，3269.

案例：

a）A、B和C打算创立Schönberg地区的歌唱爱好者合唱团（注册社团），而且该社团应当为成员购买打折的声乐书籍。该社团怎样才能具有权利能力？（边码739）

b）社员大会以60票赞成，50票反对，20票弃权决定由A购买社团会所。若该社团的董事会有三名董事，则由谁缔结该买卖合同？（边码742、745、746）

若发生错误，A可以向谁撤销已缔结的合同？（边码745）

c）社团庆典管理人F与主持人C为社团庆典签订了一份合同，在磋商时前者欺骗了后者。客人G已支付入场费用，他在离开庆典时在庆典门前绊倒并折断手臂，这是由于地面结了薄冰而房屋管理员并未及时采取防滑措施（例如撒上沙子）造成的。不久，路人S也因社团会所门前的薄冰摔倒，导致血肿。C、G和S向社团请求损害赔偿（边码747、748、749、750、751）。

d）社员大会对章程变更作出决议：根据该变更，每名董事仅有权缔结1 000欧元以下的交易。董事A为社团购置了一台价格为2 000欧元的钢琴。（边码752、755）

除此以外，该变更的内容还包括：从现在起Y代替董事B进入董事会。之后，B为社团购置了价格为300欧元的歌曲集。（边码753、755）

即使上述决议并未被登记在社团登记簿中，社团也必须支付这些费用吗？（边码754）

e）社员大会在成员A参与的情况下以一票多数作出以下决议：A成为董事并与A缔结一份啤酒供货合同。（边码758）

此外，章程规定未婚男子每月可以缴纳较少会员费，该规定被一项决议所废除，尽管一名单身男子（J）反对该决议。（边码759）

不久，不顾J的反对，一项新的决议被作出：每名未婚男子每月须多交2欧元的社员费。（边码761）

决议是否有效？

f）社团成员X被董事会判以社团处罚，X应当因盗窃社团财产支付50欧元的罚金。X打算采取反对措施，因为他并非董事且并未盗窃。（边码764、766）

g）无权利能力社团的唯一董事 A 在 X 处为社团购置商品，X 要求社团、A 以及支付能力强的社团成员 B 付款。（边码 770、771、773、774）

一、引论

728 参与法律交往的不只是单个自然人，还包括人的团体和财产的集合。

（一）人的团体

1. 如果三个朋友决定共同举办一场音乐会，那么他们必须租音乐厅、聘请艺术家以及印制门票和节目单等。法律在第 705 条及以下为此类人的团体（＝民事合伙（Gesellschaft bürgerlichen Rechts，GbR））列举了一系列规则，但以参与人为实现一个共同目的而互负义务为限。该条款规定基于以下考虑：在由少数人组成的合伙中，人与人之间的关系非常紧密。因此，合伙人应当共同执行合伙业务（第 709 条第 1 款）。因为各合伙人之间的关系紧密，所以原则上只要合伙不解散，合伙人就不得退伙。例外情况仅存在于合伙合同中有存续约定的情形（参见第 736 条第 1 款）。若其中一个朋友死亡，且合伙合同中无其他规定，则合伙解散（第 727 条第 1 款）。

729 2. 关于合伙的规定不适用于拥有许多成员的团体。比如社团的存在不应取决于新社员的加入或者老社员的离开。

因此，法律以不同条款明确规定了人的团体在特定条件下成为法律主体的可能性（例如已登记社团，第 21 条及以下）。与个人一样，该团体也是法律意义上的人。但其不同于自然人，人们称其为法人。它具有权利能力，可以是权利（例如转让物之使用请求权）和义务（例如支付租金义务）的承载者。实际上，该团体本身并不能实施行为，它通过其机关（例如董事会）行为，因此，它以此种方式在法律意义上具有（广义的）行为能力（handlungsfähig）。人的离开或者加入均不能改变团体的同一性，它不受成员变动的影响。

（二）财产的集合

730 在财产的集合方面，同样存在创设独立法律人格的需要。若某人打算用其部分财产追求一个特定（例如慈善的、艺术的）目的，那么这可以通过以下方式得以实现：他独自实施所有必要法律行为并由此享有权利、承担义务。经常的情况是他不打算或不能够这样做。有时候，某人想要在其死亡后才将其财产完全或部分用于特定目的。法律规定了这样一种可能性：使财产的集合独立化并使它成为法人（财团：第 80 条及以下）。此类财产的集合可以成为权利和义务的承载者并通过机关（董事会）实施行为。

二、种类

731 法人是被法律规定承认为独立权利主体的人的团体或者财产的集合。

这其中同样包括公法上的法人（参见第 89 条）。它是基于国家高权行为（例如法律）产生的独立的公共行政主体。公法团体（例如国家、市镇、教堂）是人的集合且与社团具有可比性。公法设施（例如国家储蓄银行、无线电广播电台）和公法财团（例如普鲁士文化产业基金、残疾儿童救助基金、德意志联邦共和国历史基金会）并非人的团体，而是财产的集合，与私法中的财团相似。

公法上的法人也可以参与私法交易（例如租赁房屋、购买办公用品）。作为私法主体的国家（德意志联邦共和国、联邦州）被称为国库（Fiskus）。

私法中的法人被区分为社团、财团以及各种各样的公司或合伙。*

（一）社团

社团是拥有团体组织（körperschaftlichen Verfassung）、被长久设立的追求共同目标的人的集合。这可以从社团相对于社员的独立性（社团名称，由董事会代理行为，社团的存在不取决于成员变动）得知。在第 21、22 条的前提下，它被赋予法律人格。 732

1. 社团由*多人*组成。与财团不同，它拥有社员，被长久设立。与民事合伙不同，它的存在不受社员变动的影响。

2. 社团*目的*由章程规定（参见第 57 条第 1 款）。社员意思（社员大会）对社团管理至关重要。因此，不同于财团意思（边码 734），社团遵循自己的意思（自治）。 732a

3. 社团拥有*独立的法律人格*。它通过在社团登记簿上登记（第 21 条）或国家授予（第 22 条）获得权利能力。 733

有些社团故意未在登记簿上登记。例如大多数工会和某些党派。除未在登记簿上登记外，未登记的社团（边码 768 及以下）具有有权利能力的社团的一切特征。因此，其法律地位在很大程度上与已登记的社团一致（边码 770）。

该规定同样适用于设立中的社团（Vorverein），即应当在登记簿中登记（第 21 条）或者尚未得到国家授予（第 22 条）的社团。

（二）财团**

1. 财团乃是由被捐助之财产构成的、没有成员存在的法人，该财产旨在长久且持续地实现捐助人（Stifter）预先设定的目的。因此，它不是一个人的团体，而是一个有权利能力的财产集合。民法有关财团的规定见于《民法典》第 80 条及其以下条文。特别地，其中规定了财团的设立、组织以及财团终止时的财产命运。截至 2022 年 12 月 31 日，这些联邦法的规定将通过各州的财团法中的民事规则加以补充（非统一）。 734

联邦法和州法的并存，一再导致捐助人和财团之间的纠纷问题和法的不确定

---

* Gesellscahft 既可以指公司，又可以指合伙，本书统一译作“公司或合伙”。——译者注

** 以下内容根据 2022 年第 46 版进行了更新（Vgl. Brox/Walker，Allgemeiner Teil des BGB，46. Aufl.，Vahlen，2022，§ 34，Rn. 8 ff.）。——译者注

性。因此，财团法由 2021 年 7 月 16 日的立法得以统一，该法自 2023 年 1 月 1 日起生效。从那时起，财团民事法将最终规定于《民法典》中。为此，对第 80—88 条进行了修订，并通过许多新插入的条款进行了扩展，尤其是财团所在地（第 83a 条）和财团财产（第 83b、83c 条），以及章程的变更（第 85、85a 条）和财团的分立和合并（第 86—86h 条）。以下阐释乃基于自 2023 年 1 月 1 日起所适用之规定。

（1）财团由财产的集合，即财团财产组成。不同于社团，它*并非人的集合*，它没有成员，其受益人［所谓领受人（Destinatäre）］既非其成员也非其机关。

（2）捐助者在捐助行为中确定的意思就是应被财团*实现的目的*。财团须根据该目的被管理。

财团目的可能是：用财团财产收益补助特定慈善或公益项目或为特定人员提供奖学金。还存在为特定家庭的成员履行给付的家庭财团以及与企业相关联的财团，它为了某个目的经营企业。

（3）财团具有*独立的法律人格*，它也因而与非独立财团和募集财产（Sammelvermögen）不同。

*非独立（信托的（fiduziarischen））*财团以特定目的向已存在的人（大多数为法人）进行给与（例如为了修建体育场向城市支付款项）。

募集财产指为特定目的（例如修建体育场）通过募集获得的财产。通常情况下，应认为所募集的款项为募集人的财产，它们必须按照募集目的被使用。

734a 2. 对财团设立而言，捐助人相应的法律行为（捐助行为，Stiftungsgeschäft）和国家的承认（第 80 条第 2 款）是必要的。

（1）*捐助行为*是捐助人所作出的无须受领的意思表示（第 80 条），它需要采取书面形式（第 81 条第 3 款）。其中，创始人必须提供财团的章程（Satzung），其中至少规定目的、名称、所在地以及董事会的组成（第 81 条第 1 款第 1 项）。此外，捐助人必须将财产用于财产目的之实现，即让财产自己进行财产处分（第 81 条第 1 款第 2 项）。捐助行为也可以包含于死因处分（遗嘱、继承合同）之中（第 81 条第 3 款第 2 项）。

（2）国家的承认通过财团所在地所处联邦州的有管辖权的机关的行政行为得以实现（第 80 条第 2 款第 1 项）。通过这种方式可以实现国家控制。如果捐助行为符合第 81 条第 1—3 款的法律要求，即财团目的之永久和可持续实现似乎得到了保障，且财团不会损害公共利益（第 82 条），那么财团应被承认。

对作出承认的管辖权在各个州的财团法中有不同规定。大多数情况下，内政部或者州长享有该管辖权。

734b 3. 财团的组织由联邦法、州法以及捐助行为和章程确定（第 83 条第 1 款）。财团必须拥有作为机关的董事会。它负责财团的业务并且作为法定代表人（gesetzlicher Vertreter）在司法与非司法方面代表财团（第 84 条第 1 款第 2 项）。社团法的规则在此广泛适用（第 84 条第 5 款）

734c 4. 财团的终止（通过财团机关或通过启动破产程序而解散；通过有管辖权的当局而废止）和随后的财产归属，适用第 87—87c 条。

(三) 其他人的团体

除《民法典》中规定的社团之外，还存在其他私法上的法人，它们并非财产的集合，而是人的团体。其权利能力分别由各个法律进行规定。 735

例如：股份有限公司（Aktiengesellschaft，AG）（《股份法》第 1 条第 1 款），股份两合商事合伙（Kommanditgesellschaft auf Aktien，KGaA）（《股份法》第 278 条第 1 款第 1 句），有限责任公司（Gesellschaft mit beschränkter Haftung，GmbH）（《有限责任公司法》第 13 条第 1 款），已登记的合作社（eingetragene Genossenschaft，eG）（《合作社法》第 17 条第 1 款），相互保险社（Versicherungsverein auf Gegenseitigkeit，VVaG）（《保险监管法》第 15 条）。

公开商事合伙（offene Handelsgesellschaft，OHG）（《商法典》第 105 条及以下，第 123 条及以下）和两合商事合伙（Kommanditgesellschaft，KG）（《商法典》第 161 条及以下）并非法人。它们是第 705 条中的合伙在商法中的特殊形式。

三、有权利能力的社团

(一) 法律基础

宪法、《社团法》以及《民法典》均对社团作出规定。 736

1. 根据《基本法》第 9 条第 1 款，所有德国人均享有结社权。结社自由是发展人格的一般自由的组成部分（《基本法》第 2 条第 1 款）。在大多数的州宪法中，它同样得到保障。然而，根据《基本法》第 9 条第 2 款以下，以下团体被禁止设立：其宗旨或活动违反刑法、宪法秩序或民族谅解思想。1964 年 8 月 5 日通过的《社团法》对公开结社权作出具体规定。

2.《民法典》（第 21—79 条）对私法社团作出规定。在这里，除第 54 条以外的所有规定均与有权利能力的社团有关。第 54 条规定，无权利能力的社团（边码 768）适用关于合伙的规定（第 705 条及以下）。

(二) 成立

以下两方面对有权利能力的社团的成立至关重要：首先，设立人须签订设立合同。其次，国家行为使这个人的团体获得权利能力。 737

1. 社团的设立通过设立人一致的意思表示实现。该法律行为被称为设立合同。单个设立人意思表示的有效性取决于一般规定。

各个意思表示也可以因错误（第 119 条）而被撤销。然而，若社团已经成立，则从债权人保护和清算困难的角度出发，意思表示不能根据第 142 条溯及既往地消灭（边码 438），撤销只能从即时起生效，这样实际上意思瑕疵使设立者拥有了退出社团的权利。[18]

---

⑱ Staudinger/Weick，2005，§21 Rn. 19.

设立合同中必须包括社团章程（参见第25条），它必须确定社团的目的、名称、所在地，并表明社团应当进行登记（第57条第1款）。

738 2. 国家对有权利能力的社团的成立所施加的影响取决于它是否具有营利性。

（1）营利性社团因国家的授予取得权利能力（参见第22条），管辖权由各州法律规定。

如果经济性社团主要旨在通过经济性经营活动为社团或直接为其社员获取经济利益，那么它就是营利性社团。[19]

例如：进行贷款业务或者为其成员追索欠款的社团。

民法上的营利性社团在实践中很少见，因为大多数营利性社团根据其他法律规定（例如《股份法》《有限责任公司法》《合作社法》）取得权利能力。特别法主要为债权人和单个社员的保护提供充分保障。因此，国家通过授予保留了对营利性社团的成立施加影响的权利（所谓许可制度）。若某经济性社团申请国家授予其权利能力，则有关当局须审查：获得权利能力可否根据其他法律实现；根据章程，该社团是否充分保护了债权人和单个社员的利益。

739 （2）*非营利性社团*（nichtwirtschaftlicher Verein = Idealverein）通过*在社团登记簿上登记*获得权利能力（第21条）。如果社团的主要目的并非获取经济利益，那么它就是非营利社团。即使社团为了达到此类目的从事经济性行为，也对其非经济性社团的性质不产生影响。

例如：以文化、宗教、政治或科学为主要目标的社团（德国体育法社团）、慈善协会、社交协会。在案例a中，尽管歌唱协会（作为次要目的）打算为其成员购买打折音乐书籍，但它仍是非经济性社团。

若法定前提条件被满足，则非营利性社团必须在社团登记簿中登记（所谓准则制度）。

登记的前提是，董事会向初级法院申报社团登记（详细内容：第55、59条）。提交的章程必须包括特定的最低要件（第57条），并且应当包括其他事项（第58条）。只有当成员人数最低为7人（第56条，案例a）时，登记方可进行。若第56—59条中所提到的前提条件之一未得到满足，则申请须由法院予以驳回（第60条）。否则，初级法院须将申请告知有管辖权的行政部门，该部门可以在特定前提条件下（参见《基本法》第9条第2款）提出异议。社团的名称在登记时获得“已登记社团”的附加字样（第65条）。第79条包含了查阅社团登记簿的程序性规定。各州政府可以通过法令规定，社团登记簿上的登记以电子数据处理方式进行以及在多大范围进行（详细内容：第55a条，1993年12月20日的《登记程序加速法》）。[20]

非营利性社团在社团登记簿上*登记*而取得权利能力（第21条），因此登记具有*创设权利*的效力。就这方面而言，非营利性社团的登记与营利性社团的登记存在区别。因为营利性社团通过国家授予获得权利能力（第22条），所以它在登记簿上的登记不具有权利创设效力，而仅具有确认的意义，登记确认了（通过国家授予）本

---

⑲ Vgl. RGZ 154，351；BGHZ 85，92.

⑳ BGBl. 1993 I 2182.

来已经正当合理的事情。

（三）机关

社团的必要机关是社员大会和董事会。除此之外，章程还可以规定其他机关［例如特定业务的特别代表人（第30条），委员会］。 740

1. *社员大会*是社团的最高机关。

（1）其工作是处理所有未被法律或章程分配给董事会或其他社团机关的事务（第32条第1款第1句）。首先，它对董事会的工作进行监督；其次，它可以在法律和章程的框架内作出董事会必须执行的指示。

根据法律规定，社员大会的工作包括：聘任及解聘董事（第27条），修改章程（第33条、第71条），解散社团（第41条、第74条第2款）等。章程可以规定社员大会对吸收或开除成员的权限。

（2）在以下三种情况下必须*召集*社员大会：由章程规定的情况（例如每年1月的年度社员大会）；出于社团利益需要（例如在缔结对社团具有重要意义的交易前）；应少数人的要求（参见第36、37条）。 741

召集形式被规定在章程中（参见第58条第4项）。通常情况下，由董事会召集社员大会。它首先应遵守章程中规定的形式（例如信件）和期限（例如至少在会议两周之前）。除会议的时间地点外，董事会还必须就应然的决议议题（议程，参见第31条第1款第2句）进行通知。根据章程规定，决议议题也可以在召集会议后被列入议程，但必须在会议前及时将这些议题告知社员，以便他们有足够的时间进行合理的准备。[21] 若章程中的规定未被遵守，则社员大会所作的决议无效，只有当形式瑕疵不会影响投票结果时，它才不会导致有关决议无效。[22]

（3）*决议*以社员大会的决议能力为前提。根据第32条第1款第3句，决议由出席社员作出。因此，即使只有一名社员出席，社员大会也具有决议能力。然而，章程经常作出以下规定：只有当特定人数或特定百分比的社员出席时，社员大会才具有决议能力。 742

根据第32条第1款第3句，原则上由出席社员的多数作出决议。章程变更需要出席社员的3/4多数，社团目的的变更则需要全部（同样包括未出席的）社员的同意（第33条第1款）。然而，在所有情况中章程都可以另作规定（参见第40条）。只要其他规定也涉及变更社团目的，它就必须被明确规定在章程中。[23]

在**案例b**中，未达到第32条第1款第3句所规定的出席社员的必要多数（＝绝对多数），因此弃权票的作用与反对票相同。然而，投弃权票的社员通常表达的是，其投票不应当被计算在内。因此，此类社员应当像第32条第1款第3句意义上的“未出席”社员一样被对待。[24] 为了避免混淆，章程中应当明确规定，起决定性作用

---

[21] Vgl. BGHZ 99，123 = NJW 1987，1811.

[22] Vgl. BGHZ 59，375 = NJW 1973，235.

[23] BGH NJW 1986，1034f.

[24] Staudinger/Weick，2005，§ 32 Rn. 14；zur früheren Fassung des § 32 ebenso schon BGHZ 83，35 = NJW 1982，1585；str.

的是投票多数（=相对多数）。这样在案例 b 中就存在必要多数（60∶50）。

743　2. *董事*会同样是社团的必设机关。它可以由多人组成（第 26 条第 1 款），由社员大会的决议选任（第 27 条第 1 款），该选任可以随时被撤回（第 27 条第 2 款第 1 句）。章程可以规定，选任由委员会或第三人进行（参见第 40 条第 1 款）并且只有在存在重大原因时才可被撤回（第 27 条第 2 款第 2 句）。然而，不得通过章程完全排除撤回可能性（参见第 27 条第 2 款、第 40 条）。

通常章程会对董事的任期作出规定，董事职务随着任期的结束而终止。如果根据章程规定只有社员才能成为董事，那么董事职务在社员资格结束时终止（例如在退出社团时）。

744　（1）董事会负有*经营管理*的职责。因此在内部关系中，它有权针对社员实施所有能够促进社团目的的行为。在这里，它必须像受托人一样代表社团利益（第 27 条第 3 款，第 664 至 670 条）。因此，它负有按规定亲自经营管理的义务。它必须遵守法律、章程和社员大会的指示并实施其决议。它负有向社员大会答复、汇报的义务。如果它有过错地违反了义务（例如社团簿记）并由此给社团造成损害，那么它应当根据一般规定向社团承担损害赔偿义务。

若董事只是名誉性地履行职务（第 662 条："无偿地"），则仅适用委托中的规定。这是根据第 27 条第 3 款第 2 句[25]的法定惯例，但章程规定可能与此相悖。然而，若董事收取报酬，则他与社团之间存在雇佣合同（参见第 611 条）。

若董事会由多人组成，则在章程未作出不同规定的情况下，决议的作出方式与社员大会的决议方式一致（第 28 条第 1 款、第 40 条），即原则上由多数决定（第 32 条第 1 款第 3 句）。

745　（2）在外部关系中，董事会具有*法定代表人*的地位（第 26 条第 2 款，参见边码 531）。如果董事会以社团的名义与第三人签订合同，那么社团（而非董事会或个别社员）是合同相对方。董事会的代表权原则上是不受限制的，唯一的例外是章程对它的限制（第 26 条第 2 款第 2 句）。只有在对代理权的限制已被登记在社团登记簿中时，该限制才对善意第三人发生效力（第 70 条，边码 753 及以下）。若董事会超越了其代表权，则适用第 177 条及以下的规定（边码 594 及以下）。

若董事会由多人组成，董事会可以被多个董事会成员代表（第 26 条第 2 款第 1 句）。尽管一些董事只能共同代表社团，但这并不意味着他们必须共同向第三人作出意思表示。如果一名董事被其他董事委托从事某一法律行为且能够通过董事会决议实现该委托，那么他可以独立作出意思表示。在消极代表情况下（边码 508），根据第 28 条第 2 款中的强制性规定（参见第 40 条），每名董事均独立享有代表权。

在**案例 b** 中，若章程未作出不同规定，则两名董事可以为社团签订该买卖合同。虽然社员大会的多数反对此项购买且董事会因此向社团负有不签订该买卖合同的义务，但社团在该买卖合同中仍享有权利并承担义务。A 只需向董事之一作出撤

---

[25] Trat am 1. 1. 2015 in Kraft（An. 6 Nr. 1，12 IV Gesetz zur Verstärkung des Ehrenamts v. 21. 3. 2013［BGBl. 2013 I 556］）.

销表示（第 26 条第 2 款第 2 句）。当然，在签订合同和接受撤销意思表示的情况下，社团可以由代理人（第 164 条及以下）代理。

(四) 责任

社团责任可以分为履行请求权和损害赔偿请求权。 746

1. 如果社团的董事会或者被授权的代表人通过法律行为为社团创设了一项义务，那么社团负有履行义务。

因此在**案例 b** 中，如果董事会已经为社团购买了社团会所，那么社团必须支付价款。

2. 社团为其法律行为和侵权行为给他人造成的损害承担赔偿责任。

(1) 基于法律行为的责任取决于该行为是由机关还是由履行辅助人实施。 746a

a. 根据第 31 条中的强制性规定，如果机关在执行其有权执行的事务中实施了能够引起损害赔偿义务的行为且该行为使第三人遭受损害，那么社团为该损害承担责任。这种社团的机关责任是基于以下权衡：机关的行为被视为社团自己的行为。因此，社团应为机关的行为承担责任，就像自然人必须为他自己的行为承担责任一样。

这种权衡也适用于其他法人。因此，第 31 条同样适用于财团（第 86 条）、股份有限公司和有限责任公司等。

根据第 89 条第 1 款、第 31 条同样适用于公法上的法人（例如：国家、市镇、大学）。然而，只有当其机关从事私法上的行为时，在责任法上它们才应当像私法上的法人一样被对待，只有这时才适用第 31 条。

第 31 条的立法原因也适用于像公开商事合伙、两合商事合伙以及未登记的社团这样的团体。虽然它们不是法人，但它们也通过机关实施行为。因此，该规定在这里同样适用。

根据以前有代表性的观点，第 31 条不应适用于民事合伙（第 705 条及以下，参见边码 728），因为它鲜有团体组织。[26] 它不具有权利能力，为其行为的合伙人并非其“机关”，他们的侵权行为不可归责于合伙。如今，这种对合伙的法律主体性和责任的理解已发生变化。2001 年 1 月 29 日的联邦最高法院判决[27]承认了民事合伙的权利能力，前提是它通过参与法律交往创设了自己的权利和义务（外部合伙）。这同样适用于由侵权行为导致的法定债务等。据此，合伙人所实施的、导致损害赔偿请求权的行为可以通过类推适用第 31 条而被归责于合伙。[28]

具体来说，适用《民法典》第 31 条的前提条件如下： 747

(a) *必须由董事会、一名董事或者其他按照章程选任的代表人*实施行为。根据法律条文，这里的代表人指的是由章程（直接或至少间接）对其聘任作出规定的代表

---

[26] BGHZ 45，312 = NJW 1966，1807.

[27] BGH NJW 2001，1056.

[28] BGH NJW 2003，1445（1446）；bestätigt in NJW 2003，2984（2985）.

人。其中当然包括第 30 条中的特别代表人。但司法判决却远不止于此。据此，依照章程选任的代表人是这样一个人："一般经营规则和习惯将独立且独自负责地履行义务这些重要的实质性职责分配给他，也就是说他必须以此种方式代表法人"㉙。

在**案例 c** 中，第 31 条适用于庆典管理人，但不适用于房屋管理员。

748 (b) 行为必须*在执行机关有权执行的事务中被实施*，行为与被分配的事务之间必须存在内在联系。

在**案例 c** 中，为举行社团庆典缔结交易属于庆典管理人的工作。在合同磋商中，实施欺诈与被分配的事务之间存在联系。

749 (c) 机关必须实施能够*导致损害赔偿义务的行为*。首先被考虑的是过错违反合同的情况。第 31 条本身并非请求权基础，而只是一个归责条款，它只说明了社团在这些情况中负有损害赔偿义务，其中自然人也有可能负有该义务。

(d) 司法判例已将第 31 条所规定的社团责任的范围扩大到*组织瑕疵*（Organisationsmangel）。㉚ 如果社团机关未在社团事务中聘任特别代表人或辅助人，那么社团为该组织瑕疵给他人造成的损害承担责任。主流观点认为，在此种情况下第 31 条得到相应适用。㉛

在**案例 c** 中，若社团未聘任房屋管理员或其他人员负责保持社团会所的无危险状况（包括街道、入口、楼梯及其他），则根据第 31 条（类推适用）它将为损害承担赔偿责任。

750 b. 根据第 278 条，社团必须在既存债务关系的框架内为履行辅助人的过错承担责任。

在**案例 c** 中，社团聘用 H 履行其债务。社团基于它与 G 之间签订的合同同样负有以下义务：负责使 G 能够在未受损害的情况下离开庆典。由于 H 未在社团会所入口处采取防滑措施，致使 G 受到损害，因而社团对此负有损害赔偿责任。

750a (2) 侵权行为责任取决于实施行为的是机关还是事务辅助人。

a. 此时，机关责任同样由第 31 条加以规定。

在**案例 c** 中，根据第 31 条、第 823 条第 2 款结合《刑法典》第 263 条，社团应为 F 的欺诈行为给 C 造成的损害承担责任。与此无关，根据第 823 条第 2 款，F 本人对 C 也负有损害赔偿责任，第 31 条并未排除依章程选任的代表人的个人责任。

751 b. 若社团因某事务聘任他人且该事务辅助人在执行事务中不法地给第三人造成损害，则根据第 831 条社团为该损害负赔偿义务。与第 278 条相反，第 831 条不以既存的债务关系为基础。但如果本人能够说明他并无过错，也就是说他在选任事务辅助人、购置机械器具和指挥执行事务时已尽到交易中必要的注意，或者即使尽到此注意损害仍会发生，那么就不产生赔偿义务（第 831 条第 1 款第 2 句）。若本人不能成功提供免责证明，则他负有损害赔偿义务。

㉙ So BGHZ 49，19（21）＝ NJW 1968，391-Filialleiter einer Auskunftei.

㉚ Vgl. BGHZ 24，200（213）.

㉛ Vgl. BGH NJW 1980，2811；HK-BGB/Dörner § 31 Rn. 6；MüKoBGB/Arnold § 31 Rn. 4ff.；Staudinger/Weick，2005，§ 31 Rn. 27ff.，34ff.

在**案例c**中，H是社团的履行辅助人，因为社团将管理会所的工作委托给他。他因未采取防滑措施而不法地损害了G和S的身体。如果社团不能证明已谨慎地选择并监督H，那么根据第831条他向这两个人负有损害赔偿义务。反之则不产生第831条意义上的损害赔偿义务。就这点而言，G并不受影响，因为他可以基于H的过错享有针对社团的损害赔偿请求权（第278条）。然而，S并不享有此类请求权，因为在他和社团之间并不存在债务关系，所以只能根据第831条获得针对社团的损害赔偿请求权。

因为第831条第1款第2句所规定的免责证明可以排除该条意义上的损害赔偿请求权，所以司法界对同法第31条作了扩大解释，从被害人的利益出发禁止对社团免责。

如果社团机关本来必须亲自执行一项重要的社团事务，但他却为此聘任了特别代表人或辅助人，那么社团为该组织缺陷给他人造成的损害承担责任（参见边码749）。

3. 考虑*董事*对社团、社团成员以及第三人的个人*责任*。前提是，董事或实施了侵权行为（第823条），或违反了他作为受委托人对社团的义务（第27条第3款结合第664条及以下）。在所有情况中，责任产生都以董事的过错为前提条件。 751a

对于无偿工作或每年仅收取不到720欧元的微薄报酬的荣誉董事和社团特别代理人来说，第31a条[32]规定了责任限制条款。通过这种方式可以促进不取报酬的人（董事会荣誉成员和社团特别代理人）参与社团的管理，从而进一步增强全体成员的参与度。[33] 根据第31a条第1款第1、2句，履行其董事义务时导致损失的董事仅在其具有故意或重大过失的情况下对社团和社团成员负责。因此，基于轻过失的责任被免除了。受损害社团以及受损害的社团成员承担证明董事故意或重大过失的证明责任（第31a条第1款第3句）。但在对第三人的外部关系中，他们的责任没有被限制于故意和重大过失的情况；因为也没有理由让第三人只因其遭受的是来自董事的损害就被置于一个更加不利的境地。但如果该损害仅因轻过失而发生，则该董事根据第31a条第2款对社团享有损害赔偿义务的免除请求权（Freistellungsanspruch）。这意味着，社团必须承担本应由董事负担的损害赔偿。

第31b条中同样为社团成员规定了像董事一样的*责任限制*条款。社团成员无偿地为社团担任职务或为其职务活动而获得每年不超过720欧元的报酬，仅在履行所托付给他们的合于章程的社团任务，因故意或重大过失而损害社团时，才负责（第31b条第1款）。非因故意或重大过失而损害第三人时，其对社团有损害赔偿义务的免除请求权（第31b条第2款）。 751b

（五）在社团登记簿中的登记

在社团登记簿中的登记具有创设意义或者仅具有声明意义。 752

1. 具有*创设意义*的是非营利性社团的登记（第21条，边码739）和章程变更登记（第71条）。只要社团未登记，它就不具有权利能力，直至章程变更被登记，他才具有效力。

---

[32] Neugefasst mit Wirkung zum 29. 3. 2013.

[33] BT-Drs. 16/10120, 1.

在**案例 d** 中，社团负有支付钢琴价款的义务，因为他与出卖人之间的买卖合同已经成立，即使修改章程的决议已被作出，A 也仍然能够代表社团缔结 2 000 欧元以上的交易。由于并未在社团登记簿中进行登记，以限制代理权范围为内容的章程变更不生效力（第 71 条第 1 款第 1 句）。

753 2. 具有*声明*意义的是关于董事会变更（第 68 条）、代表权限制以及与第 26 条第 2 款第 1 句不一致的关于董事会代表权的规定（第 70 条）的登记。也就是说，在它们被登记在社团登记簿上之前，相应的变更已经生效。然而，只要它们还尚未被登记，则善意第三人就将受到保护。因此，第三人可以信赖登记簿的缄默（登记簿的消极公告）。

在**案例 d** 中，B 不再有权代表社团，因为他已不是董事。然而，歌曲集的卖家因对登记簿缄默的信赖（登记簿并未表明董事会的变更）而受到保护。但如果他在缔结交易时已知道董事会的变更，那么他不再值得保护（第 68 条第 1 句）。

对于在社团登记簿中的登记或不登记对第三人产生何种影响这一问题，须区分以下三种情况：

754 (1) 若*变更*尚未根据第 68、70 条被登记至社团登记簿中，则第三人可以信赖登记簿的缄默，除非他知道此项变更（第 68 条第 1 句）。

在**案例 d** 中，若董事会的变更未被登记在社团登记簿中且社团未主张并证明出卖人在合同缔结时知道此项变更，则歌曲集的出卖人可以实现其付款诉求。

755 (2) 相反，若一项变更已*被登记*，则可以推定第三人也知悉该变更，如果第三人能够证明他不知道此项变更且他的不知道不是因过失导致的，那么他可以推翻该推定（第 68 条第 2 句）。

在**案例 d** 中，若董事会的变更已被登记于社团登记簿中，则只有当歌曲集的出卖人主张并证明他在缔结合同时不知道该变更且该不知道非由过失引起时（例如他在签订合同两天之前查阅了登记簿，而变更登记于一天之前发生），他才能实现其对社团的付款诉求。

在诉讼中，变更登记（第 68、70 条）将导致举证责任的变化。

756 (3) 若社团登记簿中的*登记有误*，则信赖该登记的第三人不受保护。与土地登记簿不同，社团登记簿不具有积极公示性。对社团登记簿中登记正确性的信赖不受法律保护，受保护的只是对登记簿的缄默的信赖。

例如：若 Z 从未担任过董事，但却在社团登记簿中被错误地登记为董事，则他无权代理社团。因此，他不能以社团名义与出卖人签订购买歌曲集的合同。同样的，出卖人也不能成功主张 Z 在社团登记簿中的登记，因为他所信赖的并非缄默，而是登记簿的正确性。

（六）社员资格

757 1. 社员资格的取得以章程为依据（参见第 58 条第 1 项）。根据章程作出入社声明即可。除此之外，大多数情况下章程还规定由主管社团机关作出接纳声明。通常来说，没有人对社团拥有接纳请求权。[34] 然而，如果社团在经济或社会领域中已取

---

[34] Vgl. BGHZ 101，193（200）=NJW 1987，2503.

得显著地位，且申请人对社员资格的取得享有重大利益，那么社团负有接纳义务。[35]若拒绝可以被视为第 826 条中的违反善良风俗的伤害，此时必须认可强制接纳。如果与已被接受的社员相比，对申请者的拒绝构成了事实上不合法的不平等对待并给申请者造成了不公平的损害，那么就属于这种情况。[36] 当然，社团可以基于合理的理由拒绝接纳特定申请者。[37]

取得社员资格的特殊情况：参与设立社团，在章程就此作出规定的情况下继承或转让社员资格（第 38、40 条）。

2. 社员资格创设了社员对社团的权利，这具体由章程加以规定。 758

（1）机关形成权（例如参与社员大会的权利、表决权）和受益权（例如使用社团设施、红利支付请求权以及在社团解散时要求分得财产的权利，第 45 条第 3 款）属于*一般性的社员权利*。

一般性社员权利不能通过社员大会的决议被变更。

如果决议涉及与某社员之间的法律行为的实施或者该社员与社团之间的诉讼的开始或终结，那么该社员不享有表决权（第 34 条）。

在**案例 e** 中，关于与 A 签订供货合同的决议无效，因为根据第 34 条，A 不能参与表决，他的投票可能对决议来说很关键。相反，虽然 A 参与了选举，但将其选为董事仍然是有效的，因为选举并不属于第 34 条中的情况。每名社员均可以选举自己。

（2）*个别权利*是章程从社员利益出发赋予一名社员或一个社员集团的特别权利。 759
其中既可能包括扩大的表决权或者要求获得社团职务的永久性权利，也可能包括优先使用特定社团设施的更大的受益权、支付更高红利的请求权或者要求减少出资的权利等。社员的这些特别权利不得在未经其同意的情况下被社员大会的决议侵害（第 35 条）。

在**案例 e** 中，章程赋予未婚男子一项特别权利（支付更少会费）。只有在所有未婚男子均表示同意的情况下，此项特别权利才能被排除（第 35 条）。一名未婚男子的反对票也会使决议无效。

3. 社员资格也使各社员负有义务。 760

（1）一般性社员义务首先包括出资义务（参见第 58 条第 2 项）和对社团的忠实义务。它禁止社员从事一切损害社团目的的行为。违反义务可能导致有关社员被开除出社团（边码 763）。

（2）特别义务指章程为一个社员或一个社员集团规定的特别义务（例如更高出资 761
义务）。这些特别义务不能在未获相关社员同意的情况下被创设（类推适用第 35 条）。

在**案例 e** 中，内容为提高单身男子出资的决议需获得社团中全部单身男子的同意。即使只有一名单身男子拒绝作出同意，提高出资也不能实现。

---

[35] BGHZ 93，151＝NJW 1985，1216；zB Monopolverein，BGHZ 63，284＝NJW 1975，771；Wirtschaftsverband，BGHZ 21，1＝BeckRS 1956，31199730 und BGHZ 29，344＝NJW 1959，880；Gewerkschaft，BGHZ 93，151＝NJW 1985，1216；regionaler Sportverband mit überragender Machtstellung im wirtschaftlichen und sozialen Bereich，BGH MDR 1999，344.

[36] BGHZ 63，282（285）＝NJW 1975，771.

[37] BGHZ 93，151（154）＝ BeckRS 1984，108120.

若成员无偿地为社团担任职务或获得每年不超过720欧元的报酬，根据第31b条，他们仅对故意或重大过失情况下的义务违反负责（见边码751b）。

762 4. 除社员死亡外（参见第38条），社员资格的终止还可能通过退出社团和开除实现。

（1）退社权不得被章程排除或妨碍（第39条第1款）。社员应当可以在未来摆脱社团的支配。必要时社团可以规定，只有在经营年度终了或最长为两年的通知终止期间届满后，才准许退社（第39条第2款）。然而，与在每个持续法律关系中一样，基于重大原因的立即退社同样是可能的。[38]

763 （2）将社员开除出社团并未在法律中被规定，这可以由章程加以规定。若章程不包含开除规则，则类推适用合伙法中的规定（参见第737条），在社员自身存在重大问题时社团必须有权开除他。如果从客观情况出发社员资格的继续存在对社团并不合理（例如坚决且无理地拒绝出资），那么就存在上述问题。必须在开除程序中明确说明原因，这样可以在诉讼中进行审查。[39] 开除是最严厉的社团处罚。

764 5. 社团章程经常规定，社团可以对社员实施社团处罚。其目的是督促社员履行社员义务。社员处罚权的基础是社团的意思自治（有争议），即社团有权作出自己的规定，社员服从社团权力和章程所规定的处罚权。在实施社团处罚时，社团并不享有国家的刑事权力[40]，它并非刑事处罚，而只是纪律措施。

例如在**案例f**中，尽管X的罪状被社团处罚所惩罚，但国家的刑罚权（Strafanspruch）并不受影响。《基本法》第92条、第101条第1款第2句不因社团处罚而受阻。

765 （1）实施社团处罚的首要*前提*是，社团章程列举出能够导致社团处罚的构成要件。在这里，像“有损社团的行为”这样的一般性条款已足够。[41] 此外，章程必须规定刑罚制裁（例如警告、暂时剥夺特定社员权利、罚金、开除出社团）。最后，章程还必须规定程序（例如像董事会这样的决定机关、社团法院、名誉委员会，诉讼程序）。如果章程未规定享有决定权的机关，那么由社员大会负责此事。

在程序方面，须遵守程序规定以及法治国家的最低要求（例如听审、无非法胁迫、书面理由）。[42]

766 （2）由法院对（社团）所实施的处罚进行审查。若当事人向法院起诉，则法院必须确定章程中是否包括该处罚的法律基础，程序规定是否被遵守，所查明的案情是否符合事实[43]以及处罚决定是否明显不合理。

在**案例f**中，X可以向法院起诉并指责缺少听审且确定的案情与实际不符。如果他未支付被判处的罚金，那么为了对其实施强制执行，社团必须就该款项提起诉讼。在该诉讼中，X可以提出上述异议进行抗辩，若该异议被采纳，则社团的诉求将被驳回。

---

[38] RGZ 130，375；BGHZ 9，157（162）＝NJW 1953，780.

[39] BGH NJW 1990，40；MDR 1997，954.

[40] BGHZ21，370（374）＝NJW 1956，1793；BGHZ29，352（356）＝NJW 1959，982.

[41] Vgl. BGHZ 47，381（384）＝NJW 1967，1657.

[42] Staudinger/Weick，2005，§ 35 Rn. 46ff.

[43] BGHZ 87，337＝NJW 1984，918.

（七）权利能力的终止

1. 社团的权利能力终止于 767

（1）社团消灭（社员大会的解散决议，第 41 条；章程所规定的社团存续期间届满，第 74 条第 2 款；通过国家行为解散，《社团法》第 3 条，《基本法》第 9 条第 2 款；所有成员退出）[44]，

（2）权利能力被剥夺（第 43、44、73 条，第 74 条第 1 款），

（3）针对社团财产的支付不能程序的开始以及使支付不能程序的开始在欠缺财产的情况下被驳回的裁定具有法律效力（第 42 条第 1 款、第 75 条第 1 款）。

2. 在以上情况中社团进入清算阶段。这由董事会或特别选任的清算人进行（第 48 条）。清算人必须终止进展中的业务、收取债权并清偿债务（参见第 49 条）。剩余财产归属于章程所确定的归属权人，若无此规定则归属于社员（参见第 45 条）。

关于清算的详细内容见第 47 至 53 条。

四、“无权利能力”的社团

（一）法律规定以及批评

1. 欠缺登记（第 21 条）和国家授予（第 22 条）的“无权利能力”社团仅被规定在一条法律规定（第 54 条）中。根据第 54 条第 1 句，这些无权利能力社团适用关于合伙（第 705 条及以下）的规定。从法律政策的角度来看，对合伙法的援引是不合适的。与合伙相比，无权利能力社团在类型上与具有权利能力的社团更相符。与具有权利能力的社团一样，无权利能力社团的创立者希望拥有不取决于社员变更的持续性的人的团体和独立财产。关于有权利能力的社团的规定与之更为相符（边码 736 及以下）。 768

然而，若立法者仍规定，无权利能力的社团适用关于合伙的规定，则原因在于他不信赖这些社团。根据旧法第 61 条第 2 款，行政机关可以向政治、社会政策以及宗教类社团就登记提出异议。人们担心这些社团会因为避免官方审查而不申请在社团登记簿中登记，并作为无权利能力社团存在。立法者希望通过援引对这些团体及其成员不利的合伙法中的规定促使社团进行登记，从而获得权利能力。

2. 立法者旨在通过适用第 705 条及以下尽量阻止无权利能力社团的产生，但该目的并未被达成。例如工会、学生会、宗教团体、一些政党以及小型社团并未在社团登记簿中登记。根据第 54 条第 1 句，此时适用关于合伙的规定。但这些规定在许多方面并不适合未登记社团。 769

例如：已登记社团独自承担其债务且社员本人不必对社团的债务负责，但合伙中的合伙人本人作为连带债务人对负责经营管理的合伙人所缔结的法律行为悉数承担责任（类推适用《商法典》第 128 条第 1 句）。

---

[44] BGHZ 19，51＝NJW 1956，138.

因此，与每名合伙人一样，每名社员本人都对由无权利能力社团缔结的法律行为中的债务悉数承担责任。然而，没有社员愿意承担此类责任，它将阻止每个人加入无权利能力社团。此类社团的合同相对方也不能认为，每名社员都用其私人财产向他承担社团债务（边码773）。

（二）与具有权利能力的社团相适应

770 因为合伙规定并非为未登记社团设置，所以司法和学界违背第54条第1句的规定，使此类社团的法律地位与已登记社团，即第21条中有权利能力社团的地位相适应。[45] 这样做的部分理由可以通过对第54条第1句的合宪性解释得到说明。立法者最初的政策权衡（边码768）与《基本法》第9条第1款（结社自由）不一致。[46] 此外，第705条及以下的可变更性也是不适用合伙法的依据。无论如何，不相符的规定可以通过章程被沉默地变更。此外，关于有权利能力社团的相应规定可以类推适用于因未登记而不具有权利能力的社团。

因此，如果社团章程中并未作出明确规定，那么单个社员对无权利能力社团债务的个人责任也可以被排除。因此在案例g中，B无须支付价款。

与有权利能力的社团一样，无权利能力社团也具有团体组织，这具体由其章程加以规定。它的机关是社员大会和董事会。人员变动对其不产生影响。社员资格，尤其是其取得及丧失与有权利能力社团中的情况一致。

因此，无权利能力社团的社员不享有第723条中规定的被赋予合伙人的通知终止合伙的权利，社员只享有退社权。若社员退出，则他同样不享有第738条第1款第2句赋予退伙合伙人的清算请求权。

自从联邦最高法院将（外部）民法合伙在其通过参与法律交往创设自己的权利和义务的范围内视为具有权利能力[47]，这就使得具有权利能力更加必须适用于未登记社团。[48] 因为它在社团结构方面在很大程度上比民事合伙更加独立，它是自己权利和义务的主体。

这样一来，无权利能力社团与有权利能力社团的区别就基本可以归结为：未登记社团既未通过在社团登记簿上登记（第21条）也未通过国家授予（第22条）获得权利能力，因此此类社团不是法人，实际上称它为“无权利能力社团”（见第54条的标题和条文）已不再合理。“未登记社团”这一称谓更加合适。

（三）当事人能力

771 “与有权利能力社团相适应”同样对未登记社团在诉讼中的法律地位产生影响。

---

[45] S. nur BGH NJW 1979，2304f.；BGHZ 50，325（328f.）=NJW 1968，1830；HK-BGB/Dömer § 54 Rn. 1；Jauernig/Jauernig § 54 Rn. 5，12ff.；Wolf/Neuner BGB AT § 17 Rn. 124；Palandt/Ellenberger § 54 Rn. 1；Staudinger/Weick，2005，§ 54 Rn. 2.

[46] Palandt/Ellenberger § 54 Rn. 1；HK-BGB/Dömer § 54 Rn. 1；Staudinger/Weick，2005，§ 54 Rn. 2.

[47] BGH NJW 2001，1056.

[48] HK-BGB/Dömer §54 Rn. 4；NK-BGB/Eckardt §54 Rn. 3；Palandt/Ellenberger §54 Rn. 2，7；ebenso Staudinger/Weick，2005，§ 54 Rn. 2.

权利能力即相当于诉讼法中的当事人能力（参见《民事诉讼法》第 50 条第 1 款）。这是指成为诉讼中的当事人（原告或被告）的能力。若未登记社团无权利能力，则与有权利能力社团不同，从合乎逻辑的角度判断，它不能起诉或者被起诉。但是，新修订的于 2009 年 9 月 30 日[49]生效的《民事诉讼法》第 50 条第 2 款规定了“无权利能力”社团可以起诉或被起诉。只能明确地授予无权利能力社团以消极的当事人能力（能被起诉），这一规定在《民事诉讼法》第 50 条第 2 款的旧版本中已经得到体现了。[50]

在**案例 g** 中，X 可以为针对社团的价款债权提起诉讼，社团的起诉同样是被许可的。若它打算为履行买卖合同而提起诉讼，则全部社员无须同时起诉，也不必全部作为起诉人被列在起诉书中。

（四）社团财产

未登记社团因享有权利能力而享有财产权利。[51] 因此，它可以是属于社团财产的权利的主体。这样，如果未登记社团打算购买一块土地，那么他可以像有权利能力社团一样亲自作为所有权人被登记在土地登记簿中[52]，无须指出各社员的社员资格并将所有社员具名登记。 772

（五）责任

1. 未登记社团具有权利能力的后果导致他同样亲自为其债务承担责任。该责任以社团财产为限。 773

在**案例 g** 中，若 X 打算执行社团财产，则他必须对社团提起诉讼（《民事诉讼法》第 50 条第 2 款）。他可以基于对社团的判决对社团财产实施强制执行（《民事诉讼法》第 735 条）。[53] 因为社员 B 仅承担有限责任，所以针对他的起诉是不可能的。显然，A 只想让社团，而非其社员承担义务。

2. 行为人以社团名义对第三人实施法律行为，其责任由第 54 条第 2 句规定。该规定保护债权人利益。如果行为人有权代理社团，那么他同样应承担责任。在这方面，第 54 条第 2 句超越了第 179 条。在第 179 条中，只有在行为人无代理权时他才承担责任（边码 600 及以下）。 774

在**案例 g** 中，除社团外，X 还可以向实施行为的董事 A 提起支付之诉，A 的责任不能通过章程被排除。更确切地说，对责任排除而言，与 X 进行相应约定是必要的。

3. 无权利能力社团根据第 31 条为其机关的行为承担责任。第 31 条得到相应适用[54]，因为无权利能力社团像有权利能力社团一样通过其机关进行行为（边码 746 及以下）。 774a

---

[49] Art. 3 Gesetz v. 24. 9. 2009（BGBl. 2009 I 3145）.

[50] NK-BGB/Eckardt § 54 Rn. 35f.；Brox/Walker BGB AT，33. Aufl. 2009，Rn. 771；HK-BGB/Dörner § 54 Rn. 4；Palandt/Ellenberger § 54 Rn. 10；Staudinger/Weick，2005，§ 54 Rn. 13f.

[51] Staudinger/Weick，2005，§ 54 Rn. 9，74.

[52] NK-BGB/Eckardt § 54 Rn. 47；Palandt/Ellenberger § 54 Rn. 8；Staudinger/Weick，2005，§ 54 Rn. 80.

[53] Brox/Walker ZVR Rn. 22.

[54] HK-BGB/Dömer § 54 Rn. 3；NK-BGB/Eckardt § 54 Rn. 16；Palandt/Ellenberger § 54 Rn. 12；MüKoBGB/Amold § 31 Rn，12f. mN；Staudinger/Weick，2005，§ 54 Rn. 71.

第三章

权利客体

第三十五节　一般权利客体

参考文献： Forkel，Verfügungen über Teile des menschlichen Körpers，JZ 1974，593；Görgens，Künstliche Teile im menschlichen Körper，JR 1980，140；Taupitz，Wem gebührt der Schatz im menschlichen Körper？，AcP 191（1991），201.

案例：

a）E 打算开通第二条通往其工厂区的通道，于是他与邻居 N 约定，在 N 的土地上应存在“有利于工厂土地”的通道权。该约定中出现了哪些权利，它们属于谁？（边码 779）

b）牙医 Z 为 P 制作了上颚假牙，并同时在 P 的下颚上镶上了金色牙冠。直至支付报酬他一直保留假牙及牙冠的所有权。S 未支付报酬，Z 要求返还假牙和牙冠。（边码 780）

c）H 将自己的辫子出售给发型师 F，但在下次理发时才能剪掉。H 立即得到 150 欧元的价款。如果 H 不久之后反悔不想剪短发了，那么 F 享有哪些权利？（边码 780）

d）E 打算将其家具厂整体出售并转让给 K，可能吗？（边码 781、791、792）

e）A 为了担保贷款在春天将其集邮册“德国殖民地”转让给银行 B。夏天时他往集邮册中补充了一些贵重的邮票。冬天时 A 不能偿还贷款，B 要求 A 交出集邮册，A 必须将在夏天收集的邮票一并交出吗？（边码 783、784）

一、概念、种类和界定

（一）概念

权利客体或权利标的指权利主体法律上的支配权所可能涉及的一切财货（Gut）（参见边码 624 及以下）。 775

（二）种类

法律上的支配权客体可以是物、非物质财产和权利。 776

1. *物*是有体的标的（第 90 条，边码 795 及以下）。它的有体性使它区别于非物质财产和权利。只有物可以在实体上被控制，只能对物实施占有（边码 624）。

有体性首先在以下方面起作用：实体的剥夺和侵害只能在物上发生，对这种占有妨害存在广泛的保护（参见第 861、862 条等）。就转让物上的权利而言，通常情况下占有变更或在土地登记簿上进行登记是必要的。占有（对动产来说）和在土地登记簿上登记（对不动产来说）是交易安全的基础，它们使第 932 条及以下和第 892 条中的从无权利人处的取得成为可能（参见边码 639 和 28）。而对无体权利（如债权）来说则不存在这些权利外观基础（Rechtsscheinsgrundlage）。

对物的支配被特别规定在物权法中。一些规定按照"提取公因式的方法"（Ausklammerungsmethode，边码 38）被规定在总则编中（第 90 条及以下，边码 795 及以下）。

2. *非物质财产*就是智力成果，法律赋予作者（Urheber）对这些成果的排他性的用益及变价权（参见边码 627）。 777

此类知识产权存在于文学、科学及艺术作品（《著作权法》第 1 条及以下）[①]，外观设计（《设计法》第 1 条），专利（《专利法》第 6 条），实用新型（《实用新型法》第 11 条）以及商标（《商标法》第 1 条）上。

知识产权同样可以是权利客体：它们可以被转让（参见《设计法》第 29 条，《专利法》第 15 条，《实用新型法》第 22 条，《商标法》第 27 条，例外：《著作权法》第 29 条第 1 款），可以在受《著作权法》保护的作品、外观设计、专利、商标及实用新型上设定用益权（参见《著作权法》第 29 条第 2 款第 31 条及以下，《设计法》第 30 条第 1 款第 1 项、第 31 条，《专利法》第 15 条，《商标法》第 29 条第 1 款第 1 项、第 30 条，《实用新型法》第 22 条）。

3. 在*权利*中，只有*财产权利*能成为支配的客体。它包括物权（所有权和限制物权，边码 624、625）、权利上的权利（边码 626）、知识产权、债权（边码 628）以及资合和人合公司或合伙中的社员权（Mitgliedschaftsrecht）。 778

相反，人格权（边码 622）因其高度的人身特征不能成为法律交易的客体。

---

① Schönfelder，Deutsche Gesetze，Nr. 65.

同样被排除在权利客体之外的还有形成权，例如撤销权（第119条及以下、第123条、第143条，边码433及以下）和解除权（例如第323条第1款、第326条第5款），这是因为形成权不能，而作为其产生基础的权利才可以成为法之支配力作用的对象。

（三）界定

779 1. 权利客体是与权利主体相对的概念。

（1）权利客体永远都无法成为权利和义务的承载者，它一直是法之支配力的对象。

在**案例a**中，如果E和N打算使E的土地成为N的土地上的通行权（Wegerecht）的“权利人”，那么他们的想法在法律上是不可能实现的。该设想可以通过解释得以确定。对他们来说重要的只是将通行权与企业土地所有权相结合。法律为此规定了地役权（参见第1018条）。据此，可以在N的土地上设定如下负担：设定有利于企业土地所有权人的通行权。

780 （2）相反，权利主体也不能是权利客体。不存在对自己或他人的权利。

人格权（边码622）不能被理解成自我支配权，它是使人受到尊重、不受伤害的权利，其目的是保护人，不使人成为法律交易的客体。

*对他人的权利*如今已不再被认可。*在婚姻中共同生活的权利*因权利主体的自由及平等而不能再被理解为对配偶的支配权。父母的照顾（参见第1626条）并非赋予父母对孩子的支配权，而只是照顾权（边码623）。

*债务人*同样不是权利客体，债权只是对债务人提出的给付命令（参见边码623、628）。

*活人的身体*同样不是权利客体。虽然人身体的不受侵害性已被第823条第1款保护，且他可以允许他人对其身体的特定侵害，但没有人能够授予他人对自己身体的支配权并借此将它贬低为单纯的客体（参见《基本法》第1条）。

*人的尸体*同样不是物，因为人格在人死后仍存在。[②] 家属不享有尸体的所有权，只享有习惯法上的后事料理权，他们可以遵循死者的意愿进行安葬并防止他人的不法侵犯。然而，木乃伊和骷髅却属于物并作为法律交易的客体存在，因为此时它们不能再被称为“人的残骸”。

通常来说，*人造的和已分离的身体部分*与人格无关。

如果人造身体部分以安装的方式被身体长久接受（例如龋齿填充物、人造关节、心脏起搏器），那么它们就丧失了物的属性。除此之外它们仍是可流通的物（例如假肢、假发）。

在**案例b**中，Z不能根据第985条请求返还牙冠，因为Z通过将牙冠套在P的牙齿上丧失了对它的所有权，它已被P的身体长久接受并由此丧失了物的属性。相反，假牙在被装入后其物的属性仍然存在，所以Z对它的所有权不会消失。

② Str.；vgl. Brox/Walker ErbR Rn. 12.

反过来，曾一度与身体连接的人造身体部分一旦与身体分离就又变回了动产。这也适用于例如火化死者后留在火葬场的金牙。该金牙就成为无主物。近亲属或继承人拥有先占权。③

可分的身体部分可以是权利的客体（例如剪掉的头发，为了移植而被取出的尚未被移植的器官）。

就人体已分离部分实施的负担行为原则上是可能的。但它不得违反善良风俗（第138条）。在案例c中，H只打算使F对其已剪掉的头发享有所有权，因此买卖合同是成立的。在给付可能的情形下，买卖合同可以缔结。然而，在法律上不能强制其发生。

2. 作为债法上交易客体的标的（Gegenstand）概念应与作为法之支配力客体的标的概念相区别。前者可以是任何有金钱价值的财货（Gut）。 781

因此在**案例d**中，E有义务为K提供获知商业往来、顾客群以及商业秘密（例如尚未申请专利的发明，尚未完成的新发展）的可能性，因为在有疑义时企业收购包括经济上属于企业的一切事物。这些实际的财产价值不能作为支配权的标的。同样，企业本身可以是给付的标的，但却不能是个别权利的标的（边码792）。能源（例如电、热）虽然可以基于能源供应合同成为“所负担的给付”，但却不能产生对此的权利（例如所有权），因为它并非物（边码796）。被负担的经常也并非转让权利，而是取得占有（例如租赁、借贷的情况），不过，占有不得为权利的标的（参见边码624）。

二、事实集合物

（一）概念

集合物（Sachgesamtheit，Sachinbegriff）是单一物的一个集合体（Mehrheit），它们因共同的目的而被视为一个整体。大多数情况下它们有统一的称谓。 782

例如：图书馆、牲畜群、货栈（第92条第2款）、硬币收藏册、农业附属物、咖啡具。

不止单一物具有经济上的意义，它们的集合（Zusammenfassung）同样如此。在经济上共同使用它们时更是如此。

（二）意义

1. 法律未规定对集合物（例如货栈）的支配权（例如所有权），而仅规定了对为共同经济目的而集合在一起的单一物的支配权。这来自于物权法中的特定原则（Spezialitätsprinzip），即每个单一物均与权利主体存在单一的权利关系（Rechtsbeziehung）。 783

因此在**案例e**中，A对集邮册不享有所有权，他是单个邮票的所有权人。对集

③ BAG NZA 2015，94（97）.

邮册的转让只能以将对每枚邮票的所有权的单个转让相加的方式实现。

特定原则是为*法律确定性*服务的。如果我们承认对此类集合物的支配权，那么在使多个物成为集合物的约束，即经济上的目的联系消失时，支配权将随之消失（例如因停业导致的货栈解散）。这样就会造成一种不堪设想的法律不确定性，因为目的联系的存在或消失在法律交往中无法被轻而易举地辨认出来。假若单一物已经随着它在事实上属于集合的一部分而被集合物上存在的权利所涵盖，也会产生其他方面的不确定性。

按照以上假设，在案例 e 中银行 B 应无须参与人的意愿表达获得后来补充进集邮册中的邮票的所有权。然而因为不存在对此类集邮册的所有权，所以银行 B 只能获得春天时组成集邮册的邮票的所有权。他只能根据第 985 条请求交出这些邮票，而非其间被补充进册的邮票。

784 2. 不过，集合物为法律交往提供了实际便利。关于集合物的债权合同是被允许的，对于单一物所有权的转让可以在集合名义下实现。

因此在**案例 e** 中，银行 B 获得春天时属于集邮册的所有邮票的所有权。对于单一邮票所有权的转让“一次性地”在提出集合名义“德国殖民地集邮册”的情况下得以实现。

除此之外，集合物在以下方面同样具有法律上的意义：区分消费物和非消费物（参见第 92 条第 2 款，边码 803），确定用益租赁附属物（Pachtinventars）（参见第 582 条及以下）以及确定第 1035 条中的用益权。

（三）界定

785 集合物并非*“自然集合体”*或合成物（zusammengesetzte Sachen）。后者属于法律意义上的单体物（einheitliche Sachen）。* 存在的是一个物还是多个物要依据经济观点并按照交易常识进行判断。

1. 与集合物不同，在“自然集合体”中（例如粮食堆、纸牌游戏）具有经济意义的只有集合体，而非个别单一体（粮食颗粒、一张纸牌）。

786 2. 如果*多个物*紧密结合，那么通常来说就形成一个单一物，如果最初的多个独立的物在空间上仍可以被区分，那么它们成为一个合成物的（非独立的）部分（=物之成分）。

一辆汽车就是由多个部分组成的，例如车身、发动机、轮胎、座椅、电线、车灯。这些组成部分随着被拆卸下来又会成为（独立的）单一物。

按照交易常识，在松散结合的情况下单体的合成物也可能基于各个结合部分共同的目的而存在。

例如：柜子中的抽屉、松动放置的桌板、活页本中的纸张。关于组成部分的法律规定见第 93 条及以下（边码 809 及以下）。

---

* 单体物是一个统称的上位概念，包括前述的单一物（Einzelsachen）（边码 782，784）和合成物（zusammengesetzte Sachen）。Vgl. Wieling，Sachenrecht，Bd. 1，2. Aufl.，Springer，2006，S. 57. ——译者注

三、权利集合物*

权利的集合是财产和企业。 787

(一) 财产

1. 财产是属于某个特定人的具有金钱价值的权利总和。

财产仅包括权利，不包括物。如果财产清单中除债权、质权和知识产权外还列举了动产和土地，那么这只是因为在一般语言惯用法中经常将“物”和“对物的所有权”相提并论。

具有金钱价值的权利指通常只能以金钱为对价被转让的权利或者必定产生金钱上可计算的经济收益的权利。

2. 财产本身*并非权利客体*，它只是个人享有的全部财产权利的总称。能够被转让的并非此类财产，而是单个权利（参见边码 783）。 788

3. *作为责任基础的债务人财产*服务于债权人（参见《民事诉讼法》第 803 条第 1 款，第 864 条第 1 款，《破产法》第 1 条第 1 款）。因此债务并不被财产** 这一概念所涵盖。也就是说，只有当违背经济上的思考方法仅将资产（Aktiva），而非负债（Passiva）纳入法律意义上的财产中时，债权人才能得到充分保护。如果债务人仍有资产，那么以强制执行方式进行清偿就是可能的，即使负债可能已接近甚至超出资产。 789

例如：从总体计算，S 拥有总价值为 150 万欧元的房产及有价证券。不过 S 也负有 200 万欧元的债务。虽然从经济角度观察存在 50 万欧元的赤字，但是 S 的债权人仍可以对 S 所有的土地以及有价证券实施强制执行。

4. 一般来说，法律主体的具有财产价值的权利只是一笔财产，但法律在一些情况中还规定特别财产的形成，它在法律上与其他财产相分离并适用特殊规定。 790

例如：E 目前拥有一笔财产。一天他作为唯一继承人继承了其叔叔 O 的财产。这样 O 的财产就转移至 E（第 1922 条）。这两笔财产合二为一。然而若遗产管理命令被发布，则这两笔财产仍然是分离的。虽然 E 从叔叔 O 处通过继承获得的财产（遗产）仍属于 E 的财产，但遗产管理人有权对其进行管理（第 1985 条）。这两笔财产（E 的自有财产和遗产）的分离对 E 有利，因为 E 希望以遗产，而非其自有财产向遗产债权人（例如 V 对 O 享有数额为 2 万欧元的价款请求权，O 死亡后 V 对 E 享有该债权）承担责任（参见第 1975 条）。通常来说，两笔财产的分离同样对遗产债权人有利，因为继承人 E 及其（自己的）债权人被阻止参与支配遗产。他只能

---

* 德文为 Rechtsgesamtheiten，其与 Sachgesamtheiten 相对，都属于集合体。直译为“权利集合体”和“物之集合体”，但二者往往置于物（Sachen）的讨论范畴（Vgl. Wieling，Sachenrecht，Bd. 1，2. Aufl.，Springer，2006，S. 57 ff.）。因此，按照传统民法之译法，译作“事实集合物”与“权利集合物”更为妥适。——译者注

** 财产在大多数情况下仅指权利而排除债务，但例外情况下也会涵盖债务。例如，《德国民法典》第 1922 条第 1 条：某人死亡时，其财产（Vermögen）（遗产，Ersbchaft）作为一个整体移转于一人或数人（继承人）之手。——译者注

以自有财产向自己的债权人承担责任。④

（二）企业

791 企业是以人力和物力的结合为基础的经济统一体。它不仅包括所有类型的权利，而且包括单纯事实上的财产价值。

因此在**案例 d** 中，E 是工厂土地、机床、传送带、运输车的所有权人，此外他还是债权（例如欠款）人、专利权人、设计权人以及商标权人，还包括事实上的财产价值，例如商业联系和商业秘密（边码 781）。

792 1. 企业*并非独立权利客体*。

在**案例 d** 中，E 可以将企业作为一个整体出售，买卖所涉及的是属于企业的一切。因此 K 成为土地以及附属物的所有权人和其他权利的权利人。存在多少项权利，就需要多少次单个转让（参见边码 640、783）。

因此为了根据《民法典》第 823 条第 1 款保护企业在经营领域内免受侵害，我们只能承认针对已设立并运营的营业的权利。企业所有人因其单个权利而享有的直接支配权不会因此而被创设出来。

793 2. 虽然企业不能成为权利客体，但企业的概念仍对法律具有重要意义。

例如：康采恩法（《股份法》第 15 条及以下），竞争法（《反限制竞争法》第 1 条），企业组织法（《企业组织法》第 47 条及以下，第 106、111 条）。

第三十六节　物

参考文献：Giesen，Scheinbestandteil- Beginn und Ende，AcP 202（2002），689；Löhnig/Becker，Das Akzessionsprinzip，JA 2011，650；Petersen，Personen und Sachen，Jura 2007，763；Redeker，Software- ein besonderes Gut，NJW 2008，2684.

案例：

a）A 在批量生产拖拉机的过程中使用了从 B 处以所有权保留（边码 613）形式购进的发动机。当 A 不能支付货款时，B 向 A 请求返还已被安装的发动机。（边码 811、813、824）

b）为了使客栈更加现代化，W 请工匠安装燃油设备及热水器。工匠未得到报酬，因此他们主张所有权保留（Vorbehaltseigentum）并要求返还已安装的物。（边码 811、814、815、823）

c）园艺工人 P 在 20 年间一直租用 V 的土地并在坚实的地基上建造了一间培养兰花的温室。温室和植物属于谁？（边码 811、819、826）

④ Einzelheiten：Brox/Walker ErbR Rn. 679ff.

d) E在其土地上经营一座带有高压电网的发电厂。长期以来E与铺设电线时经过的土地的所有人签订了租赁合同。抵押债权人G想知道，高压电线的金钱价值是否也可以被计算在其对E土地上的抵押权主张责任的范围之内。(边码819、823、824、825、826、827、828)

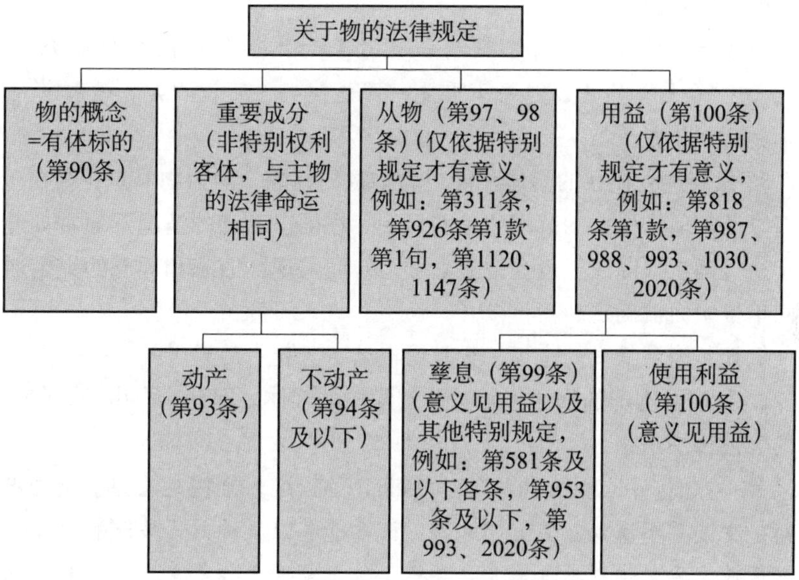

一、意义和概念

(一) 意义

物权法规定人与物之间的关系。物权只能在物上存在。民法总则(第90条及 794
以下)对物的含义作出了规定。

(二) 概念

根据第90条，法律意义上的物只能是有体标的，它是客观独立存在的具有可 795
支配属性的物。

1990年8月20日[⑤]颁布的法律将第90a条引入《民法典》中。根据该条款，动物不属于物，但适用于物的条款原则上同样适用于动物(第90a条第3句)。

1. 在考虑之列的只有客观上的物。活人的身体(边码780)被排除在外。

2. 只有有体的物体才是物。原则上，它的形态是固态、液态还是气态并不重 796
要。不过，有体性要根据交易惯例，而非物理学说来加以判断。只有当按照物权原则进行支配成为可能时，物才是有体的。

⑤ BGBl. 1990 I 1762.

因此，事实集合物或权利集合物（边码 782 及以下，787 及以下）不属于物。自然力和能量（例如热、电、光）同样不是物，即使从物理学的意义上看它们是有体的（例如电）。因为它们不能被占有和转让，不存在对它们的所有权。

相反，钞票、硬币以及有价证券（例如股票、汇票、支票）则属于物，尽管在法律交往中它们的意义并非通过其有体性，而是通过在它们身上所体现出来的经济价值被加以衡量。

金钱债务的履行，可以通过转让数额为票面价值的支付媒介实现。给付的“纸”或“金属”的数量则并不重要。因此债务人可以规定，他打算用哪种纸币或硬币履行其债务。

797 3. 只有独立存在的物体才能成为物权的标的。因为物只有在存在空间界限时所有权以及其他排他权的范围才是明显的。在固态动产的情况下通常如此。土地上的界定通过确认（即在土地登记簿上登记）而实现。液态和固态的界定通过汇聚在一空间单位中而被确定。

例如：啤酒桶中的啤酒、桶里的汽油、飞艇中的天然气、瓶中的碳酸。

798 4. 只有可支配的物才能是法律支配权的客体。因此，自由的空气、公海以及流动的波浪都不是物。

另一方面，可支配性足以成为判断物的标准。某物在法律上是否被支配对于物的特征来说并不重要。更确切地说，该物能够以某种方式被支配即可。

因此，无主物（参见第 958 条第 1 款，第 960 条第 1 款第 1 句）同样是物，因为存在在法律上被支配的可能性（通过先占，第 958 条第 1 款，边码 634）。

二、种类

（一）不动产和动产

799 1. 不动产（＝土地）是通过测量而被划分的地表部分，它们作为独立的地产被登记在土地登记簿中。它不必是自然或经济上的整体。

一块“草地”和一块“耕地”被一条小溪隔开，它们可以在登记簿中被结合为一块法律意义上的土地。另一方面，一块互相连接的耕地可能由多块法律意义上的土地组成。

一些土地权利（所谓的“*准土地权利*”［grundstücksgleiche Rechte］）被登记在土地登记簿的特别页上，法律以这种方式使它们具有同等地位。

例如：地上权（参见《地上权法》第 11 条，第 14 条及以下），房屋上的特别所有权（参见《住宅所有权与长期居住权法》第 3 条及以下，第 7 条）。

800 2. 动产是所有非土地的有体标的。

船同样是动产。如果它被登记在内河船舶或航海船舶登记簿上，那么它基本可以像土地一样被对待（参见《船舶权利法》），因此可以在船舶上设置抵押权。

801 3. 上述区分首先在物权上具有重要意义。对动产来说，法律结果经常与占有情况的变更相关联。而就土地而言，在大多数情况下土地登记簿上的登记对于物权的产生起着决定性作用。

（二）替代物与非替代物

1. 替代物是指交易上通常按数量、大小或重量被加以确定的动产（第 91 条）。 802

例如： 土豆、特定种类的酒[⑥]、煤和批量生产的物品，如 DVD、吸尘器。

2. 非代替物则指所有其他物。

例如： 特制物品（定做西装），通常情况下使用过的物（二手车）。

这种区分在一些债权合同中具有重要意义。只有替代物才能成为物的消费借贷合同（第 607 条第 1 款第 1 句）的标的。

3. *代替物和非代替物*的区别与债法中涉及的种类债务与特定债务（参见第 243 条第 1 款）的区别并不一致。可替代性针对的是交易的普遍性，而特定债务或种类债务的归类则取决于合同双方的真实意思。

（三）消费物与非消费物

1. 消费物是指其基本用途在于消费或出让（Veräußerung）的动产（第 92 条第 803
1 款）。

例如： 食物和享乐品、燃料、钱。

通过以下方式所有种类的动产均将成为消费物：使它们结合为集合物或者嵌入其中，该集合物的基本用途在于逐个出让单一物（参见第 92 条第 2 款）。

例如： 书店中的书、服装公司批量生产的商品、房子以及客栈中的各种家具。

2. 非消费物是指消费物之外其他所有之物。通过反复使用会逐渐损耗，但不发 804
生消费。

例如： 书、衣服、家具。

3. 这种区分对于使用转让合同以及用益物权非常重要。 805

例如： A 女士“借给”女邻居 N 十个鸡蛋。N 不应像在使用借贷（Leihe）的情况下那样只享有无偿“使用”这些鸡蛋的权利（第 598 条）并负有在合同届满后返还这些鸡蛋的义务（第 604 条第 1 款）。更确切地说，N 应当享有在家中消费这些鸡蛋的权利，她只负有以种类和品质相同的其他鸡蛋进行偿还的义务（第 607 条第 1 款，物的消费借贷合同）。

因为消费物只能通过消费被使用，所以消费物的用益权人是其所有权人，用益终止后用益权人须向设定人赔偿物的价值（第 1067 条）。

（四）可分物与不可分物

1. 可分物指在不减少其价值的情况下可以被分割为同种部分的物（参见第 752 806
条）。将单个部分的价值相加必须在客观上达到未被分割的标的的总价值。

---

⑥ BGH NJW 1985，2403.

例如： 面粉、土豆、金条和钱（通过以整换零），此外还有未建造房屋的土地。

807 2. 不可分物是指可分物之外其他所有之物。

例如： 电视机、一双鞋、一套餐具，一般来说还有已建造房屋的土地。

808 3. 该区分对于分割权利共同体（Rechtsgemeinschaft）意义重大。

例如： 分别继承父母1/2遗产的A和B之间存在继承人的共同关系，它应当被分割。若继承人无法就遗产的划分达成一致，则将按以下方式进行分割（参见第2042条）[⑦]，遗产中的可分物（现金、酒）以原物分割的方式被加以分割（参见第752条），而属于遗产的房地产则通过强制拍卖以及分割收益的方式被"变卖"[⑧]。

三、成分

（一）法律规定

809 成分是物的组成部分（边码786）。法律对重要以及不重要成分进行了区分。

1. 根据第93条中的定义，重要成分是指非经毁损物之一部或变更其本质不得彼此分离之成分。

例如： 若不毁坏书和封皮，书的封皮就无法被取下。

重要成分不得为个别权利的客体（第93条）。它与物拥有共同的法律命运。

因此，书的封皮除书的所有人外不得为其他人的财产。否则封面的所有权人将可以向书的所有权人主张返还请求权（第985条）。然而一旦封面与书分离，它就不再与书拥有共同的法律命运。

第94到96条包括关于土地的重要成分的特别规定（边码815及以下）。

810 2. 非重要成分（nicht wesentliche Bestandteile = einfache Bestandteile）是除重要成分之外的物的组成部分。它们可以成为个别权利的客体。

例如： 自行车铃可以从车把上卸下来，而无须毁坏或在本质上改变自行车或车铃。因此车铃不是自行车的重要成分，它可以属于自行车所有人之外的其他人。

（二）意义

811 1. 第93条及以下关于*重要成分*的规定为经济上属于同一整体的物提供了一个法律框架。因为属于同一整体的物的法律命运相同，所以分割会破坏其经济价值。因此根据第93条，重要成分只能与物共同被转让或（通过质权等）设立负担。第93条中的其他结论见第946条及以下，其中规定了属于不同所有权人的物的附合与混合。这些条款是强制法，不能（通过约定所有权保留等，边码613）被变更。

若**案例c**中的温室与案例a中的发动机不应成为重要成分，则这些物仍属于其原所有权人（参见第93条）。

相反，若温室应成为土地的重要成分，则对土地的所有权同样涵盖温室（第

---

⑦ Brox/Walker ErbR Rn. 526f.

⑧ Brox/Walker ZVR Rn. 984 ff.

946 条)。

在**案例 a** 中，若发动机随着安装而应成为拖拉机的重要成分，则将发生第 947 条中的法律效果。若除发动机之外的拖拉机机身可以被视为主物，则 A 将根据第 947 条第 2 款获得发动机的所有权。然而根据司法界的观点，只有当按照交易惯例其他部分的缺失不会有损于物的本质时，主物才存在，如果某物缺少了其他部分就不能合乎目的地被使用，那么它绝对不是主物。[9] 因为没有发动机的拖拉机无法作为拖拉机被使用，所以机身本身并非主物，因此此时适用第 947 条第 1 款：若发动机是重要成分，则前所有人 A 和 B 按比例共同享有对制造完成的拖拉机的所有权。

在解释重要成分这一概念时，最终涉及对经济交往中不同债权人之间利益的均衡。多数情况下相对立的双方中一方是供货商与工匠，另一方是银行。

在**案例 a** 中，如果发动机随着安装而成为拖拉机的重要成分，那么 B 丧失了其保留所有权。作为共同所有人他只能请求让与对拖拉机的共同占有，而不能要求返还发动机（第 985、1011 条），与其他贷与人相比，例如为了保全贷款债权而要求向其转让货栈的银行，B 的地位较弱（第 929、930 条）。

在**案例 b** 中，若设施成为土地的重要成分，则不动产抵押贷款债权人（通常是银行，例如作为抵押权人）将通过责任标的的升值而得到更多贷款担保，这是有损于工匠及供货人的财产的。

2. *在非重要成分*上可能存在个别权利，但非重要成分也经常与作为整体的物拥 812
有同样的法律命运。

因此，若双方未明确进行其他约定，则在买卖和转让时装配成一体的物（例如带车铃的自行车）被作为整体加以看待。在存在疑问时，非重要成分也被共同买卖及转让。当然，双方可以通过特别约定将（非重要）成分排除在买卖或转让之外。

(三) 动产的重要成分

重要成分指*在分离时遭受毁损或改变本质*的物的部分（第 93 条）。与用此用语 813
不同，物的成分是否决定“物的本质”并不重要。同样不重要的还有合成物是否被毁损或被改变本质。第 93 条并不保护此类经济统一体。所指向的对象只是*物的成分*，而非整个物。

如果物的成分在分离后无法以从前的方式在经济上被加以使用，那么就存在毁损或本质上的改变。

在**案例 a** 中，拆卸发动机或将它安装到同种型号的其他拖拉机中可以并不费力地实现。因为所涉及的是批量生产的型号。因此发动机并非拖拉机的重要成分。[10] B 仍是发动机的所有权人，其返还请求权（第 985 条）是有依据的。

为了保护以所有权保留方式供货的债权人，第 93、947 条的适用范围受到司法界的严重限制。因为如今几乎所有消费品都是批量生产的，实际上只有在特制的情

---

⑨ Vgl. BGHZ 20，159 (163) = NJW 1956，788.

⑩ Vgl. BGHZ 18，226 = NJW 1955，1793.

况下才存在动产的重要成分（例如特制机器的替换部件）。

（四）土地的重要成分

814 土地的重要成分由第 93 条的基础规范和第 94 条及以下的特别规范规定。

1. 相对于动产，第 93 条在土地方面的适用范围更大，尽管在此范围内大多适用第 94 条。

例如，土地的重要成分已由第 93 条作出规定：被安装在一间建造在稳固地基上的房屋中的梁、柱子、砖、电力设施以及管道。然而案例 b 中被安装的设施并不属于第 93 条中的情况，因为它们可以在不发生严重损害的情况下被卸下或重新安装。

815 2. 第 94 条将该概念扩大到土地的重要成分。

（1）其*前提*是，物定着于土地和地面上（第 94 条第 1 款），若建筑物是土地的重要成分，则物为建造建筑物而被加进去（第 94 条第 2 款）。

该条款同样适用于地上权等权利（grundstücksgleiche Rechte，边码 799）。

a. 如果分离会毁损或破坏定着物（feste Verbindung）或者导致不成比例的费用，那么这就属于*“定着”*。

第 94 条列举了：建筑物、未分离的土地出产物，种子随着播种，植物随着栽种而成为土地的重要成分。其他例子：地面成分（沙、黏土、砾石），埋入地下的木材和墙体，公路中的供应管道。[11]

b. 为了建造建筑物而加进去的物不仅包括普通建筑材料，而且包括所有赋予该建筑物特点的物，如果没有该物建筑物会在交易中被视为“未完成”。是否定着在建筑物上则并不重要。[12]

在**案例 b** 中，新设备是旅馆的重要成分并因而成为土地的重要成分，因为现代的卫生和供暖设备属于旅馆的组成部分。供货人的保留所有权消灭（参见第 946 条）。

816 （2）*第 94 条的效果*在于，与第 93 条相比它更加强调土地这个经济统一体且加强动产抵押贷款中贷款人（主要是银行）的地位，这无疑是不利于建筑材料供货人以及建筑工人的。在简化的前提条件下他们的所有权保留消灭，无须考虑实际财产比例，土地所有权扩展至重要成分（第 946 条）。

若 B 误以为这是他自己的土地而在 E 的土地上以坚实的地基建造了一座建筑物，则此时 E 成为该房屋的所有权人。但 E 有义务按照第 951、812 条及以下支付金钱补偿。

然而司法正努力通过对第 94 条尽可能狭窄的解释阻止保留所有权的消灭。

例如：只有当工厂建筑用混凝土浇筑加固时，机器以及生产设备才定着于土地以及地面（第 94 条第 1 款），如果以螺丝拧紧或用水泥砌在地基上则不构成“定着”。只有当建筑物正好是为了该种生产工具而被设计时，比如被用作机器厂房，机器和生产设备才属于为了建造而被加进去（第 94 条第 2 款）。[13]

---

⑪ BGH NJW 2006，990.

⑫ Vgl. BGH NJW 1979，712.

⑬ Vgl. RGZ 67，34f.；130，266.

经济统一体“工厂”或“企业”只是在一定条件下受到第 94 条的保护，‘处于中心地位的并非工厂，而是建筑物以及土地。这种狭窄解释避免了对机床供货者的不合理对待，除保留所有权外他们几乎没有任何保障。

3. 此外，根据第 96 条，与土地所有权相结合的权利被视为土地的重要成分（例如地役权）。 817

4. 第 95 条限制了土地重要成分这一概念并提出了所谓“*表见成分*”（Scheintatbestand）：仅为临时目的而附着于土地和地面（第 95 条第 1 款第 1 句）或者被加进建筑物中去（第 95 条第 2 款）的物仍属于独立的物，因此它们并非物的成分。因他人土地上的权利的行使而由权利人附着于土地的建筑物或其他工作物，亦同（第 95 条第 1 款第 2 句）。 818

在第 95 条第 1 款第 2 句的情况下，仅临时的附着并不必要，另一方面，第 95 条第 1 款第 1 句和第 95 条第 2 款中物的范围更宽。

（1）若从一开始就计划或者有把握地估计到物的再次分离，则附着（第 95 条第 1 款第 1 句）或者加入（第 95 条第 2 款）只是为了临时目的。起决定作用的是附着人明确的意愿。 819

据此，临时部分指的是比如说临时房屋、流动舞台、脚手架、路边看台、苗圃中的植物、案例 c 中的兰花。儿童秋千和沙箱在定着于土地的情况下并非重要成分，而只是为临时目的（视前来玩耍的儿童所需的时间而定）而设置的。⑭

若附着由债法上的权利人（承租人）设置，则存在一种事实上的推测：它仅在权利存在的期间，即临时地被实施。由于合同关系中的时间限制，长期合同中的附着仍具有临时的特性。⑮

在**案例 c** 中，P 并未表达其他意思，因此他只是临时将温室附着于土地上。即使在不毁坏温室的情况下分离并不可能，稳固的地基对此也不产生任何影响。因为根据第 95 条第 1 款温室是独立的动产，所以它属于 P，第 946 条不适用。P 可以根据第 929 条及以下转让温室。

在**案例 d** 中，高压电线同样是他人土地的表见成分，因为它是在租赁合同的基础上被铺设的。

若双方约定所有权人在合同到期后接管附着物（Verbindung），则不属于仅为临时目的的附着。⑯

若对物的接管听凭所有人的决定，则上述条件被满足。⑰ 若案例 c 中双方约定了接管权，则温室成为 V 土地的重要成分。不过兰花是表见成分，因为它们是为了出售的目的而被种植的。

（2）根据联邦最高法院的判决，将开始是重要成分的成分确定为表见成分或者 819a

---

⑭ BGH NJW 1992，1101.

⑮ BGHZ 92，70（74）=NJW 1984，2878.

⑯ BGHZ 8，1（8）=NJW 1953，137；BGHZ 104，301.

⑰ BGH DB 1964，368.

相反将表见成分转变为重要成分可以*事后*实现。[18] 在第一种情况下，土地所有权人要对外作出意思表示：从现在开始物在土地上的附着仅出于临时目的而存在。而在后一种情况下，临时部分的所有权人必须表示：现在附着永久存在。

820 (3) 第 95 条第 1 款第 2 句中的他人土地上的权利仅指物权（例如地上权、地役权、用益权）。债权法上的用益权（租金）不属此类。

若 X 获得了 Y 土地上的地上权并在该土地上建造了一座房屋，则该房屋并非 Y 土地的重要成分，而是 X 的地上权的重要成分，因为它是基于地上权被建造的（《地上权法》第 12 条第 1 款第 1 句），该房屋属于 X，但（与第 95 条相反）在地上权终止后则属于土地所有权人 Y 的财产（《地上权法》第 12 条第 3 款）。

821 5. *以前的民主德国*同样适用该原则：与土地和地面紧密结合的物属于土地的重要成分（《民主德国民法典》第 295 条第 1 款，与第 94 条相对应）。然而《民主德国民法典》在许多情况下规定了与土地所有权无关的，存在于建筑、设备、植物以及摆设的特别所有权。[19] 如果此类特别所有权在 1990 年 10 月 2 日以及之前存在，那么它继续存在（《民法典施行法》第 231 条第 5 项第 1 款第 1 句）。如果建立或安装在 1990 年 10 月 3 日或更晚才发生，那么只要它按照之前所创设的收益权是被允许的（《民法典施行法》第 231 条第 5 项第 1 款第 2 句），就适用同样的规定，上述情况不适用第 94 条。

根据《民法典施行法》第 231 条第 5 项第 1 款第 2 句，土地上的用益物权、设备、植物或摆设被视为建筑物的重要成分。

四、从物

822 与关于成分的规定一样，关于从物的规定有助于从法律角度理解在经济上相结合的物。

（一）概念

根据第 97 条，从物并非主物的成分，而是被确定服务于主物的经济目的并与主物处于相应空间关系中的动产，若按照交易惯例该物不能被视为物，则它不是从物。[20]

823 1. 只有*动产*才能成为从物。土地被排除在外。

在**案例 d** 中，高压电线可能是 E 的土地的从物，它必须是动产，电线既不能是各块土地也不能是 E 的土地的成分。电线是他人土地的表见成分，因为它是以租赁合同为基础，即出于临时目的而被设置的（参见第 95 条）。高压电线也不是工厂土地的成分，因为结合可以毫不费力地通过拧下螺丝而被消除且按照交易惯例电线并

⑱ BGH NJW 2006，990（991）.

⑲ Aufzählung bei Palandt/ Heinrichs，zuletzt 64. Aufl. 2004，EGBGB Art. 231 § 5 Rn. 2.

⑳ Zur Bedeutung der（regional unterschiedlichen）Verkehrsanschauung für die Zubehöreigenschaft von Einbauküchen s. BGH NJW 2009，1078（1079）.

未丧失其实体独立性（参见边码 816）。因此作为动产的高压电线是从物。

2. 从物不得为主物的成分。 824

该规定对土地的从物来说是多余的，因为它应当不是动产（案例 b：参见边码 815，案例 d：参见边码 823）。

案例 a 中的发动机也非从物，因为它是组合而成的动产的成分。

从物和成分之间的界限并非一直显而易见，要根据交易惯例来判断所存在的是非独立的物的成分还是独立的从物（参见边码 786、787）。

例如：就汽车而言，备用轮胎、停车警告牌和包扎用品箱均为从物，相反，安全带则为普通成分，因为它虽然可以轻而易举地被卸除，但从安全角度出发在驾车时它不得被免除。铃和钟则自然是教堂的从物。[21]

3. 从物须*被确定服务于主物的经济目的*。 825

根据第 98 条，尤其属于此种情况的是在为工商企业经营而长久设立建筑物的情况下被确定用于营业的机器和其他器具，在自耕地情况下的农业附属物以及为了继续经营所必需的农业出产物。

在**案例 d** 中，远程电网是服务于企业土地的，否则发电厂将无法输送电力。

只有当物应为主物服务时，它才是从物，因此需存在一种隶属关系。一个物必须作为主物，其他物必须作为辅助物出现。

例如牵引车与挂斗之间的关系，而运输企业的汽车与行政及后勤楼之间的关系则不属此类。[22] 企业土地上的原材料库存（例如家具厂的木材存货）与企业建筑物同等重要。[23]

4. 辅助物的目的确定须长久存在，暂时使用不产生从物属性（第 97 条第 2 款第 1 句）。 826

因此第 95 条中的表见成分（如案例 c 中的温室）不能成为土地的从物。然而就像案例 d 中的、处于租赁期间的电线一样，它们却可能成为其他土地的从物。

相反，在第 98 条第 1 项的情况下，辅助物的目的确定的长久存在却并不重要，此时仅需建筑物是为了工商企业而长久设立即可。[24]

5. 必须与主物之间存在与目的确定相应的空间关系。 827

例如：如果采石场中的挖土机和卡车只是暂时与企业土地相分离，那么它们的从物属性并不发生变化（参见第 97 条第 2 款第 2 句）。

在司法界已表现出以下趋势：并非十分明确地与土地有关的物被视为构成了“企业核心”的土地的从物。

因此在案例 d 中，虽然发电厂的高压电线大部分位于他人土地之上，但它们仍与企业土地有关。[25]

---

[21] BGH NJW 1984，2277.

[22] BGHZ 85，234 = NJW 1983，746.

[23] RGZ 86，329.

[24] BGHZ 62，49（52）= NJW 1974，269；BGHZ 124，392.

[25] RGZ 87，49；BGHZ 37，353（357）=NJW 1962，1817；vgl. Erman/Schmidt § 97 Rn. 20，§ 94 Rn. 11.

（二）意义

828 1. 从物是独立的物，与重要成分不同，它们可能是*个别权利的客体*。

2. 从物的概念在以下情况中具有意义：

（1）若某人负有转让或在某物（动产或土地）上设定负担的义务，则在*有疑问时该义务同样及于从物*(第311c条)。

若V将其田庄出售给K，则在无其他约定的情况下所有从物（牲畜）也一并被出售。

（2）*转让土地所有权时，从物的所有权也随之移转*(第926条第1款第1句)，而无须特别的转让行为。

若V通过合意和登记（第873、925条）将已出售的田庄转让给K，则无须第929条及以下的转让，K同样借此成为牲畜和其他从物的所有权人。

（3）*抵押（也）及于土地的从物*(第1120条)，因此从物也成为向土地抵押权人进行清偿的责任财产。(参见第1147条)。

在**案例d**中，高压电线是E的土地的从物。G的抵押权同样及于它。强制性的变价出卖通过强制拍卖而得以实现，与动产的情况不同，法院执行人员（仅）对从物进行扣押是不被允许的（参见《民事诉讼法》第865条)。[26]

五、孳息、用益、负担

（一）概念

829 1. 法律将孳息分为实物孳息和权利孳息，存在物和权利的直接和间接孳息。

（1）根据第99条第1款，物的直接孳息是物的出产物（Erzeugnisse）（鸡蛋，水果）以及按照物的用途能够从物中获得的其他收获物（sonstige Ausbeute）（例如采石场中的石头)。

（2）物的间接孳息是物因某一法律关系而产生的收益（Erträge）（第99条第3款)。严格地说，这里所涉及的并非物的孳息，而是对物的所有权的孳息（例如使用与用益租赁的租金)。若承租人必须返还出租人出租物以及由此产生的用益（第100条）（第546条第1款、第292条第2款、第987条第1款)，应返还的还包括已被接受的转租租金以及承租人因转租人提前结束转租关系而得到的损害赔偿。[27]

（3）根据第99条第2款，*权利的直接孳息*指权利（除所有权外）依其用途而产生的收益（例如用益租赁人的收获（Ernte))。

（4）*权利的间接孳息*是指权利人因某一法律关系而获得的收益，据此他人有权行使该权利（例如用益租赁转租的租金）（参见第99条第3款)。

830 2. *用益*(Nutzungen）指物和权利的*孳息*以及其他使用利益（Gebrauchvorteile)

---

[26] Brox/Walker ZVR Rn. 216.

[27] BGH NJW-RR 2009，1522（1523）.

（第 100 条）。

3. *负担*(Lasten) 是所有权人或权利人的给付义务(参见第 103 条，例如抵押利息)。 831

（二）意义

法律在不同章节规定了谁享有孳息和使用利益以及谁须承担负担。 832

用益租赁承租人有权享受孳息（第 581 条），用益权人有权得到物的用益（第 1030 条）。第 953 条及以下规定了（物权上）孳息的取得。用益返还请求权可以基于第 818 条第 1 款，第 987、990、993 条及第 2020 条存在。

大多数情况下用益权人* 须承担负担（参见第 1047 条等）。

第 101 至 103 条规定了据此有权利收取孳息或有义务承担负担的多个人之间的平衡。

* 德文为 Nutzungsberechtigte，此为广义用益权人，即有权取得用益之人，可以涵盖《德国民法典》第 1047 条中狭义的用益权人（Nießbraucher）。——译者注

第四部分　期间和期日

第三十七节　期间和期日

参考文献：Effer-Uhe，Die Berechnung von Rückwärtsfristen-zugleich eine Stellungnahme zur Dogmatik des Zugangs von Willenserklärungen，JZ 2016，770；Scbroeter，Die Fristberechnung im Bürgerlichen Recht，JuS 2007，29；Siegltrum，Grund Fälle zur Berechnung von Fristen und Terminen gem. § § 187 ff. BGB，JuS 1986，705，784.

案例：

a）K 于 5 月 5 日从 V 处实验购买（Kauf auf Probe）了一本百科全书（第 454、455 条）并完成交付。双方约定，K 必须在一周之内对是否认可（Billigen）* 该交易作出表示。K 未作任何表示，V 于 5 月 12 日请求 K 支付价款。K 表示拒绝购买。（边码 832b、832c）

b）K 在网上卖家 V 处购买了一本书。当书被送达后，K 发现一部分纸张出现了装订错误。7 月 1 日他为 V 设定了十天后提供一本无瑕疵的书的期间。该书于星期一（7 月 13 日）送达，而此时 K 不再打算买下该书并付款。（边码 832b、832c、832d）

一、期间和期日的概念及意义

*期间*是一段被界定的、确定或至少可确定（bestimmbar）** 的时间。① *期日*是一个特定的时刻，在这一时刻会发生某个事实或产生某种法律效果。 832a

期间可以被法律规定或在合同中被加以约定。它们可以以星期（第 108 条第 2 款第 2 句）、月份（第 548 条）或者年（第 124 条第 1、3 款）等形式出现。但它也可以通过一个“需要填补的”（ausfüllungsbedürftig）概念来阐明（例如第 12 条第 1 款第 1 句：没有过错的迟延（ohne schuldhaftes Zögern）[毫不迟延地]）。期间尤其对请求权的产生和消灭、法律地位（例如到期、出现迟延）② 以及给付拒绝权（特别是时效，第 214 条）的产生具有重要意义。

期间的起算、持续以及终了由第 186 条及以下加以规定。这些解释性条款不仅适用于法定期间，而且适用于在法律行为中被约定的期间（第 186 条）。从《民法

---

* 参考陈卫佐译注《德国民法典》，译作“认可”为佳。——译者注

** 此处并无被动语态的出现，应尊重原意，究其与前区别应为“已确定”和“具有可确定性”的未决状态，故“可确定”足以表明其意。——译者注

① RGZ 120，355（362）.

② BGH NJW 2007，1581.

典》总论部分的立法可以推知，原则上民法中的所有期间均可以根据第186条及以下进行计算。许多其他法律，例如《民事诉讼法》第222条第1款、《行政诉讼法》第31条第1款和《行政法院条例》第57条第2款，在计算各自规定的诉讼或行政法上的期间时同样直接或间接地援引第187条及以下。因此，这些条款在计算期间时几乎在整个德国法中都具有广泛的适用范围。

二、期间的起算

832b 就期间的起算而言，重要的是某一事件（Ereignis）或一天当中的某一时刻或某日的开始。第187条包含了用以确定这些情况下期间起算的解释规则：若期间的起算以某一事件或一日当中的某一时刻为准，则计算期间时该事件或时刻所在当日不被算入。

在**案例a**中，所约定的认可期间（Billigungsfrist）应在购买并同时交付百科全书时起算。根据第187条第1款，5月5日不被算入，因此该一周期限的第一天是5月6日。在案例b中，K在7月1日确定了十天的期间，因此7月1日当天不被算入。

若通过解释可以确定，某日的开始对期间的起算具有重要意义，则与基本规定不同，该日在计算期间时被算入（第187条第2款）。

租金“从1月1日起”支付这样的约定意味着支付义务在1月1日已存在。

三、期间的终了

832c 期间的终了由解释性规则，即第188条规定。按日而定的期间，于期间的最后一日的日末终了（第188条第1款）。

在**案例b**中，双方为购买认可（Billigung）约定了十天的期间。因为根据第187条第1款该期间的第一天是7月2日，所以原则上该期间于7月11日的日末（24点）终了（参见边码832d）。

若涉及按星期或月计算的期间，则在第187条第1款的情况下该期间于最后一星期或最后一个月的那一日的日末终了，该日在名称与数目上应与事件或时刻所出现之日相符（第188条第2款）。

在**案例a**中，对一星期的期间的起算具有重要意义的事件是购买和交付百科全书，即5月5日。根据第188条第2款，一周的期限于5月12日24点才终了。在此之前K可以拒绝认可（Billigung）购买从而避免其沉默被视为认可（Billigung）（参见第455条第2句）。他可以返还百科全书，无须付款。

第188条第3款考虑到了以月计算的期间中的一种情况：并非每个月都有相同的天数。若在某月（如8月）的31日约定了三个月的期间且第三个月（11月）并无31日，则期间于第三个月的最后一日日末终了（11月30日）。

832d 期间终了的重大意义由第193条加以规定。若意思表示或给付须在某日或某一期间内作出或履行，且该日或该期限的最后一天恰为星期日、经国家承认的公共节日或星期六，则以下一个工作日代替这一天。该规定导致了期间的延长。其意义在于保障周末和假日安宁，它们（die）不应被因遵守期间而必须作出的表示或实施的行为打扰。[3]

案例 b 中的十天期间终了于 7 月 11 日的日末。那天必然是个星期六，因为 7 月 13 日是星期一。根据第 193 条的规定，7 月 13 日的供货在法定期间内仍是及时的。因此 K 不可以解除合同（参见第 323 条第 1 款），他必须接受该书并支付价款（第 433 条第 2 款）。

第 193 条并*不适用于通知终止期间*。[4] 该期间指出，在通知终止表示生效后法律关系何时终止。但这并不意味着意思表示要像第 193 条所要求的那样，必须在某特定日期或某一特定期间内被作出。该规定同样不可以被类推适用，因为通知终止情况下存在其他的利益状况。第 193 条旨在保护须作出意思表示或须实施给付的人。相反，通知终止期间旨在为通知终止相对方提供保护，该人应使自己适应合同关系的终止。

四、期间的计算

因为并非每个月份都有相同的天数，所以在涉及用一个月的一部分来表达期间的情况下，在计算期间的持续时间时会出现一些疑问。此时解释性条款第 189 条对此作出了澄清：不论该月份是多于还是少于 30 天，半个月均为 15 天。 832e

与计算半个月的期间相类似的问题是：如果一段时间以月或年计算且无须连续经过，那么由于不是每个月或每一年都有相同的天数，所以此时适用第 191 条。

以下义务可以作为一个例子：耕种一块土地或从事其他工作，总计期间达到一年中的三个月。根据第 191 条，在这些情况下每月按 30 天、每年按 365 天计算。

最后，第 192 条还包括一项解释性条款，其内容为，“月初”为每个月 1 号，“月中”指 15 号，“月末”指该月的最后一天。

五、期间的延长

若正在进行或已届满的期间被延长，则根据第 190 条新的期间自前一期间届满时起算。若前一期间于星期日、国家承认的节日或星期六届满，同样如此，在期间延长的情况下第 193 条不适用。第 190 条使原有（ursprüngliche）期间与被延长的期间合成（zusammenhängenden）* 一段连续的时间。 832f

若所涉及的并非期间的延长，而只是约定新的期间，则第 190 条不适用。该期间须根据第 187 条及以下并在遵守第 193 条规定的情况下被计算。

---

* 此处宜用合成更为生动。——译者注

[3] MüKoBGB/Grothe § 193 Rn. 1.

[4] BGH NJW 2005，1354（1355）.

第五部分　附加内容

第三十八节　案例分析方法

参考文献：Armbrüster/Leske，Hinweise zur Bearbeitung vertragsrechtlicher KlausurFälle，JA 2002，130；*Barczak*，Normenkonkurrenz und Normenkollision，Jus 2015，969；*Fleck/Amold*，Die Klausur im Zivilrecht-Struktur，Taktik，Darstellung und Stil，Jus 2009，881；Brox，Zur Methode der Bearbeitung eines zivilrechtlichen Falles，JA 1987，169；Früh，Bürgerliches Recht in der Fallbearbeitung，JuS 1993，825；1994，36，212，486，759，937；Hattenhauer，Stillregeln für Juristen，JA Sonderheft für Erstsemester 2008，53；Hopt，Falllösungstechnik für Beginner，JURA 1992，225；Körber，Zivilrechtliche Fallbearbeitung in Klausur und Praxis，JuS 2008，289；*Leenen*，Anspruchsaufbau und Gesetz：Wie die Methodik der Fallbearbeitung hilft，das Gesetz leichter zu verstehen，JURA 2011，723；Medicus，Bürgerliches Recht，25. Aufl.，2015，Rn. 1 ff.；Petersen，Die Entstehung und Prüfung von Ansprüchen，JURA 2008，180；Valerius，Der Gutachtenstil in der juristischen Fallbearbeitung，JA Sonderheft für Erstsemester，2008，47.

更多案例集和指导书目详见参考文献目录。

案例：

a）中学生 H 在车商 V 处表示，他打算为父亲（K）购买一辆二手车。在 H 挑选完汽车后，V 和 H 就一辆价格为 15 000 欧元的二手车签订了买卖合同。H 为其签名附上以下补充："以我父亲的名义"。不久 K 获知此事，他写信给 V，表示他不会付款，因为他的儿子"乳臭未干"，他撤销了合同，因为与 V 在买卖磋商时的说明相反，该车是一辆事故车。V 表示，K 必须支付价款，因为"买了就是买了"。（边码 833、834、836、837、838、861）

b）B 在 A 图书馆里有偿借阅了三本书，期限为一个月。五个星期后 A 请求返还图书，B 回复说，第一本书已经被返还，第二本书在他房间中被烧毁，并且因为资金紧张他将第三本书转让给了 C。你对 A 有哪些建议？（边码 833、834、836、838、852、858）

若 B 在 A 市图书馆中将第三本书盗窃，法律状况是否会发生变化？（边码 852）

一、案情及提出问题

（一）案情

833 首先，分析者必须努力理解案情。因此他必须认真地，甚至在必要时多次阅读。只有这样才能保证他在鉴定时没有忽视案情中包含的——有时隐藏其中的——事实。

若分析者发现案情中存在漏洞，则他不得“以贴近现实和生活的方式”直接将它补充完整。因为这样经常会歪曲案情。重要的是我们（可能之后才）能够在法律分析时确定这种“漏洞填补”是否有意义。同样，以下工作也并非分析者的任务：对于案情中所描述的、由涉案人提出的看法是否符合事实情况进行讨论。确切地说他必须仅限于研究，假定正确的情况在法律上是否具有意义。

案例 a 的案情（中学生，“乳臭未干”）表明 H 很有可能仍是未成年人。错误的做法是，立即对 H 的年龄进行详细讨论并表示同样存在已满 18 周岁的中学生，而父亲用“乳臭未干”这个词表示的可能是除未成年人外的其他意思。也许 H 是否为未成年人并不重要（参见第 165 条，边码 517）。

在**案例 b** 中，为 A 提供建议必须以 B 的表述的真实性为出发点，不必对 B 是否故意作出不真实的表述进行推测。

（二）提出问题

834 大多数情况下鉴定均须以案例结尾所提出的问题作为出发点。必须研究的是，问题是什么。

1. 一般情况下，案例问题多涉及请求权（参见第 194 条，边码 640 及以下）。分析者应说明案中提及的人可否向他人提出请求。

在**案例 a** 中该问题可以表达为：“V 可否向 K 请求支付 15 000 欧元?”或者“K 是否必须付款?”即使问题是“谁享有权利?”，也只需考察 V 是否有权要求付款或像 K 所认为的那样，他不享有价款请求权。

如果案例的结尾是，某人就支付价款提起诉讼并问道：“法院应如何裁判?”，那么这同样涉及一人针对他人的请求权。在一人向他人咨询自己该如何行为的情况下，通常也是如此。

案例 a 中可能会提出这样的问题：“你会向 V 提供哪些建议”，只有当我们在鉴定中得出 V 对 K 享有数额为 15 000 欧元的价款请求权这一结论时，我们才能建议 V 就 15 000 欧元的价款向 K 提起诉讼。

若案例中并未提出问题，则分析者必须从案情中推断，为什么希望他写这个鉴定。

在**案例 a** 中，因为 V 与 K 之间的争执首先涉及支付 15 000 欧元，所以分析人须提出的问题是：V 可否要求 K 支付该金额。

若案情涉及多人，则以下问题的提出非常重要：只是某个特定人对于另一个特定人的请求权还是该人对多个人的请求权。

若**案例 b** 中的问题是 A 对 B 的请求权，则无须探讨可能存在的 A 对 C 的请求权。如果在案例 b 中应当被讨论的是 A 可否对 B 要求金钱上的损害赔偿，那么同样如此，因为这些请求权只能指向 B。但如果问题是，你会向 A 提供哪些建议，那么分析者就必须考虑到，需要探讨的不只是对B的损害赔偿请求权，还有基于第三本书产生的对C的返还请求权。

如果问题是“法律状况如何?”，那么这通常意味着应探讨案情中所涉及的每个人对其他人可能存在的请求权。不过这个听起来需要广泛考察的问题指的也可能只是某个人对他人的特定请求权。分析者在个案中遇到的究竟属于哪种情况必须从其余案情中加以推断。

若**案例b**中所提出的问题是法律状况如何，则必须讨论A对B和C的所有请求权。如果得出的结论是：C必须向A返还所购买的书，那么就需要讨论，C可否因此对B进行请求。

相反，若案例b结尾中的问题是：“A想知道它可以向谁提出请求，法律状况如何?”，则只讨论A，而无须讨论C的请求权。关于法律状况的问题在此无意义，它也可以被省略。

2. 只有在极少数情况下才不就请求权提出问题，而是问某人是否享有对某物的物权（例如所有权，边码624、625）。 835

例如：根据案情，一件首饰被转让了几手（例如由原所有权人A转让给B，再由B转让给C，最后由C转让给D），问题是：谁是所有权人。此时分析人必须进行历史性分析并讨论B是否从A处，C是否从B处且最后D是否从C处获得首饰的所有权。但大多数情况下此类案例中的问题是，A可否请求D返还该首饰。这样就必须从第985条的返还请求权出发并讨论：A是否仍是首饰的所有权人或者他在此期间是否已丧失其所有权。

二、请求权的审查规则

审查人在审查任何一个请求权时均需问自己以下问题：谁可以向谁根据什么请求什么？ 836

（一）请求权人和请求权相对方

如果被提出的问题是每个涉案人对案情中出现的所有其他人的请求权，那么分析首先应当根据二人关系（谁向谁）进行划分。

在**案例a**中，若应被加以研究的是参与人彼此间的请求权，则应从V对K的请求权出发。如果得出的结论是，V可以请求K支付价款，那么随后就可以对合同中K对V的请求权进行处理。但如果V对K的请求权已被否定（因为H的代理权的缺失使二人之间的买卖合同未成立），那么必须继续审查，V对无权代理人H（第179条，边码600及以下）是否享有请求权。

若**案例b**中的问题是法律状况如何，则就第一、二本书而言只需考虑A对B的请求权。相反，在第三本书上存在多人的请求权。如果能够从A对C的返还请求权开始分析，那么这样做将是符合目的的。如果得出的结论是C无须返还该书，那么就要讨论A对B的损害赔偿请求权。但如果C必须向A返还该书，那么接下来的问题就是C可否因此向B要求损害赔偿。

（二）请求权目的

837 如果根据被考虑的二人关系进行了划分或者问题只涉及某特定人对他人的请求权，那么分析者就必须说明被请求的是什么。此时所涉及的可能是价款支付或者转让某（已被购买的）物。以下请求同样是可能的，例如返还某物、损害赔偿或不为特定行为。

在**案例a**中，被涉及的首先是价款请求权，而在案例b中则是返还和损害赔偿请求权。

（三）请求权基础

838 如果分析人知道被请求的是什么，那么他必须分析可以根据什么提出请求。他必须找出可能支持请求权人请求的法律条款。单个请求权可能有多个请求权基础，所有可能的请求权基础的适用范围均必须在具体情况中被审查。

在**案例a**中，V对K的请求权可以考虑适用第433条第2款。若H在不享有代理权的情况下缔结了合同，则必须审查，V可否根据第179条第1款（边码601及以下）向H请求支付。若合同成立且随后被K撤销，则要考虑第122条中的V对K的信赖利益损害赔偿请求权（边码444及以下）。

在**案例b**中，A对B的损害赔偿请求权可能因为可归责于B的返还不能（参见第546条第1款），根据第275条第4款，第280条第1、3款，第283条存在，也可能根据第823条第1款、第2款，第826条存在。就A对C关于第三本书的返还请求权而言则可以考虑第985、1007、861条。

三、存在多个请求权基础时的审查顺序

839 如果一个请求权存在多个请求权基础，那么审查的顺序有时要取决于法律规定，有时候起决定作用的只是对合目的性的衡量。

（一）基于合同的请求权

首先须审查的是基于合同的请求权。就无因管理请求权而言它应被先行讨论。因为该请求权的前提是，管理人未经本人“授权”（第677条），即合同不存在。对侵权行为请求权来说同样应首先讨论合同请求权，因为该行为可能基于合同而完全合理从而不再是“非法的”。最后，不当得利返还请求权的前提是债务人“无法律上的原因”取得利益，这可能存在于合同中。

基于合同的请求权包括：

840 1.（第一位的）的*合同履行*请求权

例如：交付买卖物（第433条第1款第1句），对瑕疵物的补充履行（第437条第1项、第439条），出让对租赁物的使用（第535条第1款第1句），完成约定工

作（第631条第1款），支付约定价款（第433条第2款）、租金（第535条第2款）、报酬（第631条第1款）的请求权以及不为特定行为的合同请求权（参见第241条第1款第2句）。

2.（第二位的）基于合同的*损害赔偿和费用偿还*请求权 841

例如：可归责于债务人的，因给付不能所导致的损害赔偿（例如：第275条第4款，第280条第1、3款，第283条），债务人迟延（例如：第280条第1、2款，第286条），违反从义务（第280条第1款、第241条第2款），违反先合同义务（第311条第2款、第280条第1款）。买卖物出现瑕疵时的费用偿还（而非损害赔偿）（第437条第3项、第284条）。

（二）类合同关系中的请求权

因为彼此接近，所以类合同关系中的请求权要像合同请求权一样被对待。大多 842
数情况下它们产生于合同准备阶段，此时合同尚未有效成立。

类合同关系中的请求权包括：

1. *履行*请求权

例如：第179条第1款中对无权代理人的请求权（边码600及以下）。

2. *损害赔偿*请求权 843

例如：撤销意思表示时的信赖利益损害赔偿请求权（第122条，边码444及以下），第179条第1款中的损害赔偿请求权（边码600及以下），第179条第2款中的信赖利益损害赔偿请求权（边码604），主要是第280条及以下法条中的请求权。

在无因管理的情况下，本人可以根据第677、681条结合第280条及以下或者第678条向管理人主张损害赔偿请求权。

3. *费用偿还*请求权 844

例如：在无因管理情况下管理人对本人的自愿费用偿还请求权（根据情况管理人可以认为这笔费用是必要的，第683条）以及损害赔偿请求权，其中损害是在管理人作为事务管理中典型以及明显的危险状况的后果而产生的（类推适用第670条）。

（三）物上请求权

物上（物权的）请求权应保护物权不受侵害（边码646、624、625）。它可以针 845
对任何一个侵害物权的人被提出。

物上请求权包括：

1. *返还请求权*

（1）第985条中所有权人（用益权人，第1065条，质权人，第1227条）对无权占有人（参见第986条）的请求权。[①]

（2）第1007条中动产的前占有人对现占有人的请求权，如果后者在取得占有

① Vgl. Vieweg/Werner SachenR § 7；Wolf/Wellenhofer SachenR § 21 Rn. 6ff.

时为恶意（第1007条第1款）或者物从前占有人处丧失（第1007条第2款第1句）。②

（3）第861条中因法律所禁止的私力（参见第858条第1款）而被侵夺占有的人对实施瑕疵（参见第858条第2款）占有的人的请求权。③

846 2. *除去侵害及不作为请求权*

（1）第1004条中所有权人（用益权人，第1065条，质权人，第1227条）对侵害人的请求权。④

第894条是第1004条的特别条款。⑤ 据此，若权利人的权利未被或未被正确地登记于土地登记簿中，则他有权向更正所涉及的人请求该人同意对土地登记簿进行更正。

（2）第862条中的占有人对通过法律所禁止的私力（参见第858条第1款）侵害其占有的人所享有的请求权。⑥

（四）侵权法上的请求权

847 基于侵权行为以及危险责任的请求权会引起损害赔偿。须补偿某人所遭受的财产损失。

在探讨该请求权之前，必须审查关于所有权人—占有人关系的特别规定（第989条及以下）是否适用于此。因此它们优先于一般规定，因为它们使善意占有人在返还诉讼的诉讼系属（参见《民事诉讼法》第261条第1款结合《民事诉讼法》第253条）发生之前拥有比他根据一般性条款所拥有的更好的法律地位，因为他根本不负向所有权人进行损害赔偿的义务（第993条第1款结尾处）。善意占有人是指虽然无权占有，但善意地（无重大过失）认为自己有权占有的人。

如果第989条及以下的特殊规定被确定不能适用，那么要考虑以下请求权：

848 1. 侵权行为请求权的目的是损害赔偿，其中损害是债务人违法且有过错的行为造成的。

请求权尤其包括：

（1）第823条第1款中的请求权，

（2）第823条第2款中的请求权，

（3）第826条中的请求权。

849 2. 基于危险责任产生的请求权导致了对以下损害的赔偿义务：它们由合法但同时给他人带来危险的活动所导致。特别要考虑的是《道路交通法》第7条第1款，《责任义务法》第1条第1款，《产品责任法》第1条第1款以及《民法典》第833条第1句。

---

② Einzelheiten：Baur/Stürner SachenR § 9 Rn. 27ff.；Vieweg/Werner SachenR § 2 Rn. 67ff.

③ Vgl. Baur/Stürner SachenR § 9 Rn. 16ff.；Vieweg/Werner SachenR § 2 Rn. 58.

④ Vgl. Baur/StürnerSachenR § 12 Rn. Hf.，12ff.；Vieweg/WernerSachenR § 9.

⑤ Vgl. Baur/Stürner SachenR § 18 Rn. 27ff.

⑥ Vgl. Baur/Stürner SachenR § 9 Rn. 16ff.；Vieweg/Werner SachenR § 2 Rn. 59.

（五）基于不当得利的请求权

基于不当得利产生的请求权的目的是平衡不合理的财产流动，具体方式为从“失利人”的利益出发将“得利人”处的财产增长重新清除。其中具体包括以下请求权： 850

1. 第812条第1款第1句第1种情况中的对于无法律上的原因，通过债权人的给付而取得财产利益的债务人的请求权，这种所谓的给付型不当得利（Leistungskondiktion）原则上排除了在同一得利客体方面以其他方式得利的可能性（非给付型，第812条第1款第1句第2种情况），因此它必须首先被审查。

给付型不当得利的特殊情况见第817条第1句。

2. 对于无法律上的原因以其他方式（即不通过债权人给付）使债权人蒙受损失而取得财产利益的债务人的请求权。其中包括所谓的权益侵害不当得利、求偿型不当得利以及支出费用不当得利。 851

（1）*权益侵害不当得利*（Eingriffskondiktion）：对他人权利的侵害可以由得利人、第三人，甚至可以不经人的参与（例如自然现象）而实施。

a. 第812条第1款第1句第2种情况中的请求权构成了权益侵害的基本情况。[7]在这里，得利人在无法律上原因的情况下亲自对第三人的权利实施侵害并使其蒙受损失，同时增加了自己的财产。

例如：得利债务人在未经允许的情况下消费了债权人的食物、储备能源或其他可消费的物。

b. 除此之外，第816条包含了三个权益侵害不当得利的特别要件。另一个特别情况被规定于第822条中。考虑到其特殊性，第816和822条中的请求权（如果按照案情它们应被认真考虑）应先于第812条第1款第1句第2种情况中的请求权被审查。 852

—权利人根据第816条第1款第1句的请求权：若无权利人就某一标的作出了对权利人有效的处分，则权利人有权要求无权利人返还因该处分而取得的利益。[8]

在**案例b**中，A可以向B请求第三本书的收益，因为通过B对C的转让C已经基于从无权利人处的善意取得（第929、932条，边码639）取得了所有权。在盗窃的情况下，善意取得不成立（见第935条第1款第1句）。但A可以对B的处分进行追认（第185条第2款），这样该处分就是有效的，第816条第1款第1句在此适用。

—权利人根据第816条第1款第2句享有的请求权：如果无权利人通过一项无偿的、对权利人有效的处分直接取得了法律上的利益，那么权利人可以向无权利人请求返还该利益。[9]

⑦ Dazu Brox/Walker SchuldR BT § 42 Rn. 3ff.

⑧ Dazu Brox/Walker SchuldR BT § 42 Rn. 17ff.

⑨ Dazu Brox/Walker SchuldR BT § 42 Rn. 23ff.

—权利人根据第 816 条第 2 款享有的请求权：若对权利人有效的给付（例如第 407 条第 1 款）向无权利人履行的，则权利人可以请求无权利人返还所被给付的一切。

—得利债权人根据第 822 条向第三人享有的请求权：该第三人基于有效的原因行为无偿从得利债务人处获得了得利标的。[10]

853 （2）求偿型不当得利（Rückgriffskondiktion）[11]

854 （3）支出费用不当得利（Verwendungskondiktion）[12]

由于众多特别条款的存在，最后提到的这两种不当得利的适用范围较小。

存在多个请求权基础时的审查顺序：

Ⅰ. 合同请求权

1. （第一位的）履行请求权（例如第 433 条第 1 款第 1 句，第 2 款，第 437 条第 1 项，第 439 条，第 535 条第 1、2 款）

2. （第二位的）损害赔偿请求权（例如第 280 条第 1 款，第 280 条第 2 款，第 286 条，第 280 条第 1、3 款，第 283 条）以及费用偿还请求权（例如第 437 条第 3 项、第 284 条）

Ⅱ. 类合同请求权

1. 履行（例如第 179 条第 1 款）

2. 损害赔偿（例如第 179 条第 2 款、第 311 条第 2 款、第 280 条第 1 款）

3. 费用偿还（例如第 683 条、第 670 条）

Ⅲ. 物上请求权

1. 返还（例如第 985 条、第 1007 条、第 861 条）

2. 去除和不作为（例如第 1004 条）

Ⅳ. 侵权请求权（例如第 823 条第 1、2 款，第 826 条）

Ⅴ. 基于不当得利产生的请求权

1. 由给付产生的得利（第 812 条第 1 款第 1 句、第 817 条第 1 句）

2. 由其他方式产生的得利（第 812 条第 1 款第 2 句，第 816 条第 1、2 款，第 822 条）

四、对于单个请求权的审查

855 对单个请求权的审查可分为三个步骤进行。首先，必须分析请求权是否存在。如果答案是否定的，那么审查到此为止。但如果审查结果是请求权成立，那么就必

[10] Dazu Brox/Walker SchuldR BT § 42 Rn. 24ff.; zur Einordnung des § 822 als Sonderfall der Eingriffskondiktion Larenz/Canaris SchuldR II 2 § 69 IV 1 a.

[11] Dazu Brox/Walker SchuldR BT § 42 Rn. 8 ff.

[12] Dazu Brox/Walker SchuldR BT § 42 Rn. 12ff.

须回答第二个步骤中的问题：请求权仍存在还是有效存续期间已经消灭。如果它仍然存在，最后就必须研究第三个步骤中的问题：仍存在的请求权是可实施的还是存在着抗辩（Einrede）。

分析者必须根据案情中的依据对请求权的继续存在以及可实施性进行分析。

（一）请求权的产生

1. 请求权的产生取决于已知的案情是否准确满足*请求权基础的各个抽象构成要件*（=涵摄，边码 51、654）。 856

通常来说，一系列的辅助性规范可以使待审查的请求权规范的特征更加具体化。

例如：第 433 条第 2 款是价款请求权的请求权基础。例如 A 必须是出卖人，B 必须是买受人，但是否确实如此则取决于相应的买卖合同在二人之间是否成立。第 145 条及以下适用于合同的缔结。这些规定并非请求权基础，而是辅助性规范。物的返还请求权可以基于第 985 条存在。A 是否为物的所有权人，B 是否为物的占有人可以借助辅助性规范第 929 条及以下以及第 854 条及以下来加以确定。就第 823 条第 1 款这一请求权基础而言第 276 条第 2 款是“过失”这一构成要件的辅助性规范，第 249 条及以下补充了第 823 条第 1 款中所规定的法律效果。

2. 在这里还包括对权利阻却之抗辩是否与请求权相对立的审查，因为该抗辩会阻碍请求权的产生（边码 657）。 857

例如：如果合同无效（第 104 条及以下的合同当事人的无行为能力，第 117 条中的虚伪行为，第 118 条中的缺乏真意，第 125 条中的形式瑕疵，第 134 条中的违反法律禁止性规定或者第 138 条中的对善良习俗的违反），那么根本不会产生合同上的请求权。自始无效也可能由第 119、120、123 条中的有效撤销所导致（第 142 条第 1 款，自始无效）。因为撤销事后才被表示出来，这种情况也可以归入请求权的消灭（边码 858）。

就所有权人而言，如果占有人享有占有的权利，那么第 985 条所规定的所有权人对占有人的返还请求权不存在（第 986 条第 1 款第 1 句），该权利赋予占有人一种抗辩。[13] 如果所有权人负有容忍义务，那么所有权人的除去和不作为请求权（第 1004 条第 1 款）根据第 1004 条第 2 款被排除。

（二）请求权未消灭

*权利消灭之抗辩*使已经有效产生的请求权归于消灭（边码 658）。 858

例如：请求权因履行（第 362 条，案例 b：返还书）、提存（第 372 条及以下）、抵销（第 387 条及以下）、免除（第 397 条第 1 款）、履行不能，或者给付不能（第 275 条第 1 款，案例 b：书因被烧毁而不可以被返还）而消灭。

合同中的请求权因合同的解除（第 346 条及以下）而消灭，取而代之的是返还

---

⑬ Vgl. Baur/Stürner SachenR § 11 Rn. 26.

债务关系。

原债权人因让与或法定债权转移丧失其请求权（第398条及以下，第412条）。债权人因免责的债务承担丧失其对原债务人的请求权（第414条及以下）。

（三）请求权的可实施性

859 *权利阻碍之抗辩*（=私法意义上的抗辩）是对反对权的主张。此类给付拒绝权使请求权继续存在，而它只是阻碍其实施（边码659）。

例如：消灭时效抗辩（第214条第1款，边码667及以下），留置权抗辩（第273条）[14]，不成比例（第275条第2款）[15]以及不合理（第275条第3款）[16]的抗辩和不履行合同之抗辩（第320条）。[17]

对请求权的审查

Ⅰ.请求权产生

1.各个请求权基础的前提（例如第280条第1款，第433条第1或2款，第812条第1款第1句第1种情况，第823条第1款，第985条）。

2.权利阻却之抗辩（例如第106条、第117条、第125条、第134条、第138条、第142条第1款）

Ⅱ.请求权未消灭

=权利消灭之抗辩（例如第275条第1款、第362条第1款、第389条、第397条第1款）

Ⅲ.请求权可实施

=权利阻碍之抗辩（第214条第1款，第273条，第275条第2、3款）

五、鉴定体的书写

（一）一般性规定

860 鉴定体必须从各自的请求权基础出发，其中必须审查所归纳的案情能否满足法律规范的构成要件。若结果是案情并未符合某个构成要件，则请求权基础不适用。相反，若所有构成要件均被满足，则请求权依被审查的法律规范而成立。

1.上述途径与*鉴定体*相符：我们从可能被考虑的请求权基础开始。首先存在以下*假设*：被审查的请求权能够基于什么产生。在考察请求权基础的各个构成要件时产生的问题是：根据案情它们是否存在。这可以分以下步骤有条理地进行审查。第

[14] Brox/Walker SchuldR AT § 13 Rn. 2ff.

[15] Brox/Walker SchuldR AT § 22 Rn. 18ff.

[16] Brox/Walker SchuldR AT § 22 Rn. 22ff.

[17] Brox/Walker SchuldR AT § 13 Rn. 12ff.

一步，每个被审查的构成要件之前提条件在前提句中被列出。在第二个步骤中要进行的是涵摄，此时要审查抽象的构成前提是否被具体的案情所满足。第三步则是从涵摄中得出结论。最后人们可以得出请求权成立或不成立的结论。

鉴定体的简单例子： A 对 B 的、以支付 500 欧元为内容的请求权可能根据第 433 条第 2 款成立（假设）。该规定的前提是，A 与 B 之间的、就一台价值为 500 欧元的冰箱的买卖合同成立（前提句）。A 于……向 B 作出了出售价格为 500 欧元的冰箱的要约，而 B 通过……日的书信表示承诺（涵摄）。也就是说 A 与 B 缔结了以 500 欧元购买冰箱的买卖合同（结论）。因此 A 可以根据第 433 条第 2 款请求 B 支付 500 欧元（结果）。

2. 相反，在判决中一开始就会列出在鉴定中所得到的结果，之后再对法院为何 860a
会得出这样的结论进行阐述（所谓的*判决体*）。

判决体的例子：起诉是有依据的。因为原告可以向被告请求支付数额为 500 欧元的价款。其依据为第 433 条第 2 款。据此出卖人可以向买受人就已约定的价款提出请求。该条款的前提——买卖合同成立——已存在，因为原告和被告已就售价为 500 欧元的冰箱达成合意（进一步进行阐述）。

鉴定的写作者在分析时是否使用了“鉴定体”可以根据以下标准作出判断：像“所以”“因而”“那么”“因此”等词语能否被应用。相反，适合于判决体的词则为：“因为”“即”等。

当然，在鉴定时并非一直且无例外地使用鉴定体。如果每次探讨前都以一个问题或者像“须审查的是”这样的说明开始，那么在探讨并不困难的法律问题时这似乎是麻烦且完全不必要的。在这方面可以直接使用判决体。

例如： 若案情是 R 抢了 S 的手袋，S 用棍子击打 R 并打折其一根肋骨，则此时无须以鉴定体审查第 823 条第 1 款中的客观构成条件（身体伤害）是否被满足，因为这是显而易见的。在判决体中对身体伤害进行简短确定即可。须作为问题被提出的只是，S 的行为是否是违法的或者他的行为可否基于正当防卫而成为合法的（参见第 227 条，边码 694 及以下以及案例 d）。

（二）例子：一份被拟好的鉴定

如果案例 a 中的问题是：V 可否请求 K 支付 15 000 欧元，那么必须进行如下 861
分析：

V 对 K 的内容为支付 15 000 欧元的请求权的基础只有第 433 条第 2 款。它以标的为 15 000 欧元的二手车买卖合同为前提。

1. V 的必要的意思表示已被包含在书面合同中。

2. K 自己并未作出相应的意思表示。他的儿子 H 可能作为其代理人进行了行为。如果 H 以 K 的名义作出了自己的有效意思表示且在 K 所赋予的代理权范围内行为，那么由他缔结的合同将产生有利和不利于 K 的效果（第 164 条第 1 款）。

a. H 须已作出自己有效的意思表示。根据案情，他选择了这辆车；他有自己的决策空间。即使他当时应该仍是未成年人且仅为限制行为能力人（第 2 条、第

106条），根据第165条其意思表示也是有效的。

b. H须以K的名义出现，这可以由他对V作出的意思表示以及对其签名的补充“以我父亲的名义”得到证明。他显然借此向V就其作为父亲的代理人实施行为一事作出了表达。

c. 问题只是，H是否拥有必要的代理权。K并未授予其相应的意定代理权（第167条）。案情中也并不存在能够证明容忍或表见代理（参见边码562及以下）存在的依据。H所实施的行为并不在他所被授予的代理权限范围内。

根据第177条第1款，合同对K的有效性取决于他对H在无代理权的情况下所缔结的合同是否进行追认。然而在他得知相关情况后拒绝了付款。这意味着拒绝追认。

因此，由于缺少H对K的有效代理，K与V之间不成立关于汽车的买卖合同。

结论：K不负有第433条第2款中的支付价款义务。

法律条文索引*

条文　边码

* 条文数字后 ff. 为“及以下各条”，“f.”为“及以下一条”。——译者注

内容索引*

数字指该书边码

* 条文数字后 ff. 为“及以下各条”，“f.” 为“及以下一条”。——译者注

图书在版编目（CIP）数据

德国民法总论：第41版/（德）汉斯·布洛克斯（Hans Brox），（德）沃尔夫·迪特里希·瓦尔克（Wolf-Dietrich Walker）著；张艳译．—北京：中国人民大学出版社，2019.4
（外国法学精品译丛）
书名原文：Allgemeiner Teil des BGB，41. Auflage
ISBN 978-7-300-26774-6

Ⅰ.①德… Ⅱ.①汉… ②沃…③张… Ⅲ.①民法-研究-德国 Ⅳ.①D951.63

中国版本图书馆CIP数据核字（2019）第032480号

外国法学精品译丛
主　编　李　昊
德国民法总论（第41版）
［德］汉斯·布洛克斯（Hans Brox）
［德］沃尔夫·迪特里希·瓦尔克（Wolf-Dietrich Walker）著
张　艳　译
杨大可　校
冯楚奇补译
Deguo Minfa Zonglun

出版发行	中国人民大学出版社		
社　　址	北京中关村大街31号	**邮政编码**	100080
电　　话	010－62511242（总编室）		010－62511770（质管部）
	010－82501766（邮购部）		010－62514148（门市部）
	010－62515195（发行公司）		010－62515275（盗版举报）
网　　址	http://www.crup.com.cn		
经　　销	新华书店		
印　　刷	天津鑫丰华印务有限公司		
规　　格	185 mm×260 mm　16开本	**版　　次**	2019年4月第1版
印　　张	27.75 插页1	**印　　次**	2023年11月第6次印刷
字　　数	572 000	**定　　价**	118.00元